# 한 중앙정보 분석관의 삶 2

## 편조백방(遍照百邦), 투시백년(透視百年)의 기세로

# 한 중앙정보 분석관의 삶 2

## - 편조백방(遍照百邦), 투시백년(透視百年)의 기세로 -

강인덕 지음

경인문화사

차례

## 제5부 1980~1990년대 정세평론가로 전직한 정보분석관

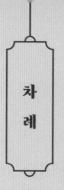

## 제6부 통일부 장관 시절 분석·보고 작성자가 아닌 사용자의 위치에 서다

# 제 5 부

# 1980~1990년대

## 정세평론가로 전직한 정보분석관

# 안개처럼 사라진 「서울의 봄」

## 기대는 무너지다

박정희 대통령의 국장(國葬)도 끝나 비탄의 사회적 분위기가 서서히 가라앉던 1979년 늦가을, 나는 적자경영을 면하게 된 『월간 공산권 연구』와 『공산주의 비판』 단행본 출판을 위해 집필자들과의 분주히 접촉하고 있었다.

그러나 내 뇌리는 국내정세가 더없이 혼탁하게 엉켜지고 있음을 간과할 수 없었다. 아직도 정보분석관의 생리에서 벗어나지 못한 나로서는 부지불식 간에 보다 정확한 대내외 정세 파악을 위한 부질없는(?) 생각에 잠기곤 했다.

당시 나에게는 굵직하고 신뢰할 수 있는 정보원(情報源)이 적지 않았지만, 그 중에서도 수시로 만나 국내정세 변화를 알려준 두 분이 있었다. 그 하나는 헌법 규정에 의해 정권을 인수받은 최규하 대통령의 휘하 지근거리에서 보좌하고 있는 죽마고우이자 평양고보 동창생인 정동렬 군이었고, 또 하나는 여전히 중앙정보부 북한국을 맡고 있는 김태서 국장과 그 예하의 후배들이었다.

그리고 전두환 보안사령관을 비롯한 신군부의 동향을 직시할 수 있는 인물—전 보안사령관, 수도경비사령관을 지내고 몇 년간의 옥고를 치르고 석방되어 낭인(浪人)으로 칩거하고 있던 윤필용(尹必鏞) 씨였다. 해병대 출신인 나는 육군 출신의 윤필용 씨와는 사적으로나 공적으로 전혀 관계없는 사이였다. 굳이 그와의 관계를 간략히 얘기한다면 다음과 같다.

1968년 「1·21 사태」 때 육군 보안사령관이었던 그는 생포한 북한공작원 김신조를 KBS TV에 출현시켜 "박정희를 까죽이러 왔다"는 무리한 언사를 내뱉게 했다. 이에 대해 중앙정보부 북한과장인 나의 입장에서 이의를 제기하고 향후 공비 토벌작전에 대한 의견을 주고받았던 정도였다. 그후 6~7년 동안 단 한 번도 그를 만난 일이 없었다.

그런데 1973년 3~4월 주요 신문·방송은 윤필용 장군이 박정희 대통령에 대한 불경죄(不敬罪)로 체포되었다고 보도했다. 그 요지는 어느 술자리에서 "대통령 각하도 이제 나이가 들었으니(당시 57세) 후계자를 선택할 때가 되지 않았는가? 만약 후계자를 선택한다면 이후락 부장이 가장 적당한 인물이 아닐까!"라고 말한 사실이 알려져 대통령에게 심한 노여움을 사게 되었다는 것이다.

당시 보안사령관인 강창성 장군(중앙정보부 정보학교장, 보안차장보를 지냈기에 나도 잘 알고 있는 분)은 막강한 군부 실세인 윤필용 수도경비사령관을 체포하여 육군본부 보통군법회의에 회부하였다. 곧이어 윤필용은 특정범죄가중처벌법 위반, 업무상 횡령, 근무이탈 방조 등 8개의 죄목으로 징역 15년을 선고받고 수년간 옥고를 치르다가 보석으로 석방되어 있었다.

나는 1976년 이후 중정 현직(북한국장)에 있으면서 '요주의 인물'이었던 윤필용 씨를 여러 차례 만나 저녁식사를 같이 했다. 당시 나는 개인적으로 가까운 몇몇 지인과 부부동반으로 저녁식사를 하곤 했다. 이런 만남은 대구 출신이며 주식회사 대농의 청주공장장이었고 나에게는 손아래 동생처럼 가까운 친구인 손해동 씨의 집에서 갖곤 했다. 이런 저녁식사 자리에 어느 날 윤 장군 부부도 동석하게 되어 서로 가깝게 얘기를 나누는 사이가 된 것이다.

그런데 1977년 말경 윤 장군의 부인이 이른 아침에 정릉 우리집에 찾아오셨다. 우리 부부는 또 무슨 일이 생기지 않았나 근심스런 마음에 부인을 안방으로 모셨다. 그랬더니 한숨을 쉬시면서 두 딸에 대한 얘기를 털어놓는 것이었다. "고등학교에 다니는 두 딸이 더 이상 학교에 다니지 않겠다고 하는데, 그렇다고 미국에라도 보내 유학시키면 좋겠는데 출국할 길이 없다"는 것이었다.

나는 윤 장군 부인의 이 말이 무슨 뜻인가를 잘 아는 입장이었다. 몇 년 전 윤 장군의 아들 해관 군도 고등학교 재학 중에 겪은 아픈 경험이 있었다. 학교 교련교관으로 파견된 육군 장교가 운동장에 정렬한 학생들 앞에서 근거 없는 소문을 얘기하며 윤 장군을 심하게 비난하자, 그 말을 듣고 분개하여 단상으로 뛰어올라 교관의 멱살을 잡은 일이 있었다. 그 후 학교공부에 흥미를 잃어 대학입학 시험에서 좋지 않은 성적이 나와 서울에서의 4년제 대학은 고사하고 지방 2년제 전문대학에 입학시키는 쓰라린 경험을 가진 윤 장군 부부였다.

그리고 나서는 편지 한 통을 꺼내면서 "이 편지는 아빠가 김재규 부장에게 전해달라고 보냈는데 가능하겠는가? 혹시 강 국장이 피해 받는 일이 없겠는가?"라고 얘기하시는 것이었다. 나는 "걱정하지 마세요. 이 편지는 김재규 부장에게 꼭 전해서 선처를 부탁하겠습니다"라고 위로했다.

2~3일 후 나는 결재서류를 들고 김재규 부장을 방문하여 잠시 환담하다가 윤필용 씨의 편지를 부장 앞에 내놓았다. "부장님, 이 편지는 윤필용 장군이 부인을 통해 부장님께 전해달라고 했습니다. 아마도 두 딸의 학업 문제를 선처해주십사 하는 간청 같습니다"라고 말했다.

그러자 김 부장은 그 편지를 들자마자 "강 국장이 그처럼 윤 장군과 가까운지 몰랐는데… 어떻게 그들 잘 아는가?" 하는 반문이었다. "저는 육군 출신이 아니고 해병대 출신입니다. 윤 장군에게는 많은 부하 장군들이 있겠지만 이들보다 내가 부장님 지근거리에 있으니까 내게 부탁한 것 같습니다"고 답했다.

김 부장은 즉석에서 그 편지를 읽고 나서 내게 의견을 묻기에 "부장님, 어른들이 자식 문제를 걱정하는 것은 당연한 것 아닙니까? 선처해주시지요…"라고 권고했다. 그러자 김 부장은 비서실장을 불러 "윤 장군의 두 딸의 여권 발급을 알선하되 우선 한 명만 해주고 시간과 상황을 보아 또 해결해주게…"라고 명하는 것이었다. 나는 비서실장과 함께 부장실을 나서면서 "비서실장이 직접 윤 장군에게 전하는 것이 좋겠다"고 말했다.

이와 같은 전후관계 때문에 나는 「10·26 사건」 이후 윤 장군과의 대화에서 신군부의 내부 동향을 어느 정도 알 수 있었다. 1979년 말 「12·12 사건」이 발생했던 그날도 나는 위에서 기술한 압구정동 손 씨 집 아파트에서 저녁을 같이하고, 11시경 귀갓길에 올라 신사동을 돌아 한강다리에 접어들자 검문 군경에게 저지당해 하는 수 없이 제1한강교를 건너 밤 1시가 넘어 간신히 귀가했다. 곧바로 윤 장군에게 전화했지만 연결이 되지 않아 다음날 일부 정보를 접할 수 있었다.

새해가 밝아 1980년 정초가 되자 나는 연구소 일을 비롯해 여러 가지 일들로 더욱 바쁘게 지냈다. 딸 정은이가 미국유학을 떠났고, 한편 나는 KBS 사회교육국의 요청을 받아 강화된 대북 심리전의 일환으로 「노동당 고급간부들에게」라는 하루 10~15분 프로그램(라디오)을 맡아 진행했다. 잡지 출판, 단행본 출간, 매일 10여 분간의 방송원고 작성으로 눈코 뜰 사이 없이 바쁘게 지내던 3월 말인가 4월 초에 누군가에게서 전화가 왔다.

조선일보 일본 도쿄(東京)특파원을 지낸 허문도(許文道) 기자로부터 "전두환 보안사령관이 점심식사를 같이 하자고 초청하니 응해달라"는 것이었다. 나는 먼저 "몇 명이 참가하며 대체 어떤 인물들을 초청했는가?"라고 물었다. 그랬더니 그는 "대학교수와 신문사 논설위원 등 5~6명 정도가 초청되었다"고 말했다. 나로서는 이미 듣고 있던 이른바 신군부의 동향, 그들의 의도를 자세히 알 수 있는 기회라고 생각하고 기꺼이 응하겠다고 답했다.

초청된 점심식사는 독립문 근처 제법 큰 2~3층의 요정 같은 식당이었다. 자리에 들어서자 이미 초청된 사람들이 다 나와 있었고, 우리를 초청한다고 전했던 허문도(당시는 전두환 장군의 비서라고 불리우고 있었다.)와 얘기를 주고받고 있었다.

몇 분 후 전두환 보안사령관이 들어왔다. 자리에 앉자마자 그는 자신이 보는 국내 정치·사회·경제 정세를 중심으로 대미·대북 관계에 대한 대략적인 의견을 제시하면서 '이 혼란한 현실을 풀기 위해서는 특단의 조치가 필요하지 않겠는가' 하는 의견을 제시했다.

그러나 그 자리에 입석한 초청된 사람 어느 누구도 이에 대해 적극 찬성하는 사람은 없었고, 나는 간접적 표현이나마 "3김 중심의 자유민주주의 체제로의 이행이 역사발전의 추세가 아닌가?" 하는 의견을 제시했다. 그러자 점심식사 장소에 싸늘한 긴장감이 흐를 수밖에 없었다. 우리는 2시간 가까이 이런저런 얘기를 나누고 식당을 나왔다.

후일 전두환 정권이 출범할 때 과연 그 때 점심식사에 초대되었던 5~6명 중에 누군가 입각하지 않았을까 살펴보았지만 한 사람도 없었다.

그 후 나에게는 또 하나의 작은 사건이 있었다. 4월 하순으로 생각된다. 누군가가 우리 집 대문 벨을 울리기에 나가보았더니 뜻밖의 인물이 서 계셨다. 바로 김종필 국무총리 시절 정보담당보좌관이었던 김홍래 씨였다.

나는 놀라서 "선배님이 어째서 우리 집에 오셨습니까? 어서 안으로 드시지요…"라고 말씀드렸더니, "아니야, 들어갈 시간 없어. 밖으로 나와 내 차에 타…"라는 것이었다. "왜요? 차라도 한잔 하시면서 무슨 일인지 얘기하시면 좋지 않습니까…"라고 반문했더니, "내가 집안에 들어가면 자네가 감시 대상이 돼. 아니면 방안에서 나누는 얘기가 보안사에게 도청될지 몰라…"라는 의외의 말씀을 하시는 것이었다.

나는 의문을 가진 채 김 선배님의 요구대로 그의 차에 탔다. 물론 운전은 김 선배님이 했고 나는 옆자리에 앉았다. 그랬더니 "북악스카이웨이(지금의 북악산길)를 따라 팔각정으로 올라가자!"라고 하시면서 찾아온 이유를 말했다. "…단도직입적으로 말하겠네! JP가 자네에게 공화당 의장 정보담당보좌역을 맡아달라는 부탁이야. 동훈(전 통일부 차관)이가 정치담당보좌관을 맡았어. 그러니 자네가 정보를 담당하라는거야…. 이런 얘기를 방안에서 하면 저 전두환 쪽이 도청할지 몰라. 그래서 이렇게 차안에서 말하는거야…"라는 것이었다.

나로서는 상상할 수 없었던 얘기를 나누는 도중에 차량은 이미 팔각정(북악산길 정상) 가까이까지 갔다. 나는 전혀 예기치 못했던 주문이라 "선배님, 아시다시피 나는 북한정보밖에 담당한 일이 없습니다. 당 의장 정보담당이라면 국내 정치·사회 정보를 담당하는 것인데 나로서는 생소한 일입니다…"라고 일단 거부의사를 밝혔다.

그랬더니 "JP는 자네를 너무 잘 알고 있지 않나? 다 생각하시고 부탁하는 것이니 맡아주시게…"라는 것이었다. 나는 "그렇다면 1주일 정도 생각할 시간을 주십시오. 내가 벌려놓은 일의 수습방안도 생각하고 답하겠습니다…"라고 말했다. 김 선배는 차를 돌려 내려와 나를 집근처 '곰의 집'(레스토랑) 앞에 내려주고 정릉 아리랑고개로 내려갔다.

그리고 1주일이 지나 김홍래 선배가 우리 집 벨을 또 울렸다. 곧장 밖으로 나가 지난번처럼 김 선배의 차를 타고 팔각정으로 올라가면서 "10여 일의 시간을 주면 벌려놓은 연구소 일을 누구에게 맡기고 JP의 말씀대로 정보담당보좌역을 맡겠습니다"라고 대답했다.

그런데 이게 웬일인가? 5월 중순이 되자 김종필, 김영삼, 김대중, 이후락 등 내가 알고 있는 수십 명의 정치인, 경제인 또는 사회저명인사—자유민주주의 체제로의 이행을 주장하는 인사들이 부정·부패, 불순사상자로 규정되어 신군부에 의해 체포되었고, 급기야 그토록 처절한 광주민주화운동이 일어났다.

이로써 '3김'을 중심으로 「서울의 봄」을 구가하던 민주화 인사들은 마루에 떨어진 물방울이 두터운 솜걸레에 흡수되듯이 말끔히 소탕되고 말았다. 정치담당보좌관으로 임명되었던 동훈 씨는 사회정화법에 걸쳐 활동을 제약받았다. 그러나 나는 임명장을 받기 전이어서 다행히(?) 아무 일도 없었다. 결국 나를 JP의 정보보좌관으로 임명하려던 김홍래 선배의 말씀은 허공으로 사라졌고, 그 결과 나는 내가 구상해오던 일을 계속할 수 있게 되었다.

어찌 보면 다행이었다고 할까? 한경직 목사님 말씀대로 '하나님께서 나에게 또 한 번의 피난처를 주신 것'이라 생각하고 감사기도와 함께 가슴을 쓸어내렸다.

# 뜻하지 않았던 남아메리카 여행

## 「종속이론」, 「해방신학」, 「민중영합주의」의 실제 경험

「10·26 사건」 발생과 동시에 사후 수습임무를 띠고 출범했던 제10대 최규하 대통령 정부는 10개월간의 과도정부 역할을 제대로 마치지 못한 채 무너졌다. 그 후임으로 「10·26 사건」 수사를 위한 합동수사본부장을 맡고 계엄사령부 산하에서 실권을 장악한 전두환 보안사령관이 현역 대장의 군복을 벗고 1980년 8월 27일 소집된 통일주체국민회의 선거에서 제11대 대통령으로 선출되어 9월 1일 또 다른 신군부 정권을 출범시켰다.

유감스러운 것은 최규하 과도정권 하에서 국민이 기대했던 「서울의 봄」이 안개처럼 사라졌을 뿐만 아니라 광주민주화운동과 같은 민족사상 일대 비극이 발생하여 수백 명의 인명이 희생되고 민주인사들이 내란음모, 불법 가두시위, 부정·부패 등 각종 죄목으로 중형을 선고받고 투옥되어 가진 고초를 겪었다는 사실이다.

이처럼 한(恨)이 겹쌓이는 엄혹한 현실 속에서도 나는 아무런 위해를 받지 않고 나의 전공인 공산권 연구와 반공산주의 간행물 출판을 지속하며 매일 10여 분간의 대북 심리전 방송을 담당하며 지낼 수 있었다. 나는 이러한 행운은 한경직 목사님의 말씀대로 '하나님이 나의 피난처를 마련해주신 덕분'이라는 감사함을 되새기며 지냈다.

그러나 또 하나 안타까운 것은 무고하게 옥고를 치르며 고생한 정치·사회 활동가와는 비교되지 않지만, 최규하 과도정부 기간 중앙정보부를 장악한 신군부에 의해 300여 명의 옛 동료들이 숙정(肅正)되어 퇴직했다는 사실이다.

나는 이들 동료들의 입장을 크게 걱정하면서 해외파견원이나 순수 정보분석관 또는 중정 기관지인 『양지(陽地)』 편집을 담당했던 5~6명의 동료들을 초치하여 내 연구소에서 같이 일하게 함으로써 연구소의 연구능력을 강화할 수 있게 되었다. 이들 숙정된 동료들은 대부분 행정소송에서 승소함으로써 부에 복귀하여 정년퇴직을 맞이했지만, 이로 인해 동료 간의 감정의 골이 깊어져 적지 않은 상처를 낳게 된 것은 유감스러운 일이 아닐 수 없었다.

이처럼 전두환 신군부 정권이 출범한 이후 나는 같은 시기에 선대(김일성)의 후계자로 실권을 장악해가는 북한 노동당의 김정일(당서기)의 위력을 주목하며 남북 간의 체제경쟁의 추이를 면밀히 주시했다. 특히 1980년 10월, 10년 만에 개최된 노동당 제6차 당대회 결의가 어떤 형태로 남북관계에 표출되는가를 주목했다.

김일성은 당중앙위원회 사업보고에서 1970년대부터 주장해온 「고려민주연방공화국」 수립 방안을 또 다시 거론하면서 종전의 '과도적 성격'이라는 용어를 뺀 「연방제」를 주장하고 연방 형성의 원칙, 연방 구성과 그 임무 등을 제시하였다. 아울러 과거와 마찬가지로 '남한 반공정권의 퇴진', 특히 전두환 군부정권의 '반민주성'과 '반인민성'을 강조하고 주한미군 철수를 주장했다.

이러한 북측의 대남 공세에 대해 전두환 대통령은 1981년 1월 12일 '남북한 당국 책임자의 상호방문'을 제의했다. 이에 대해 1월 19일 북측은 김일 제1부수상 명의의 성명으로 남측의 제의를 거부했다. 나는 이러한 남북 간의 주고받는 성명을 비교·검토하면서 향후 이런 논쟁은 격

1986년 7월 남북미주 강연 여행

화될 수밖에 없다고 생각했다.

이런 가운데 한 해가 지나 1982년에 들어서자 전두환 정부는 1972년에 발표했던 「7·4 남북공동성명」과 이에 근거하여 개최되었던 남북조절위원회에서 논의했던 문제들을 망라한 듯한—내 입장에서 볼 때 비교적 건전한 보수적 입장을 구체화한 「통일방안」을 제시하였다.

1982년 1월 22일 전두환 대통령이 발표한 「민족화합민주통일방안」이다. 그 내용은 1974년 8월 15일 박정희 대통령이 광복절 기념사에서 언급했던 평화통일 3대 원칙—한반도 평화정착, 남북한 문호개방 및 상호 신뢰구축, 공정한 선거 관리와 남북 총선거 실시—을 그대로 반영한 것이었다.

「민족화합민주통일방안」을 요약하면 다음과 같다. 먼저 민족자결, 민주절차, 평화적 방법에 의한 통일원칙을 기본으로 남북 쌍방의 주민 대표로 '민족통일협의회'를 구성하여 통일헌법을 기초하고 이것을 국민투표로 확정하면, 이에 따라 총선거를 실시하여 통일국가를 완성한다는 논리였다.

이러한 통일과정을 밟기 전까지는 분단상태를 관리하고 남북관계를 정상화하기 위해 호혜평등의 원칙, 상호 체제 인정, 그리고 내정불간섭, 군사적 대치상태 해소, 교류협력을 통한 사회개방, 상호 연락대표부 설치 등을 내용으로 한 '남북한 기본관계에 관한 잠정협정'을 체결하자는 것이었다.

나는 이 「민족화합민주통일방안」을 보면서 전두환 정부의 대북정책이 그런대로 건전하고 큰 과오 없이 전개되겠구나, 역시 군에서 대북관계를 담당했던 사람들이라 항간에서 떠드는 이른바 진보세력의 무책임한 주장과는 분명히 대치된다고 판단하고, 크게 걱정할 것이 없다고 생각했다.

이처럼 전두환 정권의 대북 전략과 정책에 대한 신뢰감이 굳어지던 1986년 초여름 나는 뜻하지 않는 제안을 받았다. 당시 「평화통일자문회의」 상임 부의장(총리급) 주영복(朱榮福) 씨로부터 상의할 것이 있으니 장춘단 사무처로 와달라는 전갈이 있었다. 최규하 정부 때 국방장관을 지내고 전 공군 참모총장이라 낯선 처지는 아니었다. 나는 그의 사무실을 방문했다. 오래간만에 뵙는 사이라 서로 몇 마디 덕담을 나누고 나서 곧바로 본론에 들어갔다.

주 부의장은 "…청와대의 요청인데, 「7·4 남북공동성명」 발표 14~15주년이 되는 때인 만큼 자기와 함께 미국, 캐나다, 멕시코, 아르헨티나 등 남북 미주 10여 개 국가의 수도와 주요 도시, 특히 우리 교포가 많이 거주하는 지역을 순회하며 우리의 통일정책을 홍보하고, 가능하다면 그곳 언론과도 인터뷰하며 우리나라의 안보정세, 북한의 도발과 이에 대응하는 우리 정부의 전략을 홍보하자…"는 것이었다.

나로서는 거절할 이유가 없었다. 문제는 1개월 가까운 시일이 소요될 것인데, 그간 내가 담당하고 있는 KBS 사회교육국의 일일 대북방송 프로그램 「노동당 고급간부들에게」를 일단 중지할 것인가? 아니면 출발 전에 사전 녹음하고 떠날 것인가? 하는 당면 문제가 있을 뿐이었다. 그래서 나는 "지금 내가 벌린 일이 많으니 오늘내일 조정, 정리해보고 답하겠습니다…"라고 말하고 나와 곧장 KBS 사회교육국 관계자와 연락했다.

그런데 고맙게도 담당 PD는 "사전 원고를 검토하고 녹음하는 것이 원칙이지만 선생님은 전혀 문제될 분이 아니어서 우선 요지를 써주시고 그에 입각하여 녹음한 후 귀국 후 원고를 정리하여 주시면 어떻겠습니까?"라는 것이었다. 그만큼 내 방송에 대한 신뢰감을 드러내는 제안이었다. 나는 그렇게 하기로 하고, 이튿날 주영복 부의장에게 "수행하여 순방하겠다"고 답했다.

내가 중정 현직에 있을 때 국가 중앙정보기관 간의 정보 교환차 미국, 유럽제국, 캐나다 등 자유진영 국가는 수차례 방문했다. 공직을 그만둔 후에는 이민간 형님과 친지를 만나기 위해 미국을 방문한 바 있지만, 중남미(라틴아메리카) 제국은 그 어느 나라도 가본 일이 없었다. 때문에 좋은 '공짜 관광여행(?)'의 기회라는 생각도 있었지만, 그보다는 더 중요한 목적이 있었다.

그것은 변형된 공산주의 또는 사회주의 이론이라고 할 수 있는 남미제국의 친마르크스주의—「종속이론」, 「해방신학」, 「민중영합주의(populism)」 등의 실체를 내 눈으로 확인하는 것이었다. 이번 라틴아메리카 방문이 더없이 좋은 기회라고 생각했다.

세계 최고의 경제·군사 대국인 미국은 물론 유럽의 스페인, 프랑스,

영국 등 선진 자본주의 국가와도 깊은 역사적 관계를 갖고 있는 이들 나라에서 왜 반자본주의, 반미주의의 「종속이론」이 그처럼 지식인을 사로잡고 있는가? 기독교 신앙생활로 생을 마치는 가톨릭 신부들이 왜 마르크스주의와 접목시킨 「해방신학」으로 교회를 지배하고 있는가?

왜 일찍이 근대화·공업화를 추진했던 중남미 국가, 제2차 세계대전 당시 독일 U-보트(U-boat: 잠수함)의 수리 기지로, 주요 병기와 군장비 보급 기지로서 근대화를 추진한 공업국가인 브라질, 아르헨티나 등이 세계 어느 지역보다 풍부한 농수산물과 자본을 보유하고 있으면서 그토록 빈부 격차가 확대되었는가? 그리고 집권자가 국고를 바닥내면서까지 빈민 복지를 위해 현금을 살포하는 「민중영합주의」가 횡행하는가 등을 내 눈으로 보고 경험해야겠다는 생각에서 나는 주영복 부의장을 수행하여 1개월 가까운 기간 동안 바쁜 안보·통일 강연여행에 나섰다.

그 결과 막대한 여행 경비와 시간 소비 없이 많은 각국의 주요 인사와 유력한 교포 지도자, 교수들을 만나 라틴아메리카 지식인들이 유사 사회주의에 빠진 원인을 이해할 수 있었다. 역시 선진 공업국가의 후진 개발국가에 대한 경제적 수탈에 대한 분노가 그들로 하여금 반미, 반자본주의적 유사 사회주의이론에 빠지게 만든 것이 아닌가?

그러나 우리의 경우 경제개발의 첫 단계부터 외화획득 전략을 펴고 국산화 전략을 취하지 않고 수출 주도 전략을 전개함으로써 선진 공업국가의 상품 덤핑을 당하지 않았으며, 때문에 우리는 선진국 자본의 행패를 겪지 않을 수 있었다.

이런 관점에서 우리나라의 경우 반미, 반자본주의적 「종속이론」이나 라틴아메리카의 「해방신학」의 아류인 「민중신학」의 광범위한 전파를 걱정하지 않아도 된다고 생각했다. 뿐만 아니라 새마을운동으로 '잘 살아보자'는 정신 운동이 전개되는 한 포퓰리즘적, 민중영합주의적 돈 뿌리기 복지정책은 제압할 수 있겠다고 생각했다.

한마디로 라틴아메리카 여행은 나에게 또 하나의 유사 사회주의 논리를 현장의 경험으로 단시간 내 터득할 수 있는 좋은 기회가 되었고, 우리나라가 이러한 논리에 빠지지 않았음을 감사하게 생각했다.

# 북한이 자행한 랭군(양곤) 아웅산 묘소 폭탄테러 사건

### 깊은 신뢰를 베풀어주신 이범석 선배님의 순직

나는 어느 누구보다 고향의 선배님, 중·고등학교 선배님들의 지도와 사랑을 받았다. 이미 대부분의 선배님들이 세상을 떠났다. 이들 중 전시도 아닌 평시에 김일성 일당의 테러에 의해 순직하신 분이 있다. 고등학교 선배이신 이범석(李範錫) 외무부 장관이시다.

## — 「버마(미얀마) 랭군(양곤) 폭탄테러」 사건

1983년 10월 9일 한글날 일요일이었다. 나는 영락교회에서 오전 예배를 보고 귀갓길에 혜화동 성균관대학교 근방 서점에 들러 신간서적 몇 권을 고르고 있었다. 이 때 서점 내에 비치된 TV에서 "방금 들어온 긴급뉴스"가 보도되었다.

"버마(미얀마)의 수도 랭군(양곤)을 친선방문 중에 있는 전두환 대통령 일행이 버마의 독립영웅 아웅산 묘소를 참배하기 위해 도열해 있을 때 강력한 폭탄이 폭발하여 10여 명이 희생되었다. 그러나 전두환 대통령은 도착하기 직전이어서 무사하다…"는 내용이었다.

나는 너무 놀라 고르던 책을 그대로 놓고 황급히 집으로 달려갔다. 이 버마 방문 정부 친선사절단 중에는 고등학교 선배이며 오랫동안 친형님처럼 모신 이범석(李範錫) 외무부 장관이 계셨기 때문이다.

나는 집안에 들어서자마자 TV를 켜고 전화기를 들었다. 역시 고등학교 선배인 노신영(盧信永) 안기부장(중앙정보부장)께 걸려하다가 황망 중에 있어 통화될 것 같지 않아 해외정보국 옛 동료에게 전화를 걸었다. 그들은 이미 사무실에 들어와 있었다.

내가 "아웅산 묘소 희생자는 몇 명이고 누구누구냐?"고 물었더니 그의 답은 "몇 개월 전 안기부 파견원은 버마에서 철수했기 때문에 직접 보고 받지 못하고 있다. 외무부의 보고로는 10여 명이 넘는 것 같다"는 것이었다.

그래서 나는 "안기부 파견원을 철수시켰다면 현지에서의 파견원 활동이 여의치 않았음을 입증하는 것인데, 왜 이런 위험한 나라에 철저한 경호대책도 없이 대통령이 이끄는 대규모 정부사절단이 간 것이냐?"라고 되물었더니 "그 결정은 우리 안기부가 결정한 것이 아니라 청와대와 외무부 쪽에서 결정한 것 같다"는 답이었다.

그 후 TV를 통해 서석준 부총리 겸 경제기획원장, 이범석 외무부 장관, 함병훈 청와대 비서실장 등 17명의 더없이 유능하고 귀중한 국가의 동량(棟梁)들이 희생되었음이 확인되었다. 나는 다음날(10월 10일) 경향신문 요청으로 "버마 폭발사건의 배경과 교훈 : 공산주의 붉은 정체를 바로 알자 - 비통한 마음 가다듬어 반공의지 승화(昇華)"라는 칼럼과 중앙일보와의 인터뷰를 가졌다.

그 다음날(11일)에는 서울신문사의 요청으로 성균관대학교 양흥모(梁興模) 교수와 신문 한 면을 할애 받아 "북한의 테러는 불변의 적화술책"이라는 좌담기사를 게재하며 해방 후 30여 년간 김일성 일당의 무력도발, 테러사건을 열거하며 경고하였다.

그 후 순국하신 정부 각료들의 유해가 서울에 도착하여 이범석 선배님의 빈소는 한남동 외무부 장관 공관에 설치되었다. 나는 곧장 빈소로가 참배하고 이미 미국에서 들어와 빈소를 지키고 있는 이 선배님의 동생이자 나와는 동기동창인 이중석(李重錫)과 정동렬(鄭東烈) 동창과 원통한 이 사건의 전모에 대해 얘기를 나누었다. 후일 밝혀진 대로 이 폭탄테러는 북한 인민무력부 정찰국 산하의 특수부대 소속 소좌 진용진, 상위 강민철, 그리고 또 1명 등 3명이 자행한 천인공노할 만행이었다.

## ― 이범석 선배님과의 지난날을 회고하며

나는 선배님의 영정 앞에서 20년 가까이 그분의 넘치는 사랑과 신뢰를 받았던 지난날을 회고했다.

1972년 봄, 이산가족의 고통을 덜어주자는 명분 하에 시작된 남북적십자회담 예비회담이 머지않아 본회담이 개최로 이어질 수 있다는 전망이 섰을 때였다. 위에서 기술한 대로 중앙정보부 북한국장 겸 남북대화사무국장을 맡고 있던 나는 "내 의견도 그렇고 청와대 의견도 비슷한데, 남북적십자 본회담의 수석대표를 튀니지에 나가 있는 이범석 대사가 어떨까?"라는 이후락 부장의 말씀을 들었다.

나로서는 더없이 반가운 일이었다. "아주 훌륭한 인사로 생각됩니다…"라고 답했더니 "그래, 최고의 적임자야. 자네의 고등학교 선배가 아닌가? 자네가 미리 이 대사에게 귀뜸해서 의사를 타진해 주게…"라는 것이었다. 나는 그날 밤 이 선배님께 편지를 썼다.

남북적십자 예비회담 진행상황을 상세히 기술하고 난 뒤 "머지않아 남북적십자 본회담이 개최될 전망인데 이후락 부장과 청와대에서는 본회담 수석대표로 선배님을 지목하고 있으니 미리 준비해두시는 것이 좋을 것 같습니다"는 요지였다.

얼마 되지 않아 외무부 파우치 편으로 보낸 내 편지를 받아보신 선배

1972년 남북적십자회담 당시 이범석 선배님과 함께

님의 답장이 왔다. "지금 막 대사관 직원들이 힘을 합쳐 대사관 건물과 대사관저 건축을 완성할 단계인데 지금 들어오라고 하면 어떻게 하나? 자네가 좀 다른 사람을 선택하도록 건의해주게…"라는 말씀이었다.

그러나 선배님의 회신을 받았을 때는 이미 대통령이 귀국 명령을 내린 후였다. 얼마 후 귀국하신 이 선배님은 삼청동 감사원 청사 맞은편에 위치한 남북대화사무국(현 베트남대사관)으로 출근하시게 되었다.

나는 선배님이 오신 것이 고맙기도 하고 송구스럽기도 했지만 '이제는 내 일이 그만큼 덜어지겠구나'라고 생각하면서 내 방(사무국장실: 퀀셋 한 동)을 선배님이 사용하시도록 말씀드렸다. 그랬더니 선배님은 "최필립(崔弼立, 역시 평고 동문이자 외무부 대사)도 여기 와 있으니 그들과 함께 정부 각 부서에서 파견된 회담요원들과 사귈 겸 공부(회담 예행연습·시뮬레이션 등)할 겸 회담 본부건물에 있겠네" 하시면서 사양하셨다.

그 후 두 차례(평양과 서울) 본회담 수석대표로 나섰고 "한강의 물과 대동강의 물이 황해바다에서 만나는데, 왜 우리 이산가족은 만날 수 없는가?"라는 유명한 연설을 남겼고 남북적십자 본회담이 결렬되던 1972년 말까지 모실 수 있었다.

## 통일교육원장 임명 탈락

나에게는 이 선배님의 신뢰와 배려를 잊을 수 없는 또 하나의 추억이 있다. 1980년 9월의 일이다. 이 선배님이 전두환 정권의 통일원 장관(부총리)에 취임한 지 1~2주일 정도 지났을 무렵 내게 전화를 주시면서 장관실(장춘단 반공연맹 건물)로 들어오라는 것이었다.

나는 '무슨 일인가?' 하며 급히 이 선배님을 찾아뵈었다. 그랬더니 "자네가 날 좀 도와줘야겠네" 하시면서 "통일원 산하 통일교육원 원장을 맡아주게. 지금 대학가나 젊은 세대의 북한에 대한 인식이 어떤지를 누구보다 자네가 잘 알지 않나? 그들에게 올바른 자유민주주의, 반공이데올로기, 헌법에 규정한 자유·민주·통일을 위한 교육을 실시해야겠는데 아무래도 자네가 최적임자야" 하시는 것이었다.

이 선배님의 나에 대한 신뢰와 높은 지적 평가에 더없이 감사했다. 하지만 나로서는 이미 10여 년 전 북한국장 시절에 관리관(공무원 1급)을 8년간이나 한 경력에 비추어 이사관급(2급) 직책인 통일교육원장을 맡기가 어색하여 "제가 이미 관리관을 했는데 또다시 한 단계 낮은 이사관 자리가…"라고 얼버무렸다. 내 말이 끝나기도 전에 "이 사람아, 국가의 명운이 달린 일이야. 이사관이면 어떻고 서기관이면 어떤가? 계급 따지지 말고 들어와. 내일 이력서 보내게" 하시는 것이었다.

나는 더 이상 선배님의 말씀을 거역할 수가 없어 응락한 후 다음날 이력서를 보냈다. 그리고 나서 1주일 쯤 지났을 때 이 선배님이 전화로

“총리 결재가 나서 청와대에 올렸다”고 전해주었다. 그런데 또 2~3일이 지난 후 이 선배님으로부터 급히 장관실로 들어오라는 연락이 왔다. 나는 대통령 결재 여부에 대한 언급 없이 장관실로 들어오라는 말씀을 받고 뭔가 석연치 않은 기분이 들었다.

나는 곧 이 선배님과 마주 앉았다. 그랬더니 “이 사람아, 자네는 왜 허 씨(許氏)들과 그렇게 사이가 나쁜가? 청와대에서 반대야” 하는 것이었다. 당시 청와대 실세로 3허씨가 거명되던 때였다. 허삼수, 허화평, 허문도—이 3명 중 허삼수, 허화평 두 사람은 윤필용 장군과 가까운 사이였다.

전두환 장군이 실권자로 등장하던 1980년대 초 수시로 윤필용 장군을 방문하던 두 현역 군인 허 씨가 나를 배척할 리 없는데 누가 나를 거부했을까? 그렇다면 허문도밖에 없다고 생각했다.

내게 집히는 감이 있었다. 앞에서 기술한 대로 1979년 이른바 12·12 사태가 있은 후 신군부가 집권 기도를 노골화하고 있다는 소문이 파다할 때 나는 5~6명의 대학교수와 신문사 논설위원들과 함께 전두환 보안사령관의 초청을 받고 서대문 근처 요정 비슷한 음식점에서 식사한 일이 있다.

이 때 허문도(조선일보 기자)가 전두환 사령관 비서 격으로 동석하고 있었다. 이 때 나는 간접화법으로 18년 간의 박정희 대통령 군사정권이면 족하지 않는가? 국민들은 3김(김대중, 김영삼, 김종필)의 경쟁으로 새 정권의 출현을 원하는 것 같다고 말한 바 있었다. ‘바로 이 때의 일로 나의 통일교육원장 임명을 거부한 것이 아닌가?’라고 생각했다.

나는 이 선배님께 “잘 됐습니다. 저는 제 일을 하겠습니다. 공연히 선배님의 심기만 어지럽게 한 것 같습니다”라고 말씀드렸다. 그 후 이 선배님은 내가 쓴 『공산주의 통일전선』을 수백 부 구입하여 각 곳에 배부

해 주시었다.

## 일본의 재정지원 규모 파악

또 한 가지 이 선배님과 관련된 얘기를 하지 않을 수 없다.

이 선배님은 1982년 1월 초 노신영 선배님이 외무부 장관에서 안기부장으로 자리를 옮기고, 이범석 통일원 장관이 외무부 장관으로 임명되었다. 랭군 아웅산 묘소 폭탄테러사건이 발생하기 1년쯤 전의 일이다. 외무부 장관실에서 들어오라는 전갈이 와서 장관실을 노크했다.

그랬더니 이 선배님은 "내가 유엔총회 참가차 미국에 갔다가 돌아오는 길에 도쿄(東京)에 들리겠네. 그런데 일본의 나카소네(中曾根康弘) 총리와 전두환 대통령 회담에서 우리나라에 대한 재정지원을 약속했는데, 노신영 부장의 말로는 60억 달러라고 하는데 아직 확실한 액수를 정하지 않은 것 같으니 자네가 도쿄에 가서 얼마인지 미리 파악해주게. 나는 돌아오는 길에 도쿄데이코쿠(東京帝国)호텔에 들릴거야"라는 것이었다.

그렇다고 내게 일본출장 여비를 주겠다는 것도 아니고 미리 가서 탐색해달라는 말씀뿐이었다. 이 부탁(?) 역시 나에 대한 신뢰가 얼마나 두터운지를 부지불식 간에 느끼게 하는 말씀이기에 "그렇게 하겠다"고 답하고 집으로 돌아와 접촉해야할 대상 몇 사람(일본인)을 물색했다.

나는 이범석 장관보다 2~3일 앞서 도쿄에 갔다. 그리고 여기저기 수소문을 해보았다. 그랬더니 60억 달러가 아니라 40억 달러였다. 며칠 후 예정대로 이 선배님이 뉴욕에서 도쿄에 도착하는 장면이 TV로 방영되길래 나는 전화로 비서관을 불렀다. 곧 이 선배님과 연결되어 더 이상 중언부언할 성질의 얘기가 아니어서 "선배님 여섯(6) 장이 아니고 넉(4) 장입니다"라고 보고했다. 그 후 이 선배님은 내 수고(?)에 대한 보상이라고 할까? 여비+대폿값을 지불해 주셨다.

## — 이 선배님의 후배사랑

이 선배님의 후배사랑은 남다름을 느낀 또 다른 일이 있었다. 어느 날 그는 이런 이야기를 들려주었다.

"우리 외무부에서는 노신영이를 따라갈만한 외교관이 없는 것 같아. 타고난 유능한 외교관이야. 노신영의 능수능란한 사람 다루기는 특별한 것 같아. 예를 들면 내가 김용식 장관을 모시고(아마 장관 비서실장이었던 것 같음) 유엔총회에 참가하기 위해 뉴욕으로 갔는데 그때 노신영이는 로스엔젤레스 총영사였어. 그런데 김용식 장관과는 그리 좋은 사이가 아니었지.

아마 이 상태로는 안 되겠다고 판단했는지 나에게 연락이 왔어. '귀국길에 형님이 김용식 장관을 설득하여 로스엔젤레스에 들리도록 해주십시오'라고 하는거야.

그래서 내가 김용식 장관에게 'LA에는 교포도 많이 있고 총영사관도 있으니 바쁘시더라도 들려서 격려해주시는 것이 좋을 것 같습니다'라고 간곡하게 건의 드렸지. 노신영이를 위해서 말야. 그랬더니 김용식 장관이 마지못한 듯 '그렇게 하지'라고 하시더구먼.

그래서 LA공항에 내리기로 했지. 비행기에서 내리기 위해 아래를 봤더니 리무진 큰 차 2대가 트랩 바로 앞에 와 있는거야. 태극기를 달고 말이야. 김용식 장관이 놀랐지. 노신영 총영사의 환영을 받으면서 호텔에 도착했더니 로스엔젤레스 시장이 기다리고 있는거야. 마치 대통령의 국빈처럼…. 서울로 돌아오는 비행기 안에서 김용식 장관이 "역시 노신영은 외무부 물건이야. 극구 찬양하더군…(하하하)."

이렇게 해서 김용식 장관이 노신영 총영사를 신뢰하게 되고 그의 뛰어난 수완을 높이 사게 되었다는 얘기였다.

나는 지금도 동작동 국립묘지를 참배할 기회가 있을 때마다 랭군에서 희생된 각료들이 잠들고 계신 묘역을 돌아보며 이범석 선배님의 묘소에 참배한다.

평고보(平高普: 평양고등보통학교)가 낳은 국가와 민족의 동량들이 수백명 계신다. 이들 모두가 우리들 후배에게는 더없이 귀중하고 고맙고 자랑스러운 분들이다. 이 많은 선배님들 중 특히 나에게 잊을 수 없는 추억을 남겨주신 이범석 선배님과 공·사적인 인간관계를 추억해보곤 한다. 다시 한번 천인공로할 북한의 테러에 생을 마친 선배님의 순국에 머리 숙여 추모한다.

이제 우리들 후배의 나이도 90을 넘어선다. 원컨대 속세를 하직할 경우 천상(天上)에서 다시 만나 미처 풀지 못한 회포를 풀며 지나간 긴 얘기를 다시 나누길 기원할 뿐이다.

## 동토(凍土) 북한을 향한 나의 절규

### KBS 사회교육방송 「노동당 고급 당간부들에게」

1985년 9월의 일이다. 내가 1980년 봄 KBS 사회교육국의 요청을 받아 「북한 노동당 고급 당간부들에게」라는 대북 방송 프로그램을 맡아 매일 10분씩 방송하기 시작한 지 6년이 되던 시기였다.

### — 나의 대북방송 : 김일성 일당에게 준 타격을 실감하다

당시 이산가족의 재회를 위한 제10차 남북적십자 본회담에서 남북한 이산가족이 서울과 평양을 교환 방문하여 헤어진 가족을 만나도록 합의하였다. 이어 30여 명의 북한 거주 이산가족들이 서울에 와서 50여 명의 남쪽의 친척, 친지와 만나게 되었고 뿐만 아니라 이산가족의 첫 만남을 경축한다는 명분으로 남북한 예술단의 교류, 방문 공연이 실현되었다.

이 행사의 주최자는 대한적십자사였고, 9월 21일과 22일 두 차례의 공연이 장충단 국립극장에서 개최되었다. 공연이 끝난 후 워커힐 호텔에서 평양예술단 환영 연회를 가졌다. 이 연회는 남북적십자 본회담 대표이신 이영덕(李榮德) 대한적십자사 부총재가 주최했는데 북한 평양예술단을 인솔한 단장은 백인준(白仁俊) 씨였다. 아마도 북한 측이 의도적으로 백인준 씨를 보냈는지도 모른다. 이 두 분의 남북 대표는 고등학교

(일제시대 평고보 제2중학교) 동기동창이었다.

나는 15년 전인 1971년 8월 남북적십자회담이 개최되던 당시 남북대화사무국장이었다는 이유에서 이 북측 평양예술단 환영 만찬에 초청받았다. 나 자신 또한 평양고등학교 출신인지라 남측의 이영덕 부총재님이나 북측의 단장 백인준 씨 두 분 모두 내 고등학교 선배였다. 연회가 시작되고 양측 대표의 인사말이 끝나자마자 나는 남북대표 두 분의 식탁으로 가서 간단한 환영의 인사를 드렸다. 이영덕 부총재는 저를 잘 알고 계신 분인지라 자세하게 백인준 단장에게 나를 소개해주었다.

이처럼 두 선배님께 인사드리고 내 식탁으로 돌아와 동석한 남북 대표들과 얘기를 주고받게 되었다. 그런데 동석한 북한 대표가 나에게 술잔을 권하면서 느닷없이 테이블에 앉아 있는 모든 사람이 듣게끔 큰 소리로 말을 걸어왔다. "강 선생님, 나는 선생을 잘 압니다. 엊그제까지 KBS 사회교육방송에서 「노동당 고급 당간부들에게」 방송을 하시더군요. 그 방송 그만두시면 안 됩니까? 생계유지에 문제가 있다면 우리 쪽이 모두 책임지고 지원하겠습니다…"라는 것이었다. 같은 식탁에 앉았던 사람 모두가 한순간 호흡을 멈춘 듯 긴장했다.

나는 이 말을 듣고 당혹감을 느꼈지만 북한식으로 상급자가 하급자를 대할 때 쓰는 '동무'라는 호칭을 쓰면서 냉담하게 대답했다.

"고맙습니다. 동무가 내 방송을 그처럼 듣고 계시다니…. 대남사업 담당부서에서 일하고 계신 북측 성원들뿐만 아니라, 적지 않은 북한 주민들이 내 방송을 청취하고 있다는 말을 듣고 있습니다. 동무의 제의는 고맙지만 나로서는 전혀 그만둘 생각이 없습니다. 왜냐하면 동무들의 당의 대남혁명 전략이 계속되는 한 우리로서는 마땅히 이에 대응하는 방어적 또는 공격적 대항을 멈출 수 없기 때문입니다. 동무가 내 생계를 염려할 하등의 이유가 없습니다. 남조선 혁명전략을 그만두십시오. 우리에 대해 도발행위, 비난방송을 하지 않는다면 내 방송은 스스로 중단할 것입니다."

이런 나의 공격적인 대답을 듣자 그는 슬그머니 일어나 다른 좌석으로 갔다. 나는 연회를 끝내고 집으로 돌아오면서 내 방송이 북측에게 어느 정도의 영향을 미치고 있다는 확신을 느끼면서 일종의 희열을 느꼈다.

위에서 기술한 바 있지만 나는 중앙정보부 심리전 국장을 3년 간 역임한 사람으로 그 누구보다 대북 심리전 방송의 중요성을 알고 있는 내가 아닌가?

5·16 혁명 직후 중앙정보부 해외정보국 청사는 KBS 청사와 가까운 남산으로 올라가는 예장동에 위치해 있었기 때문에 점심 때마다 나는 KBS 건물 앞 길 건너 '산길 다방'에서 커피 한 잔을 마시면서 KBS 직원들과 수시로 얘기를 나누면서 대북 방송뿐만 아니라, 일반 방송이 가진 영향에 관해 논하기도 했다.

때문에 1964년 5월 내가 중소과장을 맡고 있던 시절 옆 건물의 북한과 분석관들의 발의로 KBS가 「김삿갓 북한방랑기」라는 대북 심리전 방송 프로그램을 편성하여 매일 낮 12시를 전후하여 담당 성우(聲優) 구민 씨와 고은정 씨 등 최고 성우들의 구수한 음성이 라디오 전파를 타고 흘러나왔다. 김삿갓이 북한의 여기저기를 방랑하며 북한 현실을 보고 비판하면서 방송 말미에는 반드시 시 한 수를 읊는 흥미진진한 프로그램이었다.

「김삿갓 북한방랑기」는 1964년 5월 18일 KBS 제1방송으로 첫 방송을 송출한 후 매일 정오 뉴스 직전 10분간(11시 50분~12시) 방송되어 날이 갈수록 인기가 높아졌고, 2001년 4월까지 37년간 무려 11,500회 이상의 장기 방송 프로그램으로 성공했다.

## 1980년대 정세 변화와 대북 방송 주제의 선택

KBS 사회교육방송의 한 프로그램인 「노동당 고급 당간부들에게」를 담당했던 나는 나름대로의 기준을 세운 바 있었다. 1988년 12월 1일 사회교육방송 40주년 기념강연회에서 나는 「사회교육방송의 역할과 방송 주제 선택」이라는 제하의 강연을 했다. 그 주요 내용을 정리하면 다음과 같다.

1. 사회주의국가 지도자들의 정세인식의 변화가 일어나고 있다

1960년대 이후 동유럽 사회주의 국가에서 일어난 경제·사회 개혁 추세는 이미 아시아 지역으로 옮겨와 1979년부터 중국에서 개혁·개방이 시작되었다.

개혁·개방에 착수한 중국공산당은 이미 인민공사를 해체하고 토지는 농민에게 50년 기한으로 대여하고, 향진기업(鄕鎭企業)을 내오면서 「사회주의초급단계론」을 확정하고 상품경제체제로 전환하였으며, 국제대순환론(國際大循環論) 제시하며 선진공업국가와 후진개발국가 간의 경제적 유대의 불가피성을 주장하며 경제특구, 개방구 또는 「연안경제개발전략」 등을 수집하고 개혁·개방을 적극적으로 추진하고 있다.

중국의 학자들은 마르크스나 레닌, 스탈린, 마오쩌둥 등 선대 공산주의자들이 제시했던 자본주의에 대한 분석이 잘못된 것이었고, 이 때문에 그간 당이 추진했던 사회주의건설계획이 실패하게 되었다고 공공연히 주장하고 있다.

소련의 학자들은 스탈린이 지배했던 1930년대 이후 50년 기간에 채택한 당의 노선과 「사회주의원칙」, 이에 근거하여 세운 계획경제체제 그리고 중앙집권적 관리방식 등이 모두 잘못되었다고 비판하고 있다.

고르바초프 당서기장은 이 상태대로 간다면 소련은 2000년대에 들어서면 경제적 후진국으로 전락하여「사회주의 모범」을 보일 수 없을 뿐만 아니라 선진공업국가의「과학기술식민지」로 전락될 위험에 있다고 경고하고 있다.

이렇게 볼 때 사회주의국가(특히 소련과 중국)의 대외정책은 종래와 다른 수정된 정세 인식을 근거로 전개될 것으로 보인다.

첫째는「현대화」에 대한 인식의 변화이다. 그들은 마르크스-레닌주의적 유물사관에 근거하여 항상 세계를 사회주의와 자본주의 간의 대결과 투쟁으로 파악하고 세계적 규모에서의 사회주의의 승리를 예언했으나 이미 실패했음을 인정했다. 때문에 사회주의혁명에 대한 이론을 수정하고 있다. 그들은 자본주의 사회가 마르크스, 레닌이 단정했던 빙탄불상용(氷炭不相容)의 모순이 누적되어 혁명으로 이행할 수밖에 없는 체제가 아니라 모순을 해결할 능력도 갖고 있으며 실제로 해결하고 있는 체제라고 평가한다.

중국의 학자들은 현대자본주의는 고급단계에 달하여 사회주의로 이행하는 과도기에 나타나는 여러 징후를 보여주고 있지만 반드시 폭력혁명이 발생하는 것은 아니라고 말한다. 왜냐하면 자본주의는 그 발전단계(초급, 중급, 고급단계)에 맞추어 스스로 생산관계를 조절하며 발전을 가속화시키기 때문이라는 것이다. 자본주의 발전과정에는 위기, 기업의 도산, 노동자의 태업 등 모순으로 충만되어 있으나 위기가 있었기에 고양이 있고, 도산이 있었기에 고육책을 고안했고, 계급투쟁이 있었기에 계급 간의 이익을 조절했다. 그 과정에서 자본주의는 끊임없는 경쟁을 유발하며 발전하고 있다고 주장하고 있다.

이런 이유에서 선대 공산주의자들이 단정했던 자본주의의 필연적 멸망설을 도그마적으로 해석하고, 현시대를 사회주의 승리의 시대로 규정하거나 적극적인 혁명운동을 고취하는 것은 잘못이라고 주장하는 것이다.

둘째는 「평화공존」에 대한 인식의 변화이다. 평화공존의 이론은 레닌 이래 사회주의국가의 대외정책으로 이용되어 왔다. 1956년 소련공산당 제20차 대회에서 흐루시초프가 평화공존을 당의 기본노선으로 채택했지만 그들은 「이데올로기상의 공존」을 승인한 일은 없었다.

그런데 지금은 「계급투쟁의 특수한 형태」나 「이데올로기상의 공존불인정」이라는 전제 하에 평화공존을 주장하는 것이 아니라 "전 인류 생존의 조건이며 대결투쟁의 관계로부터 상호의존의 관계로, 대립의 통일의 관계로 규정하자"는 것이다.

따라서 두 체제 간의 평화공존은 이데올로기적 측면에서나 국가이익의 측면에서 당연하고 불가피한 것으로 인식하는 것이다.

셋째로 지적해야 할 것은 「전쟁과 평화」에 관한 인식의 변화이다. 전통적인 공산주의 이데올로기는 전쟁을 「정치의 계속, 혁명의 다른 형태」로 규정해왔다. 때문에 공산주의자가 혁명을 위해 유발하는 전쟁은 이유여하를 불문하고 정의(正義)의 전쟁으로 규정하였으며, 가공할 핵전쟁이라 하더라도 그것은 제국주의의 멸망을 초래할 것이므로 마다할 이유가 없다고 하였다.

그러나 오늘에 와서는 모든 공산국가의 지도자들도 핵전쟁이 어떤 결과를 유발할 것인지를 옳게 인식하게 되었다.

그들은 더 이상 전쟁을 정치의 계속으로 또는 혁명의 다른 형태로 인식해서는 안 되며, "현 시대의 전쟁은 정치, 경제, 이데올로기 및 어떤 목적을 달성하는 수단이 될 수 없으며 평화는 전쟁과 전쟁 사이의 기간으로 보아서도 안 되며 전쟁과 평화를 결합시켜서도 안 된다"고 주장한다.

이러한 전쟁과 평화에 대한 인식의 변화는 미·소 간의 군사적 대결뿐만 아니라 세계 각지에서 일어나고 있는 지역분쟁의 해결을 위해 유리한 정세를 조성할 수 있게 할 것이다.

넷째로 지적해야 할 것은「제3세계」에 대한 인식의 변화이다. 지금까지 공산주의자들은 제3세계를 반제 반식민지 민족해방운동(反帝反植民地民族解放運動)이 전개되는 지역이라는 인식하에 이 지역에서의 혁명운동 고취에 전념하였다. 그러나 과거 20년간의 제3세계는 그들이 원하는 대로 사회주의정권이 지배하는 지역으로 발전하지 않았다. 이 제3세계 국가는 정치적 독립을 쟁취하고 국가건설에 전력 중에 있다.

뿐만 아니라 자본주의 발전 모델을 택한 일부 국가는 급속한 경제성장을 기하고 선진공업국가로 진입하는 단계에 와 있다. 그 대표적인 국가가 NICs(Newly Industrialized Countries)이다. 특히 소련의 1979년 아프가니스탄 개입은 치명적인 위신추락으로 경제적 군사적 손실을 입고 있는 터이다.

오늘의 제3세계는 공산주의자들의 혁명수출 대상지역이 될 수 없으며, 그렇다고 이들 국가가 공산국가에 대한 적대세력으로 전환될 이유도 없으니 그들과의 친선유대 관계를 유지하며 국가이익을 추구하자는 것이다. 특히 NICs 국가와의 경제협력은 사회주의국가의 국가건설에 적지 않은 도움을 주게 될 것이라고 인식하게 되었다. 소련이나 중국 또는 동유럽사회주의국가가 우리나라와의 통상관계 경제협력 관계를 증진하려고 접근하는 것은 이 때문이다.

다섯째로 지적해야 할 것은 개혁과 개방이 사회주의국가의 일반적 추세로 된 이상 공산국가의 정치지도자들이 이데올로기의 동질성을 근거로 한 단결이나 전통적인 유대관계를 유지할 수 없게 되었다는 사실이다.

1950년대 후반 소련과 유고가 화해하는 과정에서 사회주의국가 간의 관계에서의 자주성 인정과 사회주의로 가는 길의 다양성은 이미 공인된 바 있었다. 그러나 이러한 원칙은 패권주의 국가에 의해 빈번히 유린되었으며, 그 대표적인 실례가 1968년의 체코 사태와 브레즈네프의 제한주권론(制限主權論)이라 할 것이다.

그러나 지금은 상황이 다르다. 각국마다 개혁과 개방을 추진하며 서방국가와의 관계개선에 노력하고 있는 이상 때로는 사회주의국가 간의 이해충돌이 발생할 수밖에 없는 것이다.

이상에서 지적한 사회주의국가 지도자의 인식의 변화를 고려할 때, 우리나라와 깊은 관계를 유지하고 있는 미, 일, 중, 소 4대국 관계는 앞으로 상당기간 평화지향적 방향을 걷게 될 것으로 전망된다. 이런 현상은 서두에서 지적한 대로 우리나라의 대북외교에 유리한 조건으로 되며, 이 기회야말로 우리로 하여금 북한의 후견국(後見國: 소련·중공)을 직접 상대하여 국가이익과 통일을 위한 환경조성의 이니시어티브를 장악할 때라 생각된다.

2. 북한내부 변화의 실제와 그 제한성

지난 1980년대를 들어서면서 북한에서도 부분적 개혁이 시도된 징후를 찾아 볼 수 있다.

주로 경제부문에서 나타난 것이기는 하지만 연합 기업소의 확대강화, 독립채산제, 계획관리 기능의 기업에의 이관, 주문(注文) 생산제 도입, 지방 예산제 강화, 농업협동조합 작업단위(작업반 인원) 규모 감축, 합영법(合營法)의 실시 등이 그것이다.

그러나 이러한 개선 조치들이 경제 부분의 발본적인 쇄신이라 할 수 있는 상품경제나 시장기능부활로 연계되지 않았으며 정치적인 개혁조치도 수반하지 않고 있다.

이런 의미에서 지난 기간의 북한의 경제 관리와 일부 구조의 개편 조치들은 사회주의 국가에서 실시되고 있는 개혁이나 개방과는 큰 차이가 있다. 1960년대 기간에 소련, 헝가리, 체코, 폴란드 등 여러 나라에서 이와 유사한 개편조치가 실시된 바 있었지만 그 어느 하나도 성공하지 못하였다.

정치체제 개혁을 수반하지 않는 경제 관리개선이나 개방은 반드시 실패한다는 것이 공산주의 이론가들의 공통된 견해이다. 나는 북한의 정치적 경제적 사정뿐만 아니라 김일성의 이데올로기가 개혁과 개방을 근원적으로 불가능하게 만드는 원인이라 생각한다.

김일성의 이데올로기가 개혁과 개방의 최대 저해 요인이라는 사실은 1980년 제6차 당대회에서 한 김일성의 중앙당 사업총화보고에서 잘 나타나고 있다. 그는 이 연설에서 고루한 사회주의 이론을 너절하게 나열하며 농민계급의 노동계급화를 통한 계급의 폐절, 협동적 소유의 전 인민적 소유에로의 이행, 과도기론에 근거한 프롤레타리아 독재의 강화, 경제건설에서의 당적 지도의 강화, 사상 혁명의 최우선 등등을 주장하였다. 이 연설은 김일성이야 말로 사회주의 진영 내에 있어서 스탈린주의를 가장 강력히 수호하려는 수구적 좌경분자 임을 입증하고 있다.

그런가 하면 그의 후계자인 김정일은 1974년 당 중앙위가 결의한 "유일사상체계 확립을 위한 10대원칙"을 강조하며 북한의 모든 인민은 「혁명적 수령관」을 지니고 정치적 의리를 중시하고 자연적 생명보다 정치적 생명 옹호를 제1의 사명으로 삼아야 한다고 강변하고 있다.

도대체 이런 낡은 반인민적 반사회주의적 사상을 지닌 사교집단이 어떻게 인간활성화를 목적으로 하는 개혁 조치를 실시할 수 있겠는가? 오히려 북한의 지배집단들은 소련이나 중국에서의 개혁이 몰고온 부정적 현상들을 인용하며 개혁반대의 논리를 정립하고 있다 할 것이다. 그들은 개혁과 개방이 사상해방을 유도하며 모든 부문에서의 민주화를 확대시킨다는 사실만을 생각하고 그것은 곧 김일성, 김정일 지배체제의 약화, 나아가서 붕괴까지도 가능케 하는 요인으로 작용할 것이라는 데서 가장 큰 위험요소로 여기는 것 같다.

이러한 개혁에 대한 잘못된 생각과 공포심을 갖고 있다면 북한에서의 전면적이며 발본적 개혁은 기대할 수 없으며, 특히 개방의 조기 실현은 예상할 수 없다.

북한이 채택할 수 있는 개혁과 개방은 경제 합리화를 위한 부분적 개편 조치 정도에 한정될 것이며 긴급한 선진 과학기술의 도입, 제한된 합영 기업의 허용, 일부지역에 대한 외국인 관광허용 등에 한정될 것으로 보인다. 이와 같은 조치를 취하면서도 이에 상응하는 내부통제를 위한 사상교육이나 감시체제를 강화할 것은 재론의 여지가 없다고 하겠다.

그렇다면 우리 측이 제시한 일련의 대북제안들이 남북한 대화에서 본격적으로 논의될 가능성은 아직은 희박하다 할 것이다.

### 3. 1980~1990년대를 향한 사회교육방송의 기본방향

이상과 같이 공산국가의 체제 개혁과 개방이 유발한 제현상과 북한 내부의 변화가능성, 그 실제를 검토할 때 우리나라는 평화지향적인 주변정세와 대결지향적인 남북관계의 이중적인 정치, 사상적인 구조 하에 놓여 있음을 알게 된다.

향후 우리나라는 소련, 중국, 동유럽 각국과의 인적 물적 교류는 증대할 것이며, 동시에 북한도 미국, 일본, 서유럽 각국과의 관계를 개선하기 위해 노력할 것이다.

이와 같은 정세변화는 필연적으로 새로운 정세 변화의 실체를 북한인민에게 알리는 계기를 조성할 것이다. 이러한 시기야 말로 대북 심리전을 담당하는 사회교육방송의 역할이 그 어느 때보다 중요한 시기라 할 것이다. 새로운 지식에 접하여 증대하는 북한 동포들의 지적요구에 호응하며 진실을 전해 줌으로써 사회교육방송에 대한 북한 동포들의 신뢰를 증폭시킬 수 있다.

지금이야 말로 객관적이고 과학적인 방송내용을 송출함으로써 북한 동포의 청취율과 신뢰심을 확대하자는 것이다. 이를 위해 몇 가지 주제를 제기한다.

① 마르크스-레닌주의와 그 체제에 대한 올바른 비판의식을 심어주는 주제를 택해야 할 것이다.
그것은 지금까지 북한 공산주의자들이 제시했던 「사회주의원칙」, 「사회주의의 합법성」 등의 주장은 한낱 "도그마"에 불과함을 설파하는 것이다. 이를 위한 객관적이고 이론적인 근거는 현재 공산국가에서 진행하고 있는 개혁의 이론을 원용하면 간단히 해결할 수 있을 것이다.

② 북한의 독특한 통치 이데올로기—주체사상에 대한 비판을 강화하는 것이다. 사람 중심이라는 논리의 허구성을 입증하기 위해서는 현재 공산국가에서 대대적으로 전개되고 있는 철학 문제, 역사문제에 대한 논쟁 자료를 인용함으로써 가능하다. 북한체제 비판에서 핵심문제는 주체사상 비판이어야 함은 재론의 여지가 없다.

③ 북한 동포들에게 개혁 요구를 표명할 수 있는 의지를 갖도록 그들에게 구체적인 정보를 전달해야 한다. 진실한 정보에 접할 수 있을 때 자신의 위치를 확인하게 되고 나아가 신념을 갖고 지위향상을 위한 요구를 제시할 수 있게 된다.
진실한 정보의 전달이 곧 개혁 요구를 표명할 수 있는 계기를 조성한다. 이를 위해 개혁이 진행되고 있는 소련이나 중국의 사회학자나 경제학자들이 분석한 공산주의 사회의 경제실태에 대한 논문을 소개할 필요가 있다. 공산국가 사회학자나 경제학자들의 비판 논

문은 바로 북한체제에 관한 비판 논문으로 이용할 수 있다.

④ 우리 측의 민주화 과정과 경제성장 과정을 적나라하게 소개함으로써 남조선 혁명의 환상을 제거하고 평화정착과 민족공동체 의식을 함양하도록 설득해야 할 것이다.

지금까지의 대북방송은 주로 우리 측의 긍정적 측면만 강조해왔다. 이러한 내용으로는 자본주의 국가가 내부모순을 해결하기 위해 어떤 노력을 경주하고 있는가를 이해시킬 수가 없다.

따라서 앞으로는 우리 사회에서 발생하는 사회적 모순과 갈등을 어떤 방식으로 해결하며 발전의 지속성을 견지하고 있는가를 이해시켜야 한다.

이렇게 함으로써 우리 체제의 저력을 알게 하고 남조선혁명의 허구성을 입증해야 할 것이다.

⑤ 앞으로의 사회교육방송은 그 전제가 북한지역 역시 「인간이 사는 곳」이라는 인식하에 사람이 사는 곳에서 일어나는 사람과 사람과의 관계에 초점을 맞춘 방송을 해야 한다는 것이다. 이를 위해서는 북한사회에 대한 구체적인 분석과 연구가 필요하다. 각 개인의 이해관계를 적나라하게 파헤치면서 각 개인의 일상생활에서 느끼는 감정이나 느낌에 공감을 줄 수 있을 때 신뢰심을 키울 수 있다.

나는 이러한 나의 사회주의 국가(진영), 특히 북한에 대한 정세 인식하에 노동당 고급 당간부와의 이론 투쟁을 전개하기로 한 것이다.

본래 심리전이란 당장 상대방의 신념이나 체제를 붕괴시킬 수는 없으나 지구전(持久戰)으로 일관성 있는 공격을 가한다면 반드시 의식 변화를 가져올 수 있다. 때문에 심리전은 「인지조작(認知造作: Perception Management)」이라고 하는 것이다.

이런 원칙적이고 기본적인 관점에서 나는 북한동포가 처해있는 현실을 반영하여, 사람이 사는 곳에서 일어나는 모든 문제를 주제로 삼고 김일성, 김정일의 이른바 주체사상과 세습적 독재체제를 비판하는 방송을 18년간(1980~1998년) 계속했다.

# 북한 「연방제 통일방안」 비판

## 실상으로서의 혁명과 허상으로서의 통일

1980년 10월 10일에 개최된 북한 노동당 제6차 당대회에서 한 김일성의 보고 중 "3. 조국의 자주적 평화통일을 이룩하자"에서는 다음과 같이 「연방제 통일방안」을 제시했다.

" …1970년대에 들어서면서 급변하는 국내외 정세발전 요구를 반영하여 조국통일의 기본강령으로 자주·평화통일·민족대단결의 3대 원칙을 제시했다…. 이를 계기로 공화국 북반부 인민은 물론 남조선의 애국적 청년학생들과 민주인사들을 비롯한 각계각층 인민들도 조국통일을 위한 투쟁에 용감히 일떠섰다…. 이런 앙양된 투쟁기세에 겁을 먹은 미국과 남조선 당국자들은 조선의 통일을 지연시키고, 분렬을 영구화하기 위하여 <두 개 조선>정책을 들고 나왔다…. 이러한 책동을 저지하기 위해 …북과 남이 서로 상대방에 존재하는 사상과 제도를 그대로 인정하고 용납하는 기초우에서 북과 남이 동등하게 참가하는 민주통일정부를 내오고 그 밑에서 북과 남이 같은 권한과 의무를 지니고 각각 지역자치제를 실시하는 련방공화국을 창립하여 조국을 통일할 것을 주장한다…." (김일성, "로동당 제6차 당대회에서 한 중앙위원회 사업 총화보고: 조국의 자주적 평화통일을 이룩하자," 1980.10)

나는 김일성의 「연방제 통일방안」을 보면서 이미 김대중씨를 비롯한 재야인사들이 비록 정치적 의미나 내용은 다를지라도 '연방제 통일'을 제시하고 있으니, '이번 북측 제의가 청년학생들이나 일부 좌경인사들의 통일에 대한 인식에 혼란을 일으키지 않을까?'라고 생각하며, 이 「연방제 통일방안」의 진의가 변함없는 북한의 대남공작—적화통일전략—과 어떻게 연계되는가를 밝혀야겠다고 생각하여 김일성의 「연방제」에 관한 내 견해를 기술했다.

## 정확히 인식해야 할 북한의 「남북통일론」

해방 이후 지금까지 북한 김일성 일당이 주장해온 통일에 대한 규정은 다음과 같다.

첫째 규정은 「민족해방투쟁」이라는 것이다. 「민족해방투쟁」이라는 말은 외세식민지로부터 민족의 해방을 쟁취하기 위한 투쟁이라는 뜻이다.

말할 필요도 없이 그들은 남한지역을 독립국가로서가 아니라 미국의 식민지 종속지역이라고 규정한다. 김일성은 "통일문제는 어디까지나 외래침략자로부터 빼앗긴 영토와 인민을 다시 찾는 혁명"이라고 주장하고 있다.

통일문제에 대한 북한의 두 번째 규정은 「민족해방투쟁」인 동시에 치열한 「계급투쟁」이라고 주장한다. 김일성은 "조국을 통일하기 위한 투쟁은 민족해방투쟁인 동시에 사회주의와 자본주의 사이, 혁명은 반혁명 사이의 날카로운 계급투쟁이다"라고 주장하였다.

북한의 주장은 통일문제는 단순히 갈라진 국토와 민족을 통합함으로써 이루어지는 실무적 문제가 아니라 미국에게 빼앗긴 땅과 식민지 예속 하에 있는 인민의 해방을 위한 반미투쟁인 동시에 미국과 손을 잡은 「국내 반동세력」과의 치열한 계급투쟁에서 승리함으로써 비로소 달성된다고 보는 것이다.

그들이 말하는 타도해야 할 적대세력은 누구인가? 그 대상은 말할 나위도 없이 미국과 협조하는 남한 내의 지주, 자본가, 정부관료, 군부들이라는 것이다. 때문에 반미투쟁과 함께 이들 남한 내 반공세력(반혁명, 반동세력)을 타도하기 위한 계급투쟁을 치열하게 전개하여 승리하여야 한다는 것이다.

통일문제에 관한 북한의 세 번째 규정은 「민족내부 문제」이며 「내정의 문제」라는 것이다. 김일성은 말하기를 "조국의 통일문제는 어떠한 외세의 개입도 허용할 수 없는 조선인민의 내정문제이다"라고 주장한다.

여기에서 간과해서는 안 되는 것은 김일성이 말한 「조선인민의 내정문제」라는 말이다. 이 말은 단순히 외세의 개입을 반대한다는 뜻이 아니라 「동서독 간의 문제」와 같이 처리될 수 없다는 의미이다.

북한의 이론대로 한다면 독일은 근대역사에서 두 차례나 세계대전을 일으킴으로써 인류에게 막대한 재난을 가져다 준 전쟁의 발상지이며, 제2차 세계대전의 패전국으로서 전후 연합국에 의한 공동관리에 의하여 분열되었다. 이에 반하여 우리나라의 분열은 일시적인 현상에서 비롯되었다는 것이다. 즉 우리나라에 대한 외국군대의 진주는 원래 패전국에 대한 처리문제에서가 아니라 일본군의 항복을 받기 위해 진주한 것이었는데, 미국이 이 기회를 이용하여 남한을 강점함으로써 분열되었으니 외세가 들어오기 전 상태로 환원함으로써 통일은 이루어진다는 것이다. 때문에 우리나라의 분단을 동서독 간의 분단과 같이 인정해서는 안 되며 동서독 간의 패턴이 우리나라에서 적용되어서는 안 된다는 주장이다.

이상과 같은 통일문제의 3가지 성격, 즉 민족해방투쟁, 반자본계급투쟁 그리고 내정의 문제라는 규정에 입각하여 「조국의 통일문제는 바로 민족해방·인민민주주의 혁명의 문제」라는 논리를 유출하고 있다.

## — 북한의 혁명전략과 통일문제와의 상호관계

그러면 여기에서 북한이 제시하는 민족해방·인민민주주의 혁명전략과 통일문제를 구체적으로 어떻게 연관시키는가에 대하여 검토하고자 한다.

앞에서 지적한 통일문제의 기본성격을 고려할 때 북한이 원하는 통일이란 「남조선혁명」을 완수하고 「조선혁명의 전국적 승리를 이룩하는 문제」라고 말할 수 있다.

그런데 현재의 남북관계는 과거 30여 년 동안에 걸친 분열로 인하여 남북 간에는 전혀 다른 정치체제가 형성되었다. 때문에 2가지 성격의 혁명을 전개해야 한다는 것이다. 북한 공산주의자들의 말에 의하면 "남과 북의 2개 지역에서 각기 처한 서로 다른 환경과 조건은 한 나라에서 각기 다른 투쟁과 방법을 가지고 혁명을 추진할 수밖에 없게 되었다"는 것이다.

북한지역에서는 이미 「사회주의혁명」이 진척되고 있으나 남한지역에서는 아직 「민족해방혁명」과 「인민민주주의혁명」도 착수하지 못한 상태에 있다는 것이다. 따라서 부득이 북한지역을 강력한 혁명의 기지로 꾸미고 그의 적극적인 지원 밑에 「남조선 혁명」을 발전시키며, 남북한 인민의 단합된 힘에 의하여 조국의 통일을 이룩하고 혁명의 전국적 승리를 기해야 한다는 것이다. 이러한 조건 때문에 전략도 「분단국가 혁명전략」이라는 특성을 띠게 된다는 것이다. 이와 같은 2개 지역에서 각기 다른 혁명을 전개하며 이를 항시 결합시키는 전략이 바로 현 시점에서의 북한의 혁명전략이다.

이 전략방침에 따라 북한지역에서는 3대역량—정치·경제·군사역량—을 강화하는데 총력을 기울이며, 남한에서는 주로 정치적 역량을 강화하는데 중점을 두고 있는 것이다.

구체적으로 말하면 남한에서는 지주, 매판자본, 반동관료를 반대하는 이른바 반식민지·봉건 투쟁, 즉 '민주화' 투쟁에 중점을 두는 정치투쟁—반정부 반체제 투쟁과 주한미군 철수를 요구하는 반미투쟁을 전개하는 한편 북한에 있어서는 정치적 역량과 함께 군사적 역량을 강화하며 이를 뒷받침하는 경제적 역량의 발전에 중점을 두어야 한다는 것이다.

전체적으로 볼 때는 반미·반정부 투쟁이라는 하나의 슬로건 하에 남북한의 모든 활동을 배합하지만 2개 지역 내부에서 주력하는 역량의 강화는 서로 다르다는 뜻이다.

그러면 이와 같은 투쟁을 담당한 주력군은 어떻게 편성할 것인가?

북한의 경우는 이미 북한 노동당의 일당독재가 완성되었으며 사회주의경제체제가 구축되었기 때문에 전 인민을 동원하여 경제적 역량과 군사적 역량을 강화할 수가 있다. 그러나 남한의 경우에는 공산주의자의 조직도 없거니와 설사 그들의 말대로 지하당이 존재한다 하더라도 대중(그들의 말로는 노동계급)을 정치적으로 교육하고 주력군으로 편성할 수 있는 상태에는 이르지 못하고 있다. 따라서 남한지역의 정치적 역량을 강화하기 위해 "기본계급뿐만 아니라 통일을 염원하는 청년학생, 지식인, 군인, 민족자본가와 소자산계급들을 조직화하여 남조선혁명의 동력으로 삼아야 한다"는 것이다.

때문에 「남조선혁명」에 있어서 통일전략 문제는 "혁명단계마다 일정한 계급과 계층, 반정부적 정당과 개별적 인사들과의 일시적인 연합, 일정한 시기까지의 행동통일을 실현하는 전술적 문제로부터 혁명역량 편성과 연계하여 중요한 전략문제로 혁명의 종국적 목적을 실현하기 위한 공고한 동맹자 문제로 발전시켜야 한다"는 것이다.

이와 같은 북한의 전략방침을 고려할 때 나는 북한 노동당이 남한에서 전개하는 통일전선을 전술적 차원에서의 문제가 아니라 전략적 관점에서 평가하며 대응해야 한다고 주장해왔다.

남한에서의 통일문제는 남조선혁명의 기본전략이다. 반미·반정부적 의식이 있다고 평가되는 대상은 그가 보수주의자든 종교인이든 심지어 반공주의자든 관계없이 누구를 막론하고 동맹자로 포섭하라는 것이다.

이를 위해 필요한 정치적 구호를 제시한다는 것이다. "자주적", "민주주의", "평화통일", "민족", "인권" 등 통일문제와 관계있는 구호는 모조리 제시하여 유혹하라는 것이다.

이와 같은 통일전선의 전략적 운용의 방침에 입각하여 대중투쟁의 전술을 정세변화에 맞게, 군중의 의식수준에 맞게, 정치투쟁의 구호와 경제투쟁의 구호, 민족적 구호와 계급적 구호를 적절히 배합한 투쟁구호를 제시하며 정치투쟁과 경제투쟁, 합법 및 반(半)합법 투쟁과 비합법투쟁, 폭력투쟁과 비폭력투쟁 등 온갖 투쟁 형태와 방법을 선택적으로 제시, 구사하여 우리의 내부 사회적 갈등을 이용하고 분열·대립하도록 유도하라는 것이다.

이와 같이 하여 남과 북 2개 지역에서 각기 상이한 두 가지의 혁명을 전개하면서 이를 하나로 결합하려는 것이 그들의 전략방침이다. 북한 공산주의자들은 가능한 남한에서의 혁명이 독자적인 하나의 사회혁명으로 그 위치를 굳혀가기를 바라고 있다.

때문에 북한 노동당 수뇌부는 "남한에서의 혁명은 전 조선혁명의 한

개 구성 부분으로 진행되는 지역혁명"으로 "통일적 조선혁명의 이익에 복종하고 그에 따라야 할 임무를 지니도록 계획"하고 있다. 김일성은 "남조선에서 혁명이 승리하면 북조선의 사회주의 역량과 남조선의 애국적 민주주의 역량의 단합된 힘에 의해 우리 조국의 통일위업을 성과적으로 실현할 수 있다"고 하였다.

「남조선 혁명」이 성공할 경우, 김일성이 주장한 대로 "남북 혁명역량은 자연스러운 배합을 통해 평화적 방법으로 통일(적화)이 완수될 것이며, 그렇지 않고 남한 내부에서 좌우세력으로 분열되어 정치투쟁, 나아가 폭력투쟁이 발생한다면 「남한의 혁명군을 지원하여」 폭력적 무장투쟁(비평화적 방법)의 방법으로 전국적 혁명을 완수할 수 있다"고 판단하는 것 같다. 바로 이것이 통일의 '2가지 방도'라는 것이다.

## 통일의 '2가지 방도'와 혁명적 대사변

앞에서 지적한 바와 같이 평화적인 방법으로 전국적 혁명을 완성하는 경우와 전쟁에 의하여 전국적 혁명을 완성하는 경우 중 어느 하나가 선택되든지 간에 이에 상응하는 준비를 갖추어야 한다는 것이 김일성 일당의 기본전략이다.

이를 요약하여 북한는 "혁명적 대사변을 주동적으로 맞이하자"는 구호로 표현한다.

그렇다면 혁명적 대사변이란 의미는 무엇인가? 이에 대하여 북한의 문헌은 다음과 같이 기술하고 있다.

"혁명적 대사변이란 남과 북의 모든 애국역량의 힘을 합하여 미제를 내쫓고 민족해방혁명을 완수하여 조국통일위업을 이룩하기 위한 결정적

투쟁에 나서게 될 혁명적 전환기의 계기를 말한다." (『주체사상에 기초한 남조선혁명과 조국통일리론』, 1975, p.263)

북한이 오늘의 시점에서 '통일의 2가지 방도'의 하나인 「평화적 조국통일의 가능성」을 논할 때는 다음 3가지 경우를 말한다.

첫째, 남한당국이 남한인민의 압력에 못이겨 「3대 원칙」과 「5대 방침」을 접수할 때

둘째, 남한 내에 반제자주적 정권이 수립되거나 남한이 중립화될 때

셋째, 남한에서 공산혁명이 성공하여 인민민주주의 정권이 수립될 때

위와 같은 3가지 경우라면 그것이 용공(容共), 연공(聯共), 공산(共産)의 3정권이 수립되는 것이므로 그들이 말하는 평화적 방도에 의한 통일이 이뤄질 것임은 재론의 여지가 없다.

한편, 또 하나의 통일 방도인 「폭력(무력)투쟁에 의한 방도」를 논할 때에는 다음의 3가지 경우를 말한다.

첫째, 미국이 북한을 침공하여 남북 간의 전쟁이 일어날 때

둘째, 다음과 같은 여건으로 미국의 세력이 약화되었을 때

① 세계적 범위에서 전쟁이 일어나 미국의 세력이 분산되어 주한미군이 맥을 추지 못할 때

② 서방 자본주의국가 간의 전쟁이 일어났을 때

③ 세계 도처에서 반미운동이 발생하여 미국이 녹아났을 때

셋째, 남한에서 혁명정세가 성숙되고 남한인민들이 결정적 투쟁에 떨쳐나서 북한에게 지원을 요청할 때

이와 같은 '2가지 방도' 중 어느 방도에 의해서라도 주동적으로 맞이하기 위한 준비를 갖추자는 것이 바로 「혁명적 대사변」에 관한 이론이다.

이를 위한 준비는 어떻게 진행하는 것인가? 이에 대하여 김일성은 다음과 같이 말하고 있다.

> "우리 조국의 통일, 조선혁명의 전국적 승리는 결국 3대역량의 준비에 달려있다고 말할 수 있다. 첫째로, 공화국 북반부에서 사회주의 건설을 잘하여 우리의 혁명기지를 정치·경제·군사적으로 더욱 더 강화하는 것이며, 둘째로, 남조선인민들을 정치적으로 각성시키고 튼튼히 묶어세움으로써 남조선의 혁명역량을 강화하는 것이며, 셋째로 조선인민과 국제혁명역량과의 단결을 강화하는 것이다." (『김일성 저작선집 제4권』, p.239)

이상의 「3대 혁명역량의 강화」 문제가 바로 혁명적 대사변을 주동적으로 맞이하는 기본으로 된다고 보는 것이다. 여기에서 우리는 우선 통일문제가 혁명의 문제이며, 폭력 즉 혁명정세를 성숙시키는 결정적인 요인이라고 보는 공산주의자의 혁명주의적 본질이 통일의 본질로 되고 있음을 알 수 있다.

우리가 명심해야 할 것은 통일문제가 힘을 본질로 하는 혁명투쟁의 문제라고 인식하고 있다는 사실이다. 그들은 다음과 같이 말한다.

> "온갖 형태의 혁명투쟁은 본질에서 반혁명과의 힘의 대결이며, 혁명의 이상과 반동의 이상에 의하여 지도되는 사람들 사이의 정치·경제·군사 분야에서 누가 누구를 타도하느냐 하는 결사전이다. 이 힘의 대결에서 혁명역량이 강해야 반혁명은 타승할 수 있고 반혁명을 때려부셔야 혁명에서 승리할 수 있다. 이것은 움직일 수 없는 혁명투쟁의 법칙이다. 따라서 혁명역량을 충분히 준비하지 않고 어떤 일시적인 사건이나 우연적 계기에 기대를 걸면서 혁명의 승리를 바라는 것은 환상에 지나지 않는다."

(전게서, 『남조선혁명과 조국통일리론』, 1975, p.272)

그러면서 동 문서는 통일의 '2가지 방도'와 힘과의 관계에 대하여 다음과 같이 이어 설명하고 있다.

"조국통일의 전도에는 평화적 및 비평화적 방도가 있다. 그러나 어느 방도에 의하여 조국통일이 수행되든지 간에 그것은 세계제국주의의 원흉인 미제와 그 앞잡이들을 반대하는 투쟁이며 반혁명, 통일과 분열, 애국과 매국매족세력과의 날카로운 힘의 대결이며 예속과 자주성 간의 심각한 투쟁이다. 따라서 조국통일의 평화적 및 비평화적 수행방도에 관계없이 혁명역량을 백방으로 강화하는 조건에서만 혁명적 대사변을 맞이할 수 있으며 반혁명세력을 타승하고 국토의 통일과 민족의 자주성을 옹호할 수 있다."

이러한 관점에서 김일성은 3대혁명역량의 강화문제를 공산주의 혁명의 본질문제로, 통일의 전략 원칙으로 삼고 있다. 그런데 이 3가지 혁명역량 중 가장 중요한 역량은 무엇인가?

우선 우리 민족의 주체적 힘이 우선하고, 그 힘이 있을 때 외국의 지원도 효과가 있다는 점에서 남북한 인민의 혁명역량이 국제지원역량보다 우선하며, 한편 남북한의 역량은 「통일적인 하나의 혁명」이 각이한 발전단계에 놓인 2가지 지역에 나뉘어 진행되는 조건에서는 남북이 각기 혁명역량을 준비하지 않을 수 없지만, 이 두 혁명역량 중에서 주도적이고 결정적인 혁명역량은 「북반부의 혁명역량」이라고 하였다.

왜 「남반부의 혁명역량」보다 「북반부의 혁명역량」이 더 중요한가? 그 이유는 북한의 혁명역량은 「사회주의 역량」이며 남한의 혁명역량은

「민주주의 역량」이기 때문에 아직 사회주의 역량에 비해 약하기 때문이라는 것이다. 북한의 사회주의 역량은 이미 정치·경제·군사적으로 잘 꾸려져 있지만 남한의 「애국적 민주역량」은 현조건에서는 "정치적 역량이 기본을 이루고 있을 뿐"이라는 것이다.

따라서 남한의 혁명역량이나 국제적 지원역량을 성숙시켜 나가는 혁명역량, 「전조선혁명」의 가장 중요한 원동력이고 조국통일의 '기본담보'로 되는 역량은 역시 「북한의 혁명역량」이라는 것이다.

이와 같이 3대 혁명역량을 준비하는데 있어서도 반드시 선차성—우선순위를 부여해야 한다는 것이다.

그렇다면 북한의 혁명역량을 구성하는 3가지 역량—정치적 역량, 경제적 역량, 군사적 역량—중 선차적인 역량은 무엇인가? 이 3가지 역량 중 가장 우선해야 할 역량은 「정치적 역량」이며, 그 이유는 "혁명투쟁은 무엇보다 먼저 정치투쟁이며, 혁명의 승패는 먼저 정치적 역량을 잘 꾸리는가 못꾸리는가에 달려있기 때문"이라는 것이다.

여기에서 우리는 북한의 이른바 혁명전략은 먼저 「정치작전」에서부터 출발함을 알 수 있다. 이 점이 바로 북한이 광적인 선전과 선동을 전개하는 이유이다.

## — 북한이 주장하는 「연방제」의 모순

현 시점에서의 북한의 정치조건으로서의 통일문제란 무엇인가? 그것이 바로 현재 전개되고 있는 북한의 「연방제」 제안이다.

북한이 제시한 「연방안」이 국제정치학에서 통용되는 '연방(Federation)인가?' 아니면 '국가연방(Confederation)인가?' 하는 점에 대하여 검토해보자.

일반적으로 연방이라고 할 때는 "2개 이상의 주권국이 결합하여 하나의 국가적 인격을 형성하여 주권적인 하나의 중앙연방정부를 수립하고 이 연방정부가 지분국의 국민에 대하여 직접적인 권력을 행사하는 국가구조"를 말한다. 따라서 당초에는 주권국가가 모여서 연방을 형성하지만 일단 연방이 형성되면 그 즉시로 연방의 구성단위가 되는 지분국들은 국가로서의 존재가 끝나게 된다.

이와 같은 연방에 대한 해석은 북한의 문헌에도 동일하게 다음과 같이 기술되고 있다.

"나라의 전 지역에 걸쳐 국가주권을 행사하는 최고주권기관과 그의 집행기관이 있으면서 해당한 지역에서 일정한 범위의 주권을 독자적으로 행사하고 집행하는 성원들로 이루어진 국가로서 연방제는 말과 풍습과 문화가 서로 다른 민족들로 이루어진 나라들에서 실시되는 국가구조의 하나이다." (『정치사전』, 사회과학출판사, 1973, p.313)

한편 '국가연합'이란 "2개 이상의 주권국가들이 조약에 의하여 연합을 결성하고 조약에 규정된 범위 내 대외적인 기능의 일부를 행사하는 것"을 말한다. 따라서 국가연합에 의하여 새로 창설된 공동기관(연합의 기능을 수행하는 정부)은 구성국가 대표가 공동으로 참여하나, 연합국 국민에 대한 직접적인 권력행사는 하지 못하며 대국민 주권행사는 각국의 고유한 권한으로 남아있다. 따라서 국제적인 인격은 구성국은 물론 연합업무를 담당하는 공동기관이 다 같이 갖게 됨으로 이런 측면에서는 국제적인 주권은 다분히 분산된다고 보아야 할 것이다.

국가연합에 대한 북한 측의 개념도 이와 비슷하다.

"국가연합은 국가들 간의 조약에 의하여 이루어진 일종의 동맹이다. 여기에는 연합성원국가의 주권을 대표하는 최고주권기관이란 없고 매개 연합성원국 자체가 자기주권을 행사한다."

이와 같이 북한은 연방과 국가연합의 개념의 명박한 차이를 인정하면서도 우리 나라말로 표기할 때는 「고려연방공화국」 또는 「고려민주연방공화국」이라고 분명히 '연방(Federation)'이란 말을 쓰면서도 외국어로 표기할 때는 "Confederal Democratic Republic of Korea", 즉 '국가연합(Confederation)'이라고 사용한다. 따라서 연방인지 국가연합인지 또는 이 2가지 개념을 혼합한 것인지 잘 구분할 수가 없다.

이와 같이 모호하게 연방과 국가연합의 용어를 사용하는 이유에 대하여 북한의 공식문헌은 "…우리나라의 역사적 조건과 민족적 특성, 통일문제의 복잡성과 남북공동성명이 발표된 이후 조성된 현실조건을 깊이 통찰한데 기초하여 다시 천명된 창조적인 연방국가 형태로서 이 때까지 알려진 연방안은 '해외의 연방제'와는 본질적으로 구별되는 일련의 특성을 가진다"고 말한다. (전게서, 『남조선혁명과 조국통일리론』, 1975, p.249)

'해외의 연방제'와 '북한의 연방안' 간에 무엇이 다르다는 말인가? 이 차이점에 대해 북한이 제시한 이유를 위에서 제시한 문헌(『남조선혁명과 조국통일이론』)을 통해 검토해 보기로 한다.

첫째, 그것은 "항구적이며 공고한 연합체가 아니라 통일의 과도적인 대책으로 취해진 '일시적인 연합'이다. …평화통일의 조건 조성을 당면한 과업으로 하고 단일한 통일정부수립의 전제를 마련하는 것을 최종 목적으로 하여 통일정부가 수립되면 연방공화국은 자기의 존재 의의를 잃게 되기 때문"이라는 것이다.

둘째, 그것은 "여러 민족들의 연합에 의한 연방이 아니라 같은 말과 같은 풍속, 하나의 민족문화를 가진 단일민족이 지역적으로 일시 갈라진 두 부분을 다시 합치기 위한 연방"이기 때문이라는 것이다.

셋째, 그것은 "동일한 사회제도와 정치이념에 기초한 것이 아니라 각이한 사회제도와 서로 다른 사상과 이념에 기초한 것이다. …지금까지 역사적으로 존재하여 온 모든 연방국가들은 어느 하나도 동일한 사회제도에 기초하지 않은 연방이란 없었으며 다 같이 하나의 정치적 이념에 의하여 활동하였다. 즉 자본주의 또는 사회주의라는 동일한 사회제도를 가진 분방(지분국, 가맹국)의 결합으로 이루어졌다." 그러나 북한이 제시한 연방제는 정치구조와 사회제도가 서로 다른 남북한의 연방 때문이라는 것이다.

넷째, 그것은 "중앙정부의 기능을 수행하는 주권기구가 아니며 주권행사는 의연 연방을 이루고 있는 남과 북의 제각기 하는 것이라는 특징"이 있기 때문이라는 것이다. 즉 남북은 "같은 수의 대표들과 적당한 수의 해외동포 대표들로 최고민족연방회의를 구성하고 거기에 연방상설위원회를 조직하여 남과 북의 지역정부들을 지도하여 연방국가의 전반적인 사업을 관할하도록 하기 때문"이라는 것이다.

이상과 같은 북한 공산주의자들의 '연방의 특징'이라는 주장에서 미루어 볼 때 이것은 연방이 아니라 국가연합과 유사한 것으로 평가된다.

왜냐하면 첫째로, 연방형식의 통일국가를 형성하자고 하면서 최고민족연방회의는 5천만 국민의 대표로 구성하는 것이 아니라 '남북 간(구성국 지역정부)의 같은 수의 대표'로 구성하자고 하고 있다는 점.

둘째로 "연방상설위원회(통일정부)를 창설하면서도 남과 북의 한쪽이 다른 한쪽에 자기의 의사를 강요하지 못하도록 하여야 한다"고 밝힌 점이다. 즉 남북의 '현 정부'는 지역정부로서 독자적인 주권행사를 하면서 "정치문제와 조국방위문제, 대외관계문제를 비롯하여 민족의 전반적 이익과 관계되는 문제들을 토의결정하는 임무를 상설위원회가 갖게 하여야 한다"는 것이므로 이는 남북 간의 합의, 즉 조약체결과 같은 절차를 밟을 때 비로소 연방정부에 대한 위임사항이 결정될 것이기 때문이다. 얼핏 보기에 그럴 듯하다.

그러나 이러한 북한의 연방제안이 그들의 말대로 '해외에서의 연방제', '지금까지 존재해 온 연방제'와 다른 만큼, 그만큼 더 곤란하다는 사실을 전제하고 있는 것이다. 왜냐하면 서로 상이한 정치이념과 정치체제를 가진 국가 간에 연방이 가능할 리가 없으며, 특히 두 개의 남북체제 간에는 불신보다 몇 배 더 강한 증오심이 존재함을 무시할 수 없기 때문이다.

이러한 의미에서 우리는 우선 이와 같은 연방제 제안이 "혁명의 일반원칙에 통일문제를 종속시키며 혁명의 한 구성부분으로서 통일문제를 인식"하는 그들의 혁명노선의 전략전술의 문제로서 일단 규정하지 않을 수가 없는 것이다.

## 북한의 「연방제」 강령 비판

그러면 여기에서 「연방」이 수행해야 할 과제로 제시된 제6차 당대회에서 밝힌 「10대 강령」을 검토해 보기로 하자. (『조선로동당의 새로운 조국통일방안과 통일국가의 10대 정강』, 조국통일사, 1981)

### ① 자주성 문제

10대 강령의 첫째 문제는 '자주성'이다.

말할 필요도 없이 자주성이 없는 나라는 완전한 독립국가라고 할 수 없다. 자국의 국가주권을 수호하기 위해서는 강력한 민족의 자주성을 지켜나가야 한다. 이것은 국가경영을 책임진 최고 지도자는 물론 모든 국민이 한결같이 간직하고 철저하게 준수해야 할 원칙이다.

때문에 우리 민족은 1945년 12월 모스크바 3상회의가 신탁통치안을 가결했을 때 거국적인 반대를 표명한 것이다. 비록 36년간 일제식민지 통치 하에 신음했다고 하더라도 우리 민족은 민족의 자주독립을 유지할 수 있는 충분한 능력을 갖고 있는 민족임을 만방에 과시했었다.

그러나 북한 공산주의 집단은 신탁통치를 '후견'이라고 우기면서 이를 지지하였고, 이를 계기로 북한지역에 소련 점령군의 주둔을 장기화하고 이들을 통해 급속하게 군사력을 준비하였다. 말할 필요도 없이 김일성과 그 일당은 소련의 위성국가 건설 계획을 따라 1946년 2월 「북조선임시인민위원회」를 수립하였고, 다음해 「임시」을 제거하여 사실상의 공산당 단독정권을 수립하여 분단을 고착화시켰다. 이어 1950년 6월 무력 남침을 자행하여 천인공로할 반민족 대역죄를 범하지 않았는가? 이러한 반민족 범죄를 자행한 김일성의 입에서 어떻게 민족의 자주성이니 나라의 주체성이니 하는 낱말이 튀어 나올 수가 있는 것인가?

이외에 우리는 공산주의자의 기본생리와 양립될 수 없는 또 하나의 사실을 유념해 두어야 할 것이다. 그것은 공산주의자의 통치 이데올로기적 관점에서 보면 민족의 자주성이나 국민 각자의 자주적 행동이 일고의 가치도 없다는 사실이다.

민족의 자주성 옹호를 위한 노력은 어떤 정당이나 개인의 힘으로 달성할 수 있는 성격의 것이 아니라 국민이 그 정권을 중심으로 굳게 단결하여 민족의 자주성을 지키기 위한 확고한 결의를 표명하지 않는 한 불가능하다.

그렇기 때문에 어떤 나라의 어떤 정권에게도 정통성이 중요한 것이다. 정통성을 가진 정권일 때 비로소 모든 힘을 민족의 자주성 보위를 위한 방향으로 추동시킬 수가 있다.

그러나 과연 김씨 세습정권의 정통성이 인정될 수 있다는 말인가? 정통성이 없는 정부는 민족의 위난을 극복할 수 있는 힘의 원천, 즉 민족의 의지를 하나로 묶어세울 수가 없는 것이다.

그런데 어찌하여 북한정권은 말끝마다 자주성을 운운하는가? 그 이유는 남한에 주둔하고 있는 미군을 철수시키기 위한 명분을 찾는데 있다. 그들 논리는 "북한에는 외국군이 주둔하고 있지 않다. 남한에 미군이 주둔하고 있다는 것은 우리 민족의 자주성이 짓밟히고 있다는 증거가 아니냐?"라는 논리를 전개하기 위해서이다.

그런데 우리는 서구의 영국, 서독, 네덜란드, 이탈리아, 터키 등 NATO제국을 비롯하여 일본, 필리핀 등 아시아 제국에서도 미군이 주둔하고 있음을 본다. 북한 공산주의자들의 논리대로 한다면 이들 제국은 모두 자주성이 없는 국가로 되어야 한다. 과연 이들 선진 산업국가들은 자주성이 없는 국가인가? 어느 나라도 이들 제국이 자주성을 상실했다고 말하지 않는다.

오늘날의 국가 안전보장은—아무리 강한 초강대국이라 하더라도—단독의 힘으로 방위할 수는 없는 것이다. 단독방위가 아니리 집단방위에 입각하지 않는 한 국가 안전보장을 유지할 수 있는 나라는 없다는 뜻이다. 이 정도의 인식은 상식에 속한다.

북한의 김일성이 주장하는 자주성은 그 자신이 강력한 민족의식을 향유하고 있기 때문에 내세운 것이 아니다. 그가 민족의 자주성을 강조하기 시작한 것은 1956년 이후였다.

1953년 3월 소련의 스탈린이 사망하기 전까지만 해도 그는 민족의 자주성을 옹호하며 강력한 반소투쟁을 전개하고 있는 유고슬라비아의 티토를 미제국주의의 앞잡이, 수정주의자로 규탄해온 터였었다. 스탈린이 죽고 이른바「모스크바의 유일중심(唯一中心)」이 무너지고 1956년 2월 제20차 소련공산당 대회에서 흐루시초프가 스탈린의 개인숭배를 비난하며 스탈린 격하운동을 전개했기 때문에 비로소「주체성」을 생각하게 된 것이다.

흐루시초프의 스탈린 격하는 바로 제2의 스탈린인 북한의 김일성 자신의 격하운동을 유발시켰으며, 그 결과 자기 지위를 방위하기 위한 대책을 강구하지 않을 수 없었다. 뒤늦게나마 중공의 대소투쟁이 시작되고 중·소대립이 본격화하자 비로소 소련의 눈치를 보며 자주성을 간접적으로 표명했던 것이다.

그러나 김일성의 태도에 대한 소련의 반격은 엄청난 것이었다. 형제국가라고 믿었던 소련이지만 그들은 북한에 대한 모든 원조(군사·경제)를 일시에 중지하고 말았다. 1961년부터 시작했던 7개년 경제계획은 그 즉시로 차질을 빚었고 3년 간 연장하여 1970년에 끝낼 수밖에 없었다. 그것도 1966년 2월 김일성 자신이 하노이 방문 귀로에 모스크바에 들러 코시긴(Алексе́й Н. Косі́гин) 수상에게 사죄함으로써 소련의 원조가 재개되었기 때문에 가능했다.

김일성의 자주성은 여러 차례의 수모를 겪은 후 그것도 자신의 노력의 결과가 아니라 국제공산주의운동의 유일한 지도자 스탈린의 사망으로 모스크바라는 유일 중심이 붕괴되었기 때문에 가능했던 것이다. 그런데 이와 같은 객관적 정세에서 획득한 자주성이란 민족의 자주성이 아니라 김일성 자신의 지위를 수호하기 위한 세습왕조체제의 건설이었다.

인류역사상 그 유례를 찾아 볼 수 없는 공포정치를 자행한 스탈린주의를 그대로 북한지역에 온존시키겠다는 의미에서의 자주성이었다. 이와 같은 자주성은 우리 민족의 이익과는 아무런 관계도 없다. 오히려 소련이나 중공, 그리고 동구제국으로부터 경멸의 대상이 됨으로써 고립무원에 빠지는 또 하나의 우를 범하고 있기 때문이다. 북한 주민들은 이와 같은 스탈린주의를 옹호 보위하기 위한 김일성의 자주성 옹호 때문에 더 없이 큰 경제적 압박에 신음하고 있다는 사실은 지극히 아이러니컬

한 일이다.

자주성은 고립무원과는 근원적으로 다르다. 국제적 협력을 강화하면서, 타국과의 긴밀한 유대를 유지하면서 자국의 국가이익을 충분히 획득하면서 자주성을 유지할 때 비로소 그 의미가 있는 것이다.

김일성은 "국가활동에서 확고한 자주성을 가지고 자주권을 행사하여야만 민족의 존엄과 영예를 지킬 수 있다"고 주장한다. 그러나 김일성이 주장하는 '민족의 존엄과 영예를 지키기 위한 자주성'이라면 먼저 국제적으로 존경받을 만한 정치체제가 수립되어야 한다. 같은 공산주의 국가에서 조차 김일성의 세습체제는 유례가 없는 것이어서 공산주의자들도 "반마르크스주의, 비과학적 사회주의, 일본 군국주의 시대의 인민통제보다 더 혹독한 공포정치체제"라고 하여 조소의 대상이 되고 있는 마당에 어떻게 대외적으로 존경과 영예를 지킬 수 있는 것인가?

사대주의를 반대하고 배격하는 것은 자주성을 지키는데 중요한 것이다. 그렇다고 하여 변화하는 국제사회를 도외시하고 우물 안 개구리와 같이 과대망상에 사로잡혀 있는 김일성의 모습이야말로 어릿광대로 조소의 대상이 되지 않을 수 없는 것이다.

대한민국 국민이 생각하는 자주성과 김일성이 말하는 자주성과는 본질적으로 다르다. 우리는 폐쇄되고 고립무원한 자주성을 원하지도 않으며 민족을 구성한 각 개인의 자주성을 무시하고 개인(김일성)의 자주만 인정하는 전체주의적 자주성을 원하지 않는다. 개방적이며 협력적이며 각 개인의 자주를 인정한 토대에서의 민족 자주성을 원한다. 바로 여기에 남북 간에 자주성에 대한 인식의 차이가 있는 것이다.

북한이 아무리 남조선 혁명을 겨냥한 자주성을 외친다고 해도 결코 이에 동조해서는 안 될 것이다.

### ② 민주주의 문제

연방안의 10대 강령 중 제2항은 민주주의 문제를 말하고 있다. 김일성은 "나라의 전 지역과 사회의 모든 분야에 걸쳐 민주주의를 실현하여 민족의 대단결을 도모하여야 한다. 민주주의는 각이한 사상과 정견을 가진 사람들이 다 같이 공감하고 받아들일 수 있는 정치이념이며 각계 각층의 평범한 인민들이 국가와 사회의 주인으로 마땅히 누려야할 신성한 권리이다"라고 주장하고 있다.

우리는 김일성의 앞의 말이 정말로 민주주의 정치를 이해하고 하는 말인지 이해할 수가 없다. 정신병자가 아닌 바에야 김정일에게 세습적인 정권이양을 결의한 그의 입에서 이와 같은 말이 나올 수가 있는 것인가?

민주주의란 "전 인민의 주체적인 정치참여 또는 전 인민에 의한 자발적인 질서형성"을 의미한다. 민주주의는 각 개인의 자유로운 사고와 자발적인 정치참여, 그리고 각 개인의 질서 형성을 위한 의지가 발휘될 때 비로소 가능한 것이다.

김일성의 이른바 주체사상이 헌법상의 이념으로 명시된 지금 북한지역에 민주주의의 잔영이 어디 남아 있는가? 세습왕조체제가 형성된 지금 인민의 자발적 정치참여가 어떻게 가능한 것인가?

민주주의는 분명히 각이한 사상과 정견을 가진 사람들이 다 같이 공감하고 받아들일 수 있는 사상인 것만은 확실하지만 반면, 민주주의는 인간의 자유와 권리가 보장된 사회 내에서 개화할 수가 있다는 것도 사실이다. 바로 이 점에 대해 북한 공산주의자들은 눈을 감고 보려하지 않는다.

상이한 이상과 정견을 가진 사람들의 자유로운 의사 표시가 가능한 사회에서 비로소 민주주의 정치는 그 결실을 맺을 수가 있다.

김일성 주체사상을 유일사상으로 강요하지 말며, 김일성의 교시나 현지지시를 성경으로 인정하지 말며, 반김 발언을 했다고 해서 강제수용소에 몰아넣는 공포정치를 즉각 중지해야 할 것이다. 인간이 인간으로 누릴 수 있는 천부적 권리를 보장하고 직업선택의 자유, 거주의 자유, 언론, 출판, 신앙 등의 기본권을 보장해야 할 것이다.

어찌하여 김일성은 민주주의의 실현을 연방이 실현될 때 가능한 것처럼 주장하는가? 지금 당장 북한지역에서조차 실현시키지 못하는 이유가 어디 있는가? 김일성은「인민민주주의」를 민주주의라고 말하지만 이것은 공산당 일당독재의 별칭이다.

김일성이 지적한 대로 이상과 이념, 그리고 정견이 다른 사람 간의 공존을 보장하는 것이 민주주의라면 일당독재는 제거되어야 할 것이다. 인구의 절대 다수를 차지하는 근로대중의 권리를 옹호하는 것이야말로 진정한 민주주의라고 한다면 어찌 인민 위에 당이 군림해야 하는가? 왜 이 소수의 엘리트에 의해 다수의 인민이 끌려다녀야 하는가? 그들이 원하기 때문인가? 아니면 테러와 공포정치 때문인가?

김일성을 위한, 김일성에 의한, 김일성의 정치가 바로 북한의 정치일진데 여기에서 무슨 인민의 권리행사, 자발적인 정치참여가 존재하는가 하는 것이다.

결국 김일성이 주장하는 민주주의는 바로 남한 내에서의 공산당의 자유활동을 보장하는 것이다. 이것은 북한이 말하는 합작의 논리이기도 하다.

### ③ 남북교류와「합작」실현

김일성이 제시한 연방의 임무 중 세 번째 문제는 남북 간의 경제교류와 합작을 실천하자는 것이다.

이 문제는 이미 1972년 7월 4일 발표된 남북공동성명에서 합의된 사항이고 남북조절위원회 회의가 개최되는 자리에서도 누차 논의된 문제이다. 위에서 기술한 대로 1972년 가을 남북조절위원회 대표단과 점심을 같이 하는 자리에서 김일성 자신이 "합작하자"고 제의한 바 있었다.

주지하는 바와 같이 지금 국제적인 경제상황은 긴박하며 남북 공히 새로운 도약을 위해서는 모든 가용자원을 최대로 동원하여야 한다. 우리의 영토는 남북한을 합하여 겨우 22만여$km^2$에 불과하다. 선진 공업국가의 국민과 비교할 수 있으리만큼 남부럽지 않은 국민생활을 보장하기 위해서는 막대한 자원이 필요하다.

남북한을 통틀어 그런대로 풍부하다고 할 수 있는 국내의 부존자원이라고 해야 겨우 석탄이나 몰리브덴, 그리고 마그네시아클링커 정도이다. 그렇다고 묻혀있는 국내의 부존자원을 우리 대에 모두 파내 쓸 수만도 없는 것이다. 영토가 넓고 부존자원이 많은 미국도 지금까지 발견한 부존자원을 아끼고 가능한 보존하려 하는 것이다. 우리 땅속에 묻혀있는 자원은 우리의 것이며 이 자원은 우리 시대에만 사용할 수 있는 것이 아님을 명심할 필요가 있다. 적게 쓰면 쓰는 만큼 우리 후대에게 여유를 줄 수 있는 것이다.

따라서 지금 남북한은 있는 기술, 있는 인력, 그리고 있는 힘을 다하여 외국과의 관계를 확대하여 우리의 자원을 가능한 쓰지 않고 국토를 개발하고 국민경제를 성장시켜야 한다. 그런 의미에서 우리는 일본이나 서독이나 영국 등을 본받아야 할 것이다.

북한이 우리 영토이고 북한의 주민도 우리 동포라는 입장에서 우리는 북한 주민의 생활이 지금 같은 가난한 처지에 계속 남아있기를 원치 않는다. 특히 북한의 경제가 체제의 경직성과 폐쇄성으로 인하여 순조로운 발전을 기하지 못하고 있다는 사실을 감안할 때 하루 속히 우리의 발전된 경제가 북한에 있는 동포들에게 도움이 되기를 희망하는 것이다.

비근한 예로 어로문제 하나만을 생각해도 그렇다. 동해에 몰리는 명태는 무리를 이룬다. 만약 이 고기가 한류를 따라 움직이지 않는다면 남한해역까지 내려올 것이다. 그러나 한류의 조류가 휴전선을 전후하여 회귀하므로 거의 대부분이 북한 수역에서 다시 북상한다.

물고기 머리에 '북한 것'이라고 표시되어 있는 것이 아니며 한류를 따라 캄차카반도로 올라가면 소련의 것이 되고, 알라스카로 가면 미국의 것이 된다. 이러한 사실을 감안할 때 한반도 해역에 왔을 때 남북이 합하여 잡는다면 우리 민족의 이익을 제고하는 것이 되지 않는가? 시설과 기술이 앞선 우리가 많이 잡아 북한에게 무상으로 제공한들 무엇이 나쁘랴! 이런 의미에서 남북 간의 합작의 문제는 남북의 공동적인 이익을 가져온다.

이뿐만이 아니다. 우리가 개발한 새로운 기술이 북한에게 전해지고, 또 북한에서 개발한 기술이 우리에게 전해진다면 공업소유권을 사기 위해 막대한 외화를 낭비하지 않아도 될 것이다. 그런데 북한은 입으로는 교류와 합작을 주장하면서도 실제 협의를 제안하면 뒤로 물러서고 있다.

그 이유는 어디에 있는가? 문호개방은 곧 북한의 체제유지와 연관되기 때문이다.

남북교류가 실시된다면 김일성체제 유지에 직접적인 영향을 미치게 된다. 그동안 북한정권은 남한정권(누가 집권하든지 간에)은 반드시 멸망하고, 사회주의혁명이 발생한다고 주장해왔다. 남한정권이 붕괴된다는 이유는 자본주의가 성장함에 따라 빈곤이 확대되고 계급투쟁이 격화되며, 이 때문에 자본주의 경제는 걷잡을 수 없는 혼란에 빠지게 될 것이기 때문이라는 것이었으며, 특히 남한의 경제는 외국 식민주의자에 의해 예속상태에 빠져 있으므로 국제적인 경제파동은 필연적으로 남한의 경제를 붕괴될 것이라고 주장해왔다.

한마디로 남북 간의 체제 차이는 인민생활면에 있어서 북한 측의 절대적 우위를 보장하였고 따라서 남한 국민은 기아와 영양실조로 죽지 못해 사는 것이라고 선전하였다.

이와 같은 상황에서 남북교류가 진행된다면 북한의 선전은 북한주민에게 백일하에 그 정체가 폭로되고 말 것이다. 수령의 은덕으로 풍요로움 속에 남부럽지 않게 생활한다고 믿고 있는 북한주민에게 "속았구나!" 하는 자아발견의 계기를 만들어 줄 때 김일성의 위치는 어떻게 될 것인가? 문제는 바로 여기에 있다.

폐쇄되었던 사회가 외부에 공개될 때 오는 혼란은 걷잡을 수가 없는 것이다. 특히 남북한의 체제경쟁은 바로 국가경제의 격차에서 판가름이 난 지금이다. 이러한 사실을 김일성은 잘 알고 있다. 남북 경제교류를 거부하는 가장 중요한 이유는 정치적인 데 있다.

사실이 이러함에도 불구하고 김일성도 남북 간의 경제교류와 합작은 상이한 경제제도와 기업체의 다양한 경제활동을 인정하는 기초위에서 실현하지 않으면 안 되며, 남북은 공히 국가소유와 협동단체소유, 사적소유와 개인소유를 동시에 보호해야 하며 자본가의 소유와 기업활동에 대해서도 독점과 매판행위를 하지 않고 민족경제 발전에 기여하는 한에 있어서는 이것을 제한하거나 침해하지 않는다고 주장하고 있다.

국영기업체와 개인 사기업이 우리 경제에서도 공존하고 있으므로 그 차이가 어떠하다는 것을 우리는 잘 알고 있다. 만약 북한 공산주의자들이 우리 국민이 생각하는 사기업과 국영기업에 대한 태도와 입장을 취해주기만 한다면 별로 문제가 될 것이 없다고 생각한다.

그러나 북한 공산주의자들은 이미 1958년을 기해 농업의 집단화와 소상공업의 국유화를 단행하였으며 국민들이 사기업 또는 개인업에 대한 항수를 가지는 것조차 금기되어 있는 형편이라는 점을 감안할 때 과연 그들의 이러한 주장이 진실인가를 의심하지 않을 수 없다. 때문에 우리는 백번 양보하여 남북 간의 경제교류와 합작 또는 공동시장의 설치 등에 대하여 무조건 실현되기를 희망하는 것이다.

과연 김일성이 우리 측의 이와 같은 희망을 진정으로 받아줄 의향이 있는 것인가? 과거의 남북대화의 경험으로 비추어 극히 부정적인 것으로 단정하지 않을 수 없다.

앞에서 지적한 바와 같이 그들은 남북 경제교류를 경제적인 측면에서 평가하는 것이 아니라 정치적 측면에서 평가하고 있기 때문이다. 그들은 경제교류 그 자체가 남북 간의 체제경쟁에서 그들의 패배를 자인하는 결과로 된다고 판단하고 있다. 이러한 생각을 그치지 않는 한 경제교류의 가능성은 극히 희박한 것으로 보인다.

#### ④ 과학·문화·교육 분야에서의 교류문제

김일성이 연방안의 10대 강령 중 네 번째로 제시한 것이 과학·문화·교육분야에서의 교류이다.

북한 측의 입장에서 보면 이 문제는 경제교류의 문제보다 더욱 어려운 부분이다. 왜냐하면 이 문제는 그들의 이데올로기(사상)와 직결되기 때문이다.

1950년 헝가리와 폴란드에서 반소 폭동이 발생하여 대혼란이 일어나자 양 국가에 유학하고 있던 북한의 유학생들 대부분이 독일로 망명한 일이 있다. 이 때부터 북한 측은 동유럽 공산국가에 대한 유학생 파견도 중지하고 말았다.

과학교육의 발전은 바로 인간의 창의력에서 비롯된다. 때문에 선진

과학기술의 도입은 곧 선진기술을 제공한 그 나라에 대한 지위를 일약 제고해주는 결과를 낳는 것이다.

북한의 경우 1970년 이후 선진자본주의국가의 시설을 도입한 바 있다. 그러자 북한에서는 도입선 국가에 대한 사대주의가 전파되기 시작하였다. 그들은 이것을 '과학기술신비주의'라고 부른다. 즉 남의 나라의 과학기술에 대해 신비스럽다고 생각하는 사대주의 사상이라는 뜻이다. 이 때부터 북한 공산주의자들은 '과학기술신비주의'에 대한 타도운동을 광범하게 전개 하였다.

그들의 주장에 따르면 위대한 수령의 사상으로 무장하고 이를 학습하면 해결하지 못할 기술적 난관은 없을 터인데 어찌하여 남의 것에 대해 신비스럽게 숭앙하는 사상을 가지는가? 자력갱생적 과학연구보다 외국의 기술도입을 우선하려는 사상은 모두 반주체적인 반당적 사상이라는 것이다.

이와 같은 김일성의 태도는 남북한 간의 과학기술교류와 합작문제에서도 꼭 같이 수용한다. 비록 우리는 비싼 특허 사용료를 지불하면서 선진공업 기술을 도입하였지만 민족경제 발전을 위해서 이 귀중한 기술을 얼마든지 북한 측에게 제공할 용의가 있는 것이다.

그러나 이와 같은 기술제공을 고맙다고 생각하기 보다는 기술신비주의를 전파하며 북한 내의 반동적·반당적 사대주의를 전파시키기 위한 것이라고 한다면 이를 어떻게 하겠는가? 과학기술은 하루아침에 연구개발 되는 것이 아니다.

문화·예술분야 교류와 합작문제는 더욱 더 민감한 문제이다. 36년 동안 남북 간의 문화예술의 발전은 근원적으로 다른 방향으로 진행되었다.

남한의 경우 전통적 문화예술의 바탕 위에 외국의 문화를 받아들였다. 우리의 해방 이후의 예술발전은 그 형식이 다양화하고 외래적인 것이 외피가 된 듯이 느껴진다.

음악의 경우 째즈, 트위스트, 고고, 디스코와 같은 서양의 것이 들어왔고, 영화의 경우 서부활극, 미술의 경우 추상적 기법을 넣어 전위적인 것이 들어와 창작의 다양화를 급하게 진행시켰다. 그러나 우리의 예술은 민족혼을 잃어버리지는 않았다. 외피는 외래적인 것으로 보이지만 내용은 민족적인 것이다.

시, 소설, 대중음악, 미술, 영화, 연극, 어느 부분에서도 우리의 민족적인 전통을 잃지 않고 이를 형상화하고 있다. 때문에 외래적인 것이 우리 것에 동화되어 용해되면서 새로운 것을 창조해 가고 있는 것이다. 최근 몇 년 동안에는 우리 전통문화를 발견하고 보존하며 발전시키기 위한 특별한 노력이 경주되어 민속놀이까지도 널리 보급되는 실정이다.

그런데 북한의 경우는 외형은 민족적인 것이 남아있는 것 같지만 알맹이의 속은 모두 외래적인 것으로 되어버렸다. 나도 남북조절위원회 참석차 평양을 방문하고 그 기회에 이른바 불후의 명작이라는 오페라 '피바다'를 관람한 일이 있었다. 그러나 그 내용은 하나도 우리의 것이 남아 있지 않았다. 상부상조하여 서로 도와주는 우리의 미풍양속 대신 시종일관 계급투쟁과 증오, 폭력, 파괴가 오페라의 주제였다. 이것이 그들이 말하는「혁명적 예술」이라는 것이다.

김일성 이외의 선각자는 존재하지 않는 것으로 되어 있었고, 김일성 일가가 아니면 이 나라를 위해 피 흘린 애국지사는 존재하지 않았던 것으로 형상화하고 있었다.

수령은 역사를 창조하고 미래를 전망하며 전지전능의 무오류의 절대인간으로 그려지고 있었다. 무대에서 펼쳐지는 무용, 주고받는 대사, 그리고 노래하는 멜로디가 모두「혁명적 사상성」을 표현하기 위한 것으로 일색화 되어 있었다. 이것을 우리는 경향성, 당파성, 계급성의 창작이라고 하지만 이러한 문화예술은 이미 우리의 것이 아니다.

우리는 이와 같은 북한의 문화예술과 교류해야 한다. 창작부분만 보아도 남북 간의 이질화가 얼마나 심각한가를 충분히 알 수 있었다. 언어, 언론, 출판 등 모든 면에서 남북 간의 격차는 시간이 흐르면 흐르는 만큼의 차이가 생겨날 것이다. 이 때문에 우리의 문화예술의 교류를 서둘러야 한다.

같은 문화를 가지지 않았다면 하나의 민족이 될 수가 없다. 그런데 여기에는 심각한 문제가 있다. 북한 공산주의자들은 남한의 문화, 예술을 부르주아의 전파수단으로 규정하고 있다. 예를 들면 남한에서 유행하는 여성들의 옷차림—미니스커트, 홈웨어, 판타롱 등—을 퇴폐의 극치로 규탄하고 있다. 심지어 여성들의 화장까지도 반민족적인 것으로 규탄하고 있다. 이와 같은 판국에 문화·예술의 어떤 부분을 어떻게 교류하자는 말인가? 요컨대 과학기술분야의 교류보다 더욱 곤란한 것이 바로 문화예술분야의 교류이다.

교육문제도 마찬가지이다. 우리와 같이 지·덕·체의 전인교육이 그들의 교육목표가 아니다. 이른바 「사회주의교육에 관한 테제(1977.9.5)」에서 밝힌 대로 '공산주의 혁명의 후대', '위대한 수령의 전사', '열렬한 계급투쟁의 전위' 등의 슬로건에서 직감할 수 있는 —당과 수령의 명령에 맹종하는 자아상실의 인간 양성—이 교육의 지표로 되고 있다.

1983년 3월 북한의 역사연구소는 33편의 한국사를 완간하였는데, 그 중 18권이 김일성과 김일성 일가의 역사로 되어 있다.

역사날조는 바로 반민족적 행위이다. 이씨조선의 사관들은 '자신의 기록을 상감(王)도 고치지 못한다'고 하였다. 왜 그러는가? 역사는 상감이 창조하는 것이 아니라 국민이 창조한 것이기 때문이었다.

그런데 하물며 역사의 뿌리가 김일성이라고 공공연히 기술하고 있다. 어린이들의 산수교육에 있어 "인민군이 미군 한명을 쏘아 죽였다. 또 다른 인민군이 2명의 미군을 쏘아 죽였다. 합하여 몇 명의 미군을 쏘아 죽였는가?"라는 식으로 교육하는 형편이니 더 말해 무엇하랴!

이만큼 남북 간의 교육도 달라지고 있다. 때문에 시간에 비례하여 남북한의 이질화는 심화된다는 것이다. 그렇기 때문에 남북한의 과학, 문화, 예술 그리고 교육부문의 교류와 합작은 시급한 것이다. 민족의 전통문화를 계속 발전시키기 위해서는 지극히 서둘러야 할 문제이다.

그러나 앞에서 지적한 대로 북한 공산주의자들은 문화·예술·교육의 남북교류가 김일성 정권의 통치 이데올로기를 붕괴시키지나 않을까 하고 염려하고 있다. 이러한 이유 때문에 겉으로는 문화·예술·교육의 교류를 주장하면서도 동의하지 않는다. 아마도 그들은 그들의 문학·예술 작품들이 남한사회에 먹혀들어갈 것이라고 믿지 않는 것 같으며, 오히려 남한으로부터 자유의 물결이 거꾸로 불어올 것으로 판단하고 있는 것 같다.

### ⑤ 교통, 체신의 연결문제

남북한 간의 끊어진 철도를 이어 철마가 달리게 하고, 끊어진 전화선을 이어 이산가족 간의 대화가 가능케 하고 서로 편지왕래의 길을 터서 이산가족 간의 친지·친구 간에 소식을 전할 수 있다면 얼마나 좋을 것인가?

이 문제에 대해 남북 간에는 여러 차례 대화를 진행시킨 바 있다. 겉으로는 그리 어려운 문제 같이 보이지 않는다. 휴전선만 넘길 수 있다면 북녘 땅에도 남한의 철도와 똑같은 표준궤도가 설치되어 있어 오늘이라도 철도 운행을 연결시킬 수가 있다.

독일의 베를린 시를 방문한 사람이면 누구나 똑같이 볼 수 있는 장면이 있다. 서부 베를린에서 출발한 전동차가, 동부 베를린 입구에 도착하면 기관사와 차장만 바꾸어 타고 그대로 동부 베를린으로 들어가는 장면이다. 왜 남북 간에는 그것이 불가능한가?

D.D.D.(장거리 자동전화)로 국내의 모든 지역과 직접 연결되는 우리의 전화, 외국과도 다이얼을 돌리면 즉시 연결되는 우리의 국제전화를 사용할 때마다 남북 간에 이와 같은 방식이 채택될 수 있기를 우리는 바라고 있다.

그런데 1972년 「7·4 남북공동성명」 합의에 의해 설치했던 남북의 직통전화마저 북한은 일방적으로 끊어버리고 말았다. 그러면서도 왜 끊어야 되겠다는 설명조차 하지 않았다. 직통 전화선이야말로 남북 간에 우발적으로 발생한 사건이 전쟁으로 확대되지 않도록 예방하는 가장 좋은 수단이다. 미·소 간에도 직통전화선이 가설되어 있다.

판문점에는 남북 간의 전화선이 들어가 있음으로 불과 40~50개 선만 이으면 편리하게 남북한은 서로 의사를 전달할 수가 있는데도 그들은 이유 없이 끊어버리고 말았다.

자동차, 도로, 항로, 해로 그 어느 하나도 재개시킬 생각이 없으면서 말로만 떠들어대고 있다. 누가 문을 굳게 걸어 잠갔느냐? 우리 측이 아니고 북한 측이다. 교통과 체신을 연결한다는 것이 곧 폐쇄된 체제를 개방하는 첩경일진데 과연 김일성이 과감하게 체제개방을 시도할 수 있을까 하는 의문을 갖지 않을 수가 없는 것이다.

사람의 왕래가 불가능하다면 편지왕래라도 해야 할 것이 아닌가? 서신교환문제는 정치적인 문제보다 앞서야 하는 인도적인 문제인데 이것마저 일방적으로 거부한 것이 북한 측임을 고려할 때 김일성의 주장은 너무나도 표리부동하다고 하지 않을 수 없다. 그들은 국제적십자사를 통하여 6·25 전쟁 당시 납북된 인원에 대한 우리 측의 생사여부의 확인 조회까지도 일축했음을 회상할 때 아직도 그 실현은 요원한 장래의 문제라고 판단된다.

**⑥ 국민복지 문제**

남북한의 통일정부가 수립되든 안 되든지 간에 통치권을 실제로 행하는 정권들은 정치목표의 핵심을 국민생활을 향상시키는데 돌려야 함은 당연한 것이다.

어느 편이 국민을 더 잘살게 하는 정치체제인가 하는 것을 실증하는 부분이 바로 국민복지의 문제이다. 그런데 우리는 복지라는 문제를 논의함에 있어 물질적인 것만 염두에 두어서는 안 된다. 국민의 자유와 권리를 먼저 생각해야 한다. 왜냐하면 스스로 자기가 무엇을 어떻게 할 것인가를 생각하고 행동할 수가 없다면 그것은 형무소에 수감된 것이나 마찬가지이기 때문이다. 동물원에 갇힌 동물에게 풍부한 먹이를 던져주는 식으로 인간을 취급해서는 안 된다.

인간은 만물의 영장이다. 때문에 먹고, 입고, 자는 것도 중요하지만 우선 인간으로서 대접받고, 그리고 대접하는 것이 더욱 중요하다. 누가 국민에게 보다 많은 자유를 부여하고 있는가 하는 문제를 생각하고, 국민의 복지문제를 검토해야 할 것이다.

잘 알려진 바와 같이 김일성의 후계자로 김정일이 결정되었다.「수령과 당 중앙이 김일성 부자」에게 돌아가 있다. 신분에 의한 세습전제정치가 북한에 뿌리내리고 있다. 아마도 김정일 지도체제를 공고하게 만들자면 지금의 독재체제보다 더욱 강화된 공포 분위기를 조성해야 할 것이다. 테러, 숙청, 강제수용, 감시, 자아비판, 천리마운동, 속도전, 김일성 학습, 김정일 연구 등 밤낮 없는 통제사업이 지속될 것이다.

이와 같은 통제체제야말로 2중, 3중으로 북한주민을 옭아매는 일이다. 5호담당제를 통해 아버지, 어머니, 아들, 며느리, 딸 등 온 식구가 모인 가운데 가장이 자아비판을 해야 하는 사회라면 여기에서 아무리 잘 먹고 잘 입는다고 해도 인간이 살 수 있는 곳이라고 할 수는 없다.

정치적 민주주의가 보장되어야 한다는 이유는 바로 여기에 있다. 인간이 사는 사회로의 복귀가 물질적 풍요보다 앞서야 한다.

그러면 과연 북한주민의 일상생활은 풍요로운 것인가?

몇 년 전 북한에서 의거 월남한 귀순 용사의 말 중에 "「펠라그라병」에 걸려 병원에 갔더니 별다른 약을 주지 않고, 개를 잡아먹으라고 하기에 350원(1개월 봉급 70원)을 주고 개 한 마리를 구해 잡아먹었더니 나았다"고 하였다. 펠라그라병이란 어떤 병인가? 나는 의학에 문외한이기 때문에 서울대학 부속병원 측에 문의했더니, 일명 동남아 병이라고 하면서 옥수수를 주식으로 하는 나라에서만 있는 병이며 현재는 방글라데시와 인도의 벽지에 남아있다는 답이었다. 한마디로 영양실조에서 오는 명이다.

북한 지역에 「펠라그라병」 환자가 왜 생기는가? 그것은 옥수수를 많이 먹기 때문이다. 한랭전선을 이기고 풍작을 이루었다고 그처럼 오만스럽게 선전하는 북한에서 주민에게 배급하는 식량은 옥수수가 태반이다. 겨우 190만 톤 정도의 쌀을 생산하고 있으면서 그중 연평균 30여만 톤을 수출하고 그 대신 싼 밀가루를 수입하고 있다.

그렇기 때문에 성인 1인에 대한 배급식량은 600g에 불과하다. 쌀이 아니다, 옥수수가 태반이다. 이런 판국에 복지국가 운운해야 무슨 소용이 있는 것인가? 김일성, 김정일의 생일과 같은 명절이 아니면 고기 한 근도 배급받지 못하는 형편에서 "이밥(쌀밥)에 고깃국을 먹이겠다"는 김일성의 약속(1961년 11월 제4차 당대회 보고)을 이행할 수가 있겠는가?

우선 배불리 먹이고 일을 시켜야 할 것이다.

휴식의 문제도 그렇다. 「천리마운동」, 「속도전」, 「70일 전투」, 「100일 전투」로 퇴근할 수 없는 처지에 언제 쉬고 언제 자겠는가? 휴식 없이 일한다는 것은 자신의 생명을 스스로 깎아내는 것이다. 8시간 노동제를 보장한 후 비로소 노동자의 복지문제가 논의될 수 있다. 하루 12~15시간의 노동을 시키면서 근로대중의 복지를 운운하는 말은 아무런 의미도 없다.

국민경제를 발전시키는 이유는 국민의 생활향상을 기하기 위함에 있다. 아무리 중공업이 발전하고 기계생산을 증가시켰다고 해도 그것이 국민생활 향상과 연결되지 않는다면 재화생산의 의의는 없는 것이다. 경제란 국민생활 향상에 궁극적인 목표가 있는 것이다.

북한주민의 경우 혹자는 북한이 지상낙원이라고 생각하는 사람도 있을지 모른다. 남한이 어떻게 살고 있는가? 어떤 음식, 어떤 옷, 어떤 집에서 생활하는가를 모르기 때문에 그렇게 생각할 수 있을 것이다. 태평양 어떤 섬에서 아직도 원시적 생활하고 있는 부족들을 발견할 수 있다. 그들은 현대문명이 어떤 것이라는 것을 모르기 때문에 자신들의 생활에 만족한다.

그러나 일단 문명의 이기에 접하게 되면 자신들의 위치를 발견하고 급속한 생활변화를 촉진한다. 북한의 경우도 마찬가지이다. 북한 주민들 자신이 외계와 단절되어 있으므로 자신들의 생활이 어느 수준에 있는지를 모른다. 상대적인 위치에 비교해 볼 때 북한주민들의 생활이 너무나 비참하다. 이런 상태에서 복지 운운하는 것은 아무런 의미도 없는 '빈말'에 불과하다.

### ⑦ 군사적 대치상태의 해소

김일성의 연방안의 10대 강령 중 제7항은 남북한 간의 군사적 대치상태를 해소하기 위하여 군사력을 감축하자는 것이다.

> "남과 북 사이의 군사적 대치상태를 해소하고 「민족연합군」을 조직하여 외래침략으로부터 민족을 보위하여야 한다. 남과 북이 방대한 무력을 가지고 군사적으로 대치하여 있는 것은 호상 간에 오해와 불신을 조성하고 불화를 가져오며 평화를 위협하는 근원이 된다." ("제5차 당대회 김일성 연설," 『조선중앙연감』, 1973, p.59)

불필요한 방대한 무력을 보유하고 싶은 나라가 어디 있겠는가? 특히 동족 간에 방대한 무력으로 대치하고 있는 것을 평화라고 부를 것인가? 가능하면 군사력을 줄이고 그 군사비를 평화산업과 국민복지 사업에 돌려쓰기를 원하는 것은 당연하다.

김일성은 여기에서 '왜 방대한 무력을 유지하지 않으면 안 되게 되었는가' 하는 그 근원을 알고 나서 그 원인을 제거하는 것이 군사력을 축소시키는 길임을 명심해야 한다.

그런데 그는 긴장의 고조와 방대한 군사력을 보유하게 된 그 원인이 미국이 북침하려 하기 때문이며 자신들의 남침 가능성 때문이 아니라는 전제위에서 자기주장을 내놓고 있다. 6·25 전쟁이 우리에게 준 귀중한 교훈은 '유비무환(有備無患)'이었다.

더구나 북한은 1962년 12월 당중앙위원회 제4기 5차 전원회의에서 「조선정세와 관련한 국방력의 강화문제」를 토의한 후 그 대처 방안으로 4대 노선을 발표하면서 「경제건설과 국방건설의 병진」을 결정하였다. 이후부터 북한의 군사력 증가는 현저하게 나타났다.

1963년 10월 5일 군사대학 제7기 졸업식에서 김일성은 다음과 같이 강조하였다. "우리가 혁명을 하려면 강력한 군사력을 키워야 한다. 군사력이란 무엇인가? 군사력이란 어제 얻은 승리를 무력으로 보위하며, 또 앞으로의 승리를 쟁취하기 위하여 무력을 쓸 필요가 있을 때 무력으로 혁명임무를 능히 수행할 수 있는 준비된 군사적 힘을 말한다." (『김일성 저작집 32권』, pp.8~9, 중앙정보부편, 『김일성 군사논평』, 1979, p.257)

말할 필요도 없이 북한의 군사력은 '혁명임무를 무력으로 수행할 수 있는 준비된 군사적 힘'이다. 북한의 군사력은 국토와 민족을 지키기 위한 군사적 힘이 아니라 '혁명임무를 수행하는 군사적 힘'이다. 때문에 김일성이 계속혁명을 시도하고 있는 한 군사력은 잠시도 축소할 수가 없는 것이다. 만약 감축했다면 그것은 혁명을 포기하는 것을 말한다.

그렇지 않는 한 혁명임무를 수행하는 준비된 힘으로서의 군사력을 계속 증강시키는 것이 논리적 귀결이다. 때문에 그는 전 인민의 무장을 강조하는 것이다. 위에서 인용한 군사대학졸업식에서 그는 "일단 유사시 우리는 인민군대 몇 십만을 가지고는 싸울 수가 없다. 전체 인민이 다 무장하고 투쟁하여야 하며 또 우리는 그렇게 할 수 있다. 이것이 우리가 가지고 있는 가장 우월한 점의 하나이다. …전체 인민이 무장하는 것은 우리의 특징이며, 우리의 무궁무진한 군사력의 원천이다. 이것은 로켓트보다 더 낫다"고 하였다. 그가 이와 같은 군사사상의 소유자이기 때문에 북한 공산정권의 군사력은 계속 증대되고 있는 것이다.

북한 공산주의자들이 군사력에 대한 근본적인 생각을 고치지 않는 한 그들이 백 번, 천 번 군사력 감축안을 내놓아도 그것은 허위이며 불가능한 일이다.

67만 명의 정규군, 150만 명의 노농적위대, 70만 명의 붉은청년근위대, 26만 명의 교도대, 합계 약 400만의 군대를 갖고 있으면서 "쌍방의 군대를 각각 10~15만으로 줄이자"고 한다고 해서 그 말을 누가 믿을 수 있단 말인가?

이와 같은 기본문제를 해결함이 없이 "남한의 국군과 북한의 인민군을 통합하여 단일한 민족연합군을 조직하여 남과 북 그 어느 쪽에도 속하지 않는 통일국가의 민족군대로서 연방정부의 통일적인 지휘 밑에 조국보위 임무를 수행하여야 한다"고 해서 새로이 창설된 「민족연합군」이 조국의 방위임무를 수행토록 동의할 것이라고 믿는 사람은 하나도 없다.

우리는 남북 간의 군사적 대치 상태를 해소하기 위해서는 김일성 일당의 혁명계획이 포기되지 않는 한 불가능하다고 생각한다. 북한이 노동당 창당과 함께 북한군을 창설하였음을 잊어서는 안 된다.

남북 간의 군비경쟁의 지속은 결코 민족의 장래를 위해서나 현재의 남북경제성장을 위해서나 바람직한 것이 아니다. 그러나 우리 측이 북한의 군사력 증강에 대처하는 준비를 갖추지 않는다면 그 결과는 북한의 침략전쟁을 자초하는 결과로 될 것이다.

### ⑧ 해외동포의 권리옹호

김일성의 연방안의 8번째 강령은 해외에 있는 모든 조선 동포들의 민족적 권리와 이익을 옹호하고 보호하여야 한다고 하였다.

이러한 주장에 대해 찬성하지 않는 우리 동포가 어디 있겠는가? 해외에서 거주하는 모든 동포들이 민족적 차별을 받지 않고, 자기 권리를 보장받을 수 있도록 하기 위해 싸우는 것은 모국의 동포나 해외의 동포나 마찬가지이다.

그런데 김일성은 해외 동포문제를 다음과 같이 말하였는데 이 문제는 심각하게 생각하지 않을 수가 없다. "모든 해외 동포들이 조국으로 자유로이 내왕하며 조국에 돌아와 임의의 지역에서 자유롭게 살며 활동할 수 있는 권리를 보장받아야 한다." (제6차 당대회에서 한 김일성의 보고) 해외동포가 모국에 돌아와 살기를 원할 때 남북한 그 어디든지 그가 원하는데서 자유롭게 살 수 있도록 하여야 한다는 것이다.

과연 그대로 실천되고 있는가? 이에 대해 규명하지 않을 수 없다. 1959년 12월 이후 오늘에 이르기까지 180여 차에 걸쳐 9만 명 이상의 재일동포들이 북송선을 타고 북한에 갔다. 그들 대부분 일본에서 소규모의 장사를 하든가 혹은 공장을 경영하든가 하는 사람들이었다. 그들에게 북한의 선전 요원들은 북한에 도착하면 일본에서와 똑같이 장사도 할 수 있고 공장도 할 수 있다고 하였다. 심지어는 북한에서 사업을 확대하기 위해서는 가능한 일본에서 많은 기자재를 가지고 가는 것이 유리하다고까지 선전하였다.

이 말을 믿고 4~5명이 어울려 투자하여 공장시설의 일체를 준비해 가지고 북한으로 간 사람들도 많았다. 그러나 일단 청진항에 도착한 그들에게 배당된 거주지는 장사할 수 있는 도시가 아니라 산간벽지의 탄광, 공장지대였다.

기업경영을 생각하고 준비해 간 자동차와 기계류는 국영 상점에 싼값으로 넘겨주지 않으면 안 되었다. 차의 경우 설사 개인 소유로 하고 싶었더라도 자동차의 축전지 하나 살 수 없는 판에 무엇을 어떻게 할 것인가?

북송동포의 경우는 그렇다고 하더라도 이들 중에 2천 명이 넘는 일본인의 처가 끼워져 있었다. 이들 일본인들이 연 1회는 아니더라도 몇 년 만에 한 번쯤은 그들의 모국을 방문할 수 있도록 허가해 주어야 하지 않는가? 이것은 정치적인 문제 이전에 인도적인 문제로서 최소한 성묘할 수 있는 기회는 주어야 하는 것이다.

또 한 가지 해외동포 문제를 논할 때 빠져서는 안 될 문제가 있다. 일본, 미국, 서유럽 등 어느 지역에 가도 우리 동포들은 훌륭하게 그 나라 습관과 질서에 적응하여 시민으로서, 또는 영주권자로서 생활하고 있다. 때문에 조국의 정부는 가능한 이들이 타국에서 살면서도 한국인임을 잊어버리지 않도록 민족적 긍지를 가지도록 배려해야 할 것이다.

그러나 북한은 지금까지 단 몇 명의 해외동포가 거주하는 지역마다 막대한 공작금을 살포하여 동포사회를 분열시켜 왔다. 동포상호 간에 헐뜯고 모략하여 심지어는 난투극을 벌이게 충동함으로써 그 나라 정부로 하여금 눈살을 찌푸리게 하고 있다. 이것이야말로 민족자해행위이다.

그 대표적인 조직이 일본의 조총련이다. 조총련의 존립 목적은 해외동포의 권익을 옹호하기 위한 대일본 정부투쟁이 아니라 같은 민족의 조직인 민단과 대한민국정부를 헐뜯고 규탄하여 약화시키는 것이다.

조총련의 공작 목적은 ① 한국정부를 반대하는 공작기지, ② 한일 간을 이간시키는 공작조직, ③ 국제적 반한조직에 대한 지원조직이다.

이와 같은 목적에서 해외동포 조직을 운영하고 있는 한 민족자해행위는 날이 갈수록 확대될 수밖에 없는 것이다.

해외동포의 권리를 옹호하고, 그들이 마음대로 조국을 와보고 돌아갈 수 있도록 하며 그리고 그들이 원한다면 임의 장소에서 마음대로 자기가 선택한 직업에 종사할 수 있는 자유를 허락해 주어야 한다. 왜 조총련 동포들의 모국 성묘 방문을 방해하는가? 왜 북송된 동포들의 거주 선택을 불허하는가? 왜 해외동포의 민족자해행위를 충동질하는가?

북한 공산주의들의 해외동포에 대한 배려 운운은 그들이 그동안 저지른 해외동포공작에서 충분히 그리고 완전하게 허위임이 입증된 셈이다.

### ⑨ 남북한 간 대외관계의 조정

김일성이 제시한 연방안의 9번째 문제는 남과 북이 다른 나라들과 맺은 대외관계를 올바르게 처리하며 두 지역정부(남북한)는 대외활동을 통일적으로 조절한다는 것이다.

그러면 어떤 것이 우선 조정되어야 하는가? 이에 대해 김일성은 먼저 "외국과 맺은 군사조약은 파기하고 경제관계를 비롯하여 민족의 이익에 배치되지 않는 것은 그대로 유지하며, 특히 남한에 투자한 다른 나라의 자본은 다치지 말고, 이익을 보장해 준다"고 말한다. (제6차 당대회에서 한 김일성의 보고)

통일정부가 수립되면 응당 외국과 맺은 군사조약은 폐기되어야만 할 것이다. 북한이 중·소와 맺은 군사동맹은 물론 한·미 간의 군사방위조약도 불필요한 것이다.

경제적인 협력문제는 김일성의 말과 같이, 간단한 것이 아니다. 북한의 경우 선진국가와의 경제협력은 그 자체가 「신식민주의」이며, "경제적 예속은 곧 정치적 예속"이라고 주장한다. 결국 대외관계를 조정한다는 것은 그 기준은 어디에 두는가에 따라 엄청난 차이가 생겨난다.

지금과 같이 북한이 대외관계를 3대 혁명역량 중 하나인 「국제적 지원역량 강화」를 위한 것으로 해석한다면 남북한 간에 타협할 여지는 전무하다. 그들이 원하는 대외관계란 남북한이 중립화되고 주한미군이 철수하고 자본주의국가와 맺은 모든 조약이 폐기되고 우리나라에 투자한 외국인 상사들이 보따리를 싸고 철수하는 그러한 상황으로 조정하자는 것이다.

북한이 진심으로 국가와 민족을 위한다면 우선 그들의 혁명주의를 포기한 제안이어야 한다. 그러기 위해서는 북한의 외교정책이 문호개방 원칙에 의해 재조정되는 것이 선결문제이다.

북한 공산주의자들이 북한의 사회를 개방하여 각국 사람들이 마음대로 북한을 방문하고, 북한 주민들도 마음대로 해외를 방문하여 국제사회가 지금 어떻게 변화했는가를 직접볼 수 있어야 한다. 이를 근거로 하여야 비로소 남북이 어떤 방향으로 대외관계가 발전해야 할 것인가를 알 수 있을 것이다.

외교가 곧 내정의 연장이라고 말하는 이유는 외교는 항상 그 나라가 지향하는 국가 목표에 따라 좌우되기 때문이다. 북한공산정권의 궁극적 목표가 공산주의 사회를 건설하기 위하여 공산당 일당독재와 1인독재를 실현하는 것인 한 북한의 외교는 이를 위한 것이어야 한다.

이와 같이 목표가 서로 다른 양 체제와 어떻게 외교정책을 조정할 수 있는가? 때문에 우리는 외교적인 공동보조를 취하기에 앞서 우선 우리끼리 해결할 수 있는 문제부터 협력하고 다음에 외교문제의 협력을 논의해야 된다고 생각한다.

### ⑩ 전 세계 국가와의 우호

김일성의 연방안이 제시한 마지막 강령은 전 민족을 대표하는 통일국가로서 세계 모든 나라들과 우호관계를 발전시키며 평화애호적인 대외정책을 실시한다는 것이다.

아마도 이 마지막 항목은 하나의 장식품 또는 사족으로서 있어도 되고 없어도 되는 것을 붙인 것이 아닌가 한다. 이와 같은 정책은 어느 나라를 불문하고 마땅히 취해야 할 국가의 기본정책이기 때문이다.

1973년 6월 23일 우리 정부는 「평화통일외교정책선언」을 발표하고 분단된 현 상태에서 이념을 달리하는 모든 나라와의 평화공존을 천명하였다. 또한 우리를 반대하지 않는 나라에 대해서 그 국가가 공산국가이던 중립국가이든 관계없이 친선, 무역, 외교관계를 촉진할 것임을 밝힌 바 있다.

그러나 북한의 경우는 사정이 다르다. 한 예로 이란·이라크에 전쟁에 개입하여 이라크와의 외교단절을 당한 것만 보아도 그들은 국제사회에서 '의리 있는 국가'로 인정받을 수가 없는 것이다. 본래 북한은 이란보다 이라크 편에 더 가까운 처지였었는데 갑자기 이란에 접근하였다. 아마도 석유공급을 받고 무기수출을 기해 보자는 속셈 때문인 것 같지만 지역분쟁에 개입함으로써 교전당사국의 어느 일방을 적대하게 되었다. 이것은 평화를 위하는 태도가 아니다.

이뿐만 아니라 북한은 지금까지 혁명수출국가로 세계적으로 악명이 높다. 북한이 후진국가의 반정부단체들에게 무기를 공급하고 그 요원들을 북한으로 초대하여 게릴라들을 특전훈련 시키고 있다는 사실이 알려진 것은 1967년이었다. 1972년부터 북한이 교육시킨 반정부 무장단체의 활동요원들이 해당국가 정부에 의해 체포되기 시작하였다.

비근한 예를 들면, 1972년 스리랑카 정부는 스리랑카 북한대사관을 폐쇄시키고 북한 외교관 전원을 추방했으며, 이어 멕시코도 북한대사관 철거를 명령하였다.

아프리카의 탄자니아, 모잠비크, 부룬디, 자이레, 남예멘에서도 같은 현상이 일어났다. 아프리카 제국가와 남미대륙에 몇십 명의 게릴라를 훈련시켜 투입한다고 해서 공산주의 혁명이 수출되는 것은 아니다. 이와 같은 김일성의 행동은 말 그대로 극좌모험주의적 좌익소아병이라고 하지 않을 수 없다. 이와 같은 김일성의 행동은 실제적인 효과도 못내면서 전 세계로부터 위험한 인물로 낙인찍히는 결과로 되었을 뿐이다.

그런데도 불구하고 북한은 아직도 이러한 것을 계속하고 있다. 이것이 바로 문제점이다. 교조주의적 혁명주의자인 김일성으로서는 이와 같은 혁명에 관한 신념에서 벗어나지 못하는 것이다.

"세계 도처에서 미 제국주의를 반대하여 투쟁한다면 반드시 미국의 각을 뜰 수가 있다", "미국의 팔다리를 떼어버린다"는 환상으로 혁명수출을 계속한다면 어떻게 이와 같은 혁명 광신자와 협력할 수 있겠는가? 겉으로는 우호외교, 평화외교, 친선국가 등을 아무리 외쳐도 북한은 「혁명외교」라는 본질을 벗어나지 못하고 있다.

1976년 세계 신문에 보도되었던 북구 4개국 주재 북한대사관 직원의 '밀수 사건'은 바로 목적 달성을 위해서는 수단과 발급을 가리지 않는 북한의 태도를 잘 보여주었다.

## — 북한 「연방안」에 대한 적극적 대처가 필요하다

「연방제」란 이민족 간이든 동일민족 간이든 간에 지향하는 정치적 목표가 같을 때 비로소 이룩할 수가 있다. 서로 원수지간에는 악수할 수가 없다. 북한의 궁극적 목표가 「적화통일」이고 이를 실현하기 위한 전략과 전술이 바로 그들이 전개하는 활동들이다. 북한의 「연방안」은 국제법상의 개념으로는 '국가연합'이지만, '연합한다'는 것은 바로 친선, 우호가 전제될 때 가능하다.

그동안 북한은 '합작·단결·통일'이라는 슬로우건 아래 어떻게 해서라도 남북 내의 반공적 법률, 반공적 교육, 반공적 매스컴, 반공적 생활에 금이 가도록 하기 위해 노력해왔다.

그러나 우리 국민은 아무도 이러한 북한의 간계에 빠지지 않고 있다. 다만 북한은 그들의 기도가 실패하였다고 해서 중단할 위인들이 아니다. 그들은 기회가 생길 때마다 새로운 상황이 발생할 때마다 새로운 계략으로 선동할 것이다.

우리는 그때그때마다 그들의 본질을 규명하여 이에 대처해야 할 것이다.

## 경계해야 할 북한의 언어교란 전술

### 「민중론·민중주의」 비판

중앙정보부를 나와 마포 출판단지 내에 극동문제연구소를 설립하고 월간 『공산권연구』를 발행하게 되자, 각 대학의 정치학·철학·사회학·경제학 관련 교수들과의 빈번한 대화와 교류를 갖게 되었다. 그러다보니 몇몇 대학에서 내 경험을 중심으로 한 북한의 통일정책과 대남 혁명전략에 관한 특강을 해달라는 요청이 왔다.

그런데 당시 내가 나갔던 대학, 아니 전국의 대학 캠퍼스는 반정부, 반체제, 반미 구호로 붉게 물들어 있었기에 나는 반드시 『김일성선집』과 북한에서 발행한 원전(原典) 몇 권을 갖고 나갔다. 이 책들을 책상 위에 올려놓고 7·4 남북공동성명 발표와 남북조절위원회 회담을 위해 평양을 방문하여 김일성과의 대화 등 뒷이야기(인사이드 스토리)를 섞어가며 강의했다.

질의의 기회를 주자 학생들은 의례히 PD(Peoples Democracy), NL(National Liberation) 또는 주체사상 등과 관련한 질문을 쏟아냈다. 나는 북한이 출판한 원전을 인용하여 열심히 설명하고 난 후 "알겠는가? 이해했는가?"를 물었다. 그러나 일부 학생들은 전혀 다른 소리를 하는 것이었다. 나는 '북한의 언어전술이 우리 사회, 특히 청년 대학생들에게 깊이 침투했구나.' 하는 생각을 했다.

바로 이런 때에 경희대학의 안정수 교수로부터 공산주의자들이 사용하는 언어의 정치적 의미를 규명하는 책자를 출판하자는 요청을 받고 쾌히 응락했다. 그 결과 나온 것이 건국대학의 김갑철 교수와 공저로 펴낸 『언어·정치·이데올로기』(을유문화사, 1992년)이다. 나는 이 책에서 「민중」이란 용어가 우리나라 교수와 젊은 대학생들에게 준 영향과 그 후과를 설명했다.

## 언어의 의미 변화

인간은 언어를 통해 자신의 사상, 감정 그리고 의사를 전달한다. 때문에 언어는 인간 상호 간의 심적 내용을 서로 전달하는 사회활동으로 이해된다. 그런데 같은 언어라 하더라도 각 사회집단에 따라, 또는 시대적 변화에 따라 달리 해석되는 경우가 허다하다. 그 이유는 언어가 그 시대의 그 사용자의 사상을 내포하고 있기 때문이다.

스탈린은 이 점을 지적하며 다음과 같이 말하고 있다.

> "사람들, 개개의 사회적 집단들, 계급들은 언어에 대해 결코 무관심 할 수 없다. 그들은 자기들의 이익관계에 맞게 언어를 이용하며 자기들의 특수한 어휘, 특수한 술어, 특수한 표현들을 그 언어에 강요하려 노력한다. …그래서 계급적 방언, 통용어, 사교적 언어가 창조된다." (「마르크스주의와 언어학의 제문제」, 『스탈린 선집 3권』, p.409)

이 말은 같은 언어라 하더라도 사용하는 사람이나 계급, 계층에 따라 서로 다른 의미를 표현하기 때문에 상호 이해하는데 곤란한 경우를 창출해 낸다는 사실을 시사하고 있다.

우리 민족은 과거 어느 때보다 지금 언어에서 이러한 곤경에 직면하고 있다고 할 것이다. 그 원인은 말할 필요도 없이 분단 40여 년 동안 남북 간에 전혀 다른 이질적인 체제가 형성되어 언어의 공용성마저 훼손당해야 하는 불행한 처지에 놓여있기 때문이다.

1970년대 이후 개최되었던 수차의 남북대화는 같은 민족 간에 같은 언어를 사용하지만 남북대표가 사용하는 같은 언어가 서로 다른 의미로 표현되고 있음을 실증해 주었다.

「인민」, 「자주」, 「민주」, 「합작」, 「민족」 등 통일문제를 논의함에 있어서 필수적인 용어라 할 수 있는 말들이 포함하는 의미가 이미 서로 다른 뜻으로 변화되어 있었다. 그런데 최근에 와서 이런 용어상의 곤경이 남한 내부에도 번져가고 있다. 그 대표적인 말 가운데 하나가 「민중」이라는 용어다.

「민중」이라는 용어는 이미 오랫동안 우리가 사용해 오던 말이며 새로이 창조된 말이 아니다. 그러나 민중이란 용어를 자주 사용하는 사람과 그렇지 않은 사람에게 이 말의 의미는 달리 이해하게 되었다.

「민중」이라는 말이 새로운 의미를 나타내는 용어로 유행하기 시작한 것은 1970년대부터이며 특히 이 말을 즐겨 사용하는 사람들의 정치적 행태가 주목받기 시작한 것은 1980년대부터이다.

최근에 와서 「민중」이라는 말은 단순히 진보연하는 개혁론자나 문화 지식인들의 용어로서가 아니라 혁명적 변혁을 기도하는 급진세력의 이데올로기를 상징하는 용어로 변화되었다. 때문에 나는 「민중」이라는 말을 즐겨 사용하는 사람들의 기도와 그들의 실제적인 정치행태를 분석해 봐야 할 시기에 왔다고 생각한다.

## — 「민중」의 사전적 의미

우리나라에서 발간된 국어사전이나 북한에서 출간 된 조선말 사전에는 한결같이 「민중」이란 용어의 의미가 과거에 비해 크게 변화되어 있음을 보여준다.

우리나라 사전의 예를 보자.

1961년 출판한 이희승 교수의 『국어대사전』은 민중을 "다수의 국민, 모든 국민을 동등하게, 단지 일원으로서 전체"라고 해석한 바 있는데(이희승 편, 『국어대사전』, 1961년 초판, 1978년판, 민중서관, 1978, p.1083), 최근에 나온 같은 사전에는 "국가나 사회를 구성하고 있는 많은 사람들, 흔히 피지배계급으로서의 일반대중을 가리킴"이라 정의하고 있다. (이희승 편, 『국어대사전』, 1986년 수정증보판, 민중서림, 1986, p.1328)

「민중」의 의미가 "국민을 동등하게 단지 일원으로서 본 전체"로부터 "흔히 피지배계급으로서의 일반대중"으로 바뀌고 있다.

한 사람이 저술한 국어사전이 이처럼 시대의 변화에 따라 「민중」을 국민 전체라는 비계급적 의미에서, 국민속의 한 부분—피지배계급—이라는 계급성을 띤 해석으로 변화하고 있음을 알 수가 있다.

이런 변화는 물론 우리 사회의 변화에서 기인했다고 할 수 있지만, 한편으로는 「민중」이라는 용어를 즐겨 사용하는 지식인들의 의식적 노력의 결과가 영향을 미쳤기 때문이라고도 생각이 된다.

그러면 처음부터 마르크스주의에 입각하여 역사발전을 인식하는 북한 공산주의자들은 「민중」을 어떻게 해석하고 있는가를 살펴보자.

1962년 출판한 『조선말사전』은 민중을 "인민대중"이라고 간단하게 규정하였다. (『조선말사전』, 과학원출판사, 1965, p.1555) 1981년에 출판한 『현대 조선말사전』 역시 민중을 "《인민대중》을 달리 이르는 말"이라고

기술하고 있다. (『현대조선말사전』, 과학·백과사전출판사, 1981, p.1052)

그러면 「인민대중」이란 무인인가?

1962년판 『조선말사전』에는 「인민대중」이란 항목이 없고 「인민」이란 항목을 기술하고 있다. 아마도 「인민대중」과 「인민」을 동의어로 인정했기 때문인 듯이 보인다.

이 사전에 기술한 「인민」은 "① 한 나라 또는 여러 나라를 포괄하는 일정한지역의 주민, ② 나라 안에서 사는 기본적인 근로대중, 계급사회에서는 지배계급의 지배를 받고 있는 근로대중을 말한다"라고 기술하고 있다. (위의 책, p.4863) 즉 「민중」을 「인민」과 동의어로 보고 "지배계급의 지배를 받는 노동대중"이라고 기술하고 있다. 북한 공산주의자들이 마르크스주의 신봉자라는 사실을 감안할 때 ①항의 해석보다 ②항의 해석이 그들의 진의를 드러낸 것이라 볼 수 있다.

그런데 1981년판 『현대조선말사전』에는 「민중」을 「인민대중」이라 기술하고, 다시 「인민대중」이란 항목을 설정하고 있다.

「인민대중」에 대한 이 사전의 해석은 "《역사를 창조하는 주체이며 사회를 발전시키는 힘있는 원동력으로 되는 계급과 계층들》을 통틀어 이르는 말. 혁명과 건설의 주인은 인민대중이며 혁명과 건설을 추동하는 힘도 인민대중에게 있다"라고 기술하고 있다. (위의 책, p.2873)

북한에서 발행한 이 두 가지 사전을 비교해 볼 때 그들은 처음부터 「민중」을 「인민대중」 또는 「인민」의 동의어로 보고 마르크스주의 유물사관에 입각하여 「민중」의 계급성—피지배계급—을 명백히 기술해왔다고 할 수 있다. 뿐만 아니라 「역사의 창조자로서, 그 원동력으로서의 민중」을 강조하며 계급투쟁의 측면에서 민중의 역할을 기술하고 이른바 프롤레타리아 독재의 정당성을 강조하는 방향에서 「인민대중」의 의미를 기술했다고 할 것이다.

그런데 여기에서 주목할 것은 남북한에서 출판된 사전을 비교해 보면 우리의 「민중」에 대한 해석이 북한에서 기술한 「지배받는 계급」이라는 해석과 비슷하게 바뀌었다는 점이다.

물론 같은 말을 사용하는 남북한이 같은 단어에 대해 같은 의미를 부여하였다는 것은 환영할만한 일이라 하더라도 우리 사전도 굳이 민중에 계급성을 부여하며 재해석해야 하느냐? 라는 의문을 제기하지 않을 수 없다.

「민중」이라는 단어를 계급적인 관점에서 「피지배계급」 또는 「지배당하고 있는 서민」으로 규정했다고 하여 마르크스주의적 관점에 의거했다고 주장하는 것은 편향된 주장이라고 할 수도 있다.

그러나 이러한 편향성을 고려한다 하더라도 남한에서 사용되는 「민중」이라는 용어가 과거보다는 훨씬 북한에서 사용하는 「계급사회에서 지배 받는 인민」 또는 「인민대중」이라는 용어에 접근해 가고 있다는 사실만은 부인할 수 없다고 할 것이다.

이것은 우리 사회 내부에도 사물에 대한 분석을 계급투쟁, 계급 간의 대립을 중시하는 입장에 서 있는 지식인의 발언권이 증대하고 있음을 입증하는 것이 아닐까 생각한다.

## 민중론자들의 「민중」 개념

그러면 한 발 더 나아가 남한에서 「민중」이라는 용어를 즐겨 사용하는 지식인들과 운동가들이 규정한 「민중」이란 과연 어떤 의미인가를 살펴보기로 한다.

우선 민중사회학을 주장하는 학자의 「민중」 개념은 "생산수단에서 소외되었기에 수탈당하고 통치수단에서 소외되었기에 억압당하고, 위광(Prestige)수단에서 소외되었기에 차별당하는 피지배자"로 규정하고 있다. (한완상, 『민중과 사회』, 종로서적, 1984, p.79)

이는 총체적으로 소외된 피지배자를 민중이라고 규정하고 그 중에서도 정치적 소외가 경제적 소외 못지않게 중요한 독립변수의 힘을 발하게 되며 이 점에서 "민중은 계급과 다를 수가 있으며 계급이 민중 개념 속에 포함될 수가 있지만 민중이 계급 개념에 종속될 수는 없다"고 주장한다. 때문에 생산수단의 소유여부로 지배자와 피지배자—자본가와 프롤레타리아트로 구분하는 마르크스주의와는 다르다고 주장한다.

또한 민중은 자의식의 소유여부에 따라 「즉자적 민중」과 「대자적 민중」으로 가름하고 「대자적 민중」은 다시 그 「깨달음의 깊이」(자신이 피지배자에 속한다는 사실에 대해 깨달음)에 따라서 「자의식적 민중」, 「비판적 민중」, 「행동하는 민중」으로 점차 발전한다고 하면서 종국에 가서는 행동으로 자기 해방을 쟁취하기 위해 투쟁하되 「종교적 신앙과 확신을 가지고 순교하는 마음으로 지배질서에 도전하는 민중」을 「목적지향적인 민중」이라 하였다.

그런가 하면 민중운동에 관여하고 있다고 자처하는 민중운동가는 다음과 같이 규정한다. (이창복, 「민중이란 무엇인가」, 『민주·통일』, 민주·통일국가회의, 1985.1, p.62)

첫째로 밥을 빼앗긴 사람이 민중이라고 생각한다. 저마다 일한 만큼은 자신과 가족의 밥이 보장되어야 한다. 또 보장되는 것이 노동의 원리이다. 그런데 외부로부터의 요인 즉 제도라든가 세력이라든가 시책 등에 의해 빼앗길 수밖에 없는 상황에 처해 있는 그 사람들이 민중이다.

둘째, 빼앗으려는 세력, 제도, 시책 등에 대항할 수 있는 힘이 없는 자, 조직이나 지혜, 용기 등이 없어 그저 참으면서 살아온 사람, 이것이 내 팔자라고 체념하면서 역사의 뒤안길에서 신음하고 있는 무리가 바로 민중이다.

셋째, 역사의 주인이 되고자 하는 한을 품고 있는 사람이 민중이라고 규정한다. 빼앗긴 것을 찾기 위해 몸부림치고 좌절하지 않고, 희망을 포기하지 않고 있기 때문에 한이 맺혀 살고 있는 사람이 민중이라는 것이다.

이 민중운동가의 민중 개념은 밥을 빼앗기면서 그 밥을 빼앗은 내적·외적 조건에 항거하면서 한을 품고 자기해방을 위해 싸우는 사람이 민중이라는 것이다.

또 어떤 민중신학자는 "사회의 모순된 구조 때문에 소외되고 억압당하며… 인간 울타리 밖에 살게 되어 있는 그런 집단"까지를 합하여 민중이라 하였으며, 때문에 이들은 "새 역사의 주인이 되고 새 역사를 열 고난받은 메시아"라고 하였다. 아마도 그는 민중운동을 지도하는 인물들의 역할을 강조하고 있는 듯이 보인다.

이외에도 많은 민중주의자들이 민중에 관한 개념을 제시하고 있지만, 비슷비슷한 규정들이다. 요약해 보면 민중이란 우선 억눌리고, 소외당하고 착취당하는 피지배 계급을 지칭하며 이들이 스스로 자기 위치를 깨닫고 자신을 억누르고, 소외시킨 체제와 제도를 구조적으로 변혁하기 위해 투쟁하는 사람들을 뜻한다고 하겠다.

따라서 좁게 보면 자기 자신의 해방을 위한 투쟁이 되고 넓게 보면 인간해방을 위한 온갖 억압체제나 착취와의 투쟁을 전개하는 메시아적 사람들이 바로 민중이라는 것이다.

한마디로 사회구조를 압박과 피압박, 착취와 피착취로 보고 권력 있고 잘살고 명예 있는 사람은 민중이 아니고, 그렇지 않은 자는 민중이라는 주장이다.

여러 부류의 민중론자들의 주장은 각기 다르나 한 가지 문제, 즉 억압하는 자와 억압받는 자, 착취하는 자와 착취당하는 자, 지배자와 피지배자를 낳은 이 사회를 변혁시키지 않고서는 압박받는 자, 소외된 자의 자기 해방을 가져올 수 없다는 결론에는 일치하고 있다.

때문에 민중론자들이 주장하는 기성체제에 항거하는 민중을 현실에 적용해 보면 일부 급진적인 청년학생들이 주장하는 구체적인 민중개념으로 변하게 되는 것이다.

체제부정과 체제타도를 주장하는 젊은이들이 구체적으로 규정한 민중은 "우리나라의 매판독점자본가와 관료를 제외한 나머지 신중산계급, 중소상공업자, 빈농, 노동자, 영세상인, 도시빈민 등도 민중개념에 포함되나 이 제도를 타도하려고 전면에 나서는 실천적이고 혁명적인 민중은 노동자, 농민, 영세상인 및 도시빈민으로 한정되며 따라서 민중은 이들 실천적이고 혁명적인 피지배 계급의 연합"으로 되는 것이다. (고대학생회, 『일본전진(一步前進)』, 1985 여름, pp.80~82)

왜 젊은 급진적 청년학생들은 자신들이 제시한 민중의 일반 개념을 다시 혁명적 민중과 비혁명적 민중으로 구분하려 하는가?

위에서 민중학자들이 제시한 지배와 피지배의 논리에 따라 우리 사회를 보면 7개의 계급으로 구성되어 있고, 그 중에서 4개 계급은 피지배계급이고 3개 계급은 민중으로 구분할 수 있기 때문이라는 것이다.

첫째 계급인 매판독점계급은 제국주의와 결탁하여 막대한 재화와 권력을 움켜쥔 데다가 민족전체를 배신하는 반민족적, 반민중적 성격을 띤 현 정권과 이를 둘러싼 대기업가이기 때문에 당연히 타도의 으뜸으로 되는 반민중적 지배계급이라는 것이다.

둘째 계급인 신중산계급은 독점자본가의 가장 튼튼한 지지자로서 노동계급을 관리해 준 대가로 자신이 창출한 노동가치보다 더 많은 보수를 받고 있는 경영관리자를 비롯하여 전문기술자, 고급장교(중령급 이상), 고급관료, 대학교수, 기업화 된 병원의 의사, 대교회의 목사들로 구성된 계급이기 때문에 독점자본가보다는 소유한 재산이나 권력에서 한 계급 낮은 위치에 있으나 이들은 반민중적 현 제도를 옹호해야 자신의 지위를 확보할 수 있다고 믿는 자들이기 때문에 반민중적 계급이라는 것이다.

셋째 계급인 중소상공업자들도 민중에서 제외되어야 한다는 것이다. 이들 계급에는 중소기업의 상품제조업자, 상업, 서비스업, 건설업, 운수업, 부동산임대, 어업, 광업 등 경영자와 약사, 한의사 등이 포함되며 경영이란 측면에서는 대재벌과 대립되는 관계에 있지만 이들 역시 자기들이 소유한 경제적 여력을 옹호하고 유지하는 길은 제도를 옹호함으로 가능하다고 보기 때문에 반민중적 계급이라는 것이다.

넷째 계급인 부농계급은 농촌에서 잉여 토지를 빈농에게 소작을 주기도 하고 고리대금적인 자금을 빌려주고 이자를 받으며 비싼 농기계를 사서 빈농에게 임대하여 이익을 취함으로써 빈농과는 계급적 갈등을 빚고 있다는 것이다. 이 계급에 속하는 계급은 부농뿐만 아니라 양조업, 정미소업, 소상인 등과 함께 농촌지역의 중산층을 이루는 소위 농촌의 유지들이 포함되며 이들도 현 체제 하에서 자기의 작은 지배적 권리를 향유할 수 있으므로 반민중적 성격을 띤 계급이라는 것이다.

다섯째 계급은 노동자 계급으로, 이들 중 상층 노동자는 기업의 필요에 따라 고임금을 받아 혁명성을 상실할 수 있으나, 중·하층 계급은 철저한 자본자의 착취 하에 놓여 있기 때문에 혁명성을 상실하지 않는 계급이라는 것이다.

여섯째 계급은 빈농 계급으로, 이들은 농촌의 부농에 의해 착취 당하는 계급이라는 것이다.

일곱째 계급은 도시 영세민으로서, 이들은 도시에서 겨우 생계를 유

지하는 빈곤 계급이라는 것이다. (「민중민주주의, 민족혁명운동의 기본개념을 정립하자」, pp.15~16)

이렇게 4계급을 우리나라의 지배계급으로 보고 이에 속하지 않는 자를 피지배계급—민중으로 규정한다.

이 피지배계급에는 노동자, 빈농, 도시영세상인 등 3개 계급이 포함된다.

여기에서 주목할 것은 노동자라고 하여 민중적 의식을 모두 갖고 있는 것이 아니며 특히 노동자의 상층부는 지배계급의 배려에 따라 항시 그들의 이익을 옹호하기 위해 변질할 수 있으므로 일단 현 지배체제를 전복하기 위해 민중운동의 주도계급(실천적이고 혁명적인 민중)에서 제외해야 한다는 것이다.

우리는 당초 민중주의자들이 규정했던 민중의 개념이 어느새 체제를 반대하고 이 체제를 전복하기 위한 투쟁의 논리로 발전했음을 볼 수 있다.

오늘의 민중론자들은 우리 사회를 지배자와 피지배자 간의 치열한 계급투쟁이 전개되는 사회로 더 이상 누적된 모순의 척결 없이는 피지배계급을 구제할 수 없는 사악한 사회로 단정한 논리 위에 혁명을 추구하는 논리로 민중론을 발전시켰음을 알 수 있다.

왜 민중이 이처럼 처참한 형편에 놓여 있는가? 이들을 해방시키기 위해서 무엇을 어떻게 해야 하는가 하는 「구제를 위한 원리」, 「피지배계급의 해방원리」를 논의하게 되면 자연히 우리나라의 체제를 타도의 대상으로 혁명의 정당성과 불가피성을 입증하는 방향으로 논리를 발전시키게 되는 것이다.

그들은 경제적인 자본주의와 정치·사회적인 자유민주주의 자체를 지배집단의 지배논리라는 측면에서 단정적으로 거부하고 있다.

“우리나라에서의 자유민주주의는 매판독점자본가와 매판관료들이 자기 이해를 은폐하고 독재체제의 구축을 위한 외피로 사용되어진 것에 불과하기 때문에 인정할 수 없으며… 따라서 식민지, 반식민지 나라들의 반제국주의, 반매판 투쟁과정에서 형성된 새로운 연합세력인 민중에 의해 혁명으로 타도되고 민중이 주체가 되는 새로운 사회를 건설해야 한다”고 주장하기에 이르렀다.

우리가 염려하는 것은 바로 이 점이다.

기독교적 신앙이나, 인간 사랑과 인간 해방의 숭고한 사상의 발로로 민중을 거론하고 재력도 없고, 권력도 없고, 위광도 없는 일반서민의 입장에 서서 그들을 구원해야 하는 것이 참된 사회운동이라 주장하던 민중론이 이제는 이 사회를 혁명으로 전복시킬 수밖에 없는 악의 구조로 규정하는 독선적인 논리로 바뀌었으며 나아가, 이러한 혁명논리에 입각하여 실제적인 혁명을 주도하려는 세력이 형성되게 되었다.

우리가 가장 경계하는 마르크스주의도 처음에는 상품생산과정에서의 인간의 소외문제를 논하였고, 그것이 점점 발전하여 자본주의의 부정은 물론 인류역사의 발전을 계급투쟁으로 규정, 직업적 혁명가에 의한 체제전복의 정당성을 입증하는 마르크스-레닌주의로 발전하여 급기야 러시아에서의 볼셰비키 혁명을 성공시켜 인류역사에 가장 잔학한 전체주의적 독재국가를 출현시켰다. 역사상 출현했던 모든 혁명논리들은 동조자의 신념체계를 지배하여 목적을 위해 수단을 정당화하는 독선적 논리로 구성되어 있다.

민중이론이 출현하여 오늘에 이르러 10여 년 동안 이 논리는 젊은 세대에게 깊이 침투하여 민중을 이데올로기화하여 자신들의 신념체계를 형성하고, 개혁적 방법이 아닌 혁명적 방법에 의해 사회발전을 성취하려는 폭력의 숭앙자로 변질시키고 말았다.

## 민중 이데올로기의 실천이론

앞에서 지적한 대로 민중론자들은 억압받고 착취당하고 소외된 민중이 존재하는 이유는 근본적으로 체제와 제도의 잘못에 기인한다고 주장한다. 때문에 그들은 철저하게 현재의 「억압제도」와 「착취제도」를 변혁시킬 것을 기도하고 있다.

이를 위한 그들의 이론은 종합적인 이론체계를 형성하고 정치, 경제, 문학, 예술, 교육 등 각 방면에서 분야별 실천이론들을 개발하고 각 분야별로 실천투쟁을 전개하고 있다.

그러면 그들의 주요한 실천이론을 살펴보기로 한다.

### ① 변형된 계급투쟁 이론

민중론자들은 자신들의 논리가 마르크스주의와 분명히 구분된다고 주장한다. 그러나 우리 사회를 분석함에 있어 지배와 피지배의 논리, 가진 자와 못가진 자 간의 치열한 투쟁이 존재하는 사회로 규정한다.

그들은 계급투쟁이라는 용어를 가급적 피하고 있으나 지배자와 피지배자 간 투쟁인 이상 두 계급 간의 계급투쟁이라는 개념에서 벗어날 수 없는 것이다.

특히 지배자를 비호하는 체제와 제도가 존재하는 한 피지배자의 권익비호는 불가능하다고 주장하는 한, 피지배자의 해방은 체제타도를 통해서만 비로소 달성 될 수가 있는 것이다.

어느 한쪽이 굴복하지 않는 한 이 두 계급 간의 투쟁은 계속될 수밖에 없다고 할 때 「역사는 계급극복의 역사」라고 한 마르크스주의자들의 명제와 일치하게 된다.

비록 지배자들이 존재하는 모순을 제거하기 위해 새로운 정책을 제시했다 하더라도 피지배자가 이에 만족할 수 없는 것이며 따라서 민중 대 비 민중 간의 대립과 투쟁은 계속될 수밖에 없다. 이런 이유에서 민중 이데올로기는 계급투쟁의 논리라 할 것이다.

과연 역사가 계급 간의 투쟁에 의해 발전했는가? 또 계급과 계급 간의 관계는 그처럼 대립·투쟁하며 양립할 수 없는 불상응의 관계인가?

역사가 말해 주듯 사회계급 간의 관계는 민중론자들의 주장처럼 불(火)과 물(水) 간의 관계로 대립·투쟁만 계속해온 것이 아니다.

만약 이와 같이 투쟁만 계속했다면 새로운 건설이나 발전은 있을 수 없었을 것이다. 생산과 문화가 발전 가능했던 이유는 계급 간의 갈등과 대립만이 존재한 것이 아니라 계급 간에 대립과 투쟁을 초월하는 실질적인 인적, 물적 또는 이념적 교류가 진행되는 가운데 갈등이나 투쟁보다 상호 협력이 이루어진 결과였다고 할 것이다.

민중론자들이 주장하는 것처럼 민중은 역사의 창조자이고, 비민중은 역사의 훼손자가 아니었다.

어떤 계급이나 시대의 발전에 따라 그 내부의 분화작용을 일으키면서 서로 이해대립 관계를 조정하는 가운데 공존해왔다. 역사 속에는 인류사회의 멸망을 예언하는 「메시아」라고 칭하는 사람들이 얼마든지 있었다.

공산주의자들도 자신을 프롤레타리아의 「전위부대」로, 「혁명의 참모부」로 칭했으며 그들은 자본주의 체제를 타도하는 혁명의 성공과 함께 프롤레타리아의 지상낙원을 건설할 수 있다고 주장했지만, 나타난 결과는 그들 위에 군림하여 절대적 지배자로 탈바꿈하였고, 역사상 그 유례를 찾아볼 수 없는 전체주의적 독재국가를 형성하였다.

계급투쟁을 무기로 하여 새로운 사회를 건설했다고 한 그들은 곧 새로운 계급으로 절대다수의 노동대중을 억압하고 착취하는 존재로 된 것이다. 이것은 「메시아」라 자칭하는 자들의 본색을 이해하는데 중요한 역사적 교훈으로 될 것이다.

어느 한 계급을 절대 악으로 몰아 부치는 것이나, 어느 한 계급을 절대 선으로 단정해버리는 것은 역사발전의 원동력을 이해하는 태도가 아닐 것이다. 최근(1980년대) 중공에서는 '계급발전의 원동력이 무엇인가?'에 관한 논쟁이 벌어지고 있다. 물론 마르크스주의의 명제에서 벗어나지 않은 한계 내에서의 논쟁이지만 이 논쟁에서조차 역사발전의 원동력은 계급투쟁이 아니라 「각종 모순운동의 합성력」이라고 주장하는 학자도 있다.

그들의 주장은 "근대중국에서는 제국주의, 봉건주의, 관료자본주의의 3대 적의 가혹한 착취와 억압이 중국인민의 저항과 투쟁을 불러 일으켜 계급투쟁과 무장투쟁이 계속되었다. 이런 의미에서 계급투쟁이 중국역사 발전의 중요한 직접적인 원동력이었던 것은 사실이다.

그렇다고 하여 계급투쟁이 중국근대사를 전진시킨 유일한 원동력이라 말할 수 있는가? 그렇지 않다. 사실은 생산투쟁, 과학기술 발전을 위한 투쟁도 중국 근대사를 전진시킨 위대한 원동력이었다. 이러한 사실이 입증하는 바와 같이 인류의 역사는 사회의 기본모순과 그 주요 표현형태—생산투쟁, 계급투쟁, 과학실험이 상호보완, 제약 등으로 작용하면서 역사를 발전시키고 있다"고 주장하고 있다. (「송사당, 이덕무의 주장」, 『北京週報』, 1980.9.2, p.20)

우리 사회를 7개 계급으로 구분하고 네 계급의 비민중(억압계급)과 세 계급의 민중(피억압계급)으로 양분하고 서로 불상용의 투쟁을 전개하는 듯이 분석하는 것은 계급투쟁을 역사의 원동력이라 규정했던 마르크스주의자들의 잘못된 사회 분석을 되풀이 하는 과오를 범할 뿐이다.

오늘의 민중운동가가 내일의 새로운 지배계급으로 될 수 있음은 공산주의국가의 예에서 얼마든지 예언할 수 있다. 이런 의미에서 개량(改良)을 위한 협력의 길이 역사 발전의 길이고, 민간 상호 간의 이해대립을 축소하는 최선의 길이라고 생각한다.

자유민주주의 체제를 부정하고 이를 전복시키는 것이 최선의 길이 아니라 이를 유지하며, 이 속에서 조화와 협력을 통해 계층 간의 갈등을 해소하고 상호 공영할 수 있는 생산적이고 건설적인 길을 모색하는 것이 보다 민중을 위한 길이 될 것이다.

서유럽이나 북유럽의 국가에서 우리는 보다 정화된 사회규범과 축소된 계급 간의 갈등을 볼 수 있다. 민중의 요구가 그만큼 충족된 때문임을 부정할 수 없을 것이다.

### ② 대한민국 정통성의 부정 논리

민중운동자들의 주장에서 가장 두드러지게 나타나는 것은 대한민국의 정통성을 부정하는 것이다.

1980년에 기술한 어떤 민중론자는 명백히 이렇게 말한다.

> "해방 당시에 전체 민중 중에서 4분의 3이 농민이었다고 하는데 남한쪽에서 성립된 정권은 4분의 3을 배제한 지주 내지는 소상공자본가들의 이익을 비호하고 강화시켰고, 여기서 미국이라는 외세가 들어왔기 때문에 도대체 민중이라는 농민 그리고 이후 공업화가 진행되면서 늘어나기 시작한 근로자들의 문제제기가 금기처럼 되었다." (고대학생회 편, 「일보전진」, 1985 여름, pp.80~82)

이 글의 앞 부문은 우리나라의 정통성의 문제를 논한 것이고 그 뒷부문은 그 간의 정부가 민중을 도외시한 과오를 지칭하는 글이다. 그런데 최근에는 이 정도의 주장은 오히려 체제 비호파의 논리처럼 되었다.

민중론자들은 으레 우리나라는 미국의 식민지배 하에 있는 종속국가로 규정할 뿐만 아니라 미·일 제국주의 국가의 독점 자본가들의 이익을 비호하는 제국주의 앞잡이가 우리의 역대 정부라는 것이다.

이를 입증하기 위해 해방 이후 국내에서 일어났던 좌익공산주의자들의 모든 반정부 반체제 운동과 폭동사건을 민중운동으로 미화하고 있다. 제주도 폭동, 대구 폭동, 여순반란 사건 등을 한결같이 미 제국주의 침략을 반대하고 민족통일을 희구하는 민족주의 계열의 민중항쟁 운동이었다고 말한다.

그 한 예로「여순반란사건」에 대한 기술을 인용해 보자.

"미군정에 의해 조직된 국방경비대에 들어간 일반 사병들은 주로 농촌 출신이었는데, 이들 출신계급의 대부분은 빈농에 속했다. 따라서 군 내부에는 민족주의적 분위기가 팽배하고 있었다. 여수의 제14연대에서는 이러한 분위기 속에서 1948년 10월 19일 남한 단독선거를 반대하여 일어난 제주도 민중투쟁을 진압하기 위한 진압을 거부하며「경찰타도」,「제주도출병거부」,「남한통일」을 주장하며 3,000여 명의 사병들이 총궐기하였다.

총궐기한 군인들은 여수의 경찰서, 관공서 등을 점령하여 여수 일대를 장악하게 되었다. 이에 대해 여수의 민중들은 군인들과 합세하여「제주도 출병 절대 반대」,「미군철퇴」,「인민공화국 지지」를 내세우며 봉기하였고 분단에 반대하여 통일국가를 세울 것을 주장하며, 미군정에 대해 투쟁하였다. 8일간에 걸쳐 여수 일대에서는 민중에 의한 자체적인 행정조직까지 만들어졌다." (「광주민중항쟁의 민중운동사적 조명」, 1985.5, pp.20~21)

결국 대한민국 정권은 민족주의자들의 통일운동과 민중의 민주화 요구를 묵살한 매판 자본가와 지주계급(이른바 반동세력)이 미국의 꼭두각시가 되어 단독정부를 수립했으니, 정부수립 당시부터 정통성의 확립은 생각할 수조차 없었다는 논리이다.

우리 정부는 반민족적, 반민주적 폭력정부였고 반동적 파쇼집단이었기 때문에 우리나라를 미국의 세계전략의 전초기지로 전락시켜 버렸다는 주장이다. 이런 입장에 서서 우리 정부의 행적을 분석하고 있으니 북한 공산주의자들의 6·25 남침도 역시 왜곡의 한계를 넘어 미화되고 통일을 위한 민중의 혁명으로 주장하는 것이다.

6·25 전쟁에 대한 운동권 학생들의 주장을 보자.

> "이 전쟁으로 위기 상황에 봉착했던 이승만 정권은 전쟁의 혼란 중에 반대세력을 제거하면서 독재체제의 강화가 진행되어, 위기 극복의 전기를 마련했다. 그리고 이 전쟁을 통해 냉전에 기초한 미국의 세계전략에 있어 한반도의 전략적인 가치가 확실히 평가되면서 이후 반공봉쇄체제의 전초기지로 확실히 그 위치가 지워진다.
>
> 결국 한국전쟁을 통해 알 수 있는 것은 개전(開戰)의 책임이 누구였던 간에 또 어떤 목적이었든지 간에 분단을 극복하고자 하는 민중들의 통일의지가 표출되었다고 볼 수 있고, 또 한반도에 있어 통일은 외세의 척결이 이루어지지 않는 한 불가능하다는 교훈을 던져주고 있다." (「6·25 전쟁의 재조명」, 『이화언론』, 1985.6.18, p.5)

북한 공산주의자에 의해 야기된 6·25 사변, 민족사상 최대의 참극을 초래한 이 전쟁에 대한 기술이 이 정도라면 다른 문제는 더 이상 논할 필요가 없을 것이다.

누가 침략했는가가 문제가 아니라 통일하려고 한 전쟁(그들의 표현은

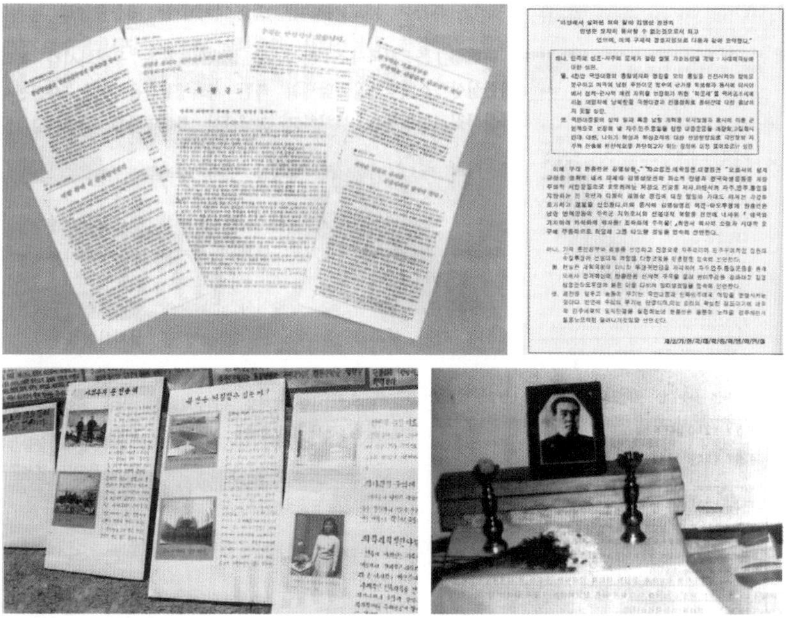

**1980~90년대 대학생들의 선동 문서**

한총련 출범식에 활용키 위한 북한방송 전재 유인물(상단 좌측), 정부와 정면대결을 선언한 유인물(상단 우측), 북한 사회주의를 찬양하는 사진과 대자보(하단 좌측), 1994년 7월 전남대에 설치된 김일성 분향소(하단 우측)

민중의 통일의지의 표출로 기술됨)이었기 때문에 정의로운 전쟁이라 규정해야 한다는 뜻이다.

선제공격이든, 기습공격이든 공산주의자가 자행하는 전쟁은 역사발전의 필연성에 근거하여 전개되는 전쟁이기 때문에 무조건 「정의의 전쟁」이고 이를 반대하는 전쟁은 그것이 아무리 방어적이라고 하더라도 역사발전에 역행하는 전쟁이기 때문에 「부정의의 전쟁」이라고 규정하는 마르크스주의자의 전쟁관과 흡사하다.

북한이 통일하려 한 전쟁을 우리 측이 저지시켰다고 해서 그것인 민중의 통일염원을 배신한 것이라고 한다면, 도대체 민중론자들이 주장하는 민중의 이익이란 어떻게 해야 보장된다고 보는 것인지 알 수가 없다.

공산주의체제가 형성되면 민중의 권리가 보장된다고 보는 것인가? '베트남은 통일된 것이지 적화된 것이 아니다'라고 보는 시각과 별 차이가 없다. 이런 시각에서 역대 대한민국 정부를 매도하고 있다.

개발도상국가의 중요과제가 무엇이고 이를 달성하기 위해서 어떤 개발전략을 채택해야 하는가는 이미 대만, 싱가포르, 홍콩, 한국 등 NICs 국가의 경험에서 충분히 입증되고 있다. 기술과 자본 축적의 과정을 거쳐 현대공업국가로 진입하기 위해서는 역시 자본주의적 모델을 택해야 하였고 이 때문에 선진공업국가와의 경제협력은 불가피한 것이었다.

그래서 역대 정부는 미국과의 관계, 일본을 비롯한 선진공업국가와의 경제, 외교, 군사적 관계를 긴밀히 진행시켰다. 경제발전 우선정책으로 근로자의 희생이 있었다는 것을 모르지 않는다. 그렇다고 하여 우리나라를 미·일 제국주의의 식민지, 종속국가로 규정하고 조국과 정부를 이들의 괴뢰로 매도해도 되는 것인가?

민중론의 시각에서 보면 국제경제협력관계를 종속이론적 시각에서 평가하게 된다. 그러나 종속이론의 시발국인 라틴 아메리카 국가들의 경제적 파탄이 국제경제협력의 결과에서 비롯된 것이 아니라 지나친 복지 정책, 나누어먹기식 경제정책과 정치불안의 연속으로 인해 결과된 것임은 이미 공지의 사실이다.

이런 의미에서 우리는 민중론자들이 우리나라의 정통성을 부정하는 주장의 사상적 원류에 대해 새삼 주목하게 된다.

민중론자들은 스스로 마르크스주의자가 아니라고 주장하지만 그러나 이들의 주장 속에는 다분히 북한 공산주의자들의 혁명이론과 혁명이데올로기가 침습하고 있음이 그들의 글을 통해 입증된다.

### ③ 반반공(反反共) 이론

민중론자들은「반공 이데올로기의 극복」이라는 말을 자주 사용한다. 반공이데올로기가 지배자의 이데올로기로, 가진 자의 이데올로기로, 민족 상호 간의 불신을 조장하는 이데올로기이기 때문이라는 것이다.

따라서 냉전시대의 산물로 6·25 전쟁 경험의 축적으로 기성세대의 의식 속에 자리잡은 반공 이데올로기를 화해의 시대, 변화하는 시대의 이데올로기로 바꾸지 않으면 여전히 지배자가 피지배자를 통제하고 가진 자가 못가진 자의 분배요구투쟁을 억제하는 도구로 될 뿐이라는 주장이다.

물론 냉전시대의 반공이데올로기가 화해의 시대, 대화의 시대의 이데올로기로 남아있어서는 안되며 6·25 전쟁 당시의 경험적 반공이 6·25 전쟁을 모르는 젊은이들에게 강요되어서는 안 된다는 것을 모르는 사람은 없다.

그런데 이러한 민중론자들의 반공이데올로기의 극복 주장이 어느새 반반공 이데올로기로 발전하였다.

대학가에 나붙는 대자보나 팸플릿을 보면 반공 이데올로기가 민주화를 가로 막는 반동적 이데올로기라는 것이다. 이제는 공공연하게 북한 공산주의자들의 주장에 동조하여 자본주의 체제의 전복을 주장하고 있다.

심지어 8·15 해방과 함께 남북한에 진주했던 소련군은 '해방군'으로 미군은 '점령군'으로 기술하고 있다. (1987년 4월 3일자『민주광장』은 당시의 포고문을 게재하고 그 제목을「점령군인가, 해방군인가?」로 달고 있다.) 과연 당시의 남북한의 점령군이 어떤 일을 했는가에 대한 자료조사를 하고 이런 말을 하는 것인지 알 수가 없다.

반공이데올로기의 극복을 주장하던 민중론자들은 이제 반공이데올로기를 반대하고 그 뿌리를 뽑자는데로 발전하고 있다.

북한을 보라! 일당독재를 넘어 1인체제, 세습체제로 나가고 있지 않는가?

사유재산 제도를 폐지하고 집단적 소유, 집단적 생산의 원리 하에 중앙집권적 계획관리체계와 집단적 경리방식을 도입한 결과, 그들은 경제생산의 원동력인 인간의 창의력을 완전히 말살하였고, 공산주의자들이 제시했던 사회주의사회 건설로 유토피아적 평등을 이룩할 수 있다던 주장은 새빨간 거짓말이고, 유례를 찾아볼 수 없는 전체주의적 독재형의 반인민적, 반프롤레타리아적 일당독재의 계급국가를 만들고야 말았다.

사유재산제의 폐지와 중앙집권적 계획경제체제로의 전환은 경제발전의 원동력인 인간 창의력의 발휘를 불가능케 하였고 극심한 관료주의는 인간의 노동의지를 극도로 침체시켰다. 덩샤오핑(鄧小平)의 말대로 소비에트식 사회주의 경제체제는 악평등(惡平等)—빈곤 평준화를 초래했을 뿐이다.

전체주의적 일당 독재체제 하에서 인간의 자유니 인권이니 하는 것은 원천적으로 존재할 수 없다. 공산당의 조직원칙(민주집중제)이 이를 금지시키고 있다. 이런 이유에서 우리는 반반공주의 이데올로기를 반대하는 것이다.

최근 중공, 소련, 동구 공산국가에서 일당독재, 계급투쟁, 민주집중제, 중앙집권적 계획·관리제도 등을 수정하는 경제체제와 정치체제 개혁에 착수하고 있음은 널리 알려진 일이다.

공산주의를 택했던 공산국가에서 조차 마르크스-레닌주의의 거짓된 예언을 깨닫고 체제개편에 착수하고 있는 판국에 어떻게 우리가 공산주의를 반대하지 않을 수 있겠는가? 민중론자들이 주장하는 바와 같이 우리 사회 내에 대립하는 지배계급과 피지배계급 간의 갈등과 모순이 누적되고 있다면 다른 선진공업국가에서처럼 개량과 수정을 통해 극복해 나가면 될 것이다.

그런데 이러한 수정과 개량을 거부하고 폭력에 의한 자본주의 체제의 타도를 주장한다면 그것은 진정으로 민중을 위한 길이 아니며, 특정 소수의 직업적 혁명가의 탈권을 위한 선전선동에 불과하다 할 것이다.

우리는 6·25의 쓰라린 경험을 바탕으로 반공을 하는 것이 아니라 마르크스-레닌주의가 인간해방을 거부하기 때문에 반대하는 것이다.

#### ④ 반미·반안보 논리

민중론자들의 주장 중 가장 강력한 부분은 주한미군 철수와 우리의 안보정책 반대이다. 그들은 우리나라를 미국의 종속 하에 있는 반(半)식민지 국가로 규정한다.

미국의 비호에 의해 국내 자본가와 집권자들은 민중에 대한 가차 없는 탄압과 수탈이 가능하기 때문에 민중혁명을 가능케 하는 객관적 조건의 조성은 먼저 미국의 식민지 종속상태에서 해방하는 길이며, 이를 위해서는 우선 주한미군의 철수를 실현시켜야 한다는 것이다.

주한미군의 존재는 남북한의 통일을 가로막는 원인인 동시에 우리나라를 핵 기지화하며 민족의 생존권을 위협한다고 주장한다. 또한 미군의 주둔은 우리 문화에 대한 양키 문화의 침습을 가속화시켜 민족문화 체제가 위협에 놓이게 만들었다고 주장한다.

이러한 주장은 민족의 자주성을 강화시킨다는 명분론에서는 지당한 주장이라 이해할지 모른다. 그러나 지금 우리가 당면하고 있는 남북한의 군사정세와 북한 공산주의자들의 대남전략과 견주어 볼 때 지극히 위험한 주장이라 아니할 수 없다. 민중론자들이 민중의 해방을 앞세워 그 근원의 제거로 주한미군 철수를 주장하는 것은 바로 북한 공산주의자들의 대남전략에 말려들고 있다는 증거라 할 것이다.

제2차 세계대전 이후 지금까지 공산주의운동의 침략은 크게 보아 두 가지 형태로 갈라진다. 그 하나는 개발도상국가로의 침투전략으로 민족해방운동을 유발시켜 여기에 무력개입하거나 무력지원을 통해 반공진영과 용공진영 간의 무력투쟁으로 발전시켜 나간다는 것이다. 다른 하나는 선진 서방국가로의 침투기술로 반핵운동이나 반전운동을 유발시켜 그 나라의 안보정책을 약화시킨다는 것이다. 이것은 서방국가의 다른 지역이나 타국에 대한 지원역량을 약화시킨다는 간접적 효과를 기할 수 있었다.

지금 우리나라의 민중론자들의 반미 주장은 민족의 자존과 자주를 명분으로 우리의 안보역량을 급격히 약화시키는 북한 공산주의자의 전략과 일치한다고 하겠다. 민중론자들은 또한 우리 국군을 「미국의 용병」으로 매도하는가 하면 우리 정부가 추진하는 국민적 무장력의 형성을 이론적으로 반대하고 있다.

그 예를 민중교육론자의 글에서 찾아보자.

"반공교육이라 불리우는 것은 군사교육인데 이 교육을 통해 우리에게 가장 아픔을 주는 것이 우리의 지배세력을 우방으로 보고 우리 민족을 적으로 규정하는 것이죠…. 또한 정치적으로 부자유와 경제적 불평등도 대내의 질서유지라는 명목으로 눈감아야 되고, 군사교육을 통해 획일적인 명령에 복종하는 인간을 만들 뿐만 아니라 수단방법을 가리지 않고 목적을 달성하려는 사고 그리고 아(我) 아니면 타(他)라는 이분법적 사고 속에 국민에게 불신감을 조성하고 아동기(兒童期)에 '때려잡자' 등의 잔인한 표어로써 청소년들의 잔인성을 유발시키고 핵보유를 오히려 자랑으로 삼아 전쟁문화를 육성하고 있는 느낌이 든다." (『민중교육(1)』, p. 23)

미국을 우리의 지배세력으로 보고, 반공교육은 분단을 위한 교육이며, 국민적 무장력을 육성하려는 정책은 전쟁문화의 육성으로 '청소년을 잔인하게 만드는 교육'으로 평가하고 있다.

우리는 오늘날의 남북 상황을 분명히 깨닫고 말을 해야 한다. 누가 침략을 위한 군사력을 강화하고 있는가? 누가 폭력을 최고의 수단으로 규정했는가?

북한 공산주의자들이야 말로 폭력적 무장을 최고의 수단으로 인정하고 있다. 폭력에 대응하는 가장 유효한 수단은 방어적 무장력 이외에는 없다. 만약 남북대화를 통해 평화통일을 기하려 한다면 무엇보다 먼저 북한의 폭력에 대응하는 우리의 방어적 폭력을 준비해야 한다.

만약 우리가 군사력이라는 배경을 벗어 놓고 회담장에 들어간다면 그들은 회담을 통해서가 아니라 폭력을 통해 우리를 병합하려 할 것이다. 공산주의자와의 협상을 통해 무엇이든 쟁취하려 한다면 무엇보다 먼저 튼튼한 안보정책의 수립이 필요하다. 이것은 대공협상의 기본원칙이다.

민중론자들의 주장처럼 감상적 민족관에 입각하여 우리의 방어적 무장력의 준비를 소홀히 한다면 베트남의 전철을 밟게 될 것이다. 6·25 전쟁 당시 유엔연합군이 우리를 지원해 준 것은 우리 국민의 투철한 자유수호 의지가 존재함을 확인했기 때문이었다.

스스로 무장해제한다면 그것은 공산주의자들에게 우리 스스로를 겁탈하도록 내맡기는 것이나 다름없다.

### ⑤ 연공(聯共)통일 이론

민중론자들의 주장은 종국에 가서 통일문제로 귀착된다.

왜냐하면 외세 제국주의국가의 독점자본가와 국내 매판자본의 이중적 착취하여 놓여있는 민중을 해방하기 위해서는 통일의 길밖에 없다고 보기 때문이다. 민중을 착취하는 제국주의의 독점가와 매판자본가를 동시에 제거하자면 민중에 의한 통일이 실현될 때 자동적으로 해결되기 때문이라는 것이다.

이 논리에 따라 그 간 역대 정부가 제시했던 모든 통일방안을 전면 부정하며 새로운 통일세력을 형성하여 민중에 의해 통일을 추진하는 길만이 민중의 이익과 민족의 자주성을 동시에 성취할 수 있다고 주장한다.

그들의 주장을 보자.

> "식민지 시대의 민족해방운동의 주체였던 기층 노동자, 농민은 해방 후 당연히 독립국가 건설의 주체가 되어야 했음에도 불구하고 식민지 잔재의 온존과 남북분단, 그리고 정치·경제 구조의 가장 큰 피해자가 된 것이다. 따라서 이들에게서 분단시대를 극복하려는 중심적인 에너지를 발견해 내게 된다. 따라서 분단시대의 해소를 위한 민족통일운동의 주도세력은 분단시대의 구체적인 자기 생활 속에서 반외세적이고 민족적일 수밖에 없는 도시빈민, 소농, 중농 등 현재의 모순 구조를 가장 직접적으로 체험하는 사람들이어야 한다." (『한반도의 위기상황과 민족통일』, 1985)

이 말은 도시빈민, 시민 노동자, 농촌의 임금노동자, 빈농, 중농 등 민중만이 통일의 절실함을 깨닫고 있고 진정으로 통일을 원하는 세력이며, 이외의 모든 세력은 통일을 원하지 않거나 통일문제에 소극적이라는 주장이다. 왜냐하면 가진 자들은 통일로 잃을 것이 많기 때문이라는 것이다.

통일이 되어도 잃을 것이 없고 얻을 것이 있는 사람들만이 통일을 원할 것이고 현실적인 자기 생활에서 '반외세적이고 민족적일 수밖에 없는 민중'만이 통일을 원하기 때문에 이들이 진정한 통일의 주도세력이 되어 북한의 민중과 함께 통일문제를 해결해야 한다는 주장이다.

이 주장은 더 이상 평가할 필요 없이 북한 측이 주장하는 「노동계급을 주동세력으로 하는 인민민주주의 혁명의 성취」를 통일이라고 하는 주장과 유사하다.

김일성은 통일을 "반미 민족해방투쟁인 동시에 사회주의와 자본주의 사이, 혁명과 반혁명 사이의 날카로운 계급투쟁"이라 규정하고 있다. (『주체사상에 기초한 남조선혁명과 조국통일이론』, 사회과학출판사, 1975, p.186) 민중론자들의 주장은 이 논리와 별로 다를 것이 없다. 왜냐하면 "한국의 민중은 그 성분상 반외세 즉 반미적이며, 반자본 즉 계급적 성격을 띠고 있기 때문이다. 따라서 반외세, 반미 투쟁과 반자본 투쟁을 전개하는 남한의 민중이 주동이 되는 통일이란 바로 「사회주의혁명에 의한 통일」"이라는 말이 된다.

최근 운동권 간행물을 공공연하게 다음과 같이 쓰고 있다.

> "한국 민족민주혁명 시기에 있어서 통일문제는 그 본질에 있어서 사회주의 국가인 북한과 남한 민중의 민족·민주 운동 간의 반제공동전선에서의 일반적인 동맹의 문제이다. 민족해방과 민족통일을 이루는 길은 연공(聯共)·연북(聯北) 외에는 없다." (「현정세와 우리의 한 임무에 대한 평가」, 1987. 3)

지금 민중론자에게 남은 문제는 어떻게 하면 연공·연북의 통일의 길을 열 수 있게 하는가에 있다. 그 방법은 민중이 주력이 되는 민족 민주혁명을 수행하는 것인데, 그러나 이 혁명에 대한 보수세력의 강력한 반대로 평화적인 방법으로 달성될 수는 없다고 판단하는 것 같다.

때문에 그들의 투쟁은 평화적인 정치투쟁이 아닌 무장투쟁의 과정을 거치게 될 것으로 판단하는 것이다. 즉 "노동자와 영세상인, 중소상업자 그리고 학생 등 도시 민중에 의한 도시폭동과 무장민중봉기 그리고 내전의 과정을 거쳐 사회혁명으로 나아가는 길"(「민중, 민주주의, 민족혁명의 기본개념을 정립하자」, p.13)만이 연공·연북에 의한 통일이 가능하게 할 것이라고 믿고 있다.

나아가 교차승인, 유엔 동시가입, 올림픽 개최와 같이 북한 측이 원치 않는 통일방안에 대해서는 북한 측의 태도와 꼭 같은 태도를 보여주고 있다. 그래야만이 연북(聯北)할 수 있기 때문이다. 이 이상 친북적이고 패배주의적 통일관이 또 어디 있는가?

북한 측은 남한 내 혁명수행을 위해서는 먼저 청년학생들의 「혁명의 가교적 역할」을 강조하며 「투쟁의 주력부대」라 평가한다. 투쟁의 주력부대가 「혁명의 주력군」인 노동계급과 「믿음직한 동맹군」인 농민을 혁명으로 추동하면 남조선 혁명은 가능하고 그 결과 남한에 연공(聯共)정권이 수립될 수 있다고 보는 것이다.

이것은 적화통일로 가는 과정에서 당연히 밟아야 할 코스로 보고 있다. 이른바 합작(合作)의 전술은 광범한 연공, 연북통일론을 형성하기 위한 것인데 민중론자들은 바로 이 전술에 깊이 빠져 있다고 할 것이다.

## 민중 이데올로기의 위장성과 기만성

지금까지 민중론자들이 주장하는 이데올로기와 그 실천이론(투쟁이론)의 주요문제를 개략적으로 기술하였다.

오늘날(1985년) 대학가에서 가장 전투적이고 반체제적이며, 혁명적이라고 인정되는 「민민투(반제 반파쇼 민족·민주 투쟁위원회)」나 「자민투(반미

자주화 반파쇼 민주화 투쟁위원회)」의 이론을 추적해 보면 「삼민투(민족통일 민주쟁취 민중해방 투쟁위원회)」가 제시했던 이론에서 기원하고 있음을 알 수 있으며, 이를 더 깊이 추적해보면 1970년대 이후 민중론자들의 주장에서 연원하고 있음을 알 수 있다.

본래 혁명이란 대중에 의해 계획되고 진행되는 것이 아니다. 소수의 엘리트에 의해 은밀히 계획되고 진행되면서 대중을 혁명에로 동원하는 것이다.

스탈린은 공산주의 혁명의 주동세력을 「정치적 군대」라고 호칭하였다. 그렇다면 「정치적 군대」란 무엇인가? 그는 말하기를 "당이 투쟁을 진행하는 과정에서, 계급 간의 충돌의 진행과정에서 대중자신에게 자기의 경험을 바탕으로 당의 슬로건이 옳다는 것, 당의 정책이 옳다는 것을 확신시킴으로써 그의 군대를 만들어 나가지 않으면 안된다. 이것이 정치적 군대다"라고 하였다. ("10월 혁명과 러시아 공산주의자들의 전술", 『스탈린 선집』 제6권, 1979, p.400)

민중운동가들은 지금 자신들의 주장이 옳다는 것을 인식시키기 위해 각종 투쟁을 전개 중에 있고, 이를 위한 실천이론들을 개발하고 있다. 그래야만이 투쟁의 이념적 근거를 마련할 수 있기 때문이다.

이러한 이론과 실천투쟁을 통해 자신들의 선전선동에 동조하는 의식분자를 양성해 내고 있다. 바로 「정치적 군대」를 양성 중에 있는 것이다.

그들은 「민중」이란 주문 하에 이데올로기 즉, 신앙의 체계를 형성하였다. 구체적으로 민중에 대한 일치된 정의조차 내리지 않은 채 민중을 이데올로기화 하여 모든 투쟁을 전개하려 하고 있다는 것이 현실이지만, 그러나 투쟁의 결과를 종합하고 평가하는 과정에서 실천이론들은 발전시키고 있다고 할 것이다.

오늘날에 와서 민중 이데올로기는 그들이 제시한 구호와 실천적인 투쟁과정을 통해 그들 자신의 정체를 명백히 드러내놓고 말았다. 그들은 폭력으로 자유민주주의 체제를 전복하려는 혁명적 이데올로기의 신봉자라는 사실이다.

과연 혁명 후 어떠한 사회체제를 수립하려 하는가? 그들의 주장은 「민중정권」 또는 「민중민주공화국」을 수립하자는 것이다.

「민중정권」, 「민중민주공화국」이란 어떤 정권인가?

운동권의 문헌은 다음과 같이 밝히고 있다.

> "남한에서 프롤레타리아의 당면한 임무는 농민을 비롯한 모든 계급과 동맹하여 미제와 그 앞잡이 군사파쇼를 타도하고 민중정권을 수립함으로써 민주주의적 변혁을 수행하자는 것이다. 이러한 변혁의 성공적 완수야말로 사회주의 사회건설의 토대인 것이다. 프롤레타리아가 수행해야 할 당면한 혁명의 성격은 민족해방 인민민주주의 혁명으로 규정한다."
>
> (「당면시기에 있어 우리의 전술」, 1986)

이 문건에서 명백히 제시된 것이 「인민민주주의 정권」의 수립이다. 주지하는 바와 같이 「인민민주주의 정권」은 「노동계급의 독재」를 명분으로 하는 공산당 일당 독재정권을 말한다.

지금에 와서는 「민중」이라는 용어가 「프롤레타리아트와 농민의 동맹」이라는 용어와 동의어임을 명백히 하고 있다. 아무리 민중이라는 용어를 넓게 해석한다고 해도 그 의미는 「프롤레타리아트의 지도 하에 형성된 광범위한 계급의 동맹」이란 의미로밖에 해석할 수 없게 되었다.

결국 민중 이데올로기는 공산주의 혁명을 위한 광범한 통일전선 형성을 위한 이데올로기에 불과하다는 결론에 도달한다. 바로 1970년 개최된 북한 노동당 제5차 당대회에서 결의한 남조선 혁명전략—인민민주주의 혁명을 실현하자는 것이다.

바로 여기에 민중 이데올로기의 기만성과 위장성이 있다. 민중이란 말은 자본주의체제를 전복하기 위한 이데올로기이다. 지금까지는 그런대로 위장된 상태였다 할 것이나 지금은 그 본색을 드러 내놓았다.

민중사회학자와 민중신학자들은 이런 비판에 대해 우익과 체제 측의 왜곡이고 날조이며 관제 빨갱이를 만드는 것이라고 논할 것이다. 그러나 현재 민중 이데올로기에 심취되었던 젊은 청년학생들이 무엇을 요구하고 무엇을 실천하는가를 보라!

바로 그들은 자유민주주의 체제의 전복을 주장하고 인민민주주의 정권의 수립을 외치고 있다. 그들은 무장투쟁을 계획하고 폭력혁명을 자행하려 하고 있다. 이런 현실을 보고도 민중 이데올로기의 위험성을 경고하지 말라고 할 것인가?

우리 국민은 개혁을 원한다. 혁명을 원치 않는다. 역사는 점진적 개량을 통해 발전한다. 혁명을 선동하는 이데올로기는 그것이 적색이든 백색이든 우리는 반대한다.

민주화를 실현하자면 무엇보다 먼저 이들 혁명집단부터 제거해야 한다. 특히 정치인은 자신의 태도를 명백히 밝히고 좌경세력과의 명백한 획을 그어야 한다.

우리 국민은 결단코 베트남의 전철을 밟아서는 안 될 것이다.

## 친북좌파 지식인의 탈냉전 인식과 북한의 「우리민족끼리」의 함정

1956년 2월 소련공산당 제20차 당대회를 계기로 유발된 중·소 이데올로기 분쟁은 국경분쟁을 넘어 국가 간 사생결단의 대결로 진화하였다. 이런 와중에서 「북방 3각 군사동맹」에 의존해왔던 북한의 입장은 일대 위협에 직면했다.

중·소 양국은 김일성의 태도를 확인하며 대북 지원의 양과 질을 조절했다. 이런 양대 지주(支柱)의 변화에 직면하며, 김일성은 이를 극복하기 위한 방책으로 「자주」, 「자력갱생」, 「민족자립경제」, 「4대 군사노선」, 「3대 혁명역량강화」 등을 제기했다. 그러나 사태는 점차 악화되었다.

1980년대에 들어서자 중·소 양국이 체제개혁으로 진입하고, 급기야 1990년 사회주의체제의 붕괴가 현실화되었다. 이러한 지각변동에 대응하기 위해 그리고 지속적인 대남 적화공작을 계속하기 위해 제시한 전략·전술이 바로 「통일전선의 전략적 운용」이었다.

나는 이런 장기적이고 전략적인 통일전선 운용을 위해 새로이 제시할 선전·선동을 주시하던 중에 「우리민족끼리」라는 북한의 새로운 투쟁구호가 남한 사회의 좌경 지식인, 특히 젊은 청년 대학생의 순진한 민족의식과 손쉽게 결합함을 주목하고, 이 구호의 진의를 명백히 밝혀야 되겠다고 판단했다.

## 좌파 지식인의 탈냉전 인식

우리나라의 지식인, 특히 진보 연하는 지식인들의 일반적인 대북인식은 '탈냉전시대'라는 전환기 논리에 근거하고 있다. "탈냉전시대가 도래한 지 20년이 지났는데 아직까지 1950~1960년대처럼 반공 이데올로기에 근거하여 북한을 보며 민족문제 해결에 소극적인 자세를 취해서 되겠는가?"라는 주장이다.

과연 이러한 대북인식이 옳은 것인가?

나는 이 문제를 해명하기 위해 탈냉전에 직면하여 제시한 북한 지배층의 주장을 면밀히 분석해왔다. 북한 지배자들이 '탈냉전'을 어떻게 보고 있는가 하는 것이다. 왜 탈냉전시대가 도래했는가?

탈냉전은 말할 필요도 없이 전 세계적 규모에서 사회주의체제가 붕괴되면서 시작되었다. 왜 사회주의체제가 붕괴되었는가? 소련공산당의 마지막 당서기장이었고 소연방 대통령이었던 고르바초프는 다음과 같이 밝히고 있다.

> "운명이 정한 것이지만 내가 국가의 수뇌로 선출되었을 때 이미 우리나라가 순조로운 상태가 아니라는 것이 명백했다. 토지, 석유, 가스 기타 모든 천연자원이 풍부하고 지성과 재능을 가진 국민을 갖고 있음에도 불구하고, 우리는 발전한 국가보다 훨씬 가난한 생활을 하고 있었고 날이 갈수록 이들 나라보다 점점 더 뒤떨어지고 있었다. 그 원인은 이미 명백했다. 우리 사회는 행정, 관료주의적 시스템의 발굽 밑에 신음하고 있었다. 이데올로기에 봉사하고 군비확장의 무거운 부담을 져야만 할 운명에 처한 이 사회는 이미 발전 가능성이 한계에 다다르고 있었다.
>
> 부분적인 개혁시도가 여러 차례 있었지만 이런 시도는 실패로 끝났

다. 국가는 앞날에 대한 희망을 잃어버렸다. 더 이상 이런 상태로는 살아 나갈 수 없었다. 모든 것을 근본적으로 변화시키는 것이 필요했다." (「1991년 12월 25일, 소비에트연방 대통령 사임 연설」, 『뉴욕타임스』, 1991년 12월 26일자)

모스크바 역사고문서대학 학장이며 개혁주의자였던 아파나세프(Yury Afanasyev) 교수는 '소련형 사회주의란 무엇이었던가?'에 대해 다음과 같이 말하고 있다.

"만약 우리나라에서 불리우던 사회주의가 어떤 것이었는가를 말한다면 이렇게 표현할 수 있을 것이다. 경제에서 도덕에 이르기까지 모든 현상에 있어 반국민적인 것, 자연에 거역하는 비인간적인 것 바로 이것이었다고 할 수 있다. 도대체 어디에 사회주의가 있었는가? 어떤 곳에 사회주의가 존재했다는 말인가? 사회주의란 라벨이고 간판뿐이었다. 실제로 이 체제가 갖고 있는 것은 전체주의적인 통합형태뿐이었다.

스탈린의 정치는 사회주의라는 카테고리에서 아무리 좋게 평가하려 해도 평가할 수 없다. 그의 정치는 전체주의적이고 범죄적인 체제의 단계적 형성이었고 이것이 목적한 것은 자기 인민에 대한 항시적이고 계통적인 전쟁이었다….

스탈린은 농민을 노예화하고 그들의 노동을 무상으로 빨아들이고, 그들의 자금을 몰수하여 자기가 원하는 근대산업을 구축하는 것이었다. 그는 자기의 목적에 합치되지 않을 경우 유일한 수단으로 대량 테러를 자행하였다. 이러한 테러와 폭력에 의해 사회는 크게, 깊게 그리고 급격히 개조되었고 이것을 통해 스탈린주의라는 것이 확립되었다.

그는 또 새로운 인간을 창조한다고 하였다. 그러나 새로운 인간이란 사전에 의도된 형태로 만들어지는 것이 아니다. 하기야 그는 새로운 인간이라는 것을 만들어내기는 했다. 육체적으로, 정신적으로 병든 인간을 만들어내는데 성공했다. 의식이 비뚤어진, 정신이 왜곡된 그리고 문자 그대로 육체적으로 병든 인간을 만들어냈다. 그는 오랜 기간에 걸쳐 범용(凡庸)적 인간의 품종개량을 자행했는데 이로 인해 현명한 사람은 모조리 학살되었으며 독창적인 사고를 하는 인간도 말살되었다. 인간은 평준화되었고 이로써 '범용적 인간의 품종개량'을 실현하였다.

이런 현상은 바로 자기 국민과의 전쟁이었다. 수천만 명이 무엇 때문인지도 모르고 멸망하였다. 정확한 숫자를 제시한다는 것은 누구도 두렵게 생각하고 있지만 적어도 5,000만 명이 사망했을 것이다. 이것이 10월혁명의 결과이다. 3세대를 거치는 동안 5,000만 명이 희생되었다는 것은 수많은 민족의 유전자 염색체에까지 심각한 영향을 미쳤다는 것을 의미한다." (「소련형 사회주의에 대한 재검토」, 『사회주의의 20세기 제2권』, 일본방송출판협회편, 1990.1), pp.236~237)

위 두 사람의 증언에서 명백해진 것처럼 레닌의 볼셰비키들이 만들어낸 사회주의체제란 한 마디로 반인간적 전체주의 독재체제를 건설한데 불과하고, 이로 인해 인간의 존엄성과 창의성이 근원적으로 말살된 생지옥의 사회였다. 따라서 이런 사회의 붕괴는 역사의 필연성에 근거했다는 평가이다.

그렇다면 탈냉전의 특징은 무엇인가? 1990년 11월 19일 NATO-WTO(바르샤바조약기구)에 참가한 22개국의 선언(「파리선언」)은 '탈냉전시대'의 특징을 다음과 같이 지적하고 있다.

"40년 이상에 걸쳐 지속되었던 분단과 대결의 시대는 끝났다. 지금 시작된 유럽제국의 신관계(新關係)에서는 조인국들은 이미 적대국이 아니며, 새로운 동반자 관계를 구축하고 우호의 손길을 내밀 것을 엄숙히 선언한다. …다원적 민주주의, 법에 의한 지배, 인권존중 등 인류가 창조한 '보편적 가치'가 유럽 제국의 공통적인 정치이념으로 되었기 때문이다."

위 선언문이 밝힌 것처럼 탈냉전이란 단순히 군사적 대치상태가 종결되었다는 것을 뜻하는 것이 아니라, 이들 나라가 새로운 정치이데올로기—인류가 창조한 보편적 가치—를 국가이념으로 받아들였다는 것을 뜻한다.

이와 같은 탈냉전시대의 정치사상적 특징에 비추어 볼 때 과연 한반도에 탈냉전시대가 도래하였는가? 나는 아직 도래하지 않았다고 단언한다. 한반도 주변에는 도래했으나 한반도에는 상륙하지 않았다. 한반도의 탈냉전은 북한의 사회주의 정권이 붕괴되든가, 아니면 변화되지 않는 한 상륙할 수 없다. 바로 이것이 오늘날 한반도의 상황이며, 남북관계가 우여곡절을 겪으면서 풀리지 않는 주요 이유인 것이다.

## — 사회주의체제의 붕괴에 대한 북한의 인식

그런데 북한 지배자들은 소련이나 동유럽 사회주의국가 지도자들처럼 자신의 잘못된 인식을 반성하는 기색이 전혀 없으며, 오히려 사회주의체제의 붕괴는 각국 공산당 지도자들의 실책에 기인한 듯이 주장하고 있다.

북한 지도자들은 사회주의체제 붕괴의 원인을 크게 두 가지로 설명하고 있다.

첫째 원인은 이른바 '제국주의자들의 평화적 이행전략 때문'이었다는 것이다. 김일성과 김정일은 다음과 같이 말하고 있다.

"제국주의자들이 매달리고 있는 이른바 평화적 이행전략은 본질에 있어서 사회주의 나라들을 내부로부터 와해시키고 자본주의 길로 되돌려세워 정치적, 경제적으로 저들의 지배권 안에 넣으려는데 목적을 두고 있습니다. 제국주의자들은 자주적인 발전도상국 나라들에 대해서도 이른바 '원조'와 '협조'를 조건으로 내걸고 저들의 지배를 실현하는데 유리하게끔 정치체제와 경제제도를 고치도록 강요하고 있습니다." (「1991년 김일성 신년사」, 『조선중앙연감』, 1992, p.8)

김일성이 주장대로 "본질에 있어서 사회주의 나라들을 사상적으로 경제적으로 와해 변질시키고 자본주의화하려는 것이고… 사상문화적으로 침투하여 인민들의 혁명의식을 마비시키고 '원조'를 미끼로 경제적으로 매수해 반사회주의 분자들을 부추겨 사회정치적 혼란을 조성하는 방법으로 사회주의 나라들을 자본주의에로 되돌려 세우기 위한 평화적 이행전략에…"(「1991년 김일성 신년사」) 효과적으로 대응하지 못했기 때문에 붕괴되었다고 주장하고 있는 것이다.

두 번째 원인은 사회주의를 반드시 완성하고야 말겠다는 확고한 의지를 가진 후계자들을 키우는 '인간개조사업'을 게을리했기 때문이라는 것이다. 김정일은 다음과 같이 말하고 있다.

"사회주의를 건설하던 일부 나라들에서 사회주의가 좌절된 것은 한마디로 말하여 사회주의의 본질을 역사의 주체인 인민대중을 중심으로 하여야 한다는 것을 이해하지 못한 데로부터 사회주의 건설에서 주체를 강화하고 주체의 역할을 높이는 문제를 기본적으로 틀어쥐고 나가지 못한데 있다. …사유재산 제도를 철폐하여 모든 생산수단을 국유화하고 인민대중을 집단주의 원칙에 의해 집단화하였다고 하여 사회주의 사회가 건설되는 것이 아님에도 불구하고 사회주의 체제와 제도를 만들면 그것으로 사회주의 사회가 저절로 이루어질 것으로 믿고 이들 나라 공산주의 지도자들이 공산주의적 인간개조 사업을 게을리 했기 때문에 패망하게 되었다. …사회주의냐 자본주의냐 하는 투쟁에서 혁명적 원칙을 버리는 것은 곧 투항과 변질을 의미한다. 지난날 사회주의를 건설하던 일부 나라 사람들은 사회주의에 대한 신념이 부족하고 노동계급적 입장이 확고하지 못하기 때문에 조성된 난관 앞에 동요하고 제국주의자들의 압력에 굴복하고 점차 혁명적 원칙을 양보하고 포기하는 길로 빠졌다. 이들 나라에서는 당의 영도적 역할과 국가의 통일적 지도기능을 약화시켜 투쟁 대신 타협에로 나갔다. 이러한 수정주의 정책의 결과 사회가 점차 변질되고, 개혁 개방한다고 하면서 자본주의를 끌어들여 사회주의를 좌절시켰다." (「사회주의 건설의 역사적 경험과 우리 당의 총노선」, 1992.1.3)

이와 같이 김정일은 사회주의체제가 붕괴된 근원적인 원인을 보려하지 않고, 외부에서 가해오는 '평화적 이행전략'을 저지하고 '공산주의 인간개조사업'을 성공적으로 수행하면 사회주의체제는 얼마든지 발전할 수 있다는 논리를 펴고 있다. 이런 인식을 갖고 있는 김정일에게 체제개혁을 기대할 수 있겠는가?

## — 북한의 「우리민족끼리」의 함정

사실이 이러함에도 불구하고 우리나라의 일부 진보적 지식인이나 보수적 지식인 사이에는 북한이 강조하고 있는 「우리민족끼리」라는 구호에 현혹되고 동조하며, '우리민족끼리의 통일 가능성'이 눈앞에 온 듯 행동하고 있다.

일부 진보적 지식인들은 북한 노동당도 덩샤오핑이 영도하는 중국공산당처럼 개혁·개방으로의 변화가 불가피할 것이라는 전제 하에, 그런가 하면 일부 보수적 지식인들은 결국 북한도 붕괴할 수밖에 없으며 따라서 흡수통일의 기회가 다가왔다는 전제 하에, 민족주의적 통일지상주의자들은 "이제는 남한이 협력할 수밖에 없는 시기가 도래할 것인즉, 결국 남북 공히 통일하자고 나설 수밖에 없는데, 이처럼 남북한이 통일하겠다는데 주변 4대 강국이 어찌 우리의 요구를 무시할 수 있겠는가?"라는 낙관적 전망 하에 북측이 제시한 「우리 민족끼리」라는 구호에 환호하며 어떻게든 이에 동조하며 행동해야 한다고 주장한다.

그러나 탈냉전이 시작된 이후 세계 도처, 특히 발칸반도와 중동·아프리카 대륙에서 일어나고 있는 현실을 보라. 냉전의 압박 하에 잠재했던 국가 간, 지역 간, 민족 간의 갈등이 일어나 새로운 분쟁이 시작되었다.

바로 북한은 이러한 탈냉전 이후의 분쟁 발생의 원인과 그 발전 양상을 간과할 리가 없다. 지금 북한은 탈냉전으로 상실한 동맹국과의 안보 경제 협력의 이익을 대남관계의 변화를 통해 획득하려 하는 것이다. 이런 의미에서 북한은 보다 강화된 통일전선 형성을 위해 노력할 것이 명백하며, 따라서 이에 상응하는 구호를 새롭게 만들어 우리 사회에 유포시킬 것이다. 인민민주주의혁명을 위한 계급투쟁의 구호, 통일전선 형성을 위한 민족대단결 구호 등을 제시하며 정세 변화에 상응하는 각종 구호를 유포하며 대남교란을 위한 심리전을 전개할 것이다.

우리는 이러한 북한의 대남 전략·전술에 기만당해서는 안 된다. 특히 체제의 변화를 바라는 젊은 세대는 이러한 북한의 대남공작에 말려들지 않도록 6·25 전쟁을 경험한 자유·민주보수 세대는 최선의 이념지도에 임해야 할 것이다.

# 김영삼 정부의 통일정책과 그 비판

나는 김영삼 대통령의 취임사와 그 후 전개한 통일정책, 특히 한완상 통일원장관의 주장을 보면서 '이 정권은 북한 김일성 일당의 대남전략에 대한 인식이 몹시 부족하다'는 느낌을 가졌다. 무엇보다 「민족」, 「민족주의」에 대한 공산주의자의 인식, 이에 대한 북한 김일성 일당의 주장이 지닌 정치적 의미를 이해하지 못하고 있다고 생각하여 1993년 3월 다음과 같은 글을 발표했다.

## 김영삼 대통령의 취임사와 통일관

1993년 2월 25일 서울 여의도 국회의사당 광장에서 제14대 대통령 취임식이 거행되었다. 이 자리에 초대된 3만여 각계대표는 물론 이 장면을 TV중계로 보고 있던 4천만 국민은 문민정부 출범을 선언하고 강력한 정통성을 바탕으로 「신한국 건설」을 위한 개혁시대를 열겠다는 김영삼 대통령의 취임사를 열렬히 환영했다. 물론 나도 그의 결의에 찬 취임연설을 들으면서 일단(?) 환영했다.

김영삼 대통령은 취임사에서 자신이 생각하고 있는 「신한국의 상(象)」을 다음과 같이 언급하였다.

1993년 2월 25일 김영삼 대통령 취임식

"…저는 신한국창조의 꿈을 가슴 깊이 품고 있습니다.

신한국은 보다 자유롭고 성숙한 민주사회입니다.

갈라진 민족이 하나 되어 평화롭게 사는 통일조국입니다….

…김일성 주석에게 말합니다.

우리는 진심으로 서로 협력할 자세를 갖추지 않으면 안 됩니다.

세계는 대결이 아니라 평화와 협력의 시대로 나아가고 있습니다.

다른 민족과 국가 사이에도 다양한 협력이 이루어지고 있습니다.

그러나 어느 동맹국도 민족보다 더 나을 수는 없습니다.

어떤 이념이나 어떤 사상도 민족보다 더 큰 행복을 가져다주지 못합니다.

김 주석이 참으로 민족을 더 중요하게 생각한다면, 그리고 남북한 동포의 진정한 화해와 통일을 원한다면, 이를 논의하기 위해 우리는 언제 어디서라도 만날 수 있습니다.

따뜻한 봄날 한라산 기슭에서도 좋고, 여름날 백두산 천지못가에서도 좋습니다.

거기서 가슴을 터놓고 민족의 장래를 의논해 봅시다.

그 때 우리는 같은 민족이라는 원점에 서서 모든 문제를 풀어나갈 수 있을 것입니다." (『김영삼 대통령 취임사』, 공보처, 1993. 3. 2, p. 9)

그러나 김영삼 대통령의 이러한 통일에 관한 의지대로 소기의 결실을 얻었는가? 그렇지 않다. 그 이유는 결실을 맺을만한 시간이 경과하지 않았대도 그 원인이 있지만 보다 중요한 원인은 김영삼 정권의 통일정책 역시 인류가 창조한 보편적 가치—자유, 다원적 민주주의, 법에 의한 지배, 인권존중 등—를 토대로 한 통일을 추구하고 있기 때문이다.

이러한 가치관이나 이념은 북한 김일성정권으로서는 받아들일 수 없는 것이고 이에 응한다는 것은 동유럽 제국이나 구소련과 같은 붕괴의 전철을 밟을 것이기 때문에 정면 거부한다는 입장을 취하고 있다. 따라서 김영삼 대통령의 통일에 관한 의지는 처음부터 북한의 격렬한 반대에 직면할 수밖에 없었다.

환언하면 김영삼 대통령이 추진하려는 한반도의 평화적 통일의 프로세스는 북한이 개혁과 개방으로 나올 때 비로소 시작될 수 있는 것이다.

이와 같은 관점에서 김 대통령의 통일정책을 검토하고자 한다.

## — 김영삼 신정부의 통일정책 특징

김영삼 정부의 통일원장관인 한완상 박사는 전 정권(노태우정권)이 제시했던 기본틀에서 크게 벗어나지 않으며, 다만 이를 추진하는 자세와 입장이 다른 것뿐이라고 다음과 같이 말하고 있다.

> "김영삼 정부의 통일정책은 「한민족공동체 통일방안」을 토대로 하되, 그것을 추진하는 자세와 입장만은 종전과 달리 문민시대 정신을 보다 충실하게 살리려고 한다. 주시하다시피 한민족공동체 통일방안은 점진적 통일방안이다. 세 가지 단계로 통일과업을 추진하는 것이다.
>
> 한꺼번에 성급하게 통일을 완성하는 것이 아니라 그 간의 남북 간의 두터운 불신관계를 보다 효율적으로 청산하면서 신뢰회복을 통한 점진적 방법을 채택한다." (『국정신문』, 공보처, 1993.4.8)

위에서 언급한 「한민족공동체 통일방안」이란 무엇인가?

1989년 9월 11일 국회 특별연설에서 노태우 대통령이 밝혔던 「한민족공동체 통일방안」을 말한 것이다.

「한민족공동체 통일방안」의 기본구조는

① 남북대화의 추진으로 신뢰회복을 기하는 가운데 남북정상회담을 통해 「민족공동체헌장」을 채택하고 ② 남북의 공존공영과 민족사회의 동질화, 민족공동생활권의 형성 등을 추구하는 과도적 통일체제인 남북연합을 거쳐 ③ 통일헌법이 정하는 바에 따라 총선거를 실시하여 통일국회와 통일정부를 구성함으로써 완전한 통일국가인 통일민주공화국을 수립하는 것으로 되어있다.

그리고 남북연합에는 민족공동체헌장에서 합의되는데 따라 남북정상회의와 남북이 동등한 자격으로 참여하는 각료회의, 평의회, 공동사무처 등의 기구를 두고, 비무장지대 내에 평화구역과 통일평화시를 설치하도록 되어있으며, 통일헌법은 남북한의회에서 안을 마련해 민주적인 방법과 절차를 거쳐 확정하는 것으로 되어 있다.

이러한 통일방안을 발전시키는데 있어서나 지켜야 할 원칙으로 자주·평화·민주의 3원칙을 제시하였다.

'자주'란 통일은 결국 우리 민족끼리 해결할 문제이므로 어떤 외부세력의 간섭을 받음이 없이 겨레 스스로가 결정해야 한다는 것이다.

다음으로 '평화'란 아무리 통일이 민족 지상의 과제이고 오늘을 사는 모두에게 가장 절실한 염원이 된다 할지라도 이것을 실현시키기 위해 민족의 희생을 강요하는 무력이나 폭력을 사용해서는 결코 안 되며, 반드시 평화적인 방법으로 이룩되어야 한다는 것을 말한다.

끝으로 '민주'란 통일을 이룩하는 모든 과정이 민주적 원칙에 입각한 절차와 방법에 따라야 될 뿐만 아니라, 통일을 실현한 뒤에도 이 땅에 사는 모든 사람이 주인이 되어 인간답게 살 자유와 권리가 함께 보장되는 사회가 될 수 있어야 한다는 것이었다.

김영삼 정부의 통일원 장관으로 부임한 한완상 장관은 이러한 「한민족공동체 통일방안」의 기본골격을 그대로 계승하면서 다만 전 정권과 다른 자세와 입장을 취한다고 밝혔는데 과연 그 뜻은 무엇인가?

그것은 권력의 정당성이 결여되었던 과거 군사정권은 통일정책 수행에 있어 일부 국민(아마도 재야세력을 지칭하는 것으로 생각되지만) 간에 심각한 불신과 마찰을 겪어야 했지만, 정통성 있는 김영삼 정부는 국민의 불신을 빚으면서 통일정책을 추진할 이유가 없으므로 국민의 합의를 배경으로 의연하게 적극적인 자세로 추진하겠다는 것이었다.

다시 말하면 과거의 정권은 통일문제를 정권 유지의 수단으로 이용했지만, 김영삼 정부는 정통성 있는 문민정부임으로 정정당당하게 대북정책을 추진하겠다는 뜻으로 해석된다.

그러면서 그는 다음과 같은 '3단계 통일구도'를 제시했다.

첫째 단계는 '화해협력단계'이다.

이 단계에서는 「남북기본합의서(1992년 2월 조인)」를 규범으로 하여 정치적 화해, 군사적 신뢰구축, 사회·문화교류를 통한 관계개선을 추구한다. 남북고위급 회담과 「남북기본합의서」에서 규정한 대로 분야별 분과위 회의 그리고 공동위 회의를 활성화 한다.

둘째 단계는 '남북연합시대'를 여는 단계다.

이 때는 남북 간의 관계개선이 어느 정도 정례화 되고 제도화된 남북연합기구들의 탄생과 운영으로 나타난다. 남북 간 각료회의, 국회회담, 정상회의가 정례화 된다.

낡은 휴전체제는 새로운 평화체제로 전환된다. 남북 간 군축회담이 추진되며 경제협력과 교류도 활성화되어 EC와 유사한 단일경제공동체를 건설할 수 있게 된다.

이 단계의 규범은 「민족공동체헌장」이 될 것이다. 만약 이 단계까지 진입할 수 있다면, 남북관계는 제도적으로나 정신적으로 크게 진전되는 것이며, 냉전적 대결과 증오는 상당히 해소될 것이다.

셋째 단계는 '단일의 통일국가'를 세우는 단계다.

통일헌법을 바탕삼아 1민족·1국가·1체제·1정부의 형태로 통일됨으로써 선진민주국가인 신한국은 확실하게 우리 역사 속에서 자리 잡게 될 것이다.

위 인용문을 요약하면 「화해협력단계 → 남북연합단계 → 통일단계」의 3단계를 밟아간다는 것이다.

그렇다면 전 정권의 통일방안과 무엇이 다른가? 한 장관이 밝힌 3가지 정책기조를 다음과 같이 밝히고 있다.

"첫째 민족복리우선의 시각이다.

우리가 장구한 기간 동일민족으로 살아왔다는 엄연한 사실을 잊어버리고, 다만 지난 반세기도 안 되는 짧은 기간에 적대관계를 갖게 된 것만 을 지나치게 확대·비관하는 것은 합리적인 일이 아니다….

비록 북쪽의 당국은 문제가 있으나 그곳의 2천만의 사람들은 우리 동포요 동족이다. 이 동족의 행복과 복지를 증진하려는 자세가 필요하다. 이것은 한낱 저항적 민족주의나 국수적이고 편협한 민족주의를 말하는 것이 아니다. 7천만 민족 전체의 동질성을 더욱 촉진하고, 그들의 복리를 증대시키려는 의지의 표현이다.

둘째로 공존공영을 위한 참여화(Engagement)의 자세이다.

북한을 고립·봉쇄시키기보다 국제사회로 이끌어내어 그곳을 적극적으로 변화시키려는 의지다.

셋째로 국민적 합의를 바탕으로 한 통일정책을 추진이다.

지난 날 권력 정당성이 결핍했을 때 통일정책을 둘러싸고 정부와 일부 국민 간에 심각한 불신과 마찰이 있었다." (『국정신문』, 공보처, 1993. 4. 8)

위에서 인용한 한 장관의 말을 요약하면 ① 민족복리, ② 공존공영, ③ 국민합의라는 3가지 정책기조를 바탕으로 남북관계 개선 노력을 적극 기울여 나가겠다는 것이었다.

## 김영삼 정부의 통일정책 사례

그렇다면 김영삼 정부의 통일정책의 결과는 과연 어떠했는가? 몇 가지 주요 사례—인도적 조치로 취한 이인모 노인의 북송, 북한의 NPT 탈퇴와 신정부의 태도 변화, 북한의 「10대 강령」 제시와 남측 제의의 전면적 거부, 남측의 「고위급(총리) 회담」 제의와 북측의 「정상회담 개최를 위한 특사교환」 역제의—에 대해 살펴보자.

### ① 인도적 조치로 취한 이인모 노인의 북송

통일의 3단계 발전구도와 3가지 정책기조 하에 김영삼 정부가 취한 대표적인 조치가 대통령 취임 후 2주 만에 발표된 '이인모 북한방문 허용'이었다.

이인모 문제는 김영삼 정부가 수립된 후 발단된 문제가 아니다. 전 정권 시기인 1992년 5월 서울에서 개최되었던 제7차 남북고위급회담에서 북측 대표 연형묵 총리는 '특례적인 사업'으로 이인모를 북한에 보내달라고 요구함으로써 남북대화의 현안문제로 클로즈업 되었다.

이인모는 1950년 한국전쟁 때 인민군 소위로 남하했다가 후퇴하지 못하고 빨치산으로 활약하다 체포되어 복역한 후 북한의 지령에 따라 활동하다 다시 체포되었다가 석방된 병약한 76세(당시)의 노인이었다.

이인모의 북한 송환 문제는 노태우 정부 때에도 고려한 바 있다. 1992년 10월 1일과 10월 5일 이산가족문제 협의를 위한 차관급 접촉에서 이 문제를 집중 논의한 바 있었다.

남한 대표는 상호주의 원칙에 따라 다른 이산가족 문제와 함께 해결되어야 한다는 입장에서 "이산가족 교환사업의 정례화, 판문점 면회소 설치, 1987년 강제 납북된 동지호 어부 12명의 송환문제에 합의해야 이인모의 송환이 가능함"을 강조했다.

이에 반해 북한 측은 "이산가족 교환사업의 정례화를 철회하는 조건하에 이인모 송환 문제와 판문점 면회소 설치 문제만을 동시 해결하자고 제의"함으로서 결렬되었고, 그 후 핵문제가 제기되어 더 이상 협상을 진행하지 못한 채 남겨두었던 것인데, 이 문제를 한완상 장관은 '조건 없이 해결'하기로 한 것이다.

한국정부는 1993년 3월 11일 송영대 통일원 차관의 발표를 통해 "남북관계가 경색국면에 처해 있음에도 불구하고 이산가족 문제를 시급히 해결하고 민족복리 차원에서 남북관계를 개선하기 위한 노력의 일환으로서 이인모 노인의 북한방문을 허용할 것"이라고 밝혔다.

아울러 "이인모 노인 방북을 남북교류협력에 관한 법률에 따라 허용하되, 이인모 노인의 북한방문 시기와 방법, 절차 등은 본인의 희망을 감안하여 남북연락사무소를 통해 북한 측과 조속한 시일 내에 협의하겠다"고 밝혔다.

이 발표가 나온 다음날 북한 측이 핵확산금지조약(NPT) 탈퇴를 선언하였음에도 불구하고, 3월 16일 판문점에서 남북 양측은 이인모 노인의 방북에 따른 실무문제를 협의하기 위한 연락관 접촉을 가졌다. 이를 통해 이인모 노인이 3월 19일 11시 판문점 중립국감독위원회 회의실을 통해 북한에 넘어가는 데 합의하였다.

이와 같은 김영삼 정부의 파격적인 전향적 조치에 대해 과연 북한은 상응하는 조치를 취했는가? 남한 당국이 인도주의적 차원에서 이인모 노인을 북송하였음에도 불구하고 북한은 단 한마디 감사하다는 반응이 없었을 뿐만 아니라 이 사건을 김일성, 김정일에 대한 북한 인민들의 충성심 고취와 자본주의에 대한 사회주의의 불패성을 교양하는 최대, 최고의 선전자료로 이용했을 뿐이었다.

이렇게 되자 새 정부의 대북정책에 대한 재야 보수세력은 물론 정부 내 대북 관계부서 실무자들의 거센 비판이 일게 되었다. 그 후 NPT 탈퇴와 맞물려 남북관계는 급속히 경색되었다.

### ② 북한의 NPT 탈퇴와 신정부의 태도 변화

북한의 NPT 탈퇴선언은 신정부의 통일정책 담당부서에게 적지 않은 충격을 주었다. 특히 이인모의 무조건 송환을 계기로 남북관계의 획기적인 전환을 기대했던 김영삼 정부에게는 큰 충격이었다.

1993년 3월 12일 NPT 탈퇴를 선언하면서 북한당국이 발표한 성명을 보면 그들의 핵개발 의지가 만만치 않음을 엿볼 수 있다. 이미 2월 25일 국제원자력기구(IAEA) 이사회는 북한에 대한 특별사찰을 촉구하며 1개월의 유예기간을 부여하였고, 만약 이를 거부할 경우 유엔 안전보장이사회에 상정한 것임을 결의했다. 그 기간에 북한이 NPT 탈퇴를 선언했다는 것은 유엔의 제재 조치가 결의된다 하더라도 단호히 대응하겠다는 의지를 표현한 것이었다. 북한이 이처럼 핵개발에 대한 굳은 의지를 갖고 있는 한 남북관계의 개선 전망은 극히 어두운 상황이었다.

북한은 NPT 탈퇴 이후 국제사회의 강력한 철회 여론을 의식하여 IAEA의 공정성의 확립과 특별사찰 요구의 철회 주장을 강조하며, 이에 덧붙여 팀스피리트 훈련의 영구중단, 주한미군 '핵기지'의 완전 공개 등의 '철회 조건'을 제시하였다. 3월 22일에는 돌연 조선반핵평화위원회(당시 위원장: 김용순 당 비서)의 명의로 "국제원자력기구는 남한 내 미군 핵무기 기지를 전면 사찰해야 한다"고 주장하는가 하면, 3월 29일에는 북한외무성 대변인 성명으로 '핵문제와 관련한 대미 협상'을 제의하였다. 그 요지는 ① 미국의 대북 적대정책 포기, ② 주한미군 및 핵무기 철수, ③ 대북 핵 불사용의 보장 등이었다.

이런 북한의 대미 협상 제의는 말할 것도 없이 IAEA의 보고서의 유엔 안보리 상정을 방해하기 위한 제안이었다. 그러나 4월 1일 유엔 안보리는 찬성 28, 반대 2, 기권 4표로 IAEA 보고서를 채택하였다.

이런 상황 하에 4월 3일 개최된 김영삼 정부의 통일관계 장관회의는 북한핵문제의 유엔 안보리 회부에 따른 대책을 논의하고 ① 핵문제 해결 전까지는 남북대화 제의를 하지 않는다. ② 미·일 등 우방국가들과 긴밀히 협조한다는 기본방향을 결의하였다.

한편 한국정부는 북한의 태도변화를 유도하기 위한 유연한 자세를 나타냈다. 4월 5일 한완상 통일원 장관은 『조선일보』와의 인터뷰에서 "① 남북교류의 돌파구는 '무조건' 인도주의뿐이며 또한 북한이 남한의 경제동반자가 되도록 하기 위해서는 '목조르기'는 곤란하며 ②「한반도 비핵화공동선언(1991년 12월)」은 남북 양측이 모두 준수해야할 문제"라고 지적했다.

그러나 이러한 통일원 장관의 발언은 점증하는 국민의 대북 불신여론에 비추어 오해받을 소지가 있었고, 이 때문에 정부 내 의견통일이 이루어지지 않고 있다는 비판을 불러일으켰다.

4월 6일 김영삼 대통령은 직접 안보관계 장관회의를 소집하고 북한 핵문제의 유엔 안보리 회부에 따른 후속대책과 안보태세의 확립방안을 논의하고 ① 북한이 NPT에 복귀하고 특별사찰과 남북 상호사찰을 수용하지 않는 한 남북 간의 경제협력 등 실질적인 개선책 마련은 불가하며 어떠한 대남 도발에도 대처할 수 있는 만반의 안보태세를 강구하라고 지시하였다.

### ③ 북한의「10대 강령」제시와 남측 제의의 전면적 거부

이처럼 한국과 국제사회가 북한의 핵문제에 대한 공조체제를 강화하며 압력을 가중시키고 있는 시점에서 북한은 제9기 제5차 최고인민회의를 개최하고, 1993년 4월 7일 이른바「조국통일을 위한 전민족대단결 10대 강령」과「당면한 4개 요구사항」을 남한 측에 제시하였다.

강성산 총리 보고에서 "김일성 북한주석이 직접 작성했다"고 밝힌「10대 강령」의 요지를 보면 다음과 같다.

① 전민족대단결로 자주적·평화적·중립적 통일국가를 창립해야 함

② 민족애와 민족자주정신에 기초하여 단결해야 함

③ 공존·공영·공리를 도모하고 조국통일 위협에 모든 것을 복종시키는 원칙에서 단결해야 함

④ 동족사이 분열과 대결을 조장시키는 일체의 정치적 논쟁을 중지하고 단결해야 함

⑤ 북침과 남침, 승공과 적화에 대한 우려를 다 같이 없애고 서로 신뢰하고 단결해야 함

⑥ 민주주의를 귀중히 여기며, 주의·주장이 다르다고 배척 말고 조국통일의 길에서 함께 손잡고 나가야 함

⑦ 개인·단체 소유의 물질적 정신적 재산을 보호하고, 그것을 민족대단결의 도모에로 이용하는 것을 장려해야 함

⑧ 접촉·왕래·대화를 통해 전 민족이 서로 이해하고 신뢰하며 단합해야 함

⑨ 조국통일을 위한 길에서 북과 남, 해외 전 민족이 서로 연대성을 강화해야 함

⑩ 민족대단결과 조국통일 위업에 공헌한 사람들을 높이 평가해야 함

(『월간 북한동향』, 통일원, 1993. 4, pp. 79~93)

이 「10대 강령」은 김영삼 정부가 밝힌 통일정책 기조 중 '민족복리', '공존공영' 등에 대답하는 듯이 표현(1항~3항)하고 있지만, 기본 특징에서는 과거 남한 측의 통일방안이 나올 때마다 제시했던 통상적인 대응—「조국통일 5대 강령(1973년)」, 「연방제 10대 시정방침(1980년)」, 「조국통일 5개 방침(1990년)」—의 범위를 벗어나지 못한 것이었다.

문제는 「10대 강령」이 그 자체 내용에 있는 것이 아니라 현안문제로 제기되고 있는 NPT 탈퇴에 따른 북한의 태도 변화가 있느냐 없느냐, 새 정부에 대한 북한의 태도 변화를 실증하는 새로운 내용이 포함되었는

가 하는 것이었다. 유감스러운 일이나 전 정권에게 보였던 종래의 북한 태도와 다른 점이 없음이 입증되었다.

특히 강성산 북한총리가 「10대 강령」과 함께 제시한 「4개 대남 요구사항」은 ① 외세의존 정책의 포기, ② 남한에서의 미군철수 의지 표명, ③ 외국군대와 합동군사훈련의 영원 중지, ④ 미국의 핵우산으로부터 이탈이었는데, 이것은 한국정부로서는 도저히 받아들일 수 없는 것이었다. 북한이 4개 조건을 제시한 이유는 핵문제를 민족 내부문제화하고 동시에 남한사회 일각에서 대두하고 있는 '핵주권론' 등에 편승, 반미 분위기를 조성하고 향후 핵문제와 관련한 남한 측의 대북 강경조치를 견제하려는 의도에서 제시된 것이었다.

이러한 북측 기도가 재삼 표명된 이상 남한정부의 대북 태도는 경화될 수밖에 없었다. 4월 8일 한완상 장관은 "북한의 핵문제 해결을 위해 우선 설득외교에 주력할 것이지만 태도변화가 없으면 유엔의 경제재제 조치에 동참할 것"임을 밝혔다.

4월 9일 유엔 안보리는 드디어 북한 핵문제에 대해 ① NPT 탈퇴선언에 대한 우려와 IAEA의 대북한 협의 및 핵검증을 위한 지속적인 노력을 권장하며 ② 한반도의 비핵화공동선언 지지를 담은 선언문을 채택하였다.

북한 측은 이러한 국제사회와 남한 측의 대응에 대처하는 적극적인 선전·선동 활동을 전개하게 되었고, 그 중에서도 남한과 해외 각계에 보낸 '편지 공세'(국내 43명, 해외 10명 이상의 주요 인물에 대한 10대 강령 지지 호소 성명)와 급진적인 재야 반정부·반체제 세력인 조국통일범민족대표연합, 한국대학총학생연합, 조국통일범민족청년학생연합의 남한 측 조직에게 반정부·반미투쟁을 선동하는 선전공세를 치열하게 전개하였다.

### ④ 남측의 「고위급(총리) 회담」 제의와 북측의 「정상회담 개최를 위한 특사교환」 역제의

이런 가운데 1993년 5월 11일 유엔 안보리는 '2개월 내에 북한의 NPT 탈퇴 재고 및 조약의무의 재확인'을 요구하는 「대북결의안」(제825호)을 찬성 13, 기권 2로 채택하였다. 한국정부는 유엔 안보리의 대북결의안 채택시 중국이 기권했다는데 대해 큰 의미를 부여하였다.

사태의 진전으로 보아 더 이상 경직된 태도를 유지하는 것은 불리하다고 판단한 북한은 미국과의 직접협상을 공식 제의하게 되어 5월 16일과 22일 두 차례의 예비회담(허종 주유엔 북한부대사, 미 국무부 찰스 커트만 한국과장)을 거쳐 6월 2일 미-북한 간 고위급회담 개최에 합의하였다.

유엔 안보리가 대북결의문을 채택하고 미국과 북한 간의 고위급회담이 개최되는 시점에 남한정부도 북한과의 대화를 재개하여 핵문제 조기해결을 위해 노력함이 타당하다고 판단하고, 5월 20일 황인성 총리는 북한의 강성산 총리에게 '중단된 남북고위급회담을 개최를 위한 대표접촉을 5월 27일 갖자'는 제의를 보냈다.

그런데 이러한 남한 측 제안에 대한 북측의 회신은 지극히 의외의 것이었다. 5월 25일자 강성산 총리의 회신은 '정상회담 개최를 위한 특사교환'을 제의한 것이었다. 북한 측의 회신요지는 다음과 같다.

- 과거의 타성에서 벗어나 민족의 출로를 열기 위해 북한은 '전민족대단결 10대 강령'을 내놓았으며 남한 측도 과거와 달리 민족의 이익을 중시하는 입장을 표명하고 있다.
- 이런 때에 즈음하여 민족 앞에 누적된 중대사를 포괄적으로 풀어가기 위한 획기적인 제안으로 쌍방 최고 당국자가 임명하는 특사

들을 교환할 것을 제의한다.

- 특사는 쌍방 정상들이 만나는 문제와 남북 사이의 현안문제들을 타결하기 위한 최고위급의 뜻을 전달하는 임무를 할 수 있을 것이다.
- 특사는 통일사업을 전담하는 부총리 급으로 하며 남북기본합의서와 비핵화공동선언의 이행에 새로운 국면을 열어놓고 실질적인 전진을 가져올 수 있을 것이다.
- 북한은 권위 있고 책임적인 특사교환이 이루어지면 남한 측이 제기한 북남고위급대표 접촉에서 협의하려는 문제들도 해결할 수 있을 것이다.
- 특사 교환을 위해 차관급을 책임자로 한 2명의 실무자 접촉을 5월 31일 오전 10시 판문점 북한 측 통일각에서 하는 것이 좋을 것이다.

북한 측의 특사교환 제의는 남한정부에게 지극히 불성실한 공작적 차원의 제의로 비추어졌다. 북측의 편지는 김영삼 대통령이 취임사에서 제시했던 남북정상회담 제의에 대한 공식반응인 듯 포장하면서 남한 측이 제시했던 남북고위급회담 대표접촉 제의를 명백히 거부하는 것이었다.

북한의 제의는 과거 8차례에 걸쳐 개최되어 「남북기본합의서」, 「한반도비핵화공동선언」을 창출해낸 '남북고위급회담'에 대처하는 새로운 대화형식, 즉 최고 당국자가 임명하는 특사교환을 공개적으로 처음 제기하였을 뿐만 아니라 상대 측의 특사를 사실상 지명하고 있다는 데서 한국정부의 강한 불만을 노정시켰다.

또한 이 제의는 「10대 강령」에 기초하여 중대한 민족문제를 포괄적으로 다루자고 함으로써 남북 간의 당면 최대 현안인 핵문제 논의를 기피하려는 북한의 저의를 드러내는 것이었다.

환언하면 이 제의는 지금까지 남북 간의 대화형식으로 정착된 고위급회담을 폐기함으로서 이 회담에서 창출해 낸 모든 합의서를 무효화함은 물론 그들이 대화상대를 지명하여 선정함으로서 남북대화에서 주도권을 장악해 보려는 다각적인 기도를 함축하고 있었다.

그 후 1개월 동안 남북 간에 10여 차례 편지왕래가 있었으나 6월 26일 북한은 총리담화를 통해 남북대화 재개를 공식 거부하기에 이르렀다.

## — 미·북 간 핵회담에서 소외된 한국정부

이처럼 남북 간에 핵문제 토의를 위한 대화 재개를 위한 편지왕래가 계속되는 동안 뉴욕에서는 제1라운드 미북 고위급회담(6월 2~12일)이 개최되었다.

그런데 이 회담에서 합의된 내용은 핵문제에 한정된 합의가 아니라 정치적 문제까지도 포함한 것이었다. 미국과 북한 간에 발표된 공동성명을 보면 다음과 같은 세 가지 원칙문제에 합의를 보았다는 것이었다.

> 첫째, 쌍방은 핵무기를 포함한 무력을 사용하거나, 이것으로 위협하지 않는다.
>
> 둘째, 쌍방은 비핵화된 한반도의 평화와 안전을 보장한다. 한반도 전역에 대한 안전보장 장치를 공평하게 적용한다. 상호 주권을 존중하고 내정에 간섭하지 않는다.
>
> 셋째, 쌍방은 한반도의 평화통일을 지지한다.
>
> 이러한 원칙들에 따라서 쌍방 정부는 공정한 기초위에서 대화를 추진할 것이고 북한은 필요하다고 판단되는 한 NPT 탈퇴의 효력발효를 일방

적으로 일시 유보한다.

위 합의서는 미국과 북한 간의 국가관계 또는 교섭단계에서 적용되어야 할 원칙문제를 선언한 것일 뿐이었다. 오히려 핵문제의 구체적이고 실천적인 해결방안은 접어둔 채 '북한이 일방적으로 필요한 만큼 NPT 탈퇴 효력을 중지한다'는 것이어서 회담 자체가 북한이 주도한 듯이 비추어졌다.

이러한 미·북한 간의 합의를 놓고 서로 엇갈린 반응이 나왔다.

미국은 유엔헌장에 기술된 국가관계 유지의 일반적이고 보편적인 원칙에 합의해 주었을 뿐이라고 주장한데 비하여 북한의 반응은 달랐다. 6월 18일 미·북 고위급회담 북측 대표인 강석주 외교부 제1차관은 다음과 같은 담화를 발표했다.

"우리는 회담에서 핵문제가 해결되자면 무엇보다도 조·미 사이의 적대관계를 해소하고 서로 상대방의 제도와 자주권을 인정하여 내정에 간섭하지 않는 등 근본적인 정책 조정이 우선시되어야 한다는 것을 기본으로 주장하였다. 그 결과 조·미 사이의 상호 존중과 불가성을 골자로 하는 공동성명이 채택되게 되었다.

이것은 40여 년간의 조·미 적대관계에 종지부를 찍고 핵문제를 근원적으로 해결할 수 있는 기초를 마련한 것으로써 조선반도의 비핵화 실현에는 물론 아시아와 나아가서 세계의 평화와 안전에 기여하게 될 것이라고 인정한다.

우리는 회담에서 NPT에 복귀하지 않고도 우리나라와 주변정세의 실정에 맞게 핵전파 방지를 담보할 수 있는 현실적이고도 가장 합리적인 핵문제 해결방안을 제시하였다.

우리가 이번에 NPT 탈퇴 효력 발생을 임시 연기한 것은 조·미 공동성명에 담겨진 정책공약들을 이행하기 위한 실천적 조치들을 계속 토의하기 위해서이다.

우리가 NPT 탈퇴의 효력 연장기간 담보협정에 따르는 사찰을 받는 문제는 국제원자력기구의 불공정성이 명백해진 조건에서 매우 신중한 문제로 제기된다. 이로부터 조·미 쌍방은 앞으로의 회담에서 우리에 대한 국제원자력기구의 불공정성 문제를 토의하기로 합의하였다.

조·미 쌍방이 이미 공동성명을 통하여 내외에 선언한 원칙들에 준하여 평등하고 공정한 기초위에서 성의 있는 협상을 계속함으로써 긍정적인 결과를 이룩하게 될 것이라고 생각한다."

위 강석주 차관의 담화내용을 보면 주로 핵문제와 관련한 기존의 북한입장을 되풀이 정당화하는 가운데 미·북한 회담으로 쌍방 적대관계의 종결로 북한 핵문제 해결의 기초를 마련하였다는 점, IAEA의 공정성 문제가 동 기구의 대북한 사찰 여부의 관건이라는 점, NPT 탈퇴를 일시 연기한 것은 대미협상을 계속하기 위해서라는 점 등을 강조하는데 초점을 맞추고 있다.

그러나 강석주 차관의 담화에는 긍정적인 측면을 엿볼 수 있었다. 그것은 NPT 탈퇴의 연기가 '일시 연기'이며 "조·미 공동성명에 담겨진 정책공약들을 이행하기 위한 실천적 조치들을 계속 토의하기 위한 것"이라고 한 것은 대외적 발언이라기보다 북한주민을 설득하기 위한 목적을 나타낸 것이라고 해석할 수 있다는 이유에서였다.

그렇다고 하더라도 이 담화는 특별사찰과 NPT에의 완전한 복귀 문제를 IAEA의 공정성 문제 및 대미 실리 확보와 연계시켜 대미 협상카드로 계속 활용해 나아갈 것이라는 북한의 의도를 드러낸 것이라는 데는 이론이 없었다.

이처럼 NPT 탈퇴 이후 제1차 미·북한 회담이 개최된 시기까지 북한은 시종일관 남북대화를 외면한 채 미국과의 협상에 주력하였다. 이러한 북한의 태도는 과거 전 정권시대에 취했던 북한의 태도가 전혀 변화하지 않았음을 확인했을 뿐만 아니라 김영삼 정부에 대한 북측 태도가 어떠한 것인가를 보여주었다.

김영삼 정부는 4개월간의 대북정책 전개과정에서 북한의 회담전략 나아가 통일전략이 불변함을 재확인하게 되었다. 이 때부터 남북대화는 서두르지 않을 것이며 보다 신중하게 진행시켜야 한다는 한국정부의 의사가 표명되게 되었다.

## — 보다 신중해진 김영삼 정부의 대북정책

이러한 한국정부의 신중한 태도는 7월 6일 제6기 민주평화통일자문회의에서 행한 김영삼 대통령의 개회사에서 분명히 드러났다.

그는 2월의 취임식 때와는 달리 보다 신중한 어조로 새 정부의 통일정책을 다음과 같이 바꾸어 천명했다.

"…우리는 내실없는 통일을 감상적으로 바라서는 안 됩니다.

통일 없는 자유가 불완전하다면, 자유 없는 통일은 더 불안전합니다. 통일 없는 번영에 문제가 있다면, 번영 없는 통일에는 더 문제가 많습니다.

통일된 조국에서는 정치적, 경제적 자유가 보장되고 복지와 인권이 존중되어야 합니다. 통일로 가는 과정은 민주적이어야 하며, 통일의 길은 바로 민족번영의 길이 되어야 합니다.

통일은 먼저 '화해와 협력의 단계'를 거쳐 '남북연합 단계'로 발전되어야 할 것입니다.

남북연합 단계에서 남북 간의 교류·협력은 더욱 활발해지고 제도화 될 것입니다. 이 과정에서 남북 간의 냉전구조와 대결 의식은 서서히 사라질 것입니다.

이를 통해 남과 북은 점차 1민족 1국가의 통일조국으로 나아가게 될 것입니다. 이것이 바로 우리의 3단계 통일방안입니다.

저는 남과 북이 '남북연합 단계'에 들어설 수 있도록 최선의 노력을 다할 것을 다짐하면서, 이를 위한 통일정책의 세 가지 기조를 밝히고자 합니다.

첫째, 민주적 절차의 존중입니다….

둘째로, 공존공영의 정신입니다….

셋째로, 민족복리의 정신입니다…."

위에 인용한 김영삼 대통령의 연설은 4개월 전 취임식에서 선언했던 낙관적 통일관이 다소 수정 되었다는 느낌을 갖게 한다. 즉 자유가 완전히 보장된 통일, 경제적으로 번영하는 통일, 인류가 창조한 보편적 가치가 존중되는 통일국가를 제시하면서 통일로 가는 과정에서나, 통일된 후에서 민주주의가 보장되어야 함을 명백히 지적하고 있다. 특히 통일정책의 3대 기조 중 첫째로 민주적 절차의 존중을 제시했다는 것은 인상적이었다.

그는 이 연설에서 북한의 핵개발 포기를 다음과 같이 강조하고 있다.

"…남과 북은 비핵화 공동선언을 통해 핵무기를 갖지 않고, 핵에너지를 오직 평화적 목적으로만 쓰기로 합의했습니다. 또한 핵시설을 상호사찰하기로 약속했습니다. 그러나 이 약속은 아직까지 이행되지 않고 있습니다.

오히려 이 합의가 이루어지고 나서 북한의 핵개발 의혹이 세계적인 문제로 비화되었습니다. 핵문제의 해결 없이 남북관계 개선을 통한 한반도의 평화도, 세계평화도 보장될 수 없습니다.

나는 이 자리를 빌어 북한이 하루빨리 핵무기개발 의혹을 씻어냄으로써 남북관계를 개선하고, 국제평화에 이바지할 것을 촉구합니다."

## 김영삼 정부의 통일정책 비판

지금까지 김영삼 정부의 출범과 함께 제시된 낙관적 아니 "어느 동맹국보다 민족이 낫다"는 전제 하에 전개했던 통일정책을 개략적으로 살펴보았다.

그의 지적대로 한반도만이 아직도 해빙과 화해의 바다 한가운데 떠 있는 '냉전의 섬'으로 남아 있으며 유일한 분단국이라는 불명예를 씻지 못했다. 이것은 7천만 민족 모두에게 더 없이 큰 수치이며 불명예이다.

그러나 통일은 남한의 노력만으로 성취할 수 있는 문제가 아니다. 북한의 김일성 정권이 손을 마주치며 민족을 위해 통일의 길로 나와 주지 않으면 안 된다. 북한의 정권담당자들이 남한의 통일정책이 북한의 정권과 체제의 위기를 조성하는 계기가 되지 않는다고 믿고 호응해 나오지 않는 한 진전될 수가 없다.

북한이 남한의 통일정책에 대해 신뢰하고 있는가의 여부는 남북대화에 임하는 북한 측 자세로서 알 수 있다. 아직 남북대화에 응할 수 있는 준비가 안 되었다면 최소한 그 방향으로 나가고 있다는 징후가 있어야 한다. 그 징후는 바로 개혁·개방에 대한 긍정적 태도이다.

유감스럽게도 아직 북한정권이 과거의 폐쇄정책에서 벗어나 개혁·

개방으로 전환되었다는 명백한 증거가 부족하다. 혹자는 두만강개발 계획을 적극 추진하고 있다거나 외국기업 유치를 위한 합영법을 제정했다거나 하는 것을 예로 들어 개혁·개방으로 전환하였다고 평가하고 있다.

그러나 북한의 통치 이데올로기로 공인되고 있는 '김일성 주체사상'과 '우리식 사회주의이론'은 본질상 개혁·개방을 거부하는 이념이다. 따라서 '우리식 사회주의이론'이 수정되지 않는 한 개혁·개방에로의 이행은 지지부진한 것이며 따라서 남북관계의 개선도 불가능할 것이다.

이런 의미에서 김영삼 정부의 대북정책 실상을 보았을 때 인민민주주의혁명으로 전 한반도의 적화통일, 김일성주의 일색화를 실현하겠다고 떠드는 북한을 과연 개혁·개방으로 유도할 수 있었겠는가?

'민족·민중·민주' 등 삼민주의를 떠드는 진보적 지식인들, 북한의 통일전선에 대상이 됐음을 자각하지 못하고 민족국가 건설 운운하며 대한민국 정부의 탄생 자체를 '반통일'로 규정하는 그들이 과연 북한의 교조적 스탈린주의자로 하여금 자유와 민주, 인간이 창조한 보편적 가치를 신봉하는 통일된 조국 건설에 응하도록 견인할 수 있겠는가?

나는 김영삼 대통령의 취임사를 읽으면서 '공산당에 의해 어머님을 잃은 김영삼 대통령의 관용심'에 놀라면서 북한 공산집단이 어떻게 나오는가를 관찰해왔다. 한완상 통일원 장관의 「햇볕론」을 잘 알고 있던 나는 그의 주장이 신선함은 있으나 김일성·김정일이 한 목소리로 '북한체제를 뒤집어엎기 위한 평화적 이행전략'으로 이해하고 고도의 경계심을 촉구하고 있는 이상 조만간 비판적 여론에 직면할 수밖에 없을 것이라고 평가했지만, 결국 큰 진전 없이 좌절되고 말았다. 김영삼 정부가 북한 인민의 식량 부족을 염려한 15만 톤의 쌀 지원에 대한 북측의 태도가 바로 정답을 제시한 것이었다고 할 것이다. 이런 실패는 다음 정권인 김대중 정부에도 이어졌다.

나는 바로 햇볕정책을 본격적으로 추진하려는 김대중 정부의 초대 통일부 장관으로 부임했다. 나로서는 김영삼 정부의 한완상 장관을 반면교사로 생각하며 중앙정보부 북한국장 시절인 1970년대의 남북적십자회담과 남북조절위원회회담 때의 경험을 살려 신중한 통일정책을 선택했다.

다행히 보수정치인이며 중정 시대의 상사인 김종필 씨가 총리를 담당하는 DJP 연합정권이었기에 대통령의 햇볕정책과 충돌하지 않으면서 무리없이 신중한 대북정책을 추진할 수 있었다는 것은 나에게는 더 없이 다행한 일이었다.

이런 의미에서 나는 지금도 당시 한완상 장관이 반공 보수세력의 비판에도 불구하고 '민족자주의 굳은 신념'(?)을 갖고 민족적 양심에 바탕한 통일정책을 구사했지만 북측의 거센 반발에 직면했을 때 그의 심정이 어떠했을까를 스스로 추리해보기도 한다.

나는 더 이상 우리 남한의 진보적 지식인들이 북한의 통일전선 공작에 휘말리지 않기를 바랄 뿐이다.

## 「흡수통일론」과 「햇볕론」 비판

내 가까운 친구들, 특히 보수적인 성향의 친구들은 내가 김대중 정부의 초대 통일부 장관으로 입각한 데 대해 몹시 못마땅해 하며 따가운 힐책을 퍼붓기도 했다. 그러나 나는 이들의 비판을 외면하지 않았고 논박하지도 않았다. 그렇다고 하여 나의 입각에 대해 좌파 진보성향의 친구들이 열렬히 환영해주지도 않았다.

하지만 나는 이들에게 불평하지 않았다. 왜냐하면 나는 좌우, 진보와 보수 양쪽 주장에 대한 나름대로의 비판인식을 갖고 있었기 때문이다. 나는 동서독 통일이 이룩된 그 때부터 아니 덩샤오핑(鄧小平)의 개혁·개방정책이 시작되던 시기(1979년), 특히 고르바초프의 페레스토로이카가 발표되던 1980년대 초부터 중국과 소련에서 일어나는 대변혁을 예의 주시하고 있었고, 그와 관련한 연구·분석에 전념했다. 이를 통해 후배들이 참고할 수 있도록 『중국의 개혁과 개방』, 『소련의 페레스토

1985년 5월 27일 일본의 소련문제 전문가인 시시쿠라 쥬로(宍倉寿郎) 교수 초빙, 소련·동구권 연구발표회 개최 (극동문제연구소 2층 자료실)

로이카』라는 참고서적을 내가 운영하는 극동문제연구소 명의로 편집, 출판한 바 있었다.

## 「흡수통일론」에 대한 나의 시각

나는 김영삼 정부가 출범한 직후 「햇볕론」과 「흡수통일론」이 한창 논의되던 그 때 나의 견해를 기술한 바 있다.

먼저, 「흡수통일론」에 대한 나의 생각을 정리해본다. 나는 월간 『극동문제』 1993년 6월호에 발표한 "흡수통일론 유감(有感): 북한의 개혁·개방은 통일의 관문"이라는 칼럼에서 다음과 같이 언급했다.

> 나의 과문한 탓이지 모르나 언제 누가 「흡수통일」이란 용어를 먼저 사용했는지 정확히 알 수 없다.
>
> 그러나 이 말이 나온 것은 틀림없이 독일 통일이 이루어진 이후의 일일 것이다. 왜냐하면 독일 통일은 동독정권이 붕괴되어 말 그대로 동독이 서독에 '흡수'된 통일이었기 때문이다.
>
> 베를린 장벽이 무너지던 1989년 11월 9일 이후 1주일 만에 400만 동독사람들이 서독을 방문하여 같은 민족이 건설한 자유민주국가의 실상을 목격하게 되었다. 거기에는 인간의 자유가 있었고 경제적 풍요가 있었다. 이를 직접 확인한 동독 청년들에게는 굳이 주변 사회주의국가처럼 체제를 개혁하는 복잡하고 어려운 과정을 거치며 수고할 것이 아니라, 같은 민족국가인 서독과 합침으로써 자기들이 희망하는 정치적 자유와 경제적 풍요를 일거에 획득하자는 생각이 싹트기 시작하였다.
>
> 11월 하순이 되자 동독 각 지역에서 통일을 외치는 대중 집회가 연이어 개최되었고, 삽시간에 통일이 동독사람들의 일치된 요구로 규합되었

다. 물론 동독 사람들이 통일을 외친다고 독일통일이 이루어질 수 있었던 것은 아니다. 페레스토로이카를 추진하는 소련이 이를 허용하고, 주변국가들이 동의했기 때문에 가능했다. 특히 오랫동안 통일을 준비해왔던 서독정부가 긴밀하게 대응하며 적극 호응한 탓으로 성취되었던 것이다.

여기에서 우리가 간과해서는 안 될 것은 독일통일은 누구보다 먼저 동독 사람들이 공산당 지배체제를 거부하였을 뿐만 아니라 동독정권의 해체를 단행하고 스스로 서독과의 통일을 선택했기 때문에 달성되었다는 점이다. 가장 중요한 문제는 동독 사람들의 자주적 선택이 통일의 길을 열었다는 사실이다.

이처럼 독일통일이 이루어지는 것을 보고 남북통일도 독일식으로 이루어질 수 있다는 새로운 인식이 확산되어 학자와 전문가들 사이에서 독일식 통일의 한반도 적용가능성을 논하게 되었다. 물론 독일통일을 보고 우리보다 더욱 놀란 사람들은 북한의 김일성집단이었다. 이들은 다가오는 거대한 위협을 실감하며 이런 주장의 북한유입을 저지하려 급급하였다.

북한의 모든 보도매체는 말끝마다 "독일식 통일은 결코 용납될 수 없으며 만약 남한당국과 제국주의자들이 「흡수통일」을 시도한다면 철저하게 항거할 것"임을 강조하게 되었다.

1990년 10월 3일 독일통일이 선언된 지 2개월 후인 1991년 1월 1일 북한의 김일성은 신년사에서 다음과 같이 말하고 있다.

"최근 다른 나라의 흡수통합방식에 현혹된 남조선 당국자들은 '북방정책'을 내걸고 청탁외교를 벌이면서 남의 힘을 빌어 우리나라에서도 그런 방식을 실현해 보려는 어리석은 꿈을 꾸고 있습니다. 남조선당국자들이 동족과의 회담에는 성실성을 보이지 않으면서 자기의 것을 상대방에 강요하기 위하여 다른 나라들의 간섭과 개입을 간청하는 것은 그들의 사대

근성과 분열주의적 입장의 표현이며 이미 파산된 '승공통일' 책동의 재현 입니다….”

하기야 동독의 공산정권이 무너지고 서독의 자유민주주의 정권에 의해 통일된 것은 '승공통일'이라 할 수 있을 것이다.

이 때부터 북한은 통일문제를 논할 때마다 「흡수통일=승공통일」이라는 도식적 이론을 전개하며 우리 측이 제시한 모든 제안을 '흡수통일 기도'로 비난하게 되었다. 남북고위급회담에서조차 북측 대표는 우리 측 제의를 흡수통일 시도라고 비난하였다.

이렇게 보면 「흡수통일」이란 용어를 누가 먼저 사용했는지에 관계없이 가장 민감한 반응을 나타낸 것은 북한 지배자였다고 할 것이다.

**남한에서의 「흡수통일 불가론」**

그런데 독일통일 2년이 되던 1992년 이후 '흡수통일론에 대한 비판론'이 남한 내에서도 급속히 확산되었다.

그 이유는 통일된 독일에서 일어나고 있는 새로운 문제—구 동·서독 지역 거주 주민 간의 갈등, 특히 통일비용의 과다지출로 인한 독일경제의 어려움을 목격했기 때문이다. '우리보다 몇 배의 경제력을 보유하고 있는 서독도 통일비용 부담으로 어려움을 겪고 있는데, 하물며 우리의 경제력이 북한을 흡수할 능력이 있는가?'라는 의문을 제기하며 「흡수통일론 불가」를 주장하는 학자·전문가·정부 관계자가 등장하고 있다.

옳은 말이다. 유럽을 리드할 수 있는 부강한 경제력 보유국가인 서독도 그 간 지출한 통일비용(1995년 현재 2,000억 달러 정도) 때문에 허덕이고 있다면, 하물며 우리의 경제력을 가지고 어떻게 수천억 달러의 통일비용을 감당할 수 있겠는가? 차라리 흡수통일의 기회가 온다고 하더라도 가능하다면 이를 연기하여 북한경제가 향상될 때까지 기다려 통일하는 것이 남한도 살고 북한도 살 수 있는 길인지도 모른다.

그러나 이런 주장은 한낱 '말의 장난'일 뿐이다.

만약 1989년 동독의 경우처럼 북한에서 돌발적인 사태가 발생하여 김일성정권이 무너지고 북한주민들이 통일을 부르짖으면서 남한과의 합병을 외치며 궐기한다고 하면, 그 때 우리는 어떻게 해야 할 것인가? 남한의 경제력이 약해서 여러분을 맞아들일 수 없으니 통일하지 말자 할 것인가? 아니면 시간이 걸리고 복잡한 과정을 밟게 되겠지만 북한주민들 스스로 개혁을 해서 경제적 풍요와 정치적 자유를 갖도록 하라, 그러고 나서 통일하자라고 할 것인가?

필자는 결코 그래서는 안 된다고 본다. 통일의 기회—그것도 북한주민들이 선택한 기회—라면 우리로서는 아무리 어려운 난관이 닥쳐온다 하더라도 선뜻 통일에 응해 나서야만 한다. 왜냐하면 통일은 우리민족의 숙원일 뿐만 아니라 통일 없이는 민족의 장래가 암담하다고 보기 때문이다. 통일 없이는 민족의 불행을 해소시킬 수도 없고 주변 강대국들의 틈바구니를 비집고 민족의 살 길을 개척할 수도 없다고 보기 때문이다.

따라서 통일의 기회가 온다면 이유여하를 막론하고 그것을 포착, 통일을 이룩해야 한다. 문제는 어떤 조치가 취해질 때 남북한 주민들의 통일 선택의 자유로운 의사를 분출시킬 수 있는가 하는 것이다. 솔직히 말해 오늘의 얼어붙은 남북관계 하에서는 7,000만 동포의 자유로운 통일논의 자체가 불가능하다.

때문에 나는 우선 남북을 서로 상대방에게 개방하여 주민왕래의 길을 여는 것이 급선무라고 보는 것이다. 어느 일방이 다른 일방을 흡수통일해서는 안 된다고 주장하기에 앞서 주민들이 상호 왕래할 수 있는 길을 열어야 문제해결이 가능하다.

베를린 장벽이 무너진 후 수백만의 동독주민이 서독을 방문하고 이에 비례하는 서독주민이 동독을 방문한 후 비로소 통일국가의 체제 선택을 결정한 것처럼 우리도 남북주민들이 자유롭게 남북한을 왕래한 후 통일된 국가의 체제를 선택토록 해야 한다.

이 과정 없이는 7,000만 민족이 원하는 통일은 성취될 수가 없다. 이런 의미에서 나는 연방제 통일을 반대하는 것은 곧 흡수통일을 주장하는 것이라는 북한의 주장도, 통일비용 염출이 어려우니 흡수통일은 반대한다는 남한 내 일부 사람들의 주장도 통일로의 과정을 무시한 탁상공론이라고 보는 것이다.

### 북한의 개혁·개방이 급선무

바로 이런 의미에서 북한 지배자들은 지금의 경직된 사회주의체제의 개혁과 대외개방 조치를 취해야 한다는 것이다.

솔직히 말해 남한의 경우 통일 논의의 자유는 그런대로 보장되어 있다고 볼 수 있다. 일부 친북좌파 과격분자들의 반체제 주장과 활동이 규제받고 있는 것은 사실이나 통일논의에 있어서만은 북한 측 주장에 동조하는 목소리도 포함되어 있다.

반면 북한의 경우 노동당의 통일노선 외의 다른 어떤 통일논의도 허용되지 않는 것이 현실이다. 이러한 환경을 개선하는 것이 급선무이다. 그 방법은 바로 북한에서 개혁·개방이 진행되는 일이다.

우리는 북한을 흡수통일하기 위한 「평화적 이행전략」의 일환으로 개혁·개방을 요구하고 있는 것이 아니다. 개혁·개방 없이는 북한주민의 자유로운 의사 발현 그 자체가 불가능하기 때문에 주장하는 것이다.

개혁·개방은 바로 북한주민의 삶의 질을 높이는 지름길일 뿐만 아니라 그들에게 선택의 길을 열어준다는 측면에서 '통일과정'의 첫 단계이기 때문에 북측에 적극 요구해야 한다.

남북한 주민이 서로 상대방 지역을 가보고 나서 어떤 체제 하에 통일할 것인가를 선택하도록 해야 한다. 만약 양체제가 모두 선택할 수 없는 체제라면 제3의 체제를 구상하기 위한 새로운 접근을 시도할 수도 있을 것이다.

이런 의미에서 나는 현 김영삼 정부의 대북정책은 개혁과 개방을 촉구하는 데 모아져야 한다고 주장하는 것이다. 북한의 개혁·개방 없이는 통일로의 접근 그 자체가 불가능하다. 현실적으로 통일방안이 없어 통일되지 않는 것이 아니라 통일로 가는 과정을 밟으려 하지 않기 때문에 통일의 길이 열리지 않는 것이다.

그 대부분의 책임은 북한당국이 져야함은 어느 누구도 부인할 수 없는 일이다. 1950년의 6·25 남침이야말로 북한이 남한을 흡수통일하려 했던 엄연한 시도였음을 감안할 때 더욱 더 북한의 체제변화를 요구하지 않을 수 없다.

## ― 「햇볕론」에 대한 나의 시각

위에서 인용한 「흡수통일론」에 대한 의견을 제시한 지 3개월이 지날 무렵 나는 역시 월간 『극동문제』 1993년 9월호에 "햇볕론, 유감(有感) — 시간과 인내심이 필요하다"에서 「햇볕론」에 대한 내 생각을 다음과 같이 게재했다.

새 정부(김영삼 정부)의 통일정책, 특히 한완상 통일원 장관의 통일관을 한마디로 요약한다면 「햇볕론」이다.

그는 「햇볕론」의 정당성을 다음과 같이 언급하고 있다.

"…북한을 올바른 방향으로 변화시킨다고 할 때 강풍을 통해 변화시키는 것이 아니라, 햇볕을 통해 옷을 벗겠금 하는 것이 정당하다고 생각합니다. 상대방을 설득해 근본적으로 변화시킬 수 있는 것은 햇볕론입니다. 남북관계에 있어 이러한 시각이 중요합니다. 북한이 갑자기 붕괴된다면 엄청난 부담을 져야 합니다. 독일의 경우를 보면 알 수 있죠. 따라서 현실적으로 도덕적으로 햇볕론은 수준 높은 현실론입니다…." (주간 『시민의 신문』 1993년 8월 7일자)

그런데 「햇볕론」의 주장하는 사람은 정부, 재야의 정치인·학자·전문가 등 상당히 많다. 그 대표적인 인물을 지적한다면 김대중 전 민주당 총재일 것이다.

김대중 전 총재는 다음과 같이 「햇볕론」을 주장하고 있다.

"…우리 한국은 성급하게 북한을 흡수하는 식의 통일을 원치 않습니다. 여러분은 이솝의 북풍에 대한 이야기를 잘 알고 있을 것입니다. 북풍은 강한 바람을 일으켜 여행자의 코트를 벗기려 했습니다만, 태양은 서서히 따뜻하게 하여 코트를 벗겼습니다.

한국은 서방제국이 어떤 식으로 동유럽이나 소련에 변혁을 일으켰는가, 또 서독이 공산주의를 붕괴시키기까지 어떤 방법으로 동독에 대처했는가를 생각할 필요가 있습니다. 변화를 가져오는 데 기여한 것은 빌리 브란트의 '동방정책'이었지 1950년대의 대결정책이 아니었습니다…." (1993년 7월 히브리대학에서의 연설, 일본 월간잡지 『世界』, 1993년 8월호, pp. 262~263)

세계적 규모에서 사회주의 체제가 붕괴되어 고립돼 있는 북한, 경제적 난관이 심화하여 식량폭동이 일어날 정도에 와 있는 북한, 남북 간의 힘의 관계에서 보면 도저히 우리의 경제력을 따라올 수 없는 상황에 처해 있는 북한, 특히 이런 북한을 군사적으로 통일하려 할 때 입을 우리 민족의 엄청난 피해, 그리고 또 흡수통일을 할 경우 부담해야 할 거대한 통일비용 등을 고려할 때 어떻게 해서라도 북한지도자를 설득하여 개혁·개방으로 돌아서게 해야 한다.

대북 경제원조를 제공하여 북한경제를 회생시키도록 한 후에 통일하는 것이 가장 바람직하다는 것쯤은 누구나 상식으로 생각할 수 있는 문제이다. 다시 말해 「햇볕론」은 통일의 원칙을 제시한 것이며 누구나 이 원칙에 공감한다.

그러나 이 원칙적이고 총론적인 「햇볕론」이 이솝우화식으로 북한 측에 먹혀들 것인가에 대해서는 누구도 확신하지 못하고 있는 것이 사실이다. 얼마나 강한 햇볕을 비춰야 그 두터운 외투를 벗길 수 있을 것인가? 우리에게 그만한 광도(光度)가 있는 것인가? 솔직해 말해서 나는 이 점에 대한 햇볕론자들의 구체적인 주장을 들어본 일이 없다.

한완상 장관은 "북한의 현실, 한반도를 둘러싼 현실, 그리고 정통성 있는 정부가 추진하고 있는 개혁을 모두 종합적이고 면밀하게 파악한 뒤 나온 정책이고 또한 매일 북한의 현실을 듣고 알고 있다는 점에서 환상론자가 될 수 없다…"고 말하지만, 아직까지 그 자신조차 신뢰할만한 징후를 국민 앞에 보여주지 못하고 있다.

바로 이 때문에 비판이 나오는 것이다.

이 사실을 잘못 이해하고 '햇볕론 비판자'들을 냉전적 사고의 소유자, 흡수통일론자인양 매도하며 정부의 통일정책을 반대하는 세력처럼 비난한다면, 이야말로 '국민의 합의'를 중히 여기는 정부의 통일정책 기조를 스스로 깨는 과오를 범하는 것이 될 것이다.

반(反)햇볕론자는 누구인가? 북한 지배자이다

위에서 지적한 대로 나는 「햇볕론」의 구체적인 실천문제에 대해서는 회의를 가진 사람이지만, 원칙론에서 이에 반대의사를 표시하는 사람은 소수라고 생각한다.

그러나 원칙적인 입장에서 이에 반대하는 세력이 북한에는 존재한다. 아니 햇볕론 반대자들이 북한에서는 주류를 이루고 있다. 우선 김일성·김정일 자신이 이를 거부하고 있다.

김일성은 다음과 같이 말한 바 있다.

"제국주의자들이 매달리고 있는 이른바 '평화적 이행전략'은 본질에 있어서 사회주의 나라들을 내부로부터 와해시키고 자본주의 길로 되돌려 세워 정치적으로 경제적으로 저들의 지배권 안에 넣으려는 데 목적을 두고 있습니다. 제국주의자들은 자주적인 발전도상국 나라들에 대해서도 이른바 '원조'와 '협조'를 조건으로 내걸고 저들의 지배를 실현하는 데 유리하겠끔 정치체제와 경제제도를 고치도록 강요하고 있습니다…."

이 말은 곧 「햇볕론(개혁과 개방 추진)」은 제국주의자들의 '평화적 이행전략'이기 때문에 거부하겠다는 것이다. 김정일은 다음과 같이 말하고 있다.

"제국주의자들이 '경제협력'과 '원조'를 미끼로 다른 나라에 자본주의적 시장경제를 강요하고 경제적 침투를 감행하기 위하여 교활하게 책동하고 있는 조건하에서 사회주의 경제건설 원칙을 확고히 견지하는 것이 더욱 중요한 문제로 나섭니다. 우리 인민은 당의 영도 밑에 사회주의 계획경제의 우월성을 높이 발양시켜 튼튼한 자립적 민족경제를 건설하여 놓음으로써 제국주의자들의 그 어떤 경제적 봉쇄나 세계적인 경제

파동에도 끄덕하지 않고 사회주의 건설을 힘있게 다그쳐 나가고 있습니다….”

김정일의 위 주장 역시 「햇볕론」을 거부한다는 뜻을 밝힌 말이다. 북한 지도자들은 햇볕론을 “본질에 있어서 사회주의나라들을 사상적으로 경제적으로 와해 변질시키고 자본주의화 하려는 것이고… 사상문화적으로 침투하여 인민들의 혁명의식을 마비시키고 ‘원조’를 미끼로 하여 경제적으로 매수해 반사회주의 분자들을 부추겨 사회정치적 혼란을 조성하는 방법으로 사회주의국가들을 자본주의에로 되돌려 세우기 위한 평화적 이행 전략”으로 보고 있다.

바로 이러한 북한 지도자들의 사고가 문제이다. 이러한 맥락에서 「햇볕론」을 본다면 아무리 선의로 북한과 협력하려 해도 그 실현방법을 찾아내기란 여간 힘들지 않겠구나 하는 생각이 든다.

나는 북한에도 소수이지만 개혁주의자들이 등장하고 있다는 데 수긍한다. 그러나 이들이 강경주의자와 권력투쟁을 전개할 정도로 성장했다거나 1991년 이후 취한 북한의 유엔가입 정책이나 남북기본합의서 채택이 개혁파가 보수파를 제압한 결과 가능했던 것이라고 보는 견해에는 반대한다. 그처럼 북한 내 개혁파가 독자적인 파벌을 형성했다는 징후는 아직 어디에도 나타나지 않고 있기 때문이다.

이런 점에서 나는 북한의 정책결정은 개혁파와 보수파 간의 대결 투쟁에서 어느 일파의 승리 결과로 결정되는 것이 아니라, 김일성·김정일의 지시에 따른 통일연구의 결과로 결정되는 것이라고 본다. 그러므로 개혁파가 당내 세력으로 등장하기까지는 아직도 상당기간이 경과해야 한다고 생각한다.

이렇게 보면 「햇볕론」을 통해 북한내 개혁세력을 확충한다는 주장도

전략적 관점에서 의의 있는 주장일 뿐, 단기적으로 그 성과를 기대한다는 것은 무리라고 판단된다.

**'단계적 조건부 정책'의 필요성**

이렇게 보면 앞으로 상당기간 통일정책은 단계적이며 조건부의 정책을 추진할 수밖에 없을 것이다.

우선 핵문제의 해결을 조건으로 하여 북한에게 제시할 수 있는 '당근'을 밝히는 것이다. 이미 정부는 물론 재야 햇볕론자들도 이 원칙에는 이의가 없음을 밝힌 바 있다.

김대중 전 민주당 총재도 '일괄거래' 방식을 제시하면서도 "북한이 핵의 야망을 포기하고 한국에 대한 군사침략을 하지 않는다는 것을 명확히 한다면 한국과 미국은 이에 합당한 행동을 취해야 한다. 두 개의 한국은 상호 안전보장을 지킨다는 것을 명백히 약속해야 한다. 그리고 미국·일본·EC 제국은 북한과 외교 및 경제관계를 확립할 필요가 있다. 한국과 미국은 나아가 팀스피리트 훈련을 중지해야 한다. 북한이 조정을 거부한다면 그 경우에는 유엔의 내외에서 가능한 제재조치를 취하는 길 이외에 다른 길이 없다…"고 말하고 있다.

한승주 외무장관도 북한이 IAEA 사찰에 응하고, 남북 간의 사찰에 동의하지 않는다면 유엔의 제제조치를 모면하지 못할 것임을 강조하기도 했다.

나는 핵문제가 해결될 경우를 대비한 우리의 대북 제안도 '무조건적'이 되어서는 안 된다고 생각한다. 반드시 무엇이 변해야 무엇을 준다는 것을 명백히 밝히고 그 변화를 일일이 확인하는 과정을 거쳐야 한다.

만약 북한이 이를 거부한다면 당연히 우리의 '당근'을 거두어들일 수밖에 없다. 우리가 주는 당근을 '평화적 이행전략'이라고 치부하여 거부한다면 별 수 없는 일이다. 안 받고 안 변하겠다는 상대에게 억지로 줄 필요까지는 없다. 바로 이런 이유에서 시간이 필요하고 또 인내심이 필요하다는 것이다.

북한이 사회주의혁명이라는 이데올로기의 외투를 벗고 진정한 민족 중심의 사상과 보편적 가치를 통치 이데올로기로 받아들일 때까지 계속해야 할 정책이기 때문에 1~2년에 끝날 성질의 것이 아니다.

무엇부터 시작해야 할 것인가를 면밀하게 검토하고 구체적인 계획 하에 종합적인 접근을 시도하지 않으면 자칫 북한의 반발을 살 가능성이 농후하다.

말을 냇가까지 끌고가는 일과 물을 먹이는 일은 별개의 문제임을 지적해둔다.

## — 전략적 사고에 의한 통일전략 수립이 필요하다

위 두 가지 논평에서 이미 나의 대북정책은 명백히 정립되어 있었다. 요약하면 북한 내에서 급변사태가 발생하여 북한주민들이 스스로 남한 체제에 병합(흡수)되어야 한다는 통일론이 나온다면 우리는 지체없이 이 기회를 이용, 통일의 이니셔티브를 쥐고 비용을 고려함이 없이 통일 실현에 나서야 한다는 것이다.

이런 사태가 일어나지 않는다면 우리는 북한에 대한 「관여정책」(포용이 아님)을 택해 북한이 변화—개혁과 개방—의 길로 나오도록 '당근과 채찍'을 동시에 사용하며 인내심을 가지고 단계적 접근을 시도해 나가야 한다는 것이다.

이러한 나의 주장에 대해 진보적 성향의 정책담당자들은 '합리적 보수'라고 평가하였다. 내가 느닷없이 김대중 정부의 통일부 장관 입각 요청에 응한 것은 이러한 통일관에 입각한 선택이었을 뿐이다.

나는 '퍼주기식 대북지원'에 찬성하지도 않을 뿐만 아니라, 탈냉전시대인 지금 낡은 냉전적 반공이데올로기에 입각한 대북 응징에도 반대한다. 통일지상주의자의 환상적 통일론도 문제지만 6·25 전쟁 이후 굳혀진 힘에 의한 통일론도 현실적으로는 실현 가능성이 없다.

이런 점에서 '전략적 사고'에 의한 통일전략 수립을 주장해온 것이다.

# 양호민(梁好民) 선생과의 대화

## 우리 사회의 이념 혼란 문제

중앙정보부를 그만둔 후 일본 세이가쿠인(聖學院)대학의 객원교수로 가기 전까지 거의 20여 년간(1980~2000년) 가장 가깝게 모시며 지도받은 분 중의 한 분이 양호민 선생(梁好民: 조선일보 논설위원, 한림대학교 교수)이었다. 1984년 9월 양 선생의 배려로 『공산주의 비판』을 공저자로 출판했다.

1980년대 후반부터 1990년대 초반까지 매년 연초가 되면 으레 선생님과 우래옥(又來屋: 유명한 서울의 평양냉면집)에서 냉면과 불고기로 점심을 먹고 곧장 조선호텔이나 조용한 커피숍을 찾아 오후 내내 "지난 1년의 국내외 정세를 총괄하고 금년의 정세 전망, 특히 북한문제를 논하는 시간"을 가졌다. 저녁까지 함께 나누고 밤 9시경 헤어지곤 했다.

그 때마다 사태의 본질을 해부하는 통찰력, 폭넓고 깊은 선생의 지식에 감동했다. 양 선생은 국제공산주의운동 역사에 비추어 북한의 김일성 체제를 비판하면서 우리 사회 내부에 침습해 있는 통일지상 민족주의자와 얼치기 민주주의자들의 비과학성, 반지성적 무지함을 신랄히 비판하시곤 했다.

특히 양 선생이 경멸한 대상은 사이비 민주주의자, 마르크스-레닌주의와 사회민주주의조차 구분 못하는 주제에 민중·민족·민주를 떠들며 입에 거품을 물고 평등과 정의를 떠들며 자본주의와 자유민주주의를

1975년 8월 1일 「자유아카데미」에서 "마르크스의 영향과 그 평가" 제하로 강의하는 양호민 선생

비판하는 속물 지식인이었다. 양 선생이야말로 유럽에 체류하며 마르크스주의적 좌익정당의 몰락 과정을 직접 보고 그 원인을 탐구한 바 있었기에 오늘날 우리나라의 속물 지식인들의 깊이 없는 논리를 비판할 수 있었던 것이다.

## — 우리 사회에서 이념 혼란이 발생하는 이유

왜 우리 사회에 이념 혼란이 발생하는가? 이에 대한 양 선생의 예리한 분석은 언제나 나를 압도하는 것이었다. 나는 선생님과 헤어진 후에는 그날 나눈 대화 내용을 정리하곤 했다. 간추려 기술하면 다음과 같은 논지였다.

첫째로, 우리나라 지식인과 정치인들 중에는 북한체제의 본질을 이해하지 못하고 있는 사람들이 많다.

북한의 정치체제는 극좌적 전체주의에 속하며 그 원형은 스탈린 체제다. 그 이데올로기는 마르크스-레닌주의를 표방하고 있지만 1955년 이래로는 '전체주의'라는 것을 첨가하고 「조선민족제일주의」라는 감정적 요소를 가미한 독특한 독재체제다. 그 위에 1973년 이후로는 장자 김정일의 권력세습 체제 구축을 강행했으며, 김일성 생전에 이미 그 공작은 완결되었다.

이와 같은 북한에 대해 미하일 고르바초프는 "김일성은 유례가 없는 사상에 입각한 개인숭배 외에 또 하나의 방법을 혁명적 실천에 첨가했다. 그는 자기의 아들 김정일의 후계자로서의 공식적 지위를 굳히고, 사실상 최초의 「사회주의 군주제」를 제정한 것이다"(『고르바초프 회상록』)라고 평했다.

김일성은 1946년 이래로 사망할 때까지 42년간이나 독재 권력을 누려왔으며, 이에 반대하는 당 내외의 모든 사람들을 무자비하게 숙청하면서 인간의 상식과 이성으로서는 이해할 수 없는 광적인 우상화를 강행했다. 그리하여 그는 사망 직전까지 무신론적 국가체제에서 살아있는 유일신(唯一神)이 되었다. 그가 사망한 이후 아버지의 우상화는 자식으로 상속된 것이다.

둘째로, 북한의 전체주의 체제의 또 하나의 본질은 테러국가라는 것이다. 그들은 '혁명'의 이름으로 대남테러, 암살, 테러국가에 대한 무기수출, 마약밀매, 위조달러 제조, 납치 등을 자행하는 국제적 무법자가 된 지 오래다. 그들에 있어서 국제조약, 협정, 관례, 유엔결의, 자국의 공약 등 문명국으로서의 모든 행동준거란 필요할 때는 언제나 무시, 위배, 유린할 수 있는 휴지통의 문서와 같은 것이다.

따라서 남북한이 함께 서명한 「7·4 남북공동성명(1972년 7월)」이나

「남북기본합의서(1991년 12월)」 및 「한반도의 비핵화에 관한 공동성명(1991년 12월)」 같은 것은 남조선혁명에 불리하다고 판단될 때는 언제나 걷어차 버릴 수 있는 장식품에 불과하다.

셋째로, 북한의 정치체제의 기본노선은 혁명지상주의다. 이것은 대남공작, 즉 통일정책에 있어서는 반미자주화 투쟁과 반파쇼민주화 투쟁으로 구현되어 왔다.

반미자주화 투쟁은 남북의 인민들이 힘을 합하여 '미제국주의 침략군대'를 남한에서 몰아낸 후 민족주의의 원칙에 따라 조국의 평화통일을 이룩한다는 「남조선의 북조선화」에 그 전략적 목표를 두고 있다. 한편 반파쇼 민주화가 노리는 목표는 남한 내에서 공산당 활동을 합법화시키기 위하여 '파쇼악법'인 국가보안법을 철폐하는 동시에 안기부, 기무사 등의 정부기구를 해체하고 모든 반공단체들의 활동을 금지시키는데 있다. 이것이 곧 「남조선 사회의 민주화」다.

이러한 전략을 합법화하기 위하여 김일성은 남한 정부가 수립된 이래로 하나의 도식을 만들어 놓았다. 즉 남조선은 '미제의 식민지', 주한미군은 '침략군', 남한의 역대 정부는 미국의 '괴뢰정부', 국군은 미국의 '괴뢰군'이라는 것이다.

넷째로, 북한체제는 가장 경직화되고 철저한 이데올로기 정권이며 이데올로기 제일주의에 의하여 가동되는 독재정권이다. 그들의 핵심 이데올로기는 주체사상이다. 주체사상은 "새로운 시대를 대표하는 노동계급의 가장 완성된 혁명사상"(1992년 10월 10일, 김정일)인만큼 다른 어떤 사상의 존재와도 양립될 수 없는 인류가 도달한 최후의 진리가 아닐 수 없다.

그렇다면 「당의 유일사상체계」로 정립된 지 30년이 된 주체사상이 남아있는 한 사상의 다양성과 복수정당제 존립을 전제로 하고 있는 민주주의 통일은 절대로 기대할 수 없는 것이다. 김정일은 1992년 1월 30일 그가 발표했다는 한 담화에서 다음과 같이 단언했다.

> "역사적 경험은 다당제의 민주주의를 허용하여 반사회주의정당들의 활동이 보장되면 계급의 원쑤들과 반동들이 머리를 쳐들고 반사회주의 책동을 감행하여 그 노동계급의 당을 내쫓는 데로 나간다는 것을 똑똑이 보여주고 있습니다." ("사회주의건설의 역사적 경험과 우리당의 총로선", 1992년 1월 30일에 행한 김일성 담화)

이상과 같이 북한체제의 본질을 깨닫지 못했기 때문에 우리나라에서 이념의 혼란이 오고 있다. 어떻게 하면 이 이념의 혼란을 정상화할 수 있을까? 그 원인을 찾아야 해결할 수 있는 길을 알 수 있다. 북한체제의 본질을 이해한다면 이념 혼란의 계기가 무엇인지 알 수 있고, 그 계기를 제거하면 이념 혼란은 정상화할 수 있다.

## 이념 혼란의 주요 문제

이념 혼란의 계기가 되는 문제는 무엇일까?

첫째의 계기는 민족통일 문제이다. 통일은 민족적 숙원으로서 남북한은 집권자와 국민, 인민을 막론하고 모두 통일을 절규해왔다.

그러면 통일은 어떤 통일이어야 하는가?

통일을 할 때에는 통일된 조국의 상(像)을 먼저 생각해야 한다. 이에 대한 북한의 입장은 단호하며 철저하다. 그들은 자기들의 깃발 밑에 남조선 해방의 방식으로 이룩되는 공산주의 통일을 부단히 역설하고 교육해왔다.

이와는 대조적으로 남한에서는 통일된 조국의 상이 어떤 것이어야 한다는 것은 말하지 않고, 또는 말하기를 회피하면서 오랫동안 중구난방식으로 떠들어 온 사람들이 적지 않다. "피는 물보다 진하다"느니, 민족통일을 위해서는 "좌도 우도 없다"느니, "선통일 후건설"이라느니, 심지어는 "무조건 통일"이라느니 하는 통일의 원칙을 배제한 무개념의 감상론의 여운이 오랫동안 사라지지 않고 있었다.

이러한 풍토에 파고든 것이 바로 북한의 민족통일전선 전술이다. 이것은 해방 후 반세기 동안 남한의 통일논의에 혼란을 일으켜왔다.

1993년 2월에 출범한 김영삼 문민정부는 제일성(취임사)에서 "어느 동맹국도 민족보다 더 나을 수 없으며, 어떤 이념이나 사상도 민족보다 더 큰 행복을 가져다주지 못한다"고 감성적인 민족관을 내세웠다. 그리고는 남북동포의 화해와 통일을 위해서는 김일성 주석과 언제 어디서도 만날 용의가 있다며 남북정상회담을 제의했다. 그는 정상회담에서는 "같은 민족이라는 원점에서 모든 문제를 풀어 나갈 수 있을 것"이라는 낙관적 기대를 표명했던 것이다.

당시 김일성은 국제원자력기구(IAEA)의 대북 핵시설 특별사찰 요구를 맹렬히 반대하면서 벼랑 끝에서 김 대통령을 "미제의 주구", "매국역적"이라고 규탄하는 초강경 대남정책을 고수하고 있었다. 그러면서 한편 4월 6일에는 「조국통일을 위한 전민족대단결 10대 강령」이라는 것을 발표하고 통일전선을 핵심으로 하는 대남 평화통일 공세를 폈다.

김일성의 「10대 강령」 발표와 동시에 강성산 정무원(현 내각) 총리는 김영삼 정부에 대해 ① 외세의존정책(한미동맹 관계)을 포기할 것, ② 미군 철거의 의지를 표명할 것, ③ 외국 군대와의 합동군사연습을 '영원히' 중지할 것, ④ 미국의 핵우산으로부터 벗어날 것 등 4개 요구사항을 제시하였다. 그리고는 이 4개항 요구의 수락 여부야말로 "남조선《정권》이 진정으로 자주적인 문민정부인가 아닌가를 가리는 척도로 될 것"이라고 자의적인 판단기준을 내세웠다.

둘째로, 남북통일에 있어서 민족문제는 극히 중요한 비중을 차지하고 있다.

북한은 민족을 부인하는 것이 아니라 반대로 소리높이 강조해왔다. '민족적 자주경제', '사대주의 배격', '민족적 자주성', '민족허무주의 반대', '민족적 자부심', '하나의 민족', '민족문화', '민족 공동의 이익' 등등 많다. 얼핏 보면 북한은 정통적인 민족주의로 전환하는 듯 했고 국내외에서도 김일성을 민족주의자로 간주하는 견해가 나왔다.

그러나 김일성은 오랫동안 스탈린의 민족이론의 맥락과 국제공산주의의 전략적 구도 안에서 '민족'을 주장했다. 그리하여 그 자신은 민족주의란 노동계급의 착취를 옹호하는「부르주아 민족주의」며, 노동계급의 혁명의식을 마비시키는「민족개량주의」라고 철저히 배격하고 있었다.

그러나 미제로부터의 민족해방은 공산주의자의 지도하에 있는 노동계급, 농민, 소수의 지식인만으로는 달성될 수 없다. 때문에 김일성은 남한 내의 민족주의자, 사회민주주의자, 종교인, 자유민주주의자, 자본가, 부르주아·인텔리를 가리지 않고 포섭할 수 있는 모든 비공산주의 세력을 규합하여 통일전선 형성에 이용하는데 끈질긴 노력을 기울여왔다.

김일성은 자기 주도하의 통일전선에 가담하여 반미구국투쟁에 나서는 자는 '민족자주세력'이요 '애국자'이며, 이것을 거부하는 자는 '반통일세력'이요 '매국노'라는 당략적 공식(黨略的 公式)을 만들어 남한의 민족주의자·민주주의자에게 심리적 압박을 가하려했다. 그에게 있어서 애국과 매국의 기준은 자기를 추종하느냐 않느냐에 있었다. 이것은 김정일시대에도 변함이 없다.

이러한 북한 지배집단의 민족문제에 대한 이론과 통일전선전술을 이

해해야 민족문제에 대한 올바른 인식을 가질 수 있다.

셋째로 남북통일의 방법, 통일된 국가의 상(像)을 명백히 제시해야 한다.

민주주의자라면 당연히 민주적 민족관, 민주적 통일관을 견지해야 한다. 그러나 극소수 학생이나 일부 재야세력들은 이 점을 모호하게 남겨둔 채 민주화만을 외치고 있었다.

그들이 주장하는 '민주화'란 어떤 민주화인가? 이들은 자유민주주의의 가치를 매도하면서 민중민주주의, 민족민주주의를 앞세우고 있지만, 이것은 스탈린, 마오쩌둥, 김일성이 주장한 인민민주주의, 즉 공산독재 체제의 위장에 불과하다는 것을 아는 사람은 다 알고 있다. 공산주의자들은 공산당 독재를 프롤레타리아(노동계급)의 독재라는 용어로 표현하고 사회주의는 반드시 프롤레타리아의 독재에 의해서만 건설될 수 있다는 이론을 고수하고 있다.

그러나 프롤레타리아의 독재는 어떤 공산주의 나라에서도 실시된 전례가 없다. 그것은 노동계급의 이름을 도용한 공산당의 일당독재, 당권을 틀어쥔 자의 일인독재라는 것이 스탈린, 마오쩌둥, 김일성 등에 의하여 입증되어 왔다. 노동계급은 언제 어느 곳에서나 독재의 주체가 아니라 객체였다. 마르크스가 면밀한 검토 없이 내던진 프롤레타리아 독재의 개념은 사회주의운동을 서구 사회주의와 러시아 공산주의로 갈라놓은 역사적 분수령이 된 것은 다 알고 있는 사실이다.

사회정의에 민감한 이상주의적 청년학생들이 계급적 착취가 없는 평등사회로서 '사회주의 사회'에 일단 희망을 거는 현상은 세계에 거의 공통했던 것이므로 충분히 이해가 된다. 문제는 어떤 사회주의인가에 있다. 사회주의는 레닌·스탈린식 사회주의만의 아니라 그 훨씬 이전에도 이후에도 여러 계보가 있다. 폭력혁명에 반대하고 프롤레타리아의 독재를 거부하는 민주적 사회주의 또는 사회민주주의라면 대한민국 헌법에서도 응당 보장을 받을 수 있는 사상이요 운동이다. 프롤레타리아의 독재가 얼마나 끔찍한 것인가는 스탈린의 소련, 마오쩌둥의 중국, 폴포트의 캄보디아 등에서 수백, 수천만의 인명이 벌레처럼 학살되고 쓰레기처럼 처리되어간 것으로 증명된다.

## 이념 혼란의 극복 필요성

결론을 요약한다면 이상과 같은 우리 사회의 이념 혼란은 극소수에 국한된 일이기는 하지만 하나의 지적 병리현상(知的 病理現像)이 되어 버렸다. 이제는 그런 사태를 더 이상 방관만 할 수 없는 시점에 이르렀다. 혼동, 파괴, 폭력시위는 실정법에 의하여 다스리지 않을 수 없으며 치외법권 지대를 용인했다가는 이 나라의 법질서는 무너지고 말 것이다.

그러나 중요한 것은 엄정한 비판정신에 입각하여 북한의 체제와 사회현실을 젊은 세대들에게 계속 알려주고 그 배후의 세력들에 대해서는 사상·이론투쟁을 통해 진실을 밝혀나가야 한다. 여기에는 교수·언론인, 종교인, 과학자, 문학자 등 모든 지식인들의 용기가 필요하다.

끝으로, 이념 혼란을 불식하기 위해서는 우리 사회를 건전하게 만들어야 한다. 남한이 경제발전을 이룩한 것은 객관적 사실이지만 모래알처럼 흩어진 개개인들은 각자의 사적 이익을 추구하는데 골몰하여 사회윤리로 결속된 국민의 공동체는 무너지고 있다. 헤겔이 "욕망의 체계"라고 규정한 의미의 '평민사회'가 나타난 것이다.

불법적 탐욕·집단이기주의·강도·절도·마약밀매·협잡·사기·뇌물수수·인신매매·공문서 위조·친족 살해 등의 사회악이 만화경처럼 현란하게 전개되는 가운데, 도덕 부재·국가 부재·공동사회 부재·황금만능·선거부정·안보 불감증의 작태가 만연하고 있다.

이와 같은 현상을 철저히 파헤치고 비판하고 극복하지 않는 한 우리의 민주주의체제는 마비상태에 빠질 것이다. 1인당 GNP가 1만 달러를 넘어서고 유엔 안보리 비상임이사국이 되고 OECD에 가입했다고 해서 나라가 순조롭게 발전하는 것은 아니다. 지금은 사회윤리의 회복, 강건한 기풍의 함양, 민주질서의 확립이 절실히 요구되는 시기다. 이에는 정치인, 군인 할 것 없이 모두가 강인한 도덕적 용기와 자각으로써 성실한 실천을 생활화해야 한다고 확신한다.

이와 같은 양호민 선생의 지적은 1996년 11월 7일 한국프레스센터 19층 기자회견장에서 개최했던 한국정신문화연구원과 조선일보사 공동 주체의 제8회 정신문화 포럼, 「우리 사회의 이념 혼란, 이대로 좋은가」에서 명백하게 제시되었다.

나는 이 심포지엄의 패널로 참가하여 연초에 양 선생과 나누었던 문제를 중심으로 북한 노동당이 전개하는 대남 선전·선동과 통일전선 형성을 위해 주장하는 구호와 용어, 예를 들면 「민중」, 「인민」, 「민족대단결」, 「민족의 자주성」, 「주체성」, 「우리민족끼리」 등등이 가진 정치적 의미를 마르크스-레닌주의 사전과 북한에서 출간한 『김일성 로작 용어사전』을 참고로 설명했다.

나는 1980년대 기간 중 대학가와 각계의 진보세력 단체가 내놓은 수많은 선언문을 갖고 있었기 때문에 그중에서 가장 많이 등장하는 용어 「삼민투(민족·민주·민중)」의 용어 중 「민중」에 대해 좀 긴 칼럼을 쓰기도 했다.

이처럼 나에게 국내 친북좌파에 대한 명확한 인식과 구별 방법을 명시해주신 양호민 선생이 2010년 3월 17일 서거하셨다. 그러나 나는 선생님의 영결식에 참가하지 못했다. 아쉽게도 내가 일본에 체류하던 때

인지라 선생님의 서거 자체를 알지 못했다.

그러나 양 선생이 남긴 저서와 논문은 지금도 내가 국내 친북좌파, 사이비 민주주의자를 구별하는 척도로 더없이 유용한 기준으로 여기고 있다. 나에게 이런 귀한 지식을 전수해주신 선생님께 감사함을 잊지 못한다.

제
6
부

# 통일부 장관 시절

## 분석·보고 작성자가 아닌 사용자의 위치에 서다

# 김대중 정부의 통일부 장관 입각

1998년 2월 25일 사상 처음으로 평화적 정권교체에 의해 야당 출신 김대중 씨가 제15대 대통령으로 취임했다. 당시 나는 일본에 체류하고 있었고, 이틀 후인 2월 27일 귀국하여 김대중 대통령의 취임사를 읽었다.

취임사에서 김대중 대통령은 "지금 이 나라는 정치, 경제, 사회, 외교, 남북문제 등 모든 분야에서 좌절과 위기에 처해 있다"며 총체적인 개혁의 필요성을 강조하고, "무엇보다 정치개혁이 선행돼야 한다…. 「국민의 정부」는 어떠한 정치보복도 하지 않겠다…. 어떠한 차별과 특혜도 용납지 않겠으며, 다시는 무슨 지역정권이니 무슨 도(道) 차별이니 하는 말이 없도록 하겠다…. 경제파탄의 책임은 반드시 국민 앞에 분명하게 밝혀야 한다"라고 강조하고, "국회의 다수당인 야당 여러분이 나를 위해서가 아니라 이 국민과 나라를 위해 올 1년만이라도 꼭 정부를 도와주기를 간절히 바란다"고 당부했다.

나의 관심사인 남북관계에 대해서는 지난 1991년 채택한 「남북기본합의서」의 실천을 통한 남북문제의 해결 필요성을 강조하며 남북 특사 교환을 제의하는 동시에 "북한이 원한다면 정상회담에도 응할 용의가 있다"라고 밝히고 있었다.

나는 이런 언급은 너무 앞서 나가는 것이 아닌가 하고 느끼면서 지금까지 그가 주장해왔던 '「3단계 통일론」과 「햇볕론」을 어떤 논리로 추진할 것인가?'라고 자문하면서 어떻든 「민주주의와 시장경제, 1991년 채택한 남북기본합의서의 실천」을 언급하면서 「특사교환」을 생각한다면 그리 조급한 햇볕정책은 취하지 않을 것 같다는 생각을 했다.

그리고 임동원(林東源) 아태재단 사무국장이 대통령 안보·외교수석비서관으로 임명되었다는 기사를 읽었다. 영관장교 시절부터 그를 알고 있는 나로서는 노태우 정권 때의 통일원 차관으로 1991~1992년 개최된 총리급 남북대화의 핵심 실무자로서 「남북기본합의서」 합의 도출에 중심적 역할을 다했으며 육군 소장 출신으로 주(駐)호주 대사를 역임하는 등 문무(文武)를 겸비한 인물이니 잘 선택했다고 생각했다.

나는 김 대통령의 취임사에 "1991년 남북기본합의서의 실천"이 삽입된 것은 임동원 수석의 작품이라고 판단했고, 향후 김대중 정부의 대북정책을 그가 주관하리라고 생각했다.

## — 통일부 장관 입각 스토리

그런데 2~3일이 지난 3월 2일 뜻밖에도 임동원 수석으로부터 "김 대통령의 요청이니 통일부 장관으로 정부에 들어오라"는 전화를 받았다. 나는 "무슨 장관? 준비도 안 된 내가 어떻게 갑자기 장관을 맡느냐?"고 거부의사를 밝혔다.

그러나 임동원 씨의 거듭되는 얘기가 지극히 간곡하기에 "생각해보자"로 얘기를 마치고 그날을 보냈다. 다음날 아침 7시경 김중권(金重權) 비서실장으로부터 "오는 11시 임명식이 있으니 부인과 함께 청와대에 들어오라"는 것이었다.

나는 일시 당황했지만 '이미 김 대통령의 결정이 내려졌구나'라고 판단하고 부랴부랴 청와대로 들어가기 위한 준비를 했다. 그리하여 3월 3

1998년 3월 3일 통일부 장관 임명장 수여

일 전혀 생각한 바 없었던 통일부 장관의 중책을 맡게 된 것이다.

김종필 총리(서리)를 비롯한 신 내각의 면모가 밝혀지자 국내 언론은 일제히 신내각에 대한 전반적 평가와 함께 각료 개개인에 대한「적부심사 기사(?)」로 지면을 메웠다.

청와대 공보수석인 박지원 대변인은 "총체적 위기를 돌파하고 강력한 개혁을 추진하기 위해서는 정치적 경륜과 추진력을 갖춘 정치인들이 필요하다는 이유에서 17명의 각료 중 12명을 국민회의(김대중 진영)와 자민련(김종필 진영)의 출신 현역 정치인을 임명했다"고 밝혔다.

그러나 각 신문은 전문성이 떨어진다느니 평가절하하면서 통일부를 맡은 나와, 정보통신부를 맡은 배순훈(裵洵勳) 씨, 그리고 노동부를 맡은 이기호(李起浩) 씨 정도가 전문가, 관료 출신이라고 지적하며, "새 내각의 가장 큰 특징은 마치 내각제 예행연습을 하는 듯 당 출신 인사들이 대거 전진배치했다"느니 "정치력 중시, 개혁·전문성 흐릿", "DJP 나눠먹기 성격", "난국 타계 추진력 한계", "경제·통일부 부적합" 등등 비판 중심의 평가와 함께 심지어 "관료 저항에 직면할 것"(한겨레)이라는 비판 논평까지 쏟아져 나왔다.

그러나 나는 이러한 김대중 정부에 대한 전반적 비판 기사에 대해서는 별로 관심이 없었다. 나에 대한 적·부 평가가 예상 외로 많아 관심을 아니 가질 수 없었다.

다행히도 『한겨레』 같은 진보 성향이 아닌 신문들은 나에 대해 비교적 좋게 평해줘서 고마웠다. 몇몇 신문의 기사를 인용한다.

『동아일보』(1998년 3월 4일)는 내 사진과 함께 「18세 때 월남, '평양 청년' 남북대화 지휘」의 제하로 다음과 같이 써주었다.

> 1950년 12월 살을 에이는 북풍한설 눈보라를 뚫고 남으로 남으로 길을 재촉하던 열여덟의 청년. 그해 7월 평양제일고등학교를 졸업하고 청운의 꿈을 품은 그에게 6·25는 청천벽력이나 다름없었다. 평양교회 장로였던 부친은 압록강까지 진격했던 국군의 철수가 결정되자 결코 떠나보내고 싶지 않았던 쉰둥이 막내의 등을 떼밀었다. "전황이 좋아져 국군이 다시 평양을 수복하면 그때 내려가마." 그러나 부친의 한마디는 마지막 말이 되고 말았다.
>
> 강인덕(康仁德) 신임 통일부장관은 역대 이북출신 각료중 6·25 이후 월남한 유일한 인물. 그런 만큼 그가 북한과 통일을 보는 시각도 남다르다. 1971년 중앙정보부 해외정보국장으로 재직하면서 7·4 남북공동성명이 나오기까지 남북 간의 막후 접촉 산파역을 맡았다. 1972년 평양에서 열린 2차 남북조절위원회 때 남북조절위원으로 꿈에 그리던 고향을 다시 찾았다.

그는 또한 북한의 경제문제에 관심이 많아 1970년대 초 해방이후 최초로 북한 경제실태를 종합적으로 파악해 한국경제와 비교분석한 『남북한 경제력 비교』를 내놓기도 했다. 북한의 합영법 연구로 경희대에서 정치학 박사학위를 받았다.

1980년대 초부터 KBS 사회교육방송에서 매일 새벽 방송되는 '노동당 간부들에게'의 진행을 맡고 있다. 직접 원고를 작성해 북한 정책의 문제점을 지적하고 한국 통일정책의 당위성을 홍보하는 그의 강의는 논리정연하다고 정평이 나있다. 〈김세원 기자〉

『중앙일보』와 『경향신문』은 "합리적 보수주의자"로 다음과 같이 평가해 주었다.

『중앙일보』(1998. 3. 4), "[강인덕 통일] 초대 중정 북한국장 지낸 대북 전문가"

6·25 전쟁 중인 50년 말부터 북한연구를 시작한 대북(對北)관계 전문가다. 초대 중앙정보부 북한국장을 지냈으며 재직시절 뛰어난 브리핑으로 박정희 전 대통령의 총애를 받았다. 장관 발탁에는 당시 중정부장이던 김종필 총리서리의 천거가 있었다는 후문이다.

1972년에는 남북조절위원으로 7·4 남북공동성명에 참여했으며, 1979년 퇴직금을 털어 북한전문연구기관인 극동문제연구소를 설립, 운영해왔다. 대북 강경론자로 알려져 있으나 오히려 '합리적 보수주의자'라고 주위는 평가하고 있다.

『경향신문』(1998.3.4), "중정 출신 합리적 보수파"

"평양 출신으로 중앙정보부에서 잔뼈가 굵은 구세대를 대표하는 북한

문제 전문가. 1978년 북한국장을 마지막으로 정보부를 떠난 뒤에도 극동 문제연구소를 설립, 북한관련 연구와 저술활동을 계속해왔다.

남북대화협의회(현 남북회담사무국) 초대 사무국장 재직 때「7·4 남북공동 성명」 작업에 핵심역할을 했다. 이론과 실무를 겸비한 대북 강경론자의 상징적 인물로 알려지기도 했으나 극우보수라기보다는 균형감각을 갖춘 합리적 보수파에 가깝다는 주변의 평가도 있다."

1998년 3월 3일 오후 2시 청와대에서 통일부 장관 임명장을 받고 기념촬영을 마친 뒤 곧바로 세종로 정부종합청사 통일부로 갔다. 4층 통일부 청사로 들어서자 김석우 차관 이하 모든 국·실장들이 도열하고 마중해주었다. 한 명 한 명 악수를 나누었지만 대부분 1970년대 남북대화 때 남북대화사무국에 파견되어 같이 일했던 직원들이었다. 그리고는 곧장 종합청사 위층 강단에서 장관 취임식에 참석했다.

나는 간단한 취임 소감을 밝히면서 "김대중 대통령의 포용정책의 성과 있는 결실을 거두기 위해 합심 노력하자"는 것과 "나 자신이 오랫동안 대북 정보기관에서 근무했지만, 지금 우리나라의 내정이 IMF 관리체제 하에 들어가 있고 일단 이 체제에서 벗어나는 것이 대북정책, 남북관계 개선의 관건이라 사료됨으로 휴전선 관리에 전념하여 평화유지에 전력해야 한다. 이런 의미에서 나는 대북정책보다 대내 정책이 더 중요하다고 보고 있으니 이 점을 유념해주길 바란다"는 요지로 취임사를 끝냈다.

오후 5시에는 김종필 총리의 총리 취임식이 있었고 이어 청와대에서 국무회의가 개최되어 새로 구성된 국민의 정부 내각 성원 간의 상견례가 있었다. 나에게는 낯익은 얼굴이라야 박정수 외무, 천용택 국방, 신낙균(申樂均) 문화 장관 정도였다. 17명의 국무위원 중 14명은 거의 처음 뵙는 분들이었다.

## 비서관과 차관 임명, 업무 파악

한 시간 여의 국무회의를 마치고 다시 종합청사 장관실로 돌아온 후 짧은 시간이지만 (곧 교체될) 김석우 차관으로부터 통일부 현황에 대한 설명을 들었다.

그리고는 매일매일 지근거리에서 보좌할 장관실 비서관으로 이관세 서기관을 임명했다. 그는 내가 개인적으로 잘 아는 인물은 아니지만 통일원 장관을 역임한 홍성철 선배(해병대 시절 상사인 대대장, 박정희 정부의 내무장관, 노태우 대통령 비서실장)가 자신이 통일원 장관 때 비서로 썼는데 "신중하고 입이 무겁고 장관의 일정을 빈틈없이 챙긴 것을 보았으니 자네도 이관세 군을 비서실장으로 쓰면 무난할 것"이라고 권고하기에 그 말씀에 응했던 것인데, 막상 대하고 보니 외국어대학 후배이기도 하여 좋은 인재를 가까이에 두게 되어 다행이라고 생각했다.

이관세 실장은 그 후 통일부 차관으로 은퇴하여 경남대학교 극동문제연구소 소장으로 임명되었다. 내가 일본 세이가쿠인(聖學院)대학 객원교수를 사임하고 2013년 귀국한 이후 바로 이 연구소에 석좌교수로 있게 되어 노후까지 함께 생활하게 되었다.

이날 저녁 집에 돌아오니 정세현(丁世鉉)이 와있었다. 그는 자신을 차관으로 선발해달라고 요청하기에 나는 그 자리에서 긍정적으로 답했다. 위에서 기술한 바 있지만, 1975년 내가 중앙정보부 심리전 국장시절 「자유아카데미」를 창설했을 때 자료실장을 맡아 불온문서 관리와 대학원생 지도에 열심히 임하던 그였기 때문이다. 1년 정도 같이 일하고 있을 때 1977년 서울 문리대 정치학 교수이고, 정세현 군의 은사이신 이용희(李用熙) 교수가 통일원 장관으로 임명되었을 때 스승 밑에서 일하고 싶다는 뜻을 밝히기에 통일원 전입을 축하한 바 있었다.

그 후 정세현은 김영삼 정부 때는 청와대 통일비서관으로 베이징에서 개최된 북한에 대한 쌀 지원 회담을 비롯한 대북정책, 특히 1994년 김영삼-김일성 정상회담 준비(김일성의 사망으로 불발)에도 깊이 참가한 바 있었기에 나는 그의 지식이나 경험으로 보아 통일부 차관의 적격자라고 생각했다.

취임 이튿날(3월 4일)은 아침 8시 김종필 총리 인솔 하에 정부각료 전원이 국립현충원을 참배했다. 업무가 시작되는 9시 30분경부터 나는 각 국별로 업무현황과 사업진행을 보고받았다. 이날 점심은 종합청사 내 국무위원 식당에서 총리가 주최하는 오찬이 있었고, 이 행사가 끝나자 곧장 정당대표 예방에 나서 우선 자민련(自由民主聯合)의 박태준(朴泰俊) 대표를 예방했다. 내가 중앙정보부 근무시절 박 대표가 포항제철을 건설을 맡고 있었기 때문에 여러 차례 찾아뵙던 분이라 반갑게 맞이하며 "강 국장, 잘됐소, 장관해야지…" 하며 격려해주었다.

이어 국회의장을 예방하고 오후 5시 사무실로 돌아와 계속 각 국별 업무보고를 받고 저녁에는 내가 주최하는 국·실장 만찬회를 가졌다. 맥주잔, 소주잔을 서로 주고받으며 화합과 전진을 다짐했다.

부임 3일 되던 목요일부터 토요일까지 3일간은 KBS·MBC 인터뷰, 한나라당 총재, 국민신당 총재를 예방하고 점심은 남북대화 사무국장과 함께하며 김영삼 정부 이후 5년간의 남북대화 전반에 대한 보고를 들었다.

그 후에도 2~3주 기간은 역시 주요 언론기관을 방문하며 인사를 나누고 특히 2주에 접어든 월요일(3월 9일)에는 통일부 출입 기자단과의 간담회를 개최하고 서로 흉금을 터놓는 솔직한 대화를 주고받았다. 이때를 시작으로 나의 1년 2개월 장관 재직 기간 중 틈나는 대로 통일부

기자실을 찾아 북한 정세, 주변 4대국 관계 등 전반적인 국내외 정세에 관해 의견을 나누었다. 솔직한 질문과 답을 거듭하면서 출입기자단과의 친밀한 관계를 쌓았기 때문인지 내가 통일부를 그만둔 이후 지금까지도 그 때의 통일부 출입 기자들과의 즐거운 만남을 계속하고 있다.

이렇게 하여 3월 중순까지 동분서주하는 나날을 보내며 3월 17~18일경에 있게 될 대통령에 대한 사업보고 준비를 했다.

8

# 국가안보회의(NSC)

통일부 장관으로 부임하여 3~4일 동안 국·실장들의 보고를 받으면서 나는 '전임 정권의 대북·통일 정책이 혼돈을 거듭한 것이 아닌가?' 하는 느낌을 가졌다.

## 새정부의 대북·통일정책 수립 준비

위에서 기술한 대로 나는 김영삼 대통령이 취임하던 그날부터 석연치 않은 생각을 갖고 있었다. 왜냐하면 그의 취임사에 나로서는 선 듯 이해되지 않는 문구, 즉 "어떤 동맹보다 민족이 낫다"는 의미심장한 한 구절이 들어 있었기 때문이다.

특히 서울대학의 한완상 교수를 통일원 장관으로 선택한 것을 보면서 "어머님을 무장공비의 테러로 잃으신 대통령이 무슨 생각으로 한 교수를 통일원 장관으로 임명하는가? 민중·민족·민주 이른바 '3민(民)' 운운하며 진보연 하니까, 북한과의 협상에서 죽이 맞을 것이라고 생각하는가? 김일성은 남한의 진보적 인사들은 통일전선의 대상일 뿐이라며 포용하여 반미·반보수 투쟁으로 엮어 세우라고 지시하고 있는데, 도대체 김영삼 대통령은 북한의 대남공작을 염두에 두고 있는가?"라는 의문을 가지고, 줄곧 비판적 글을 써왔다.

외교·안보 등 대북정책과 관련된 김영삼 정부 각료 중에는 권영해 국방장관 이외에 대부분의 각료가 정책 수행 경험이 없는 대학교수들이었다. 통일 부총리(한완상, 서울대), 외무부 장관(한승주, 고려대), 안기부장(김덕, 한국외국어대), 청와대 외교안보수석(정종욱, 서울대)은 모두 교수 출신이며, 때문에 '대북 문제에서는 유화적 사고를 취하지 않을까?'하는 생각을 하면서 신선감을 줄 수 있으나 실무경험이 없거나 부족하니 '과연 김일성 정권의 대남 전략·전술에 제대로 응전할 수 있을까?'라고 걱정하는 사람이 적지 않았다.

이런 생각을 가지고 있었기 때문인지 나는 국·실장들의 보고를 받으면서 전 정권의 안보·대북정책이 혼란스러웠구나 하는 생각을 지울 수 없었다. 그러나 이런 통일정책의 혼란 원인이 우리 측(남한 측) 정책 담당자들의 유화적 대북인식 때문에 일어난 것일까? 물론 원인 중 하나임은 틀림없지만, 주원인은 아니다. 가장 큰 원인은 북한의 핵개발을 비롯한 호전적인 대남전략과 이에 대한 우리의 동맹국인 클린턴 미 행정부의 안이한 판단도 한몫을 했다.

「제네바 기본합의서(1994년 11월)」에 근거하여 200만kW의 원자로를 건설해주고 50만 톤의 중유를 공급하면 핵개발을 중지할 것이라고 믿는 안이한 판단, 여기에 더하여 후계자로 등장한 김정일의 통치 능력으로 보아 머지않아 북한 내에서 반김정일 운동이 일어나 북한정권이 붕괴될 가능성이 농후하다는 예단(나 자신도 일시 김일성 사후 비슷한 생각을 가진 적이 있지만 1개월이 지나면서 그렇지 않을 것이라 판단했음)함으로써 한·미 간의 철저한 대응(군사적 제거 조치)을 실행하지 않았기 때문이 아닌가? 또한 이스라엘이 시리아의 핵시설을 폭격한 것과 같은 강경조치는 아닐지라도 '당초부터 압박으로 나갔다면 북한의 핵개발을 제거할 수 있지 않았을까?'라고도 생각했다.

이처럼 북핵문제를 비롯한 앞으로 내가 취해야 할 안보와 통일정책 수립을 위해 가져야 할 종합적 전략 판단을 생각하고 있을 때, 3월 7일 NSC(국가안보회의) 구성을 위한 관계 장관 모임이 있었다.

청와대 임동원 외교안보수석의 연락을 받고 삼청동 남북대화사무국 회의실로 갔다. 여기에서 만난 관계 장관들은 모두가 내게는 구면들이었다. 마치 김대중 정부가 김영삼 정부를 '반면교사'로 삼은 것 같았다.

박정수(朴定洙) 외무, 천용택(千容宅) 국방, 이종찬(李鍾贊) 안기부장 그리고 임동원 청와대 안보수석 그리고 나 모두가 보수적 인물이고 오랫동안 외교, 국방, 정보, 통일 분야에서 충분한 실무경력을 쌓은 인물들이었다.

1998년 3월 3일 국가안보회의 첫 회의 (삼청동 남북대화사무국)

이 자리에서 임동원 수석은 대통령의 뜻에 따라 국가안보회의(NSC: National Security Council)를 구성한다고 말문을 열었고, 헌법규정에 따라 정식 안보회의는 대통령이 의장이 되어 운영하지만 수시로 발생하는 안보관련 문제를 토의하기 위해 핵심 각료인 우리들이 중심이 되어 제기되는 문제해결을 위한 「안보정책 조정회의」를 구성키로 한다는 것이었다. 한마디로 '안보회의 상임각료회의' 격이라고 할 수 있는 기구를 조직한다는 것이었다.

그러다 보니 국무위원 서열상 맨 위인 내가 사회를 볼 수밖에 없었다. 회의 의제는 그때그때 발생하는 국가안보 문제를 청와대와 각 부에서 제출키로 하고, 토의 후 회의 결과를 안보회의 사무국장인 임동원 수석이 종합 정리하여 대통령께 보고키로 했다. 이 「안보정책 조정회의」는 그 때부터 내가 장관직을 그만둘 때까지 거의 매주 개최되어 각 부서 간의 정보 공유와 안보정책의 수립과 집행을 위한 원만한 협조체계가 유지되었다. 이처럼 NSC 조정회의가 원만하게 운영될 수 있었던 것은 역시 오랫동안 국방부와 외무부 그리고 통일부의 실무책임을 맡아왔던 임동원 수석의 핵심적 역할이 있었기 때문이다.

그는 지근에서 김대중 대통령을 모시고 있어 대통령의 뜻을 그 누구보다 정확히 알고 있기도 하지만 그가 지니고 있는 조용하면서도 치밀하고 화합적인 성품과 함께 일선 군 지휘관으로, 국방 정책 담당관으로, 외무부 대사로, 그리고 통일부 차관으로 쌓은 그의 경륜이, 사태의 현황과 전망을 정확히 판단하고 부처 간에 대립하는 예리한 문제도 무리 없이 조정하며 종합적인 안보대책을 수립하고 전개할 수 있었다고 할 것이다.

그 후 이 안보회의 실무 각료급 조정회의는 거의 매주 정기적으로 개최되어 김대중 정부 출범 1년간 북측 잠수정의 침입을 비롯한 허다한 북한의 무력도발로 발생한 격앙된 국내 여론을 무마하며 금강산 관광을 비롯한 남북 간의 교류협력을 위한 정책들을 수립하고 집행할 수 있었다. 나는 장관을 사임한 후에도 같은 이북출신이며 동년배로 특히 같은 연구 분야의 동료로서 임동원 수석과의 개인적 교류를 계속하고 있다.

# 대통령께 통일부 업무 보고

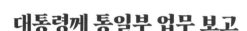

통일부 장관으로 부임한지 2주가 지나던 3월 17일 김대중 대통령 정부의 통일부 장관인 내가 생각하는 통일정책의 방향과 업무계획을 제시할「대통령에 대한 통일부 업무 보고」를 갖게 되었다.

통일문제에 대한 연구와 기획을 담당했던「국토통일원」으로부터 실제 통일정책을 수립하고 집행하는 담당부서인「통일부」로 그 임무와 기능이 바뀐 이상 이를 위한 구체적인 사업계획을 보고해야 하는 것이다.

## 통일부 업무 보고

이 행사야말로 향후 나와 대통령과의 신뢰관계를 형성하고 통일부의 업무 수행능력을 평가받고 통일부에 대한 대통령의 신뢰를 가늠하는 가장 중요한 행사라는 점에서 장·차관은 물론 모든 국·실장들이 성의를 다해 준비한 행사였다.

「통일부의 업무 보고」 내용을 요약하면 다음과 같다.

1. 대북정책 추진방향

가. 기본방향

○ 「평화·화해·협력의 실현」을 통일정책의 목표로 설정

○ 실질적으로는「남북기본합의서」이행을 출발점으로 하는 대북 관여전략(Engagement Policy) 추구

○ 당면과제는 4자회담과 함께 남북당국 간 직접대화를 추진할 것

- 한반도 문제의 국제화 추세 속에서 남북관계 개선의 주도권 확보 필요
- 또한 남북관계 개선을 국민들이 가시적으로 느낄 수 있도록 이산가족 문제 해결 노력 적극 경주

나. 추진전략

○ 우선 특사교환 실현 및 이산가족 문제 해결을 위한 대화 분위기 조성

- 대북지원, 경협 활성화, 농업협력 등을 전향적으로 추진
- 특사교환 실현 시 남북공동위 정상화, 특히 김영삼 정부 이후 상당한 진전이 있었으나 그 후 중단된 경제공동위원회 가동에 주력
- 북한의 조기붕괴 유도보다는 평화공존 전략이 보다 현실적인 대안이라는 인식하에 북한의 반응을 기다리기 보다는 북한을 우리 구도 속에 들어오도록 하는 선도적 노력 필요, 일방적으로 추진할 수 있는 문제는 추진하되 국민의 여론을 고려함
- 평화·안보 문제는 "그 어떤 무력도발도 불허한다"는 확고한 원칙 위에서 대처하되, 교류·협력은 유연성을 발휘하면서 북한의 점진적 체제변환 지원

○ 조용하고 서두르지 않는 정책 추진을 통해 국민들의 신뢰확보에 최선의 노력 경주

- 대북전선은 물론 대내전선도 중요, 대통령의 통일정책 추진에 어떠한 걸림돌도 없도록 대처

※ 통일·남북관계 개선을 위한 선전 홍보는 대북·대내의 이중성을 띨 수밖에 없음

2. 현안문제 대책

가. 대북지원

○ 민간차원의 대북지원 활성화 조치 강구

- 이미 WFP 통한 지원계획 발표(3월 9일), 민간단체 기탁 비료 800톤 전달 통보(3월 10일), 제5차 남북적십자 대표접촉 제의(3월 10일) → 3월 25일 개최

* 1997년 지원발표(총 2,737만 달러) 후 집행 유보된 480만 달러 상당의 농약 및 보건의약품도 상반기 중 지원

- 국민정서에 반하지 않는 범위 내에서 민간의 대북지원 참여 및 모금활동 허용(내주 중 발표)

- 계약재배, 시험재배 등 시범적 대북 농업개발 협력사업 허용

○ 정부차원의 직접지원은 남북당국 간 대화와 연계

나. 이산가족 문제

○ 우선 제2차 4자회담(3월 16~20일) 및 제5차 남북적십자 대표접촉(3월 25일) 통해 북측 입장 타진

○ 이산가족 문제 해결 위한 남북적십자회담 개최 추진

- 3월 하순 또는 4월 초 실무대표 접촉 제의

* 특사교환 실현 시 이산가족 문제 적극 제기

○ 「남북이산가족교류 민간협의회」, 4월 중 결성, 「이산가족정보

통합센터」 상반기 중 착수

○ 65세 이상 이산가족의 방북을 허가제에서 신고제로 전환 및 북한주민 접촉절차 간소화

○ 60세 이상 연세 이산 1세대 대상, 제3국 통한 교류 소요경비 일부 지원

* 건당 40~80만 원(금년 확보예산: 4,500만 원)

다. 남북경협 활성화

○ 경제논리에 따라 기업의 자율적 판단을 존중하고 규제조치를 완화하는 방향으로 추진

○ 경협활성화 조치(3월 말 발표 예정)

- 경협목적의 기업인(재벌총수 포함) 방북 확대
- 투자규모 상향조정 및 투자제한 업종 최소화
- 경협 추진 관련 승인절차 간소화
- 물자반출입, 협력사업 추진업체 등에 대출형식으로 남북협력기금 지원

* 법령개정을 필요로 하는 경우는 추후 조치

○ 북한이 시급히 필요로 하는 농업분야 협력 우선 조치(비료·농약 제공 등)

- 계약재배시 정부의 유상지원 방안 검토

라. 제2차 4자회담

○ 금번 회담(3월 16~20일)에서는 분과위원회 또는 실무위원회(Working Group) 구성, 초기단계의 군사적 신뢰구축 방안 등 중점 협의

- 비공식 접촉을 통해 특사교환 등에 대한 북측 의사도 타진

* 차후 회담 시에는 평화체제 구축 문제를 구체적으로 검토할 전문요원 양성차원에서 해당분야 인력 참여 확대

3. 건의사항

○ 관련 부처 간 정보의 교류 및 공유체제(Central Intelligence System) 확립 필요

- 수집된 정보가 국가차원에서 효율적으로 활용되지 못하고 있는 실정

* 특히 통일부의 경우, 1차 정보의 부족으로 대북정책의 수립·추진에 애로가 많음

○ 통일·대북정책 관련부처가 일치된 의견제시와 일관된 입장견지를 통해 정부정책에 대한 신뢰성 확보 필요(One-Voice)

- 대북 관련사항은 반드시 사전에 통일부와 협의하여 발표, 추진(각 부처 업무보고 시 지시해 주실 것을 청허)

○ 새 정부 출범에 따라 대통령령에 의거 운영되고 있는 통일고문회의(대통령자문기구)를 재구성할 필요

- 현재 김재순 의장 포함 30명으로 구성(현 의장의 거취 문제)

## 신중하게 진행된 김대중 대통령의 질문과 답변

장관인 내 보고가 끝나자 김 대통령은 몇 가지 질문을 했다. 그런데 그 답은 나에게 아니라 각 국·실장에게 요청했다. 아마도 장관인 나는 부임한지 일천하다는 이유 때문이라기보다 나를 보좌할 실장들이 어느 정도 대통령인 자신의 통일인식, 즉 「햇볕론」에 대해 이해하고 있는가

를 가늠하기 위함이 아닌가 생각했다.

김 대통령은 통일정책실장(김형기 실장)에게 새 정부의 대북정책이 과거와 다른 점을 물었고, 교류협력국장(황하수 국장)에게는 남북경협을 추진하고 있는 우리 기업들의 애로사항과 추진방향 그리고 대북 식량지원 문제에 대해, 정보분석실장(정대규 실장)에게는 북한정보의 수집과 평가 그리고 타 부서와의 정보공유에 대해 물었다. 그 외에 기획관리실장(박상찬 실장)과 통일교육원장(양영식 원장) 등도 제 각기 대통령의 질문에 대해 자신들의 소관업무를 자세하고 명백하게 설명했다.

대통령의 질문에 대한 각 국·실장의 답변이 끝나자 김대중 대통령은 다음과 같이 당부의 말씀을 하셨다.

"제가 결론으로 여러분께 말씀을 하겠는데, 오늘 여러분들이 활발한 의견교환도 해주었고, 답변에서도 자기 생각을 자유롭고 알차게 말씀해 주어서 참고가 되었습니다….

이제 신 정부에서 통일부가 우리나라 통일정책의 수립과 집행의 중심이 되어야 한다는 것입니다. 다른 모든 기관들은 통일에 관한한 통일부에 협조를 해야 한다고 생각합니다.

과거에 부총리 자리까지 주면서 통일원을 만들었지만 실제로 통일문제에 대해서 통일원이 기능을 제대로 못한 것, 주도권을 갖지 못한 것을 여러분이 잘 알고 있고, 그것이 대단히 잘못된 일중의 하나였다고 생각하고 있습니다…."

이어서 장관인 나에 대해 얘기했다.

"내가 특히 이번에 모든 사람이 기대하지 않았던 강 장관을 통일부 장관으로 영입한 것은, 이 분은 오랜 경험과 북한에 대한 균형 잡힌 정책감각, 또 북한실정을 잘 알고 있는 것을 우리가 활용할 필요가 있습니다. 또 북한문제에 대해서 전문가일 뿐만 아니라 북한출신 국민으로부터 남북문제에 대한 가장 신뢰받는 전문가가 통일부를 맡는 것이 국민적 지지를 받으면서 해나가는데 도움이 된다고 생각해서 영입했습니다. 장관의 생각이나 우리 정부 생각이나 기본에 있어서 완전히 일치한다고 믿습니다. 전폭적으로 통일부 장관을 신뢰하니까 여러분들은 장관을 중심으로 해서 통일정책을 책임 있게 이행하도록 해나가기 바랍니다."

그리고는 향후 통일부가 추진해야 할 과제를 다음과 같이 강조하였다.

"…우리는 남북합의서에 입각해서 화해, 교류협력, 불가침 이 세 가지를 실천하는 것을 목표로 해야 합니다. 그리고 새 정부는 대북정책에 있어서는 일관된 정책을 추진해 나가겠습니다. 남북문제에 있어서 어디까지나 당면해서는 한반도의 평화가 가장 중요하고, 그 다음에는 교류협력의 길로 나가야 합니다. 그러기 위해서는 세 가지 원칙, 절대로 무력도발을 용납하지 않는다, 북한을 흡수통일 할 생각이 없다, 그리고 교류협력을 통해서 평화공존하고 평화교류하는 길을 가겠다, 이런 정책을 흔들리지 않게 하겠습니다.

과거 통일정책에 있어서 하나의 큰 문제는 너무도 자주 흔들렸다는 것에 문제가 있지 않았나 생각합니다. 앞으로 대북정책에 있어서는 어디까지나 통일부를 중심으로, 또 국가의 유관 공기관 중심으로 진행하고 개인적으로 북한과의 접촉·대화를 소위 말하는 비선을 가지고 움직이는 일은 하지 않겠습니다. 북한과 비공개적 접촉이 필요하면 정부기관에서 할 것입니다. 과거에 정부기관을 제쳐놓고 비선조직으로 한 것이 많은 부작용이 있었다는 것을 우리가 잘 알고 있지 않습니까?

요컨대 통일부가 통일정책의 중심이 되고, 정책수립, 집행, 북한과의 접촉 등 모든 문제에 있어서 여러분이 주도적으로 역할을 다하기 바랍니다. 그렇게 해서 꼭 성과있는 업적을 올리도록 여러분이 적극적으로 수고해 주기 바랍니다.

그리고 북한에서는 통일문제와 관련해서는 한자리에서 전문적으로 연구하고 집무하는 사람들이 5년, 10년, 지금 북한의 김영남 같은 사람은 근 20년 그 자리에 있을 것입니다. 그러니까 전문가가 생기는 것입니다.

우리도 통일문제에 관한한 다른 부처와 달라서 한자리에 오래있는 것이 중요하다고 생각합니다. 자꾸 바뀌면 10~20년 그 자리에 있었던 전문가와 대적해서 일을 잘 해나갈 수 있겠는가 생각해 보시고, 북한문제 담당자들이 자주 안 바뀌는 것이 좋지 않나 하는 생각을 합니다.

그리고 쌀 지원을 적십자사를 창구로 지원하고 했는데 NGO, 특히 이산가족들이 독자적 입장에서 적십자를 통하지 않고 민간차원에서 북한과 쌀 교류를 할 수 있는지, 또한 종교단체에서도 할 수 있는지 등과 이에 대한 상대방의 반응이 어떤가도 파악해 보기 바랍니다.

적십자 하나로만 하는 것은 그 효과가 아주 제한됩니다. 그러기 때문에 적십자는 적십자대로 하고 민간 중에 우리가 신뢰할 수 있는 조직들, 특히 이산가족, 종교단체를 통해 운영했으면 좋겠다고 생각합니다.

그리고 상대방과 문제를 풀어가는 데 있어서는 상대방이 무엇을 필요로 하는가를 알아서 거기에 맞추어서 전략 전술을 정하는 것도 중요합니다.

우리의 원칙은 확고부동하지만 구체적인 진행에 있어서는 상대방의 필요성을 감안해서 해나가는 것이 북한같이 경직된 정권을 움직이는 데는 도움이 될 것입니다. 결국 그것은 경제인데 특히 식량, 농업구조 개선

이런 문제에 대해서 우리가 좀 더 적극적이고 구체적으로 서로 접촉하는 루트를 개척해서 대화를 진행시켜 볼 필요가 있지 않나 생각하고 있으니 여러분이 그런 방향으로 노력하고 수고해 주시기 바랍니다.

무엇보다도 한반도에서의 평화가 중요합니다. 평화 없이는 아무것도 되지 않고 두 번 다시 우리 민족이 상잔하는 일이 있어서는 안 되겠습니다. 그러기 위해서는 우리의 안보태세를 굳건히 다져야 한다는 것은 두 말할 것도 없습니다.

그리고 한·미 협력과 주변 4개 국가의 지원, 이것을 통해서 한-미의 군사동맹체제, 주변 4대국의 지원, 이 두 가지를 병행해서 우리의 안보를 강화시켜 나가야 할 것입니다.

그러는 동시에 우리는 남북 간에 이미 합의된 불가침이 그러한 방향에서 실현되도록 앞으로 교류협력 못지않게 여기에 관심을 가지고 수고해 주기 바라며, 제일 중요한 것은 세계가 하나로 되는 이 시대에 동족끼리 서로 전쟁 위협을 안고 있다는 것만은 해결해 나가야 하지 않나 생각합니다. 통일은 서서히 나가더라도 적어도 평화적으로 같이 공존하면서, 평화적으로 협력하면서 무력대결의 위험을 제거하면서 나가야 한다는 것을 통일부에서는 깊이 유의해서 해나가시기 바랍니다.

끝으로 얘기하고 싶은 것은, 북한에 대해서는 우리가 많은 대화를 해야 합니다. 북한에 대해서 어떤 접근을 한다고 해서 정상회담을 지나치게 서둘러서는 안 되고, 불필요하게 자극을 주어서도 안 되며 어디까지나 우리는 의연하고 당당한 자세, 아까 말한 세 가지 원칙에 입각한 자세를 가지고, 북한에 대해서 한편으로는 동족의 성의를 가지고 한편으로는 만일의 사태에 대처할 수 있는 단호한 태도를 가지고 이 두 가지를 병행하면서 궁극적으로는 대화를 통해서 평화공존하고 평화교류해 나간다, 그리고 통일은 그 다음 단계의 일이다 하는 것입니다. 지금 이 시간에 중요한 것은 평화공존이고 평화교류라는 생각을 가지고 북한에 대해서 일관성 있고 성의 있고 가장 평화적인 자세로 의연하고 자신 있게 대해 나가는 것이 필요하다고 생각됩니다.

다시 한번 통일부가 통일문제의 수립 및 집행의 중심으로서 역할을 다 하도록 여러분께서 적극적으로 노력해 주시고, 여러분들의 수고를 격려하면서 말씀을 마치겠습니다."

## ━ 「햇볕론」을 「대북 관여정책」으로 규정

김 대통령의 통일부 초도순시와 통일부의 보고는 말 그대로 무난히 끝났을 뿐만 아니라, 실국장의 답변이나 대통령에 대한 질문은 통일부가 해결을 희망하는 초점을 밝혀주었다는 점에서 나는 물론 대통령을 비롯한 총리와 동행한 청와대 수석비서들, 특히 청와대가 통일부의 지적능력과 문제의식이 신뢰할 수준임을 각인시켰다는데 대해 크게 만족했다. 나는 이 정도로 당면한 문제에 대한 인식을 갖고 있다면 통일부의 업무는 염려할 이유가 없다는 자신감을 갖게 되었다.

한편 나에 대한 대통령의 말씀에 대해서는 두 가지 의미로 해석했다.

첫째로 "모든 사람이 기대하지 않았던 강 장관을 통일부 장관으로 영입한 것은, 이 분은 오랜 경험과 북한에 대한 균형잡힌 정책감각, 또 북한실정을 잘 알고 있는 것을 우리가 활용할 필요가 있다. 또 북한문제에 대해서 전문가일 뿐만 아니라 북한 출신이며 국민으로부터 남북문제에 대한 가장 신뢰받는 전문가가 통일부를 맡는 것이 국민적 지지를 받으면서 해나가는데 도움이 된다고 생각해서 영입했다"라고 하신 말씀은 "햇볕정책은 보수계가 염려하는 대로 급진적 대북정책이 아니니 염려하지 말라는 반론의 의미를 지닌 말씀으로 이해하였다.

둘째로 "장관의 생각이나 우리 정부 생각이나 기본에 있어서 완전히 일치한다고 믿습니다. 전폭적으로 통일부 장관을 신뢰하니까 여러분들은 장관을 중심으로 해서 통일정책을 책임있게 이행하도록 해나가기 바란다"고 한 말씀은 그동안 내가 공개적으로 여러 차례 「햇볕론」을 비판했다는 점에서 이른바 진보적인 재야세력—이들이야말로 김대중 지지세력—에 대해서 나도 잘 알고 있으니 염려하지 말라는 당부로 이해했다.

이제 나도 김 대통령의 속내를 충분히 이해했으니 이제부터 나름대로 「햇볕론」을 「포용」이라기보다 「대북관여(對北關與) 정책」으로 규정하고 대북정책을 추진하면 되겠다는 생각을 했다. 한마디로 나는 김 대통령의 나에 대한 언급을 들으면서 나는 "내가 생각하는 대북 관여정책을 버리고 그의 햇볕정책을 지지해야 하겠다"든가 나도 이제는 김 대통령 정부의 통일부 장관이 되었으니 그를 위해 전력을 다해 충성—마치 동교계 인물들처럼—해야겠다는 생각은 일어나지 않았다. 그저 담담히 그의 말을 들었고 당면한 IMF 관리체계를 극복하고 경제가 정상화될 때까지 그의 통일정책과 조화하면서 대북정책을 추진하면 된다는 입각 당시의 생각을 그대로 유지키로 재차 다짐했다.

# 8
# 남북당국 간의 대화 재개

대통령을 모신 '통일부 업무보고' 행사를 마친 나는 즉시 통일부의 고유업무인 남북대화와 남북교류협력 문제 해결에 착수했다.

한반도의 평화와 안보를 위한 현안문제—예를 들면 남·북·미·중 간 4자회담, 북한의 무력도발 가능성에 대한 대비 또는 북한지역인 함경남도 신포에 건설중인 경수로 문제 등등 주요 현안이 있지만 이런 문제들은 모두 안보·외교 관련 각 부처 장관들로 구성된 NSC 상임위원회에서 협의하고 주무부서인 외무부나 국방부 또는 안기부가 주도해야 할 문제이다. 이에 반해 남북대화나 남북 간 교류협력 문제는 통일부의 고유업무이기 때문에 마땅히 통일부 장관인 내가 우선순위를 결정하고 주도하지 않으면 안 되는 문제이다.

## — 남북당국 간의 대화 재개 추진

그중에서도 가장 시급한 문제는 김영삼 정부 시절 1994년 6월 남북정상회담을 위한 부총리급 예비접촉 이후 중단된 남북당국 간 대화를 재개하는 문제였다. 이 당국 간 대화가 재개돼야 김정일 정권의 대남전략을 명백히 알 수 있고 이것이 전제되어야만 남북관계의 효과적 개선을 도모할 수 있는 제안들을 수립하고 제기할 수 있기 때문에 나는 단시간 내 남북당국 간 대화를 재재해야 되겠다고 판단했다.

물론 이 문제는 용이하게 실현될지는 의문이었다. 그러나 1997년 4월 20일에 망명해 온 노동당 중앙위원회 국제부장이던 황장엽씨와의 대화에서 "북한이 심한 식량난에 허덕이고 있으며, 「고난의 행군」 기간(1995~1997년)에 무려 300만 명의 북한주민이 굶어 죽거나 영양실조로 병들어 죽었으며 그중에는 군수공장에 근무하던 5,000여 명의 기술자와 근로자도 포함돼 있었다"는 얘기를 듣고 있었기 때문에 식량지원을 현안으로 하는 남북대화는 어렵지 않게 실현될 수 있다고 판단했다.

나는 때마침 중국 베이징에서 개최키로 합의한 남북적십자회담을 이용하기로 했다. 3월 25일부터 27일까지 개최될 남북적십자 대표 접촉의 주제는 바로 북한에 대한 식량지원 문제였다.

나는 베이징에 주재하는 통일부 서두현 파견관을 소환했다. 그리고 그에게 "통일부 장관 신임장을 줄 터이니, 이것을 가지고 남북적십자회담에 참가하라. 북측 적십자 대표 중에는 반드시 당 대남사업부서나 통일전선부에서 근무하는 자가 끼여 있을 터인즉 그와 만나 이 신임장을 제시하고 김용순 비서나 다른 책임자의 신임장을 가져오면, 둘이서 식량지원과 교류협력 문제 등 당국 간 회담문제를 논의하자고 제의하라"는 지령을 주었다.

이 방법은 1971년 남북적십자 예비회담 때 우리 측 적십자 대표에 참가하고 있던 정홍진 대표(중앙정보부)와 김덕현 북측 대표 간에 가진 비밀접촉 방법이다. 나는 이런 비밀접촉을 통해 남북당국 간 회담에 대한 북측의 속내를 판단하기로 했던 것이다.

이 계획은 적중했다. 베이징에서의 남북적십자 대표 접촉이 끝난 3월 27일 김용순(?)의 신임장을 가진 북측 대표와 통일부 서 파견관 간의 접촉이 실현되어 남북당국 간 회담 재개에 합의한 것이다.

북측은 4월 4일 11시 30분 판문점 적십자 연락사무소에 설치된 직통 전화 통지문으로 당국 간 회담 개최에 동의한다고 통보해왔다. 북측은 전화통지문에 "비료문제 등 서로 관심사로 되는 문제들을 협의하기 위해 부부장급(차관급)을 단장으로 하는 5명의 대표단을 4월 11일(토요일) 베이징으로 보내겠다"는 것이었다. 이같은 북한 측의 제의는 "대규모 비료지원 문제는 남북당국 간에 협의·해결되어야 한다"는 우리 정부의 공식입장을 인식한데 따른 것임이 명백했다.

그러나 나로서는 회담장소를 베이징으로 지정한데 대해서는 찬성할 수 없었다. 왜냐하면 '판문점'이라는 최적의 회담장소가 있는데 굳이 베이징으로 갈 필요가 없기 때문이었다. 회담장소가 중국의 베이징이라면 우선 통신하기가 어렵고 외국이라 비용도 많이 들고 무엇보다 대표단 왕래가 어렵다.

그래서 북측에 보낸 회답 통지문에서 나는 '비료제공 문제'나 '5명의 대표단' 규모에 대해서는 동의하나 회담장소 문제에 대해서는 책임 있는 고위당국자 회담이라는 상징성 측면에서도 '판문점 또는 한반도 내 편리한 장소'로 하자는 수정 제의를 보냈다.

그러나 북측은 완강하게 회담 장소를 판문점으로 하는데 반대했다. 아마도 「선군정치」를 선언한 김정일로서는 판문점을 미북 간 또는 남북 간 군사회담을 위한 상징적 장소로 만들 계획이 아닌가 판단했다. 판문점에서의 당국 간 회담을 그처럼 거부한다면 회담 장소를 합의하기 위해 상당한 시간이 소요될 것이라고 판단하고 나는 '베이징에서의 개최'에 동의했다.

## 회담의 목표와 추진전략 수립

나는 이런 북측의 제의에 응하기로 했다는 사실을 NSC 상임위원회에 보고하고 타 부서의 의견을 듣는 한편 청와대 임동원 수석과 협의하며 대략 다음과 같은 회담전략을 수립했다.

1. 회담 목표

○ 남북관계 개선의 돌파구 마련(당면)

- 이산가족 문제 해결의 가시적 조치 확보 및 남북특사교환에 관한 원칙 합의

2. 세부 협상대책

가. 의제 문제

○ 「남북관계 개선방안과 비료문제를 포함한 상호 관심사」로 제시

나. 남북관계 개선의 돌파구 마련

(1) 이산가족 문제

(2) 특사교환 문제

다. 남북기본합의서 이행체제 정상화 방안

○ 1996.11.20 이후 기능이 정지된 남북연락사무소 정상화 합의

라. 비료지원 문제

○ 20만 톤(민간차원의 계약재배용 7만 톤 포함) 범위 안에서 우리 측이 제시한 남북관계 개선방안과 연계

마. 차기회담 개최 문제

○ 2차 회담은 1998.4.29(수) 개최 입장 제시

- 회담장소는 판문점 또는 한반도 내 편리한 장소를 강력히 주장

* 북측이 북경개최를 고집할 경우 유연하게 대처

3. 홍보대책

○ 새 정부의 남북관계 개선의지가 부각될 수 있도록 대언론 협조

- 회담 현지에 주재하는 내외신 취재진에게 편의제공(내신 17개사 19명, 외신 11개사 17명, 현지 특파원 등)

* 회담 진행상황은 수석대표가 현지 기자단에 브리핑

이러한 회담전략을 수립한 후 나는 정세현 통일부 차관을 단장으로 하는 5명의 우리 측 대표단에게 "이번 회담은 김정일 정권의 대남 협상의 전략적 변화 여부를 파악하기 위한 탐색 회담의 성격을 띤 회담이므로 절대로 「상호주의 원칙」을 위배해서는 안 되며 합의 없이 결렬되어도 큰 문제없으니 북측의 노회한 회담전술에 휘말리지 말 것"을 당부하고 출발시켰다.

## — 베이징 남북당국 간 회담 결과

1998년 4월 11일 16:00~17:50까지(1시간 50분간) 차관급을 대표로 하는 당국 간 회담이 「차이나 월드 호텔」에서 개최되었다.

양측 대표단 명단은 아래와 같았다.

○ 남측 대표단 : 정세현(통일부 차관) 수석대표, 조건식, 김동근, 손

인교, 사영교 대표

○ 북측 대표단 : 전금철(70년대 이후 남북대화에 참가) 단장, 이성덕, 이창호, 김성림, 이치훈 대표

우리 측은 이산가족 문제, 특사교환, 기본합의서 이행 등 남북관계 개선방안과 상호 관심사인 비료지원 문제 등을 병행 토의할 것을 다음과 같이 주장했다.

<우리 측 기조발언>

남북관계 발전은 일방적이 아니라 남북이 함께 노력할 때 가능하다.

○ 우리 측은 북의 근본적 식량난 타개를 위한 농약, 비료, 종자, 농기구 등 농업분야 지원협력을 적극 추진할 용의가 있으며

- 정경분리에 입각 대규모 투자허용 등 경협확대 준비를 갖추고 있음.

○ 이번 회담에서는 남북관계 개선을 위한 방안과 비료문제를 포함한 상호 관심사를 폭넓게 논의해야 함.

○ 남북 간의 불신과 대립상태를 볼 때, 당면하게는 신뢰회복과 남북관계 개선의 돌파구들이 먼저 해결되어야 함.

- 이산가족 문제의 우선적 해결

· 판문점 이산가족면회소·우편물 교환소 설치

· 고령 이산가족의 개별방문·상봉, 시범적 고향방문단 교환 실시

* 이를 위해 이산가족 생사·주소확인 작업 필요

- 쌍방 최고당국자가 지명하는 특사교환

○ 남북관계 개선을 제도적으로 추진하기 위해 남북기본 합의서가 이행되어야 함.

- 분야별 공동위원회 가동
- 남북연락사무소의 정상 가동

○ 북측이 희망하는 비료지원 문제는 남북 간 협력차원에서 적극 지원할 수 있다는 것이 기본 입장임.

- 비료지원의 성사를 위해 무엇보다도 남북관계 개선을 위한 북측의 상응한 조치 필요

반면 북측 대표는 다음과 같이 주장했다.

〈북측 기조발언〉

○ 통일문제를 둘러싼 우리나라 정세는 중대 전환기를 맞고 있으며 조속한 북남관계 개선을 위해 북과 남이 대화와 협상을 해야 함.

○ 이번 접촉과 관련 우리의 입장 견해를 다음과 같이 제시함.

첫째, 접촉의 제문제

- 비료제공 문제를 비롯하여 북남이 서로 관심하는 대해 협의

둘째, 의제 토의순서 문제

- 먼저 비료지원 문제를 협의하고 다른 문제를 협의

셋째, 비료지원 수량·인도인수 문제

- 수량은 50만 톤
- 인도·인수 관련 실무절차 문제는 1984년 수해물자 및 최근 적십자 구호물자 인도·인수 전례 준용

이상과 같은 쌍방 대표의 기조연설이 있은 후 양측은 서로 주고받는 토론을 전개하면서 회담 성격을 비롯한 토의 안건에 대한 쌍방의 견해

차이를 명백히 밝혔다.

**① 회담성격(기본입장)에 대하여**

〈우리 측〉

○ 비료문제만 협의할 수 없으며, 상호주의에 따라 이산가족 문제, 특사교환 문제, 비료문제를 병행하여 함께 해결하여야 함.

○ 공동위 가동·특사교환·고위급회담 중에서 고위급회담을 선택하여 이 자리에 나왔으며, 비료문제를 선행하고 여타문제는 이 회담을 정례화하여 협의하자는 것임.

**② 이산가족 문제에 대하여**

〈우리 측〉

○ 상호주의 원칙 하에 이산가족 문제를 비료문제 등과 함께 풀어야 함.

○ 북측의 주소안내소 설치 발표에 유의, 이와 연계할 수 있는 방안을 마련해야 함.

〈북측〉

○ 남측이 이산가족 문제를 우선 해결하자는데 이 문제는 적십자회담에 넘겨야 함.

○ 남북합의서 정신에 입각하여 해결하여야 하며, 이 자리에서의 해결은 방식이 맞지 않음.

* 교류협력부속합의서(제18조) : "인도적 문제 해결의 이행관련 협의·실천은 쌍방 적십자단체들이 한다."

### ③ 특사교환 문제에 대하여

〈우리 측〉

○ 특사교환을 통해 돌파구를 마련, 공동위를 열 수 있으며, 남북당국 대표회담을 통해 특사교환을 할 수도 있음.

〈북측〉

○ 남북관계의 전기마련과 최고당국자의 의사전달을 위해 특사교환에 대해 협의해 나가자는 입장이나, 비료문제를 우선적으로 협의해야 함.

### ④ 비료지원 문제에 대하여

〈우리 측〉

○ 비료문제는 상호관심사의 틀 내에서 협의하며, 상호주의에 입각하여 해결해 나가야 함.

○ 비료문제는 별개가 아니라 남북관계 개선의 방안 내에서 논의하여야 함.

○ 비료문제가 인도주의와 경제문제라면 이산가족 문제와 경제협력 문제를 함께 논의·해결해야 함.

〈북측〉

○ 비료문제는 당면하고 긴요한 문제이며, 우리는 이에 최대의 관심을 가지고 있음.

○ 우선 비료를 첫 자리에 놓고 상호 관심사도 협의하자는 것임.

○ 비료문제는 인도주의 문제이며 동시에 경제문제임.

### ⑤ 정경분리에 대하여

〈우리 측〉

○ 정경분리란 민간기업들이 자율적 판단과 자기책임 하에 대북경제 협력을 하는 것을 의미하며, 정부는 남북경협 요건을 완화하는 등 경제협력을 활성화시킨다는 것임.

○ 정경분리는 경제에 정치적으로 제약하지 않는다는 것이며, 일방적인 대북지원을 의미하는 것이 아님.

○ 특사교환, 남북기본합의서 이행 등 남북 간의 합의사항을 추진하는 것은 정치적 문제가 아니며, 정경분리와는 관련이 없음.

〈북측〉

○ 남북최고당국자가 정경분리정책 표명과 대북지원에 인색하지 않고 북에 부담이 가는 것을 하지 않겠다고 한데 유의함.

○ 비료문제는 경제문제인데, 이것을 특사교환, 연락사무소 등 정치문제와 상호주의로 해결·추진하자는 것은 정경분리와 모순이 될 수 있음.

위에서 기술한 바와 같이 처음부터 쌍방이 이 회담에 임한 목적의 차이가 명백히 드러났다.

나는 이 회담이 시작되는 첫날부터 통신망이 완비된 삼청동 남북대화사무국에서 회담진행을 모니터링하면서 지시했다. 첫날 회담이 끝날 무렵 나는 이 회담에서는 우리가 목적하는 합의를 도출할 수 없겠다는 판단을 했다. 그 이유는 북한 측의 발언 내용은 대부분 비료지원 문제에 초점이 맞추어져 있을 뿐만 아니라, 대표단장 전금철의 발언 중에는 "이 회담에 북한 측이 응한 것이 회담을 구걸하는 우리 측 요구에 응한 것"마냥 — 마치 선물을 안겨준 것처럼 허세와 망언을 계속했기 때문이었다.

나는 전금철의 언동을 보면서 북측의 회담전술은 1971년 이후 수 십 차례의 각종 남북대화에서 보였던 노회한 협상전술을 변함없이 발휘하고 있구나하고 판단했다. 이런 상황에서 더 이상 공개회담은 소용없다. 공개회담은 바로 북측의 이러한 허세의 선전장이 되기 때문이다. 우리 측 수석대표는 이 점을 잘 알기 때문에 「비공개 수석대표 접촉」을 제의하고, 다음 날인 4월 12일 16:00~17:15까지 1시간 15분간 수석대표 간의 비공개 회담을 가졌다.

우리 측 정세현 대표는 "비료 20만 톤을 6월까지 제공하되 5월 중 이산가족면회소를 설치 운영하고, 6월 말까지는 특사교환을 실현시키자"고 주장했다.

이러한 우리 측 제의에 대해 북측 대표 전금철은 "20만 톤 이외에 추가로 15만 톤을 지원해줄 경우 판문점 연락사무소 기능 정상화가 가능할 것"이라고 언급하면서 여전히 당국 간 회담에 응한 것이 무슨 선물이나 되는 듯 그 보상을 요구하는 것이었다.

나는 이러한 북측의 주장을 보면서 정세현 차관에게 「보다 철저하게 상호주의에 입각한 회담」을 강조한 후 우리 대표단에게 "남북 간의 주장의 차이를 정리한 후 회담결렬에 대한 미련없이 귀국하라"는 지령을 보냈다.

그리고 4월 21일 오전 중 국무회의에서 이번 남북당국 간 회담에 대한 나의 생각을 다음과 같이 밝혔다.

"우리 측은 이번 회담을 통해 합의한 문건만 존재하고 실천이 따르지 못한 과거의 비생산적 남북관계를 청산하고, 상호 이해를 바탕으로 화해와 협력을 실천해 나가는 남북관계의 새로운 틀을 짠다는 입장으로 협상에 임했습니다. 이러한 입장에서 남북관계 개선에 관한 북측의 가시적 노력이 있을 경우 비료뿐만 아니라 종자, 농약, 농기구 등 여타 농업분야의 협력도 아끼지 않을 것임을 분명히 했습니다.

그러나 북측은 회담 전 과정을 통해 비료만 확보하고 남북관계 개선방안은 구체적 합의없이 뒤로 미루려는 태도로 일관함으로써 아직까지는 남북관계 개선에 대한 수용태세가 갖추어지지 않은 것으로 보입니다. 특히 당국 간 대화에 호응해온 것 자체 그리고 상호 관심사를 협의하는 것이 마치 우리 측에게 큰 선물을 준 것이라고 주장하는 등 남북대화에 대한 인식이 변하지 않았음을 보여주었습니다.

비록 이번 회담에서 가시적 성과는 얻지 못했으나 북측에게 우리 새 정부의 대북정책 추진방향과 「상호주의의 확고한 원칙」을 충분히 인식시켜 줌으로써 앞으로 남북관계의 새로운 틀을 마련하는데 좋은 계기가 될 수 있을 것으로 생각됩니다. 이번 회담에서 북측은 새 정부를 다루기 쉬운 상대로 오해하고 「벼랑 끝 전술」을 구사함으로써 회담을 결렬시켰으나 국제사회의 지원감소, 식량사정 악화 등 난국타개 필요성의 증대와 미국이나 일본과의 관계개선을 고려하여 불가피하게 당국 간 대화에 호응해 나올 것으로 예상하고 있습니다. 참고로 이번 회담은 회담장 밖의 홍보전이 큰 비중을 차지하였으나 우리 측의 적시 대응으로 국내언론 모두가 「상호주의」 원칙 등 우리 측 입장에 지지와 공감을 표시한 것도 향후 북한의 태도를 변화시키는데 기여할 것으로 생각합니다. 정부는 앞으로도 변화된 정세를 바탕으로 새로운 남북관계의 틀을 정립해 나간다는 정책기조 하에 「상호주의」에 입각한 남북관계 개선 노력을 계속해 나갈 것입니다. 당분간 북측의 태도변화를 관망하면서 정부가 천명한 정경분리원칙에 따라 남북경협 활성화 등 일방적인 대북

조치를 하나하나 구체화해 나가겠습니다."

이렇게 하여 1971~1972년 내가 중앙정보부 남북대화사무국장의 지위에서 남북대화를 지휘한 지 26년 만에 통일부 장관으로서 남북대화를 지휘했던 베이징 남북 간 당국회담은 종료했다. 나는 이 회담에서 과거의 경험과 교훈이 큰 도움이 되었음을 느꼈고, 역시 북한과의 대화는 '투쟁의 일환'이란 입장에서 임해야 함을 다시 한번 절감했다.

이날 낮 나는 회담사무국 직원들을 '하림각'으로 초청, 오찬을 같이 하며 노고를 치하했다.

※ 추이 : 이 회담 이후 내가 통일부 장관으로 재직하는 기간(1999년 5월 24일)에는 남북 간 당국회담은 한 번도 열리지 않았다. 그러나 북한은 '현대'나 '각 종교단체, NGO'와의 개별적 접촉을 통해 식량과 지원물자를 수령했다.

# 금강산 관광사업의 준비와 실현

## 대북 「관여정책」의 개시

1998년 3월 3일 통일부 장관으로 입각한 지 2~3일 후의 일로 기억된다. 일본 규슈(九州) 국제대학 교수로 있던 고바야시 게이지(小林慶二) 씨로부터 취임인사와 함께 "현대그룹 정주영 회장이 추진 중에 있는 금강산 관광사업에 협조해 달라"는 전화를 받았다.

### — 일본인 친구 고바야시(小林慶二) 교수와의 대화

당시 나는 아직 「현대」의 금강산 관광사업 추진에 대한 구체적인 정보를 파악하지 못하고 있었다. 그러나 고바야시 교수의 전화를 받으면서 현대의 금강산 관광사업 추진이 김대중 정부의 햇볕정책에 좋은 자료가 되겠다고 직감했다. 특히 그동안 내가 생각하고 있던 북한에 대한 관여정책(engagement policy) 전개에 좋은 팩터(factor)가 되겠다고 생각했다.

나는 1978년 중앙정보부를 그만둔 후 장관 취임 때까지 15~16년 동안 10여 차례 일본에서 개최된 북한문제 관련 국제회의에 참가했다. 그 과정에서 미국이나 일본 친구들로부터 많은 정보를 획득했다.

예를 들어 1986년 6월 재일교포 자산가 손달원(일본명 山口久吉) 씨가 북한을 방문하여 허담(許錟) 노동당 비서와 금강산 관광문제, 원산항 개방문제, 제철소 건설문제 등에 대해 합의했다든가, 조총련계의 유력한 기업인 사쿠라그룹 김진식(金鎭植) 씨가 북한에 자동차 수리공장과 신사복 위탁 생산에 투자했다가 엄청난 손실을 보고 철수했다든가 하는 것이다. 물론 1989년 1월 정주영 회장의 방북 사실에 대해서도 알고 있었다. 이러한 구체적 사실을 전해준 사람이 바로 당시 『아사히신문』 중견기자였던 고바야시 씨였다.

내가 김영삼 대통령을 소개하는 『김영삼(金泳三)』이라는 단행본을 일본어로 출판한 고바야시 기자를 보다 신뢰하게 된 것은 1994년 봄 그로부터 특별한 제안을 받은 후부터였다. 그는 나에게 "북한의 허위선전을 저지하고 북한 내부실정을 더 정확히 폭로하기 위해 남한에 귀순한 망명자 수십 명과 인터뷰하여 책으로 출판하면 어떤가?"라고 제안해왔다.

나는 그 말에 즉각 찬동하고 당시 남한에 거주하던 탈북자 500여 명 중 50명을 선발하여 면담하고 1995년 7월 『북한 망명자 50인의 증언』이라는 책을 그의 이름으로 일본에서 출판했다. 이런 비판서가 출판되었음에도 불구하고 조총련은 크게 저항하는 기색을 보이지 않았다. 바로 이런 긴밀한 인간관계를 갖고 있는 고바야시 교수의 부탁(?)이기에 다음 날부터 「현대」의 금강산 관광사업 추진 사항을 체크하기 시작했다.

고바야시는 내게 그 동안 「현대」와 북한당국 간의 교섭과정을 자세히 알려왔다. 그에 의하면 "1997년 가을 현대증권의 고문인 박정두 씨로부터 "정주영 명예회장이 꼭 금강산 개발에 손을 대고 싶어 하니 북한과의 중개역할을 해달라"는 요청을 받고, 북한 방문시 여러 차례 만난 김용순(노동당 중앙위원회 국제부장 겸 서기, 정치위원회 후보위원)에게 연락했으나 아무런 답을 받지 못했다. 그래서 신일본산업(新日本産業) 사장인 요시다 다케시(吉田猛)에게 평양에 가서 확인해달라고 요청했더니 즉각 답이 와서 1998년 1월 말에서 2월 3일까지 싱가포르에서 북측 대표와 「현대」가 만나기로 했다는 것이다.

그러나 「현대」 측의 두 형제 중(정몽구, 정몽헌) 중 누가 담당할지 결정되지 않아 연기했다가 2월 15일부터 중국 베이징에서 정몽헌 회장과 북측 아시아태평양위원회 송호경 참사 간의 회담이 있었는데, 북측이 쌀 10만 톤을 요청하여 「현대」는 5만 톤 옥수수가 있으니 즉각 보낼 수 있다고 답했더니 그 후 생고무와 비료 요구가 있었다"는 것이었다.

나는 요시다 다케시를 1993~1994년 일본에 갔을 때 『아사히신문』 기자와 함께 만난 일이 있었다. 당시 『아사히신문』은 평양에 지국 설치를 위해 노력하던 때였다. 이 요시다 씨의 부친 요시다 다게오(吉田龍雄, 조선명 金奉龍)는 북한 신의주 출신이며, 한참 일본이 중국대륙을 침략할 때 중국 파견 일본 육군 고위 지휘관의 한 사람이었던 마츠이 대장(松井石根, 중지나(中支那) 파견군 사령관 겸 상하이(上海)파견군 사령관, 패전후 A급 전범으로 교수형)의 도움으로 군납사업을 해서 치부한 재일교포였다.

그는 1965년 또 한 명의 재일동포 실업가인 손달원 씨와 함께 신의주를 방문, 김일성과 만나 대북투자를 호언하자 김일성은 그들을 '애국적 동포 상공인'으로 높이 평가하여 신뢰하게 되었고, 요시다 다케오 씨가 사망하자 그의 아들인 요시다 다케시가 북한과의 연계를 유지해왔다.

이 요시다 다케시 씨가 정주영 현대그룹 명예회장의 금강산 관광 교섭을 위해 중개역할을 하여 이번에도 북측과 금강산 관광에 대한 교섭이 진행되고 있다는 것이었다.

나는 이처럼 「현대」가 추진하는 금강산 관광문제를 파악하였으나 통일부 장관 취임 초기여서 할 일이 너무 많아 당장 손을 대지 않고 후일로 미루었다. 무엇보다 나는 IMF 관리 하에 있는 우리나라의 재정·경제 상황을 고려할 때 북한과의 교류협력은 휴전선의 안전한 관리와 병행시키면서 전개해야 한다고 생각하면서 일단 「현대」 측 담당자로부터 대북교섭 현황을 직접 듣기로 했다.

## 정주영 회장 만나 금강산 관광사업 협조 약속

그러던 중 3월 하순 베이징에서 '남북적십자 대표 접촉'이 있었고, 이를 계기로 '남북당국 간(차관급) 회담'(베이징, 4월 11~17일)이 개최되고 판문점을 통한 남북 간 통신도 제대로 가동하게 되었다. 이로써 대북 관계개선을 위한 통로가 열린 듯이 보이던 4월 하순 고바야시 교수의 「현대」에 대한 협조 요청을 받은지 한 달여가 지나던 무렵 정주영 현대그룹 명예회장으로부터 점심식사를 하자는 전갈이 왔다.

나는 프라자호텔 중식당에서 정 회장과 대면했다. 그 때 정 회장은 휠체어에 앉아 계셨다. '그처럼 건강하시던 왕회장의 건강이 몹시 나빠졌구나' 하고 느끼면서 그의 말을 들었다. 그 자리에서 정 회장은 두 가지 얘기를 한 것으로 기억한다. 하나는 「현대」의 대북사업은 정몽헌 회장이 맡는다는 것이고, 다른 하나는 금강산 관광사업을 위해 본격적인 협상이 진행 중이라는 것이다. 나로서는 정 회장의 말에 굳이 반대할 이유가 없어 적극적으로 협력하겠다고 말씀드렸다.

당시 통일부는 이미 남북한 경제협력 활성화를 위한 방안들을 검토 중에 있었다. 예를 들어 대북투자 한도를 300만 달러에서 1,000만 달러 수준으로 높인다든가, 방북 여건을 간소화한다든가, 대기업 총수의 방북을 허용한다든가 하는 정책적인 문제와 실무적인 문제에 대한 개선 방안을 준비하고 있었다.

얼마 후 정몽헌 회장이 서산목장에서 키운 소 500마리를 금강산 관광사업 협정 체결에 앞서 북한에 보내고 싶다는 의사를 전해왔다. '왜 소를 보냈는가?'에 대해서는 금강산 관광사업을 허가하는 조건으로 북측이 식량지원(약 10만 톤의 쌀 지원 운운)을 제의했는데, 「현대」로서는 서산농장에서 수확한 옥수수 몇 만 톤(5만 톤 내외)은 보낼 수도 있으나 일련의 환경조성을 위해 소를 보내려 한다는 것이었다. 하기야 정주영 회장이 젊은 시절 부친께서 소를 팔아 갖고 계시던 돈 70원인가 80원을 훔쳐 통천(通川)을 떠나 서울로 와서 오늘의 현대그룹을 일구었으니 소를 몰고 금의환향하는 것이 얼마나 멋진 일인가? 나는 즉석에서 '오케이'했다.

그런데 2~3일 지난 후 정몽헌 회장이 "500마리가 아니라 501마리를 더하여 1,001마리를 보내시겠다고 합니다"라고 말했다. 나는 "1,000마리면 1,000마리지 왜 1,001마리냐?"고 되물었다. 그랬더니 "1,000이면 끝자가 0, 즉 끝나는 숫자이고 1이면 시작하는 숫자다. 금강산 사업을 시작한다는 뜻에서 1,001마리를 보내시겠다고 한다"는 그럴듯한 의미의 해석을 붙였다. 나는 '역시 기업가 정주영 회장의 구상은 특별하구나!' 수긍하며 이에 동의했다.

그런데 문제가 생겼다. 소는 인도적 지원물자로 취급하여 별 문제 없이 보낼 수 있지만, 소를 싣고 갈 대형트럭은 인도적 지원물자가 아닌데 어떤 명분으로 보내느냐는 것이다. 따라서 실무자들은 일단 소 수송을 끝내면 다시 남쪽으로 돌려보내야 한다는 주장이 강했다. 그러나 일단 북쪽에 들어가면 다시 돌려줄지 의문이라는 것이다.

이처럼 설왕설래하는 중에 중국 동북지방에서 발생한 소 전염병 구제역이 북한까지 번진 것 같다는 첩보가 입수되었다. 나는 바로 이 첩보를 이용하여 구제역 균이 묻었는지 모를 트럭을 남으로 가져오면 남한에 구제역이 퍼질 염려가 있으니 그대로 북한에 넘겨주되, 무상으로 제공해서는 안 되며 대가는 받도록 한다는 조건을 내세워 500마리 소떼를 북송하는데 동의했다.

## — 소떼 500마리 싣고 판문점 넘는 장면 보며 감개무량

1998년 6월 16일 오전 10시 정주영 회장이 탄 승용차를 선두로 소 500마리를 실은 트럭 45대와 사료를 실은 트럭 5대, 합계 50대의 대형 트럭이 '현대가 보내는 소'라는 현수막을 붙이고 판문점을 넘어 북한 땅에 들어갔다. 나는 이 장면을 판문점에서 전해오는 CCTV 화면으로 지켜보면서 '역시 왕회장님이구나! 소 500마리, 1,000마리가 문제가 아니라 이를 계기로 남북한의 통로가 뚫리고 있구나! 인적·물적 왕래가 저렇게 진행된다면 이것이 곧 통일이 아닌가?' 하고 감개무량해했다.

그러면서 옆에 있는 직원에게 "이 사람아! 왕회장님은 저 소를 공짜로 넘겨준 것이 아니야. 당장 소 500마리의 몇십 배, 아니 몇백 배의 광고료를 챙겼으니까! 지금 세계 각국 TV가 이 장면을 생방송하고 있는데 과연 어떤 나라에서 이런 희한한 이벤트를 계획할 수 있겠는가? 역시 왕회장님이야" 하며 소리 내며 웃던 기억이 생생하다.

6월 22일까지 북한에 머문 정주영 회장은 통천 고향집을 방문하여 이틀간이나 호텔을 마다하고 고향집에서 숙식하며 식구들을 만났고, 북한당국으로부터 말 그대로 VIP 대접을 받았다. 한 가지 아쉬웠던 것은 김정일을 만나지 못했다는 것이다. 정주영 회장은 체류기간을 하루 연기하며 김정일 면담을 촉구하였고, 결국 두 번째 방문 때 면담하기로 약속받고 23일 판문점을 거쳐 귀경했다.

나는 2~3일 후 정몽헌 회장으로부터 6월 22일 평양에서 북측 민족경제협력연합회와 「현대」 간에 합의한 합의문을 전달받았다. 합의서를 본 나는 '너무 앞으로 나갔구나' 하는 생각을 했다. 합의 내용이 너무 크고 광범위하며 남북 간 정치적 합의 없이는 실현될 수 없는 내용이 잔뜩 들어 있었기 때문이다.

1998년 6월 16일 정주영 현대그룹 명예회장의 '소떼(1001마리) 방북' 모습

예를 들어 자동차(승용차·화물자동차) 공장을 건설한다든가, 20만 톤 규모의 고선박 해체설비 공장과 7만 톤의 압연강재 생산공장을 건설한다든가, 평양에 10만kW중유발전소 건설을 협의한다든가, 개인용 컴퓨터 조립공장 건설에 투자한다든가, 북에서 생산된 강제(鋼製)를 상환받는 조건으로 코크스탄 100만 톤 공장건설 사업을 검토한다든가 등등 나로서는 도저히 상상조차 할 수 없는 내용을 토의 또는 합의한다는 조항이 들어 있었다.

그러나 민간기업을 상대로 북한의 국가기관이 이런 협상을 할 정도로 「현대」의 위상이 크다는 것과 정주영 회장에 대한 북측의 기대가 더없이 높다는 것을 방증한다는 점에서 실현 여부를 떠나 우선 평가할 만하다고 느꼈다.

## — 북한 잠수정 어망에 걸리며 남북관계 급랭

그런데 호사다마(好事多魔)라고 바로 그 때—현대를 대표한 정몽헌 회장과 북한 민족경제협력연합회 대표 간에 그 거대한(?) 합의서에 서명한 바로 6월 22일—통일부 장관인 나뿐만 아니라 남북관계 개선을 염원하는 일반국민에게 큰 충격을 주는 사건이 발생했다.

바로 강원도 속초 동남방 11.5km 해상에서 우리 어민이 쳐놓은 어망에 걸린 북한 잠수정이 발견된 것이다. 잠수정에는 9구의 시신이 있었고, 군경합동조사 결과 북한의 대남 무장공작선임이 확인되었다. 이어 7월 12일에는 강원도 동해시 어달동 해안에서 무장한 채 변사한 대남 무장공작원의 시신 1구가 발견되었다. 정부로서는 더 이상 계속되는 북한의 도발을 좌시할 수 없었다.

7월 13일 NSC 상임위원회는 「현대」의 제2차 소떼 북송(501마리)을 무기 연기키로 결정했다. 이어 7월 15일 개최된 김대중 대통령 주재 NSC 회의에서 이를 확인하고 "간첩침투에 대한 북한의 시인과 사과 없이 제2차 소떼 북송은 곤란하다"는 통일부 성명을 발표하였다.

북측은 우리의 강경한 태도에 대해 하루도 쉬지 않고 비난을 계속했을 뿐만 아니라 8월 31일에는 대포동 1호 미사일을 발사했다. 그렇다고 해서 북측에 맞서 긴장상태를 고조시켜서는 안 된다는 관점에서 '안보와 협력 병진 방침'을 확인하며 「현대」의 대북협력 사업을 계속하도록 하였다.

이런 가운데 9월 5일 선친인 김일성의 상복기간(3년)이 끝나자 김정일 정권이 공식출범했다. 이와 때를 같이하여 9월 7일 야당 국회의원 82명과 국민회의 국회의원 5~6명이 서명한 '대북 지원사업 중단요구 성명'이 발표되었다. 이런 시기에 설상가상으로 9월 20일 평양방송이 "안기부와 통일부가 북한에 보낸 500마리 소에 불순물을 먹여 70여 마리가 폐사했다"는 비난성명을 발표했다.

나는 즉각 북측에 '진실규명을 위한 남북 공동조사'를 제의했고, 이를 둘러싼 공방전이 3주 이상 계속되었다. 10월 8일에는 북측 아시아태평양평화위원회—바로 「현대」의 협상 상대방인 김용순 당비서가 지휘하는 기관에서 "수의검역 자료를 보내니 삼밧줄, 비닐 등을 일부러 소에게 먹인 범인을 색출하여 엄벌하라"는 비난과 요구가 발표되었다.

나는 더 이상 참을 수 없었다. 즉각 통일부 대변인 성명으로 북측 수의학자들의 의견서를 공개하고 공동조사를 제의하면서 "서산목장에서 사육하고 있는 소에서도 삼밧줄과 비닐을 먹은 소들이 발견되고 있으니 억지주장을 철회하고 사과하지 않는 한 소떼 북송은 현실적으로 어렵다"고 대응했다.

여기에서 그치지 않고 비공식 접촉루트(요시다 다케시 라인)를 통해

"만일 내일 아침(15일)까지 비난방송을 중지하지 않으면 「현대」의 금강산 개발사업 자체가 위기에 몰릴 것이니 당장 오늘밤 중에 우리에 대한 비난의 중단 여부를 답하라"고 강경 요구했다.

그랬더니 요시다씨를 통해 그날 밤 11시 집에 있는 나에게 "내일 아침까지 비난방송을 중지하겠다"는 답이 왔고, 그 말대로 비난방송이 중지되었다. 10월 16일 북측 아시아태평양평화위원회가 "소 폐사에 대한 남북기관 간의 오해가 가셨다"는 편지를 「현대」 측에 보내옴으로써 사건은 일단락되었다.

## 정주영 회장, 김정일 만나 '금강산 개발 독점권' 확보

여기까지 온 이상 7월에 발생한 무장간첩선 침투문제 등을 접어두고 「현대」의 제2차 소떼 북송을 승인(10월 21일)해도 되겠다고 판단했다. 10월 27~31일 북한을 방문한 정주영 회장이 김정일 면담을 통해 '금강산 개발사업 독점권'을 확보했다. 따라서 정부도 이제까지 '금강산 관광사업'으로 승인했던 「현대」의 대북사업을 '금강산 종합개발사업'으로 명칭을 바꾸어 다시 승인절차를 밟았다.

제2차 합의서에는 1차 합의(6월 22일) 때보다는 폭이 좁혀진 금강산 관광사업 외에 서해안 수출공단 건설, 평양 실내체육관 건설 지원, 자동차용 라디오 조립공장 건설 그리고 원유개발사업 등이 포함돼 있었다. 나는 '원유개발사업'은 이미 실현 불가능한 것으로 치부하고 있었기 때문에 제외키로 했다.

이 때부터 금강산 관광사업에 대한 협상이 본 궤도에 올랐다. 문제는 야당의 끈질긴 반대주장을 어떻게 무마시키는가 하는 것이었다. 나는 「현대」 측이 직접 국회에 나와 금강산 관광사업에 대해 진솔하게 설명함으로써 반대여론을 어느 정도 무마시킬 수 있지 않겠는가 생각했다. 그 방법으로 다가올 1998년도 정부 각부에 대한 국정감사를 이용하기로 하고 정몽헌 회장에게 "11월 6일 통일부 국정감사장에 나와 직접 설명하면 어떻겠는가?" 제의했더니 쾌히 받아들였다.

나는 국회 외통(외교통일)위원회에 "통일부 국정감사 기간 동안 일시 비공개 회의를 열어 정부의 통일전략, 특히 「현대」의 금강산 관광사업에 대한 보고와 질의응답을 하고 싶다"고 제의했다.

외통위원회 측에서 이에 동의하여 계획대로 11월 6일 비공개 회의를 열고 정몽헌 회장, 김윤규(금강산 관광 담당) 사장 그리고 나 3명이 국회의원의 질의에 응답했다. 치열한 공방이 있었으나 통일부와 「현대」 측이 나름대로 진솔하게 응답함으로써 국회에 대한 사전 보고과정(?)을 밟은 셈이 되었다. 이런 과정을 거쳐 11월 18일 금강산 관광을 위한 첫 유람선 금강호가 속초항을 출항, 금강산으로 향했다.

그 후에도 정주영 회장은 두 차례나 북한을 방문하였고, 그 때마다 나는 측근의 부축을 받으며 '피곤한 행각'을 반복하는 왕회장의 결연한 모습을 지켜보았다.

이처럼 여러 번의 고비를 넘기면서 실현시킨 금강산 관광사업 성사과정에서 정주영 회장으로부터 느낀 소감 몇 가지를 밝힌다.

첫째로 나는 거의 절대적이라고 할 만큼 강한 정주영 회장의 애향심과 두고 온 산하 특히 금강산에 대한 사랑과 통천에 남기고 온 집안 식구들에 대한 심려를 느꼈다. 돈이 있다고 해서 거대기업을 경영하는 대사업가라고 해서 정주영 회장같이 리스크가 큰 사업을 전개할 수 있는 것은 아니다. 정주영 회장의 간절한 염원과 사명감이 있었기에 이 사업이 실현되었다고 본다.

둘째로 정주영 회장의 특출한 예측력과 통찰력, 창의력에 감탄했다.

우리가 익히 알고 있는 바와 같이 정주영 회장은 경부고속도로 공사, 중동진출 건설사업, 자동차·조선 사업, 소양강댐 건설 등등 수다한 창의적 대사업을 실현시켰지만, 이솝우화 같은 1,001마리 소떼를 몰고 휴전선을 넘어 육지로 북한 땅을 밟는 극적인 이벤트를 전개했다. 이러한 번득이는 예지와 창의력, 추진력을 가진 정주영 회장이기에 이 사업을 성공시킬 수 있었다고 생각한다.

셋째로 그의 강력한 지휘력과 통제력 그리고 누구도 따라갈 수 없는 인내력을 높이 평가해야 한다고 생각한다. 나도 여러 차례 남북대화를 해보았지만 우격다짐의 북측 논리, 벼랑 끝까지 가는 위협·공갈 그리고 돌변하는 언동 등 예측하기 어려운 북측 행동을 제압하기 위해서는 상대를 능가하는 임기응변술과 끈기를 발휘해야 한다. 정주영 회장은 그런 강한 협상력을 보유한 인물이었다.

끝으로 국가·정부와의 협력, 나아가 국민 대중의 지지와 동의를 확보하기 위한 홍보·선전 능력을 발휘했다는 점이다. 정부의 대북정책을 정확히 파악하여 이에 적응하면서 자신의 사업목표를 성취하는 능력의 소유자였다고 할 것이다. 정주영 회장은 우리 정부뿐만 아니라 북한정권도 설득시켰다.

나는 정주영 회장이 생존해 계셨다면 박왕자 씨 피격문제로 이처럼 오랫동안 금강산 관광사업이 중단되지 않고 정 회장이 김정일을 설득해 명확한 북측의 사과의사를 우리 정부에 전달할 수 있도록 중재하지 않았을까 하는 생각을 하며 더없이 깊은 아쉬움을 삼킨다.

# 북핵 문제와 경수로 건설 문제

통일부 장관 부임 직후부터 깊은 관심을 갖고 챙겨야 할 또 하나의 중대 문제가 있었다. 그것은 북한에 건설해주고 있는 경수로 건설 문제였다.

1994년 10월 「미·북 제네바 합의」에 따라 북한 신포에 진행 중인 200만kW의 '경수로 발전소 2기'(100만kW 2기) 건설에 대해 나는 상당한 회의(?)를 갖고 있었다. 왜냐하면 위에서 기술한 대로 1976년 10월 중앙정보부 북한국장 시절 무장간첩 귀순자 김용규 씨로부터 핵개발에 대한 김일성의 '교시'를 들었지만, 이를 과소 판단했다는 생각을 갖고 있었기 때문이다. 솔직히 말해서 내가 중앙정보부를 그만둔 후 지난 20년 동안 북한의 핵개발 속도는 상상을 초월할 정도로 빠르게 진행되고 있었다.

## 핵개발을 둘러싼 북한과 IAEA·미국과의 공방전

나는 통일부 장관으로 부임하기 직전까지 10여 년간 북한의 핵개발을 둘러싸고 전개된 북한당국과 국제원자력기구(IAEA) 및 미국 간에 주고받는 공방과 협상 진행 상황에 깊은 관심을 갖고 관망하였다. 때로는 내각 발행하는 『공산권연구』(저널)에 칼럼을 쓰기도 하고 몇몇 신문, 잡지사와 대담을 진행하기도 했다.

IAEA와 미국, 일본 그리고 우리나라의 관계자들이 북한의 핵개발 가능성을 처음으로 의심한 시기는 1980년 제2의 원자로(5MW 소형원자로)를 북한 자력으로 건설하기 시작할 때부터였다. 이 원자로는 1956년 영국이 처음 개발했던 흑연 감속형 가스냉각 방식의 원자로를 모방한 것이었고, 필요한 흑연은 국내 생산으로 충당했다. 1986년 1월 제작한 흑연 감속로를 가동·개시했다. 이 때부터 한국과 미국의 정보기관은 경계심을 갖고 북한의 핵개발에 관심을 쏟기 시작했다.

1985년 미국은 정찰위성 KH-11(Key Hall: 열쇠구멍)이 촬영한 사진을 소련에게 통보하고 신임 고르바초프 당서기장으로 하여금 압박을 가하여 북한이 1985년 12월 12일 핵확산금지조약(NPT)에 조인케 하였다. 그 대신 소련은 북한에게 1,760MW(200만kW)의 고출력 원자력 발전소(예정지: 신포) 건설 지원을 약속하였다.

북한은 NPT 조약 후 1년 6개월 내에 반드시 가입해야 할「핵 안전협정(Safeguard Agreement)」조인을 미루어 오면서 1987년 5MW급 소형 원자로를 완성시켰고 10월부터 운전을 시작하였다. 1988년 12월까지 1차 기한연장 내에도 안전협정 조인에 불응했다. 북측은 한국에서 미군의 핵을 철거하지 않는 한 조인은 불가하다고 주장했다. 미국은 북한 핵시설의 '외과적 수술' 의견을 냈다(1981년 6월 7일 이스라엘 F-16 전투기가 이란의 흑연 감속로 2기를 폭격하여 파괴시켰다). 이 때부터 북핵문제가 국제문제로 확대된 것이다.

1989년 9월 19일 프랑스의 지구 관측위성「SPOT」가 800km 상공에서 촬영한 사진을 분석해 본 결과, 1986년 이후 3년 동안에 엄청난 시설이 건설되었음을 확인할 수 있었다. 50MW, 200MW급 신원자로가 신설중에 있었고, 굴뚝 3개가 치솟은 핵연료 재처리 시설이 건설 중에 있었다. 이 재처리 시설은 연간 6kg의 플루토늄 추출능력이 있음이 확인되었다. 나가사키(長崎)형 원자폭탄의 플루토늄 소요량이 8kg이었으므로 이론적으로는 2년에 1개꼴로 원폭 제조가 가능하다는 것이었다.

이 때 북한이 구동독과 루마니아로부터 핵무기 전문기술과 농축우라늄 재료를 입수하고 있다는 정보가 입수되었고, 실제로 독일의 프랑크푸르트에 본사를 둔 데그사AG사는 핵연료처리에 필요한 금속인 '지르코늄'을 미국에서 수입하여 1986~1987년 간에 걸쳐 북한에 매각했기 때문에 80만 달러의 벌금을 물었다. 또한 독일기업인 라이스 엔지니어링사는 핵물질 저장에 필요한 특수합금을 북한에 수출한 것이 확인되었다.

소련은 약속했던 대북 원자력발전소 건설계약을 취소했고, 미국은 북한에 대한 정찰활동을 강화했다. 미국은 400km 상공을 비행하는 KH-11 위성에 의해 북한의 핵시설군에 대한 촬영을 계속하기로 결정했다.

낮은 궤도를 비행하는 KH-11은 정지할 수가 없어 연속촬영이 불가능하지만, 고정 목표의 발견이나 그 변화를 파악하는 데는 절대적인 위력이 있다. KH-11은 1일 2회 같은 궤도를 비행하면서 좌우 경사면에서 촬영함으로써 1일 4회 동일지점을 촬영할 수 있다. 이러한 사진판독의 결과가 IAEA에 전달되어 북한이 「핵 안전협정」에 조속히 가입하도록 촉구하게 되었다.

1991년 9월 27일 부시 대통령이 「해외 미군기지의 전술핵 전면 철거」를 선언했다. 이어 1992년 1월 북한이 「핵안전협정」에 조인했다. IAEA는 이 때부터 북한의 핵의혹을 해소하기 위해 ① 실험용 원자로의 연료봉, ② 방사화학실험실(사용한 폐연료의 재처리 시설), ③ 핵폐기물 저장시설(미신고 2개 시설) 등 3개 시설은 서로 연계된 시설이기 때문에 반드시 사찰해야 한다는 주장을 폈다. 특히 북한이 신고하지 않은 2개의

미신고 시설은 KH-11 위성에 의해 핵폐기물 저장시설임이 확인된 이상 사찰이 불가피함을 지적했다.

이 시설이 최초로 주목받게 된 것은 1976년이었다. 그 후 180m의 거대한 시설이 건설되더니 두 개의 철제 파이프로 아래쪽 건물과 이어졌다. 파이프는 재처리시설과 폐액 저장탱크를 연결하는 파이프였다. 1991년 10월 북한에 대한 핵사찰 문제가 부상되자 파이프를 지하에 매설하는 흙덮기 공사가 시작되었고, 1992년에는 저장탱크 시설 자체를 흙으로 덮어 은폐하였다. 그리고 그 위에 나무를 심었는데, 그 나무가 뿌리를 내리지 못하고 고사하자 다시 나무를 심는 사람들의 모습이 그대로 드러난 것이다.

1991년 11월 8일 노태우 대통령은 「핵무기·제조·보유 저장, 사용 불가」 선언을 했고, 이어 12월 18일에 '한국 내에 한 발의 핵무기도 없다'고 선언했다. 12월 31일에는 「한반도 비핵화 공동선언」을 발표했다.

1993년 2월 25일 IAEA는 이 저장시설의 특별사찰을 요구하였다. 그러자 북한은 '군사시설'이라고 우기면서 마침내 NPT 탈퇴(3월 12일)를 선언하게 된 것이다.

이 때부터 한·미 양국은 북한의 핵개발을 저지하기 위해 강온 양면 정책을 구사해왔다. 유엔을 통한 경제제재 조치를 강구하기도 하고, 필요하다면 군사적 제재 조치도 불사하겠다는 굳은 결의를 표명하기로 했다. 그러나 북한의 거부 태도는 단호하고 철저했다.

1993년 11월 미국에서 「제2의 바빌론 작전」(1981년 이라크의 핵시설을 이스라엘이 폭격한 사건)이 논의되던 시기에 평양을 방문했던 미국 전략국제연구센터(CSIS)의 윌리엄 테일러(William Taylor) 부소장은 "북한 인민무력부 김영철 부부장과 만나 미국의 강한 의지를 밝히자 그는 「공격을 받게 되면 우리는 반드시 전면보복을 한다. 페르시아 전쟁의 성과를 과

신하고 북한이 미국의 공격을 받게 되면 핵개발을 중지할 것이라고 생각하면 잘못이다. 전면 전쟁이 되면 궁극적으로는 우리가 패하게 되겠지만 그러나 우리는 싸운다. 우리는 이라크인이 아니다」라고 말했다"고 증언하였다.

1994년 6월 북한 외무성 성명은 'IAEA에서 즉시 탈퇴'를 선언했으며, 이에 대해 클린턴 정부는 북한 핵시설 폭격 계획을 수립했다. 바로 이때 카터 전 미국 대통령이 북한을 방문(6월 15~18일)하여 김일성과 회담했다. 동 회담에서 ① IAEA 사찰관 잔류, ② 핵시설의 감시장비 계속 가동 허용, ③ 남북정상회담 제의 등 북한 측 양보를 이끌어냄으로써 7~9월 제네바에서 미·북 간 고위급회담이 개최되었다. 양측 간 회담은 김일성 사망으로 일시 중단되었으나, 10월에 재개되어 다음과 같은 내용의 「제네바 기본합의서(10월 21일)」가 조인되었다.

① 50MW, 200MW 흑연감속로 건설 중지
② 5MW 실험원자로 가동 중지
③ 방사화학실험소 및 기타 관련 시설 동결
④ 200만kW 경수로 발전소 건설

1995년 12월 북한과 한반도에너지개발기구(KEDO: Korean Peninsula Energy Development Organization) 간 경수로 제공협정이 조인되었다. 총소요 예산 46억 달러 중에서 한국 32억 달러(70%), 일본 10억 달러, 미국은 연간 50만 톤의 중유를 공급한다는 내용이다. 이어 후속 계약체결 절차를 밟은 후 1997년 8월 경수로 공사에 착수했다.

## — KEDO 발족과 정부의 태도

나는 KEDO가 발족하고 김영삼 정부가 북핵문제에 대한 대처과정을 보면서 1995년 내가 발행하고 있던 월간지 『극동문제』 4월호에 "KEDO 발족과 정부의 태도 : 다시는 대북자세를 흩트려서는 안 된다"라는 논평을 발표한 바 있다. 그 주요 내용은 다음과 같다.

KEDO가 수행해야 할 당면과제는 제네바 합의에 따라 4월 21일(1995년)까지 북한과의 경수로 공급협정을 체결하는 것이다. KEDO는 먼저 북한과 경수로 공급계약을 빚고 그 조건에 따라 공사 발주자로서 경수로 건설을 담당할 민간회사와 사업계약을 체결해야 한다.

그런데 KEDO협정 제2조는 '한국 표준형 원자로를 제공한다'고 명시되어 있음으로 북한과의 경수로 공급계약시 '한국형'의 접수를 어떻게 설득시키는가 하는 것이다.

북한당국은 KEDO 발족을 전후하여 "한국형 경수로는 거부한다"고 으름장을 놓고 있다. 구체적으로 북한은 "한국형 경수로 도입을 목적으로 하는 기구와는 상종하지 않겠다"느니, "만약 약속 기간 내에 해결되지 않으면 동결 조치한 5MW 원자로와 기타 한두 개 시설을 재가동할 것이며, 그 후 계약이 이행되면 다시 가동을 중단 동결할 것이다…"라고 주장하고 있다.

…이미 관련소식통에 따르면 북한 측이 한국형은 절대 받아들일 수 없다는 입장을 굽히지 않을 경우, 주 계약회사를 미국의 웨스팅하우스사와 일본의 이도츄회사로 변경하자는 얘기도 나오고 있다. 이렇게 되면 우리나라의 한국전력은 웨스팅하우스사의 하청업체가 되고, 이도츄사는 현대건설을 하도급업체로 지정하게 될 것이라는 말도 있다.

과연 이런 식으로 한국형 경수로를 제공해야 할 것인가?

…'한국형 경수로'라는 말은 엊그제부터 국제사회에서 사용된 말이 아니다. 1985년 이후 원자력 발전소 건설분야에서는 1,000MW급 경수로 건설은 '한국형'임을 공인하고 있다.

미국은 이미 20년 전부터 1,000MW급 경수로를 생산하고 있지 않으며, 실제 건설을 담당한 일도 없다. 우리나라는 미국형 모델을 사용했지만 그동안 100여 가지의 설계를 변경하여 오늘의 울진 3·4호기를 만들어 낸 것이다. 뿐만 아니라 한국형 경수로에 들어가는 극히 일부의 핵심부품을 제외하고는 모두 국내에서 생산하고 있고, 특히 한국형 경수로의 핵심부품은 일본의 그것과도 달라 일본제 사용이 곤란하다는 것이다.

갈루치 대사가 한국형 경수로 제공 이외의 다른 모델을 고려할 수 없다고 하면서 '정치적·재정적' 이유 외에 '기술적 이유'를 든 것은 이 때문이다. 따라서 한국형을 제공한다고 할 때 주계약회사는 '한국전력'이 되어야 한다. 그제서야 우리가 원하는 정치적, 경제적인 효과를 거양할 수 있고, 나아가 남북관계 해결을 위한 돌파구를 마련할 수 있다.

이러한 관점에서 보면 비단 원칙문제에 있어서만이 아니라 실제로 사업을 진행하는 과정에 있어 '한국형'에서 한 치도 벗어나지 않는 확고한 태도를 취해야 한다….

우리에게 가장 큰 걸림돌로 되는 중국도 작년처럼 일방적으로 북한 지지를 표명하지 않고 있다…. 1991년 남북한의 유엔 동시가입 때처럼 우리의 결연한 의지를 보일 때 중국도 비로소 움직인다.

더 이상 유연하게 대응할 이유가 없다. 우리에게는 한국형 경수로 제공문제 이상 남북관계 개선의 지렛대로 사용할 수 있는 수단이 없다. 때문에 이번만큼은 우리의 태도가 강해야 한다.

## 한국형 경수로 : 남북관계 개선의 지렛대

위 논평을 쓴 다음 달인 1995년 5월 나는 또 한 차례 "한국형 경수로 : 남북관계 개선의 지렛대 — 의연한 자세로 우리의 주장을 관철시켜야"라는 제하의 논평을 『극동문제』(1995년 5월)에 기고하며 반드시 우리의 원자로를 주어야 한다는 점을 다음과 같이 기술했다.

1995년 3월 26일 베를린에서 개최되었던 경수로 제공협의를 위한 미·북 실무자 회담은 "4월 중에 다시 만나자"는 약속에 합의했을 뿐 아무런 성과도 얻지 못한 채 회담예정일을 앞당겨 3월 28일 끝내고 말았다.

왜 합의를 보지 못하고 헤어졌는가?

그 이유는 북한의 완강한 '한국형 경수로' 거부 태도 때문이었다….

…북한은 KEDO가 한국표준형원자로 공급을 임무로 하는 한 상대할 수 없으며 제네바 합의도 미국과 조인한 이상 미국이 책임지고 미국형 원자로를 제공해야 한다고 주장하고 있다.

이뿐만이 아니다. 송·배전 시설 심지어 자기들이 가동하고 있거나 건설 중에 있던 관련 핵시설을 폐기하는데 따른 배상금까지 내놓으라는 것이다. 금액으로 치면 경수로 2기 건설비용 40억 달러와 향후 10년 동안 공급할 중유(연 50만 톤) 액수로 5억 달러 외에 10억 내지 20억 달러를 더 내놓으라는 것이니까 줄잡아 55~65억 달러를 내놓으라는 것이다.

만약 자기들이 요구하는 조건을 받아들이지 않고 경수로공급계약 체결 시한인 4월 21일을 넘길 경우 그 책임은 미국이 져야 한다는 것이다.

…아무리 클린턴 대통령의 재선문제가 시급하다 하더라도 현재의 미 행정부의 힘으로는 KEDO를 무시하고, 독자적으로 북한의 조건을 받아들일 수 없는 입장에 있다.

특히 우리의 입장은 김영삼 대통령이 밝힌 바와 같이 한국형 경수로가 아닌 다른 나라 경수로를 제공하는데 30억 달러의 자금을 내놓을 필요가 없다. 북한이 미국을 상대로 경수로 공급을 요구하고 이를 미국이 수락하여, 미국형 경수로가 제공된다면 그것은 엄격히 말해서 미국과 북한과의 문제이지 우리의 문제가 아니라고 보기 때문이다.

이러한 제반사정으로 볼 때 4월 21일까지 북한에 제공할 경수로 공급이 체결될 가능성은 없다고 봐야 할 것 같다.

그렇다면 북한은 그 후 어떤 태도를 취할 것인가?

북한 외무성은 "만약 공급계약이 체결되지 않으면 현재 동결 중에 있는 원자로(5MW)와 건설 중에 있던 원자로 및 일부 핵시설을 가동 할 것이고, 공급계약이 체결되면 다시 동결하겠다"고 위협하는가 하면 『노동신문』은 "KEDO가 한국형경수로를 고집한다면 전쟁까지 각오하고 있다"고 위협하고 있다….

물론 한·미·일을 비롯한 국제사회는 북한이 이성적인 행동을 취하길 바라고 있다…. 미국은 이미 북한이 동결한 핵시설을 재가동할 경우 이것은 제네바 합의를 위반한 것으로 보고 즉각 유엔에 호소하여 재제조치를 취하겠다고 선언한 바 있다.

이렇게 되면 작년(1994년) 3월 이후 6월까지 북한의 '서울 불바다' 발언 이후 조성되었던 긴장이 재연될 가능성도 농후하다고 하겠다.

### 남북관계에서의 한국형 경수로의 위치

4월 21일을 계기로 우리가 원하던 원치않든 간에 남북 간의 긴장상태가 고조되는 것은 바람직한 일이 아니다.

그렇다고 넘어야 할 고비를 회피할 수는 없는 일이다. 이런 관점에서 우리는 남북관계에서 한국형 경수로의 제공 문제가 어떤 의미를 갖고 있는가를 명백히 알고 대응해야 할 것이다.

우리가 한국형 경수로를 북한에 제공해야 한다고 주장하는 것은 단순히 우리의 것을 북한에 팔겠다는 '장사속'에서 하는 말이 아니다. 만약 북한이 진정으로 핵 투명성을 명백히 보여준다면 30억 달러가 아니라 그 이상의 자금도 제공할 수 있을 것이다. 그런데 제네바 합의문을 보면 핵 투명성의 보장이 지극히 불분명하다. 5년 후인 1999년에 가서 특별사찰을 받겠다고 하였고, 2003년에 가서야 핵시설을 완전 폐기한다고 되어있다. 그 동안 북한이 추출해 냈다고 믿어지는 12~21kg(원자탄 1~3개 제조 분량)의 플루토늄에 대해서는 일언반구도 없다.

이와 같이 투명성의 명기가 불분명한 데도 불구하고 우리는 북한 측 요구를 받아들여 30억 달러의 지원금을 내놓기로 했다. 왜 이런 결심을 하였는가? 그 이유는 경수로의 제공을 계기로 하여 남북관계를 개선해 보자는 이유 때문이다. 설사 북한이 핵개발을 비밀리에 계속한다 하더라도 남북관계가 개선되면 자동적으로 그 필요성을 느끼지 않게 될 것이라고 판단하였기 때문이다.

경수로 제공을 계기로 남북 간의 기술자 왕래, 시설과 기자재의 공급 확대가 이루어지면, 이것이 곧 남북 간의 전반적인 교류·협력을 증대시키는 계기가 되어 남북 간의 신뢰가 구축되고 급기야는 군사적인 대결상태도 완화될 수 있을 것이라는 믿음 때문에 이에 찬동했던 것이다.

그런데 북한이 한국형 경수로를 받아들이지 않는다면 결국 남북관계는 더 이상 개선될 여지가 없다. 오히려 북한은 이를 계기로 한·미관계를 악화시켜 한국의 국제적 고립화에 성공했다고 판단하여 더욱더 악동처럼 행동할 것이다. 이런 결과를 가져오는 경수로지원이란 우리에게 무슨 필요가 있겠는가? 한·미·일 3국 간에 공통성도 있지만 다른 점도 있다.

우리는 우리가 생각하는 바에 따라 이 문제를 해결해야 한다.

남북관계를 개선하고, 교류·협력을 증진시켜 통일로 가는 계기를 여는 기대로서 이 경수로 제공문제를 생각해야 한다. 때문에 이 문제로 야기되는 난관은 거쳐야 할 과정의 문제로 인식하고, 국민합의를 바탕으로 슬기롭게 극복해야 함을 강조해 둔다.

작년처럼 미국과 북한의 교섭 진행에 끌려가는 인상을 보여서는 안 된다. 원칙적이고 기본적인 문제는 양보의 대상이 아님을 명심해야 할 것이다.

나는 이처럼 1994년 미·북 간에 「제네바 기본합의서」가 조인되고, 김영삼 정부가 '경수로 건설비용의 70%'를 담당하기로 약속할 때부터 깊은 관심을 갖고 보아왔다. 그래서 통일부 장관으로 취임한 직후 북한 핵폐기를 위한 미·북 간의 협의사항이나 우리 정부(김영삼 정부)가 취한 일련의 조치에 대해 당시 관여했던 관계자들을 불러 확인해보았다.

그러나 솔직히 말해 '건설비용의 70%' 담당을 결정하기까지의 내부 검토 기록이나 합리적이고 과학적인 판단과 논의과정이 있었는지 석연치 않았다. 다만 나로서는 크게 염려하지 않아도 될 것이라고 판단했다.

왜냐하면 직접 경수로 건설사업에 관여하고 있는 외무부의 장선섭(張瑄燮) 대사가 내가 중앙정보부 근무시절 가깝게 지내왔던 장근섭(張謹燮) 선배(중앙정보부 1국장)의 동생이고 성실한 외교관으로 평가받고 있었기에 그의 브리핑을 들으면서 현재 진행중인 상황을 파악할 수 있었기 때문이다. 또한 경수로 건설 문제는 우리 정부만의 일이 아니고 미국과 일본이 함께 협의하고 추진하는 KEDO의 소관이기 때문에 문제가 생길 때마다 NSC 회의를 통해 해당기관과 협의할 사항이라고 판단했다.

그러나 우리 측이 주도적 역할을 수행하고 경수로 사업을 남북관계 개선의 기회로 적극 활용하기 위해서는 중심적 역할에 상응하는 부담이 필요하다고 생각했다. 그리고 가능한 우리 측의 부담은 외환이 아닌 원화로 지출되며, 대부분 한전 등을 통해 우리 측 근로자의 임금 및 자재비 등으로 국내경제에 환류되도록 하여 약 10년간의 재정지출 부담을 분산시키는 한편, 국내 고용창출 및 내수확대를 통한 GNP를 증가시키며 궁극적으로 북한의 상환을 약속도록 해야 함을 강조했다.

# 김대중 대통령의 통일론과 나의 통일론 간의 간극을 어떻게 메울 것인가?

통일부 장관에 부임한지 3개월이 지날 무렵, 나는 다시 한번 김대중 대통령의 통일정책과 내가 생각하는 통일정책과의 차이가 무엇인가? 내가 견지해왔던 원칙적 입장을 수정해야 하는가? 아니면 그대로 견지해도 되는가? 만약 내가 주장해왔던 통일정책과의 차이가 있다면 장관자리를 걷어차고 나가야 하는가? 아니면 그의 햇볕정책과 타협하고 계속 장관자리에 앉아 있을 것인가? 이런 기본적인 문제를 놓고 자문자답하며 내 입장을 곱씹어 보았다.

## 대북 포용정책 3원칙과 나의 대북관

장관 부임 후 3개월 동안 나는 김대중 대통령으로부터 직접 자신의 통일정책을 들을 기회가 두 번 있었다. 그 첫 번째 기회는 대통령에게 통일부 업무계획을 보고하던 때(3월 17일)이고, 두 번째 기회는 베이징 차관급 당국 간 회의를 개최하고 그 결과를 보고했을 때(4월 25일)이었다.

위에서 기술한 대로 통일부 업무 보고 때는 대통령 자신이 직접 차관, 정책실장 그리고 남북교류국장에게 정책 수행 계획을 질문하셨고, 이어 결론을 말씀하시면서 자신의 통일정책을 밝힌 바 있었다.

위에서 기술한 대로 당시 김대중 대통령은 "강 장관을 통일부 장관에 임명한 것은 균형 잡힌 감각, 또 북한 실정을 잘 알기 때문에, 나는 신뢰하니 장관 중심으로 책임 있게 통일정책을 이행하라. 한반도의 평화가 중요하다. 우리 안보태세를 굳건히 다지고, (이미) 남북 간에 합의한 불가침이 실현되도록 하며, 이 시점에 중요한 것은 평화공존이니 북한과의 많은 대화도 해야 한다. 통일문제의 정책수립부터 그 집행의 중심은 통일부이니 적극 노력해주기 바란다"라고 지시했다.

그 후 북측이 20만 톤 비료 제공을 요구하며 자신들이 회담에 응한 것 자체에 대해 우리 정부에게 무슨 선물이나 내놓으라는 듯이 거만하게 언동할 때, "우리 측은「상호주의를 엄격히 준수하라」고 강조하며 회담 자체를 결렬시킬 수밖에 없었다"는 베이징 당국 간 회담 결과를 보고했을 때 김대중 대통령은 '당연한 결과'라는 식으로 말씀하시며 이의를 제기치 않았다.

이 두 번의 대통령과의 대화를 계기로 나는 정부가 정한 대북 포용정책(햇볕정책)의 3대원칙—① 북한의 무력도발 불허 ② 흡수통일 배제 ③ 화해협력 추진—이 내 생각과 크게 어긋나는 것이 아니라고 판단했다.

그러면서도 김일성의 유지(遺旨)를 준수해야 할 김정일이 과연 김대중 정부의 통일정책을 긍정적으로 수용할 수 있을까에 대해 의구심을 가질 수밖에 없었다. 왜냐하면 김정일은 김일성이 말한 통일 개념, 즉 "반미 민족해방투쟁인 동시에 사회주의와 자본주의, 혁명과 반혁명 사이의 날카로운 계급투쟁이다"에 입각할 것이 자명하기 때문이다.

그렇다면 남북 간의 그 어떤 대화도 투쟁의 한 형태로 보고 '혁명정세 고양을 위한 통일전선 확대'를 위한 선동선전에 이용할 것이며, 남북대화와 협상에서 얻을 것이 있을 때는 유화적 태도를 취하고 얻을 것이 없을 때는「벼랑 끝 전술」로 회담 자체를 결렬시킨 과거를 상기할 때 보다 신중해야 한다고 생각했다.

정권 출범 3개월이 지나는 동안 김대중 대통령은 북한의 어떤 도발도 허용하지 않는다는 '안보 우선'을 강조하며, 민주주의와 시장원리를 기본으로 하는 대북정책을 강조하고 있으니, "자유민주적 기본질서에 입각한 평화적 통일정책을 수립하고 이를 추진한다"는 헌법(제4조) 준수를 대전제로 하여 통일정책을 추진하는 것이 아닌가?

물론 이 기간 동안 김 대통령은 1970년대 이후 자신이 주장했던 「3단계 통일론」이나 「연방제 통일방안」에 대해 내게 언급한 적은 한 번도 없었다. 그러니 나로서는 대통령의 통일에 대한 인식을 거론하거나 비판할 이유도, 비판할 기회도 없었다.

## — 표면화하는 친북세력의 나에 대한 비난

그러나 내가 통일부 장관 취임 후 3개월 동안 김대중 대통령을 지지하는 진보연하는 좌파들이 통일문제와 남북관계에 대한 자신들의 주장을 공공연히 떠들며 나에 대한 비난을 쏟아냈다. 그들의 주장은 "햇볕론에 근거한 대북정책을 추진한다는 김대중 대통령이 강경보수론자인 강인덕을 통일부 장관에 임명한 것은 잘못이다"라고 비난하는데 그치지 않았다.

6월 20일에는 경실련(이사장 강만길) 주최 세미나에서 나와의 공개 논쟁을 요구해와 리영희 교수, 홍근수 목사, 김성주(성균관대 교수) 등과 치열한 사상논쟁을 벌이기도 했다. 바로 이 날 간담회 장소에 —민가협(민주화실천가족운동협의회)— 회원을 이끌고 나를 방문한 고 문익환 목사의 부인 박용길 여사가 나에게 "김일성 주석님의 서거일(7월 8일)이 다가왔는데 우리 정부가 조문사절단을 파견해야 하지 않는가?"라고 건의(?)

했다.

나는 주위를 돌아보며 보좌관에게 "기자들이 있느냐? 있다면 내보내라!"라고 말하고, "여러분 내 앞으로 가까이 와주세요. 지금 무슨 얘기를 했습니까? 김일성 사망 추모식에 우리 정부 대표단을 평양에 보내라는 얘기입니까?"라고 박 여사에게 반문을 하면서 "여러분은 김대중 대통령 정부가 그렇게 강하다고 봅니까? 그렇지 않습니다. 만약 김일성 사망 추모일에 우리 정부 대표단을 파견한다는 신문기사가 나오면 보수진영은 벌떼처럼 일어날 것입니다. 보수세력을 깔보지 마십시오. 그렇게 되면 이 정부의 위기가 옵니다"라고 강하게 나무란 일이 있었다.

나는 이러한 김대중 대통령에 대한 강성 지지세력의 정체를 보면서 '머지않아 이들의 압력이 대통령으로 하여금 지금까지의 논지를 훼손시키지 않을까?' 하는 염려를 하게 되었다. 이런 생각을 하면서 나는 취임 초 "우리나라가 직면한 IMF 금융관리로부터 벗어날 때까지 북한의 도발을 저지하는데 기여할 수 있다면…"이라고 밝혔던 대로 나의 재임 기간에 경제적 안정이 회복되기를 기대하며, 한편 이 기간 중 정부의 통일정책에 대한 국민의 이해를 높이기 위해서라도 홍보활동을 강화해야 한다고 판단했다.

# 통일정책에 대한 국민적 이해를 고양하기 위한 노력

위에서 기술한 대로 친북·좌파 세력의 나에 대한 비난이 표출되고 있음을 확인한 후 나는 그들을 제압하기 위해서라도 내가 생각하는 통일론을 강하게 설파해야겠다고 판단했다.

그 방법으로 내가 평시에 주장해왔던 통일론(대북전략)을 바탕으로 여기에 김대중 정부가 제시한 대북정책 3대 기조—무력도발 불허, 흡수통일 불가, 남북간 화해협력 추진을 결합하여 통일부 장관의 입장에서 내가 직접 「김대중 정부의 통일론」을 해설하는 녹음테이프를 제작하여 각급 학교와 관련 사회단체 등에 배포하기로 했다.

1998년 6월 **「새 정부의 대북정책 방향」**이라는 녹음테이프를 만들어 각계에 배포했다. 뿐만 아니라 1주일이 멀다하고 각계각층의 사회단체와 종교단체, 각급 학교 등에서의 강연 요구에 응하면서 김대중 정부의 통일정책에 대해 내가 생각하는 대북 인식을 접목시켜 해설조로 설명했다.

그 주요 내용은 다음과 같다.

**1. 통일환경의 변화와 새 정부의 인식**

지금 세계는 반세기에 걸친 냉전이 종식되고, 21세기 새로운 국제질서를 모색해 가고 있다.

평화와 다원적 민주주의, 인권존중, 법에 의한 지배, 그리고 시장경제 원리 등, 인류의 보편적 가치들이 구현되는 세계공동체를 이루기 위해 힘을 모으고 있다. 이러한 가운데 한반도 주변정세도 급격한 변화를 거듭하고 있다. 홍콩의 중국반환이나 미·일 간 신안보전략의 수립 등이 그 대표적인 예라 할 것이다.

작년(1997년) 10월 주변 4강 간에 교차 정상회담이 연이어 개최되었다. 10월 27일 중국의 강택민(江澤民) 국가주석과 클린턴 미국 대통령 간에 정상회담이 있었고, 이어서 하시모토(橋本龍太郎) 일본총리와 옐친 러시아 대통령 간에 회담이 있었다. 그런가 하면 1주일도 안되어서 옐친 러시아 대통령과 강택민 국가주석 간에 회담이 있었고, 이어서 중국의 강택민 주석과 하시모토 일본총리 간에 회담이 있었다.

나는 과거 30~40년 동안 우리 주변 4강이 이처럼 3주도 안 되는 사이에 정상회담을 연속적으로 개최한 현상을 본 일이 없었다. 이들 4강이 주고받은 대화의 핵심은 역시 「전략적 파트너십」의 형성이라는 것이다. 즉 서로 공통적인 이익추구에 대해서는 적극적으로 협력해 나간다, 소위 관여·개입정책(engagement policy)을 보다 강화해 나간다는 것을 의미한다. 핵문제, 무역문제, 환경오염 문제 그리고 테러 등 자국의 국가적인 이익과 안보에 관계되는 문제에 대해서는 적극적인 협력을 하며, 동시에 합의하지 못한 부분에 대해서는 뒤로 미룬다는 것이었다.

## 2. 주변 4강의 대한반도 인식

주변 4강이 한반도에 대해 공통적으로 갖는 인식은 무엇일까? 말할 필요도 없이 자국의 안보와 국가 이익을 우선하는 전제 하에 한반도의 평화 유지라고 생각한다. 한반도의 평화, 이것이 4대 강국 간에 가장 중요한 이슈로 제기되고 있는 것은, 역으로 말해 한반도 상황이 그만큼 불안정하다는 것이며, 이는 바로 동북아의 안정과 번영에 부정적 영향을 주기 때문이다. 화해협력의 시대적 흐름에도 불구하고 한반도에서는 지금도 반세기에 걸친 대결과 반목, 그리고 군사적 긴장이 계속되고 있다는 것이다.

북한은 경제난, 식량난 등으로 체제의 불안정성이 증대되고 있는데도 불구하고, 지난 1993년 NPT를 탈퇴하고 핵개발 의지를 밝힘으로써 한반도 문제의 국제화가 본격적으로 시작됐다.

이런 국제상황에서는 통일문제의 국제화도 가속화될 수밖에 없다는 것이 나의 인식이다. 이러한 통일문제의 국제화를 극복하고 평화적으로 통일을 이룩할 수 있는 계기를 만들어 내는 것이 시급하다.

즉 통일문제의 국제화를 방지하면서, 통일문제만은 민족 내부문제로 처리할 수 있는 환경과 분위기를 조성해 나가야 한다는 것이 나의 소신이다. 통일은 영토나 정치체제의 단순한 재통합이나 분단이전 상태로의 복귀가 아니라, 우리 민족 모두가 보다 나은 삶을 영위할 수 있는 새로운 민족국가를 건설(New Nation Building)하는 과정이다.

즉 남과 북의 민족구성원 모두의 자유와 복지, 인간존엄성이 보장되고 인류공영에 이바지하는 새로운 민족공동체를 이룩하는 것이다.

### 3. 김대중 정부의 통일정책 기조

김대중 대통령은 「민주주의」와 「시장경제원리」가 민족공동체의 중심가치가 되어야 한다는 철학의 소유자라고 나는 믿고 있다. 이를 위해서 무엇보다 한반도에서 「평화의 토대」를 튼튼히 하는 것이 중요하다.

그러나 한반도에서는 아직도 냉전적 대결구도 하에서 군사적 긴장과 북한의 도발위협이 상존하고 있으며 북한체제의 불안정성 또한 지속되고 있는 것이 사실이다.

때문에 첫째로 우리는 북한이 자신들의 불안정을 극복하기 위해 자행할 수도 있는 무모한 도발 행위, 핵개발 야욕을 버리고 평화를 선택할 수 밖에 없도록 전쟁억지력을 강화해야 한다. 둘째로 통일은 남북 당사자 원칙과「자주·평화·민주」의 통일 3원칙에 입각해 점진적·단계적으로 실현돼야 한다.

반세기에 걸친 적대와 반목, 그리고 6·25 남침전쟁 등으로 상호불신과 이질화가 심화된 상황에서 남북 간 합의에 의하지 않는, 일방적이고 급진적인 통일은 우리 모두에게 엄청난 충격과 혼란을 가져다 줄 것이다.

새 정부가 우선 '실사구시적' 차원에서 남북 간 대결구도를 화해협력 구도로 전환하는데 주력하기로 한 것은 바로 이러한 현실인식에 바탕을 두고 있기 때문이다.

새 정부는 바로 이러한 인식을 바탕으로, 또한 과거 정부의 여러 가지 대북정책 또는 통일정책, 또 지난 20여 년간 쌓아온 남북대화의 경험을 거울삼아 3가지 원칙을 다음과 같이 제시했다.

① 국민의 정부는 대북정책의 목표를「평화, 화해, 협력의 실현을 통한 남북관계의 개선」에 두고 있다.

② 이를 위해 남북 간에 평화를 파괴하는 일체의 무력도발을 허용하지 않는 동시에 흡수통일 자체를 배제한다.

③ 이 두 전제 하에서 남북 간에 공존하면서, 화해협력의 길을 적극적으로 모색해 나간다.

위 3가지 원칙하에 궁극적인 목적인 통일 그 자체에 중점을 두기보다도, 통일을 달성할 수 있는「과정의 문제, 밟아야 할 문제, 무엇을 어떻게 해나갈 것인가」에 중점을 두고 있다.

즉, 우선 평화를 유지하면서 남북 간에 화해협력의 길을 찾고 민족공동체를 회복시키는 노력을 다해야 하며 이를 위해 교류와 협력을 통해 생산적인 남북관계를 정립해 나갈 생각이다. 남북기본합의서 이행체제를 본격 가동함으로써 남북관계의 실질적 개선을 도모해야 하며 동시에 한반도 평화정착을 위한 4자회담도 병행해서 추진해 나가야하며 북한 스스로 변화할 수 있는 여건과 환경을 조성해 나가야 한다고 보고 있다.

### 4. 통일정책 수행을 위한 기본인식

그러면 이러한 원칙하에 현재 추진 중인 남북 간 현안이 무엇인가?

#### 1) 남북 당국 간의 대화를 재개

김대중 대통령은 취임사와 3·1절 기념사를 통해서 북한 측에 대해 특사교환을 제의한 바 있지만, 우선 남북관계 개선에 대한 쌍방 최고당국자의 의지를 서로 확인하고 앞으로의 방안을 모색하는 것이 중요하다고 본다.

그러나 북한에서는 준비가 덜 된 것 같아 환경이 조성되면 그 때 하겠지만, 지난(1998년) 3월 말에 열렸던 제6차 적십자회담과 지난 4월 베이징에서 열린 당국 간 회담에서 타진했더니 북쪽에서도 우리측 제의에 동의를 했다.

① 「상호주의」에 대하여

내가 생각하는 「상호주의」는 북한에게 대등한, 또 즉각적인 반대급부를 요구하는 것이 아니라 우리 측의 노력과 성의에 상응하는 태도 변화를 보이라는 것이다. 이는 남북관계의 실질적이고 지속적 발전을 위해서도 중요하다고 나는 보고 있다. 또 이 「상호주의」라는 것이 우리의 입장만을 강요하는 것이 아니라, 상호 간에 이익이 되는 접점을 찾는다는 의미에서 북측 입장에서도 이익이 된다고 생각한다.

② 「4자 회담(남·북·미·중)에 대하여

4자 회담은 한반도에서 공고한 평화를 구축하기 위해서 개최된 회담이었다. 클린턴 미 대통령과 김영삼 전 대통령의 제주도 공동선언을 보면, 이 4자회담은 남과 북이 평화문제를 논의하고 거기에 중국과 미국이 협력하는 「2+2」적인 회담으로 제시하고 있다.

그런데 시간이 지남에 따라 남북 간의 모든 문제를 여기에 기대려는 경향이 생겼다. 남북 간에 해결되어야 할 문제는 남북 간에 해결돼야지 모두 다 4자회담에 가서 되겠는가? 그래서 4자회담은 지정학적 관점에서 한반도 평화 문제를 논의하는 장소가 되지만 그렇다고 남북 간의 현안 문제는 4자 회담이 아닌 남북 간 회담에서 논의하는 것으로 구분해서, 이 두 가지가 상호 보완적 관계를 유지할 수 있도록 조정해 나가야 한다고 나는 생각한다.

이런 점에서 지난(1998년) 3월 16일부터 20일까지 제네바에서 열렸던 회담에서 여러 가지 타진을 해보았지만, 북쪽의 경우는 역시 미군철수 문제, 대미 평화협정 체결 문제와 같은 종전에 주장하던 문제들을 의제로 채택해야 한다는 입장을 고집함으로써 중단되고 말았다.

2) 이산가족 문제

우리에게 시급한 현안의 하나는 「이산가족 문제」를 어떻게 풀어가는가 하는 문제다. 나는 10~20년이 지나면 이산가족 문제가 스스로 사라질 운명에 처하지 않겠는가 하는 걱정을 할 때가 있다.

왜냐하면 1985년에 고향방문단 문제가 제기되었을 때 원하는 사람 약 4만 8천 명이었는데, 10여 년이 지난 지금 3분의 1 가까운 분들이 이미 세상을 떠났다는 것이 확인되었다.

김대중 정부가 출범할 때 내놓은 공약 가운데서도 가장 중요한 것이 바로 이산가족 문제이다. 이미 말한 대로 베이징에서 개최됐던 남북 당국자 회담에서도 이 문제를 제시했다. 이산가족면회소가 설치되어 집단으로 아니면 개별로라도 꾸준히 공개적으로 만날 수 있으면 좋겠으나, 이것이 불가능하면 지금까지 비공식적으로 만나고 있는 것이라도 활성화시켜 볼 수는 없을까 하고 생각하고 있다.

그동안 중국의 동북지방에서 만난 사람들이 상당히 많고, 또 돈이 있으면 만날 수 있다는 것도 확인되고 있다. 때문에 4월 1일부터 영세 이산가족에 대한 교류경비를 비공식적으로 지원하고 있다.

이와 관련해서 최근에 국군포로 문제가 제기된 바 있다. 정부는 이 문제도 앞으로 이산가족 문제를 처리할 때 같이 도움을 주는 길로 노력해 볼 필요가 있다고 보고 있다.

또한 귀환자에 대한 지원 등에 관해 새로운 법률을 만들어서 좀 더 납득이 가는 지원을 해야 한다. 예를 들면 얼마 전에 돌아온 육군 일등병 출신의 양 선생이 40여 년 동안 포로생활을 하다가 돌아와서 받은 월급을 합해 보니까 200만 원밖에 되지 않았다. 일등병 월급 모아봐야 얼마나 되겠나? 이래서는 안 되지 않느냐, 그래서 새로운 법률을 만들어서 해결하기 위해 종합적인 대책을 세우고 있다.

### 3) 대북 지원 문제

대북 지원에는 3가지 형태가 있다고 본다. 첫째가 인도적 차원의 대북 지원이다. 북한에 대한 인도적 차원에서의 지원은 조건 없이 계속한다는 것이 새 정부의 기본입장이다. 그렇기 때문에 WFP(세계식량계획)를 통해서 우리가 할 수 있는 한 제공하고 있고 또는 WHO(세계보건기구)나 UNICEF(유니세프) 같은 국제기관을 통해서 할 수 있는 것도 하고 있다. 또 우리의 민간단체들이 모은 정성도 계속 보낼 수 있도록 하고 있다. 특히 정부는 지난(1998년) 3월 18일 민간차원의 대북 지원을 활성화하기 위해 모금행사의 개최 등을 허용하는 등 몇 가지 조치를 발표한 바 있다.

그런데 문제는 우리 민간이 모아서 보내는 지원물자가 점점 줄어들고 있다는 것이다. 지난달 5월 25일 북한에 보내는 식량을 모으기 위해 종교계에서 「국제금식의 날」 행사를 열었는데, 나도 현장에 참가했지만 이벤트를 만들어 모아보자고 하는데 모금액이 점점 줄고 있었다.

몇 가지 이유가 있다고 생각되는데, IMF 관리 하에 있다는 경제 문제도 있지만 북쪽에 대한 지원이 효율적으로 진행되고 있는가 여부에 대한 의구심이 우리 국민들 사이에 있기 때문이라고 생각한다.

어디에 어떻게 분배되느냐 하는 것도 정확하지 않고, 북쪽이 식량관련 통계도 제대로 내놓지 않기 때문에 이런 문제가 생기고 있지 않나 하는 것이다.

대북 지원의 두 번째 방식은 남북 간 경제협력을 통한 지원이다. 이는 북한 식량난의 근원적 해결을 돕는 방안이기도 하지만, 북한의 농업생산성을 높이거나 또는 북한이 식량을 구입할 수 있는 여력을 갖게 하는 것이다. 여기에는 여러 가지 형태가 있을 수 있겠지만 기본적으로 민간 기업이 북쪽과 경제협력을 하는 것, 이것은 자율원칙에 의해 시장원리에 따라 이루어지도록 할 방침이다.

마지막으로 남북당국 간의 지원이 있다. 북한에 대한 본격적인 지원은 정부가 나설 수밖에 없다고 본다. 이를 위해서는 우리 국민들이 납득할 수 있는 충분한 여건이 조성돼야 한다고 본다. 이미 말한 대로 남북 당국 간에는 「상호주의 원칙」을 적용하려는 것도 바로 이러한 점을 염두에 둔 것이다.

#### 4) 남북 경제협력

남북 간 경제협력은 북한의 긍정적 변화노력을 지원하고 남북관계의 실질적인 개선을 이끌어 낼 견인차다. 나아가 남북 간 상호이익과 민족의 공동발전을 도모하는 방안이기도 하다. 이러한 견지에서 새 정부는 「정경분리 원칙」에 입각하여 남북 간 경제협력을 꾸준히 활성화해 나갈 계획이다.

민간 기업이 들어갈 수 있고 또한 스스로 들어가겠다고 판단할 경우에는 가능한 많이 북쪽에 진출할 수 있도록 기존의 규제들을 풀어야 되겠다는 것이다.

물론 정부는 이 과정에서 발생할 수 있는 과당경쟁 등의 예상되는 문제들에 대해서 적절히 조정해 나갈 생각이다. 이러한 입장에 따라 지난(1998년) 4월 30일 남북경협 활성화 조치를 발표했는데, 유휴시설의 반출을 허용하고 교역규제 품목을 최소화하는 등 남북 간 경제협력이 시장원리에 의해서 자율적으로 이루어질 수 있도록 했다.

그런데 남북 간 경제협력이 본격적으로 이루어지기 위해서는 북쪽이 어느 정도 우리 기업의 진출을 허용하느냐, 얼마만큼 환경을 조성해 줄 수 있는가 하는 것이 중요하다.

나진·선봉지역과 같은 자유경제무역지대에 적용되는 법이 다른 지역에도 적용될 수 있도록 해준다면 보다 많은 진출이 가능할 것이다. 나진·선봉지역은 법률적으로는 우리 기업이 충분히 들어가서 사업할 수 있도록 만들어졌지만, 이 지역에는 기반이 되어있지 않다. 예를 들면, 철도, 항만의 경우 나진에 배가 도착해서 물건을 내려놓을 때 사용할 수 있는 크레인도 제대로 되어 있지 않다.

대신에 남포나 평양에는 어느 정도 기반이 갖추어져 있으니 들어가면 좋겠다고 하는데, 이 지역은 나진·선봉과 같은 법률이 적용될 수 없는 지역이다. 따라서 이 지역에 투자할 경우에는 국제사회에서 통용되는 일반적인 법률이 적용돼야 한다.

예를 들어 남포에 우리 기업이 합작회사를 만들었다고 했을 경우, 모든 사항이 북쪽의 법률에 따라야하기 때문에 우리 사람이 거기에 가서 거주할 수가 없다. 남포에 들어간다고 하면 거주지는 평양 쪽으로 옮겨서 매일 왔다 갔다 해야 되고, 지정된 곳에서 자든지 아니면 호텔에서 자야 한다. 지정된 곳에 들어가면 나올 수도 없다.

또 노동자들을 교육시켜야 하는데 교육시킬 수 있는 방법이 없는 등 불편한 점이 한두 가지가 아니다. 따라서 나진·선봉지역이 아닌 곳에는 현재로서 들어가기 어렵다고 생각한다. 또 법률적으로 남북 간에 투자협정 체결 등 어떤 보호책이 있어야 할 텐데 남북 당국 간에 이런 것이 체결되어 있지 않기에 어려운 점이 많이 발생하고 있다.

그럼에도 불구하고 일단 우리가 풀 수 있는 문제, 사업자 또는 사업 승인 문제, 이런 절차상 규제를 완화하는 것은 적극적으로 진행해 나갈까 생각한다.

### 5) 대북 경수로 지원 사업

대북 경수로 지원 사업은 북한 핵문제 해결을 위한 국제협력의 틀을 유지하는 중요한 관건일 뿐만 아니라, 성공적으로 진행되고 있는 최초의 대규모 남북 간 협력 사업이기도 하다. 나아가 긴 안목에서 볼 때, 북한의 긍정적 변화를 지원하고, 우리 민족의 공동발전을 도모하는 대표적인 사례가 될 것이다. 또한 우리 한국형 원자로의 우수성을 국제적으로 널리 알리는 효과도 기대하고 있다. 이런 점에서 정부는 대북 경수로 지원 사업을 앞으로도 차질 없이 진행해 나가야 한다고 보고 있다.

현재 지난해 7월 부지 준비공사 착공식 이후 비교적 안정된 분위기 속에서 남북한의 근로자 250여 명이 함께 땀을 흘리고 있다.

최근 우리의 경제위기 상황에 따라 경수로 비용분담 문제에 대해 일부 우려의 목소리도 나오고 있는 것으로 알고 있다.

그러나 무엇보다 경수로 사업은 우리가 중심이 되어 추진해 나가야 할 사업이다. 또한 비용분담 문제도 따지고 보면 크게 부담을 느낄 필요가 없다고 본다. 우선 그 비용의 대부분이 우리 근로자들에 대한 인건비 등이기 때문에 대부분 달러가 아닌 우리 돈으로 지불된다. 그리고 한전을 통해 다시 우리에게로 돌아오게 된다.

또한 그 비용이 한꺼번에 지출되는 것이 아니라 10년 이상에 걸쳐 나누어 나간다는 점도 고려할 필요가 있다. 어쨌든 정부로서는 우리 국민들의 부담을 최소화할 수 있도록 다각적인 노력을 경주해 나갈 생각이다.

**결론**

지금까지 새 정부의 대북정책 추진기조와 주요 현안문제에 대한 입장을 말씀드렸다.

정부는 앞으로도 3대원칙 등 대북정책 추진 기조를 일관되게 견지하면서, 실사구시적 차원에서 남북관계 개선을 위해 노력해 나갈 계획이다. 물론 이를 위해 남북 당국 간의 대화가 하루 속히 재개되어야 하지만, 남북 당국 간 대화가 실질적인 성과로 이어지기 위해서는 북한의 태도 변화가 있어야 한다는 것이 나의 소신이다.

아직 북한의 특별한 변화 조짐이 있다고 말하기 어렵지만, 국제정세의 흐름과 북한의 경제상황 등을 고려할 때 북한의 변화는 시간문제라고 보고 있다. 또한 북한 스스로도 체제의 한계와 변화의 필요성을 느끼고 있다고 생각된다. 이러한 점에서 정부는 앞으로도 인내심을 갖고 남북 당국 간의 대화 재개를 위해 꾸준히 노력해 나갈 생각이다. 그렇다고 해서 북한에 대해 대화를 강요하거나 구걸하지도 않을 것이다.

대통령께서도 나에게 "남북 간의 관계는 서두른다고 일이 되는 것이 아니지 않느냐, 대화를 북쪽에 강요하지 말라, 동시에 북쪽에 대해서 대화를 구걸하지도 말라"고 분명히 말씀하셨다. 또한 "국민의 합의, 국민이 무엇을 원하는가를 분명히 알고 그것을 구현하는 방향으로 나가라" 하는 말씀을 하셨다.

여러분께서 남북관계 개선 그리고 통일을 위한 우리의 노력이 성공적인 결실을 맺기 위해서는 무엇보다 국민적 합의와 지지를 바탕으로 정책의 일관성을 유지해 나가는 것이 중요하다는데 공감하실 것이다.

또한 이를 위해서 지역과 계층, 정치적 견해를 넘어, 통일을 향한 우리 국민들의 뜻과 역량을 한줄기로 모아 나가는 것이 무엇보다 중요하다고 본다.

이런 점에서 정부는 앞으로 국민의 목소리에 더욱 귀를 기울이며 정책을 추진해 나갈 계획이다.

# 북한을 '적(敵)'이라 불러 대북 강경론자로 비판받은 내 강연

1998년 한 해가 저물던 무렵 나는 9개월 전 3월 장관 취임 당시 "IMF 관리체제에서 벗어나기 위한 남북관계 관리, 즉 한국에 투자한 외자가 더 이상 빠져 나가지 않도록 하기 위해서 대내 정치·사회적 안정을 유지해야 하며 이를 위해서 가장 위험성이 높은 휴전선에 북한 포탄이 날아오지 않도록 남북관계를 관리하는 것이 당면한 최대 과제이고 이것이 바로 나의 임무라고 강조하면서 세칭 북한문제 전문가로 평판 받고 있지만 지금 나는 통일정책, 대북정책을 하기 위해 이 자리에 선 것이 아니라 대내정책에 기여하기 위해 이 자리에 섰다고 공언한 바 있다.

다행스럽게도 이 경제부총리를 비롯한 경제각료들이 열심히 노력하였다. 김대중 정부에 대한 국민의 지지도도 높아 이제는 IMF 체제에서 벗어날 수 있는 경제환경이 조성되었다고 판단했다. 나는 1998년 12월 말, 새해를 맞이하기 전날 통일부 장관 사표를 써서 한 장을 서랍 속에 보관하고 또 한 장은 항상 갖고 다니는 메모 노트에 끼워 두었다.

이처럼 나 스스로의 생각을 결정한 후 1월 초부터 나는 서서히 북한 정권의 실체를 부각시키면서 본래의 내 생각 "관여정책을 통한 북한의 체제 개방과 개혁의 불가피성"을 강조하며 김대중 대통령의 햇볕정책론의 한계성을 간접적으로 지적하기 시작했다. 이런 나의 주장은 장관 취임 후 실시한 나의 모든 강연에서 일관되게 명백히 밝혔던 내용이다.

## 「남북관계와 김정일 정권에 대한 인식」: 강연 요지

이런 의미에서 내가 했던 다수의 강연 중의 하나를 예시하고자 한다. 1999년 4월 19일 신라호텔에서 이화여자대학교 정보대학원 최고관리자 과정 졸업자를 대상으로 「남북관계와 김정일 정권에 대한 인식」이라는 주제로 강연을 진행했는데, 강연의 요지를 개조식으로 기술하면 대략 다음과 같다.

**1. 남북관계와 김정일 정권에 대한 인식**

○ 남북 간에는 여전히 대결과 반목이 계속 중: 북한은 우리의 안보를 위협하는 적(敵)

○ 통일은 우리의 숙원적 과제임, 남북은 각기 다른 방식의 통일을 추구(그러나 북한은 우리와 함께 통일을 이루어가야 할 동반자)

**통일관**

① 남: 분단국 재통일, 자유민주주의에 입각한 민족공동체 건설(헌법 제4조)

② 북: 반미 민족해방, 인민민주주의 혁명에 의한 남한의 공산화

**접근방법**

① 남: 교류와 협력 → 평화정착, 신뢰회복 → 민족공동체 건설(기능주의 이론)

② 북: 남한 내 혁명(연방정부 수립) 또는 무력남침 → 공산화 통일

→ 불안한 평화가 지속되고 상호 이질화가 심화되고 있음. 이 결과 민족적 역량이 낭비되고 민주주의와 시장경제의 발전이 저해되고 있음.

## 2. 대북 포용정책(Engagement)의 의미와 추진배경 및 성과

### 가. 의미

**목표**

「평화·화해·협력 실현을 통한 남북관계 개선」

**3원칙**

① 북한의 무력도발 불용

② 흡수통일 배제

③ 남북 간 화해협력 적극 추진

○ 당장 법률적·제도적 통일을 서두르기 보다는 우선 평화의 바탕을 튼튼히 하는 가운데, 교류와 협력을 통해 호혜적인 상호의존적인 관계를 구축(평화공존관계 구축)

→ 북한의 세습적 독재권력 개혁, 대외개방으로 유도, 민주주의와 시장경제의 확산과 이를 통한 인류의 보편가치 구현, 사실상의 통일을 위한 여건을 조성

○ 이를 위해 안보와 화해협력을 병행 추진

- 제1원칙: 북한의 무력도발 억제, 전쟁의 위험을 제거, 평화와 안정의 토대를 마련
- 제2원칙: 상호 체제를 인정·존중
- 제3원칙: 상호주의 원칙에 의한 남북교류와 협력을 적극추진, 서로 도움을 주고받는 남북관계를 구축하고, 나아가 인류의 보편가치가 구현되는 통일조국을 지향

※ 대북 포용정책은 북한에 대한 환상을 갖고 있거나, 북한의 저의를

간과하는 것이 아니라, 우리의 힘을 바탕으로 북한의 변화를 이끌어 내기 위한 것

나. 추진 배경

① 탈냉전의 국제정세(전략적 파트너십 추구)

○ 구소련과 동구 사회주의권의 붕괴와 함께 20세기 후반 세계질서를 지배해 온 냉전체제가 붕괴

- 세계는 이념·체제를 중심으로 한 정치·군사적 대결에서 벗어나, 평화와 안정 그리고 공동번영을 도모 중에 있음.

- 그러나 최근 발칸 반도 유고슬라비아 코소보 사태에서 보듯이 국지적으로 민족 갈등 분출 불안요소가 증대

○ 세계적인 탈냉전 흐름에도 불구하고 한반도에서는 여전히 냉전구도가 지속

- 냉전시대에 비해 한반도의 평화와 안정은 더욱 불안

※ 북한은 체제붕괴 우려로 개혁·개방 거부 → 한반도 군사적 긴장 고취 → 동북아 전체의 평화와 안정에 부정적 요소로 작용

○ 지정학적 관점에서 볼 때 한반도의 평화는 동북아 및 세계의 안녕과 밀접히 연관

- 한반도의 평화와 안정이 흔들릴 경우, 주변 4강의 개입 가능성 증대

- 한반도 문제의 국제화가 심화되고, 우리의 의지와는 관계없이 주변 강대국에 의해 좌우될 가능성

② 북한체제의 상당기간 존속 가능성

○ 북한은 체제 자체의 구조적 모순과 구 사회주의권의 붕괴로 1990년대에 들어 체제불안이 심화(9년 연속 마이너스 경제성장)

- 경제난 심화에 따라 사회기강이 해이, 탈북 등 체제 일탈현상 증대

○ 그러나 노동당에 의한 일당독재로 정치적으로 안정을 유지하고 있으며, 조기체제 붕괴 가능성은 적음

- 유일사상, 다중적 통제감시 체제, 외부정보 유입의 차단, 조직적 저항세력 부재, 자유민주주의에 대한 인식·경험 전무 등

  → 대북압박정책에 「벼랑 끝 전술」과 도발위협 등으로 대응

③ 우리의 주도적 노력 필요성

○ 남북 간 체제경쟁은 이미 끝난 상황

- 우리의 성숙한 민주주의와 시장경제를 바탕으로 일당독재·사회주의 경제체제를 개혁·개방으로 주도해 나가야 할 상황

○ 분단비용, 통일비용의 최소화

- 긴장의 확대재생산을 방지하면서, 화해협력을 통해 민족의 복리를 도모해 나갈 필요

- 대북 군사적 억지의 군사 중심에서 「경제문제」 중심으로 전환토록 유도

○ 우리가 남북관계를 주도하지 못할 때, 북한의 「벼랑 끝 전술」에 끌려다니게 되고, 한반도문제의 국제화 심화

※ 방관자적 자세는 우리 자신, 나아가 남북 민족 장래에 대한 책임을 방기하는 것

다. 대북 포용정책의 주요 성과

○ 힘의 우위의 남북관계가 대결·갈등구도에서 협력·의존구도로 전환될 수 있는 가능성 조성

- 금강산 관광사업 성사, 현재 약 55,000명이 금강산 관광

- 1998년 남북경협 등을 위해 방북한 인원은 3,317명(1989~1997년까지 총 9년 간 방북인원 2,408명)
- 올해 들어 3·31까지 607명이 북한을 방문(전년 동기 228명에 비해 약 3배 증가)

○ 한반도 평화환경 조성에 있어서의 진전

- 판문점 장성급 회담 성사, 중단 7년 만에 정전체제 관리를 위한 대화채널 재개
- 4자 회담에서 2개 분과위 구성과 운영절차에 합의, 실질문제 토의를 위한 기반 마련

○ 북한은 계속 대남 적대적인 자세를 고수하고 있으나, 경제난 타개를 위해 대남 자세변화 불가피

- 남북당국 간 대화 기피입장에서 벗어나, 「남북 고위급정치회담」 개최를 제의(2.3)
- 제한적이기는 하지만, 우리와의 다각적인 교류협력에 호응

○ 비록 제한적이나 북한도 개혁·개방으로의 변화 조짐을 보이고 있음

- 헌법개정(1998.9.5) 시 경제관련 조항에 가격·원가·이윤 등 시장경제적 요소 도입
- 경제관료 등에 대한 자본주의 경제·경영교육 실시, 해외에서 1997.8 이후 총 15개의 프로그램 시행중

## 3. 남북관계 전망 및 향후 대북정책 추진방향

### 가. 남북관계 전망

○ 탈냉전의 세계정세로 보아 북한도 대남전략의 유연성 변화는 불가피

① 핵개발 시설을 은닉한 것으로 보이는 금창리 지하시설문제를

비롯한 미·북 간 주요 현안이 어느 정도 해결 기미 → 남북대화 여건 조성

② 북측은 기존의 남한당국 배제입장에서 벗어나, 지난 2월 3일 비록 전제조건이 있기는 하지만 남북고위급 정치회담을 제의 → 일단 대화의사가 있는 것으로 평가

③ 미국·일본 등 우방을 비롯한 전 세계가 대북포용정책을 적극 지지, 대북 포용정책 본격 추진의 토대

※ 대내적으로 70% 이상의 국민이 대북포용정책을 지지

④ 한국이 인도적 견지에서 추진 중인 대북비료 지원도 남북 화해 분위기 조성에 기여할 것으로 전망

⑤ IMF관리체계 극복으로 우리 경제력 회복 → 적극적인 대북정책 추진력 확보

○ 그러나 북한의 대남기본노선에는 변화가 없으며, 아직 부정적 요소들이 잠재, 돌출변수로 대두될 가능성도 여전함

- 최근 코소보사태로 미국과 러·중 간에 갈등이 증대되고 있는 것도 대북정책의 추진에 부정적으로 작용할 가능성

### 나. 향후 대북정책 추진 기본방향

○ 1월 4일(1999년) 국가안전보장회의 시 대통령께서 강조하신 ① 한반도 평화와 안정의 증진 ② 북한과의 화해협력 ③ 국제적 지지와 공조체제 유지 등 안보 3원칙에 입각, 대북정책을 추진 : 북한의 무력도발 불허

○ 무엇보다 한반도의 평화와 안정을 공고히 하는데 최선을 경주

- 한·미연합 방위태세를 바탕으로 대북억지력을 강화

- 금창리 지하시설문제 타결을 토대로 미사일 시험발사 등 당면과제

를 평화적으로 해결하는데 주력

- 한반도 평화와 인정을 확보하기 위한 근본적인 방도로서 유관 국가와의 긴밀한 공조 하에 한반도 냉전구조의 해체를 위한 포괄적 접근을 추진

○ 확고한 안보를 바탕으로 대북포용정책을 일관되게 견지, 남북 화해협력 구도를 정착시키고 북한의 대남 의존도를 제고

- 남북교류협력과 대북지원을 꾸준히 추진, 남북 간 화해협력 분위기를 조성

- 이산가족문제 해결과 당국 간 대화 재개를 본격 추진

※ 북한의 긍정적 변화에 대해서는 이익을 주고, 도발 등 부정적 요소에 대해서는 단호히 대처, 북한의 변화를 유도

## 4. 맺음말

○ 통일은 과거로의 회귀 또는 영토나 주민의 단순한 통합을 이루자는 것이 아님

- 우리 민족 모두의 보다 나은 삶이 구현되는, 인류의 보편가치가 구현되는 새로운 민족국가를 이루는 것임(New Nation-State Building)

○ 이를 위해서는 무엇보다 한반도의 평화를 튼튼히 하는 것이 중요

- 나아가 남북 간 냉전적 적대관계의 해소 없이 진정한 평화와 안정, 민주주의와 시장경제의 발진을 이루는데 한계가 있을 수밖에 없다는 점을 인식할 필요.

○ 남과 북이 평화공존의 관계를 정착시키고 상호 이익과 민족의 복리를 도모해 나가야 할 때

- 비록 시간이 걸리기는 하겠지만 대북포용정책은 반드시 훌륭한 성과를 거둘 수 있을 것으로 생각

○ 노동당의 통일 정책

- 「반미·민족 해방투쟁」, 「사회주의와 자본주의 간의 치열한 계급 투쟁」, 「김일성 주체사상에 의한 전국 일색화」 등 고루한 혁명주의 포기를 확인하며 점진적 접근

이 강연을 한 다음날(4월 20일) 아침의 일이다. 나는 평상시와 같이 기상과 동시에 집사람이 전해주는 국내 주요 일간지 몇 장을 펴 보았다. 나보다 앞서 신문을 훑어보던 집사람이 "어제 무슨 얘기를 했기에 이야단입니까?" 하는 것이었다. 몇 개 신문에 동일한 기사가 실려 있었다. 동아일보는 「햇볕론 : 주무장관이 대북 강성 발언」이란 표제를 달고 "작심한 듯 북한정권은 반드시 붕괴시켜야 한다고 강조했다"는 요지였다.

나로서는 놀랄 일도 당황할 일도 아니었다. 이런 주장을 과거 40여 년 동안 내가 주장해 왔을 뿐만 아니라, 북한의 김정일 일당이 계속 이대로 가면 긴장이 고조되고 평화가 깨질 것은 너무나 분명하지 않은가! 얼핏 뇌리에 집히는 사람이 있었다. 장상 이화여자대학교 총장이었다. 그는 김대중 대통령의 측근 중 한 분이었다. '역시 장 총장이 기자들에게

## '햇볕론' 주무장관이 對北 강성발언

康통일 "붕괴돼야할 정권"

### 포용정책 당위성 강조 공세적 비판은 아닌듯

강인덕(康仁德)통일부장관이 19일 북한에 대해 "반드시 붕괴되거나 변화돼야 한다"고 강하게 비판한 것은 그의 보수적인 대북관을 극명하게 보여준 것이다.

강장관은 16일 한국표준협회 초청 강연에서도 "북한의 체제는 실패한 체제로 우리 민족의 장래를 보장할 수 없기 때문에 반드시 변하거나 역사의 뒤안길로 물러나야 한다"고 역설했다.

강장관이 평소에도 이런 발언을 종종 해온 것으로 미루어 그의 소신인 것 같다고 통일부 당국자는 전했다. 그는 실제로 19일 강연에서 "기자들이 와있어 이런 소리를 자꾸 하면 기사화될 것 같아서 말을 하지 않으려 했지만 얘기를 조금 할까 생각한다"고 말해 '작심'을 하고 발언한 것으로 보인다.

강장관이 파문을 예상하면서도 북한을 자극할 수 있는 발언을 한 이유는 대북포용정책을 추진해야 하는 당위성과 그에 따른 정부의 고충을 강조하기 위한 것으로 관측된다.

북한 체제가 많은 문제점에도 불구하고 쉽게 변화할 것으로 예상되지 않는 만큼 인내심을 갖고 교류협력의 확대를 통한 단계적인 남북관계 개선을 추진하는 게 필요하다는 것을 설명하려 했다는 것이다. 이런 관점에서 볼 때 강장관의 발언이 공세적인 대북비판은 아니라고 할 수 있으나 북한과의 화해협력을 강조하는 현정부의 공식입장으로서는 여전히 논란의 여지가 있는 게 사실이다.

북한은 강장관이 중앙정보부(국가정보원의 전신) 국장 출신으로 80년대 초부터 한국방송공사의 사회교육방송에서 대북 프로그램을 맡아온 전력을 문제삼아 강장관 재임 중에는 남북대화를 하지 않겠다는 의사를 여러 차례 밝힌 바 있다.

〈한기흥기자〉

eligius@donga.com

나의 대북 강성발언을 보도한 동아일보 (1999년 4월 20일자)

무엇인가 얘기한 것이 아닐까?' 하는 생각을 했다. 그 후 NSC 상임위원회 장에서나 또는 국무회의 장에서 김 대통령은 물론 김종필 총리, 임동원 안보외교수석 그 누구도 내 강연에 대해 비판하는 사람은 없었다.

그렇다고 청와대 대통령 주변 인물들이 내 행동이 자신들에게 긍정적이라고 높이 평가하는 사람도 없었을 것이라는 것은 불문가지의 일이었다.

# 북한 매체의 나에 대한 원색적 비난

이런 강연은 해가 바뀌어 1999년 봄에도 계속 되었다. 그런데 위에서 기술한 이화여자대학교 정보대학원 졸업자들의 모임에서 행한 내 강연 내용에 '놀란 듯한' 기사가 국내 신문에 보도되자, 북한 노동당 대남 선전 매체들은 방송과 신문을 동원하여 나에 대해 격렬한 비난을 쏟아냈다.

## — 나에 대한 북한의 비난과 해임 요구

북한 노동당 기관지 『노동신문』은 5월 5일, 5월 7일, 5월 10일 연이어 게재된 나에 대한 비난 기사—"왜 김대중 대통령은 강인덕을 통일부 장관에서 해임시키지 않는가?"—라는 요지의 악랄한 비난을 계속했다 (265~266쪽 참조).

나는 이와 같은 북한 당국자들의 비난에 성낼 이유도, 반박할 이유도 없었다. 이런 비난은 내가 장관에 취임한 직후부터 조선중앙방송을 통해 여러 차례 있었고, 특히 가을이 되어 계절풍이 남쪽 방향으로 불기 시작하자 예년처럼 대남 삐라 살포 작전을 전개하여 나를 민족 반역죄로 처단해야 한다는 삐라를 날려 보냈는데, 이 삐라는 성북구 정릉 내 집 마당에까지 수십 장이 떨어지기도 했다.

## 시급히 제거해야 할 극악한 통일의 원쑤

괴뢰통일부 장관 강인덕이 반북대결을 더욱 악랄하게 고취하고있다. 얼마전 괴뢰는 리화녀자대학교에서 한 그 무슨 《특강》이라는데서 우리 체제를 악의에 차서 헐뜯었다. 그는 《변화》요 뭐요 하면서 그 누구를 어째보려는 속심도 내뱉았다. 역도의 망발은 우리의 대화제의에 대한 공공연한 도전으로서 지금까지 우리를 자극하는 괴뢰들의 망발가운데서 가장 악질적이다. 우리는 강인덕의 망발을 절대로 용허묵과할수 없다.

위대한 령도자 김정일동지께서는 다음과 같이 지적하시였다.

《누구든지 외세를 등에 업고 외세와 〈공조〉하면서 동족을 적대시하고 반북대결정책을 추구한다면 인민들의 저주와 규탄을 받게 될것이며 력사의 심판을 면치 못하게 될것입니다.》

강인덕이 《통일부 장관》자리에 들어앉은후 한짓이란 모두 북남관계를 해치는 범죄행위뿐이다. 그가 줴친 망발만 놓고보자.

역도는 《장관》의 감투를 쓰자마자 우리의 사회주의제도를 악랄하게 헐뜯었다. 그는 괴뢰국회에서 우리 제도를 그 무슨 《병영》에 비유하여 비방하였으며 외세와의 공동의 《압력》으로 우리를 그 어디로 《유도》해야 한다는 수작까지 줴쳤다. 이것은 미국의 식민지통치를 북에까지 연장하겠다는 소리이다.

괴뢰들은 《통일부》를 《통일문제를 주관하는 부서》로 광고하고있다. 그런데 그 부서의 《장관》인 강인덕은 통일을 부정하는 망언만 일삼으며 북남관계의 악화만을 획책하고있다. 역도는 《장관》자리에 들어앉기 바쁘게 《통일보다 교류협력이 더 중요하다》느니, 《남북대화를 서두르지 않겠다》느니 하면서 선행독재자들의 《선교류, 후통일》론을 앞장에서 설교하였다.

더럽고 치사스러운 《상호주의》의 고안자도 다름아닌 강인덕이다. 나라와 나라사이에 통용되는 《상호주의》를 북남관계의 《기본원칙》으로, 《룰》로 규정한 강인덕은 《남북대화도 상호주의원칙에서 진행해야 한다》고 하면서 모처럼 마련된 베이징북남부부장급회담탁에 《상호주의》보따리를 풀어놓아 회담을 파탄시켰다. 역도는 우리의 북남 정당, 사회단체련석회의 소집제안을 《비생산적》이라고 험담하던끝에 《수용할수 없다》고 뇌까렸다. 그는 얼마전 그 무슨 《조찬강연회》라는데서도 그따위 반대화, 반통일적 망발을 늘어놓았다.

미군철수문제는 우리 민족의 자주권, 존엄과 관련되는 중대한 문제이다. 때문에 우리는 이 문제를 《4자회담》의 의제의 하나로 제기하였다.

그런데 강인덕은 미군철수문제가 《4자회담》의 《의제로 될수 없다》느니, 《미군이 남조선에 계속 남아있어야 한다》느니 뭐니 하는 얼빠진 소리를 연해연송 줴쳐대고있다.

역도는 비전향장기수문제와 관련해서도 허튼나발을 불어댔다. 그는 《기자간담회》라는데서 《리인모의 송환으로 엄청난 피해를 본만큼 같은 실수를 되풀이하지 않을것》이라고 하였다. 북출신 비전향장기수들을 돌려보내지 않겠다는 소리이다. 비전향장기수문제해결을 가로막고 북남관계를 더욱 악화시키며 나아가서 외세와 야합하여 북침전쟁을 도발하려는 강인덕의 속심은 여기에서도 확연히 드러난다.

보는것처럼 강인덕의 입에서 나온 소리는 백이면 백가지가 다 반통일적이고 반민족적이다.

나라와 민족 앞에 저지른 이 죄악만으로도 강인덕은 력사와 인민의 준엄한 심판을 면할수 없다. 만일 남조선에 정의가 있고 공정한 법이 있다면 반북대결의식이 골수에까지 들어차 입에서 뱀이 나가는지 구렝이가 나가는지도 모르고 마구 짖어대는 강인덕은 이미전에 벌써 교수대에 매달렸을것이다. 이런 전형적인 반북대결론자, 극우반동, 통일의 원쑤인 강인덕이 아무 일없이 《통일부 장관》자리에 그냥 붙어있는것은 최대의 비정상이며 민족의 통일념원에 대한 참을수 없는 우롱이고 모독이다.

결론은 명백하다. 반공화국 대결과 모략으로 살아온 특등반공분자인 강인덕이 《통일부 장관》자리에 붙어있는 한 북남대화도, 북남관계개선도 기대할수 없다. 우리를 해치겠다고 입에 칼을 물고 접어드는 원쑤와 마주앉아 대화를 할수 없다는것이야 너무도 명백하지 않는가. 우리의 새로운 북남대화제의는 강인덕과 같은 역적배, 인간추물들의 제거를 기정사실화한것이다.

강인덕역도가 민족에게 백해무익한 오물이라는것이 더없이 명백해진 이상 남조선인민들은 이자를 당장 력사의 준엄한 심판장에 끌어내여 처단해버려야 한다. 이것은 민족의 절대적인 요구이다.

본사기자 김 정 욱

## 더이상 살려둘수 없는 극우반동

위대한 령도자 김정일동지께서는 다음과 같이 지적하시였다.

《누구든지 외세를 등에 업고 외세와 〈공조〉하면서 동족을 적대시하고 반북대결정책을 추구한다면 인민들의 저주와 규탄을 받게 될것이며 력사의 심판을 면치 못하게 될것입니다.》

극우 반북, 반대화, 반통일 분자인 《통일부 장관》 강인덕이 우리를 악랄하게 헐뜯는 못된짓을 계속하고있다.

속담에 세살적버릇이 여든까지 간다고 하였다. 원래 철들기전부터 민족반역의 길을 걸었고 조국해방전쟁시기 야밤도주한후 오늘까지 시종일관하게 반북 대결과 모략을 일삼아온 강인덕은 죽기전에는 결코 그 고약한 습성을 버리지 않을것이다.

강인덕이 괴뢰중앙정보부(《안기부》의 전신)에서 반북모략음모를 일삼은것이나 《극동문제연구소》에 들어앉아 우리를 각방으로 헐뜯고 비방중상한것 그리고 《통일부 장관》감투를 쓰고 저지른 반공화국, 반통일 행위들은 천추에 씻을수 없는 죄악들이다.

반공반북대결사상이 골수에 꽉 들어찬 강인덕은 입만 벌리면 우리를 심히 자극하는 범죄적언사를 내뱉았다.

강인덕은 세상에서 가장 우월한 우리의 사회주의제도를 악랄하게 헐뜯는데 선코에 서왔다. 그는 기회가 생길 때마다 외세와 야합하여 누구에게 《압력》을 가해 어디로 《유도》해야 한다는 망발을 거리낌없이 줴쳤다. 지난해 10월 《국회》회의장에서는 《북의 군사력을 약화시켜야 한다》느니, 《해볕정책은 북을 돕자는 나약한 정책이 아니》라느니 하는 수작도 했다. 조선반도가 《유일한 랭전지역》에서 벗어나자면 누가 《변화》되여야 한다는 낮도깨비같은 망발도 늘어놓았다.

강인덕은 통일된 이후에도 미군이 남조선에 남아있어야 한다고 지껄여대고있다. 이것은 남조선을 영원히 미국의 식민지군사기지로 내맡기고 그 머슴군으로 살며 나아가서 상전과 함께 기어이 북침전쟁을 도발하려는 흉심을 드러낸것이다.

《통일부 장관》이라는 강인덕은 북남대화를 한사코 반대하고 훼방을 노는데도 앞장서고있다. 《상호주의》물건짝을 북남회담탁에 올려놓아 북남대화를 파탄, 결렬시킨것도, 대화상대방을 《주적》으로 선포하고 이른바 남조선의 《자유민주주의체제》를 북에까지 연장해야 한다고 떠든 장본인도 강인덕이다. 명색이 《통일부 장관》이라는자가 대화를 하지 않겠다고 하고 대화상대방을 《소멸》하겠다고 이를 갈고 있으니 그가 무엇을 추구하고있는가는 불보듯 뻔하지 않는가.

지금 온 민족은 공화국 정부, 정당, 단체련합회의가 내놓은 새로운 북남대화제안을 전폭적으로 지지환영하면서 남조선당국자들이 그에 긍정적인 호응을 보일것을 요구하고있다.

그런데 보는바와 같이 강인덕은 자주와 대단결로 민족의 출로를 열데 대한 우리의 현실적인 통일제안에 우리의 체제를 허무니없이 중상비방하고 헐뜯으며 북남관계를 최악의 상태에로 몰아가는 악담을 퍼붓는것으로 대답해나섰으니 어떻게 용납할수 있겠는가.

강인덕역도야말로 작두로 목을 잘라죽여도 시원치 않을 만고역적중의 역적이다. 강인덕을 《통일부 장관》자리에 두고서는 북남관계개선도 통일문제해결도 기대할수 없다.

남조선집권자가 강인덕과 같은 반역자, 통일의 원쑤, 인간추물을 《통일부 장관》자리에 두고 《남북관계개선》이요, 《화해, 협력》이요 뭐요 하고 입질을 하는것은 언어도단이다. 그것은 통일을 갈망하는 온 겨레에 대한 우롱, 모독, 도전으로밖에 될것이 없다.

북과 남이 화해하고 단합하여 통일을 실현하자는것은 온 민족의 한결같은 지향이며 념원이다. 민족의 이 념원이 성취되자면 남조선에서 《정보원》의 변종인 《통일부》부터 해체되여야 하며 강인덕을 비롯한 극악무도한 통일의 원쑤들이 지체없이 제거되여야 한다.

본사기자 조 해 성

『노동신문』 1999년 5월 3~10일 4일 연속 비난 기사 (자료: 북한대학원대학교 도서관)

# 반통일분자를 파면시키고 대북대결정책을 민족 화해와 단결 정책으로 바꾸라

## 범민련 일본지역본부 성명 발표

일본에서 발행되는 교포신문 《민족시보》 1일부에 의하면 범민련 일본지역본부가 반통일악한인 남조선의 《통일부 장관》 강인덕이 얼마전 서울의 리화녀대에서 있은 《초청강연》이란데서 《북의 현 체제는 붕괴되거나 변화되여야 한다》느니 뭐니 하면서 《이북전복론》과 《흡수통일론》까지 서슴없이 줴친것과 관련하여 4월 25일 이를 규탄하는 성명을 발표하였다.

성명은 오늘 겨레의 통일념원이 그 어느때보다도 높아가고있는 때에 떠벌인 강인덕의 망언은 7.4공동성명에서 사상과 리념, 제도의 차이를 초월하여 민족대단결로 자주적으로 평화적통일을 이룩할것을 온 겨레앞에 한 약속을 꺼리낌없이 짓밟은것일뿐아니라 북남관계를 최악의 상태에 빠뜨리고 동족간의 전쟁도 몰아올수 있는 악담으로 꽉 차있는 떠벌임이라고 락인하였다.

성명은 북남이 화해하고 민족대단결로 조국통일을 이룩하려는 겨레의 지향을 거역하고 북남관계의 개선과 통일의 앞길에 새로운 장애를 조성한 강인덕의 망발을 반공광신자의 반통일망언으로 준렬히 단죄규탄하였다.

성명은 이런 폭언은 우연한것도 돌발적인것도 아니며 평소에 품어온 반북대결의식의 발현이라고 지적하고 문제는 현 집권자가 오래전부터 민족대결주의자로 알려진자를 《통일부 장관》자리에 앉힌것과 그자가 망언을 늘어놓은지 여러날이 지나도록 한마디의 말도 하지 않고있는것이라고 하면서 강인덕을 파면시킬것을 강력히 요구하였다. 성명은 또한 현 집권자가 강인덕의 망언에 대한 립장을 밝혀야 한다고 하면서 다음과 같이 지적하였다.

외세의 무자비한 침탈로 오늘 우리 민족은 생존권자체를 위협받고있는 상황이다. 예속이냐 자주냐, 전쟁이냐 평화냐, 영구분렬이냐 통일이냐 하는 중대한 갈림길에서 우리 민족이 살길은 오직 통일밖에 없다. 통일을 이룩하자면 대북대결정책과 외세와의 《공조》정책을 버리고 자주의 기치밑에 남북의 진정한 화해와 련대, 민족대단결정책을 펼치며 이에 걸림돌로 되는 제도적장치인 《국가보안법》을 완전폐지하여야 한다. 이와 함께 《한》, 미, 일의 3각 군사동맹체제를 해체하고 합동군사훈련도 즉시 중지하여야 한다.

그러면서 성명은 반통일적인 대북대결정책을 민족 화해와 단결정책으로 전환할것을 현 집권자에게 요구하였다.

【도쿄 조선통신발 조선중앙통신】

## 지체없이 제거해야 할 악한

남조선통치배들은 세상에서 가장 우월한 우리의 체제를 터무니없이 중상, 모독하는 언동을 계속함으로써 우리를 심히 자극하고있다. 그러한 반공화국모략선전의 돌격대로 나서서 제일 못되게 놀고있는자가 다름아닌 《통일부 장관》 강인덕이다. 그는 얼마전에도 리화녀자대학교에서 한 《특강》이라는데서 또다시 우리의 체제를 악랄하게 헐뜯었다.

우리는 명색이 북남관계문제와 통일문제를 주관한다는자가 감히 우리의 존엄높은 정치체제에 대해 이러쿵저러쿵 함부로 악담질을 하는데 대해 도저히 용납할수 없다.

위대한 령도자 김정일동지께서는 다음과 같이 지적하시였다.

《누구든지 외세를 등에 업고 외세와 〈공조〉하면서 동족을 적대시하고 반북대결정책을 추구한다면 인민들의 저주와 규탄을 받게 될것이며 력사의 심판을 면치 못하게 될것입니다.》

강인덕은 원래 지난 조국해방전쟁시기 월남도주한자로서 극우반공보수세력의 전형으로 악명을 떨쳐왔다. 그는 괴뢰 중앙정보부 대북담당국장, 심리전국장, 북문제연구소 소장, 극동문제연구소 소장 등을 력임해왔다. 이 과정에 역도는 공화국북반부에 대한 파괴암해공작과 반북모략책동의 일선에 서왔다. 강인덕은 《통일부 장관》자리에 들어앉기 바로 3일전에도 대북방송에 출연하여 우리의 정치체제를 헐뜯었었다. 경력이 보여주는바와 같이 강인덕은 민족의 화해와 단합, 통일에 백해무익한 존재로서 이미전에 제거되였어야 마땅하다.

그럼에도 불구하고 《국민》통치배들은 북남관계와 통일문제를 주관한다는 부서의 《장관》자리에 골라골라 이런 극악한 통일의 원쑤를 앉혔다. 이것은 괴뢰들에게 통일에 대한 의지가 없다는것을 보여준다.

악한은 제때에 제거해버려야 후환이 없다.

《통일부 장관》이 되여 강인덕이 저지른 죄악중의 몇가지를 보자.

강인덕역도는 북남관계개선에서 초미의 문제로 일정에 오른 비전향장기수송환문제에서 원새끼를 꼬고있다. 《과거와 같은 실수를 되풀이하지 않겠다》면서 비전향장기수들을 어떻게 하나 송환하지 않으려고 발광하고있다.

북남사이의 화해와 협력을 달가와하지 않는 역도는 《상호주의》와 같은 피상망측한 물건짝을 내돌려 모처럼 마련되였던 베이징 북남부부장급회담을 결렬시켰다.

각종 반북모략사건들을 날조하고 그것을 구실로 북남관계를 최악의 상태로 몰아가는데서도 를난 도깨비 강인덕이 앞장서고있다.

괴뢰들이 우리 내부를 교란하려고 해상과 국경연선을 통해 각종 방법으로 간첩들을 침투시키고있는것도, 동족이 겪는 일시적난관을 파괴모략책동을 강화하는 절호의 기회로 삼고 인도주의지원물자들에 독해물질들을 끼워넣는 등의 범죄행위도 강인덕과 같은 극우반공나부랭이들의 발악적책동과 떼여놓고 생각할수 없다.

사실들에서 명백한바와 같이 강인덕은 민족안에 더이상 살려둘수 없는, 또 살려두어서는 안될 간악무도한 반역자이며 천하에 악독한 통일의 원쑤이다. 따라서 이자를 제거하는것은 북남대화와 화해와 단합, 통일을 위한 선결조건으로 되고있다. 강인덕과 같은 죄악의 무리가 틀지를 틀고있는 《통일부》도 폭파해버려야 한다.

우리는 북남관계개선을 바라지만 강인덕과 같은 통일의 원쑤들과는 절대로 상종하지 않을것이다.

도깨비는 몽둥이로 짓조겨야 하듯이 극우반공보수분자 강인덕을 당장 력사의 심판대에 끌어내여 주리를 틀고 철추를 안겨야 한다. 이것은 북과 남, 해외 온 민족의 일치한 주장이다.

본사기자

## 총체적정치불신

남조선잡지 《말》이 남조선의 정치를 개탄한 글 《혼돈의 정치》를 실었다.

글은 정상적으로 처리한다면 《국회》본회의에 상정조차 되지 않을 어민들의 소득에 타격을 주고 독도의 령유권시비를 불러일으킨 남조선일본《어업협정비준안》, 공기업들을 외국자본에 고스란히 내여주는 《공기업경영구조개선 및 민영화에 관한 법률》등이 한묶음으로 《국회》에 넘어갔다고 하면서 국민들은 정치판의 뒤틀린 처사에 혐오감을 느끼고있다고 썼다.

글은 정치가 혼란상태에 빠져있다고 지적하고 다음과 같이 썼다.

야당시기 《정치근처에는 〈안기부〉(《정보원》의 전신)가 얼씬거려도 안된다》던 《국민회의》가 이제는 《정보원》의 정치정보수집은 당연하다고 주장하고있다. 《한나라당》의 변신도 또한 놀랍다. 한마디로 총체적정치불신이라 할만하다.

【조선중앙통신】

『노동신문』 1999년 5월 3~10일 4일 연속 비난 기사 (자료: 북한대학원대학교 도서관)

이처럼 나에 대한 비난은 내가 통일부장관 취임 후 내내 계속된 것이어서 나는 『노동신문』의 나에 대한 비난 기사를 통일부 출입기자들에게도 알리지 않았었다. 그런데 내가 장관을 그만둔 지 4년이 지난 후 이런

1999년이 되자 북한은 나를 규탄하는 전단지(삐라)를 살포했다.

북한 노동당의 나에 대한 비난 사실이 『월간조선』의 특집기사로 세상에 알려지게 됐다. 2004년 겨울의 일이다.

당시 나는 일본 체류 중이었지만, 세이가쿠인(聖學院)대학 측이 요청한 「동아시아연구센터」 창립과 필요한 연구 자료를 어느 정도 갖추어 놓았고, 또한 나의 대학원 강의 「19세기 말 동아시아 국제관계 - 한반도를 중심으로」에 대한 평가도 그리 나쁘지 않아 겨울방학을 서울에서 지내기 위해 정릉집으로 돌아왔다.

내 집 서재에도 수북하게 편지와 자료가 쌓여 있었기에 이를 정리하기 시작했다. 하나하나 펼쳐보며 버릴 것과 보관해야 할 신문·잡지를 구분하던 중 2005년 1월호 『월간조선』을 펴들고 목차를 넘기는데 번뜩 눈에 들어온 것이 있었다. 바로 "특별기고, 제3국 체류 북한 통일전선부 요원의 충격적 폭로 고백 - 우리는 김대중을 「수령님 전사」라고 불렀다"라는 제목의 기사였다. 이 글의 기고자는 장혜영 씨(전 북한 노동당 통일전선부 근무)였다. 나는 처음 듣는 이름이었다.

이 기사는 말 그대로 김정일이 김대중 정부를 얼마나 깔보며 하대했는가를 적나라하게 폭로한 기사였다. 김정일의 오만함이 그대로 드러난 기사였지만 얼마나 김대중 대통령을 얕보고 대남 대화를 추진했는가? 2000년 6월 남북정상회담이 개최된 전후 사정, 특히 4억 5,000만 달러라는 상상할 수 없는 거액을 안기부의 구좌를 통해 북쪽에 보내게 된 이유를 추리해 볼만한 정황을 상상케 하는 내용이었다. 하지만 이것은 나에 관한 사항이 아니기에 관련 기술은 독자 여러분이 찾아보기를 바라고, 나에 관한 부분만 원문 그대로 인용하고자 한다.

## — "강인덕을 장관직에서 쫓아내라" : 김정일의 지시 (『월간조선』 2005년 1월호)

**[특별기고] 제3국 체류 북한 통일전선부 요원의 충격적 폭로고백**

—「386 주사파는 통전부(통일전선부)의 정규군(正規軍). 우리는 김대중을「수령님의 전사(戰士)」라고 불렀다」—

"…김정일 지령하에 통전부-친북단체-남한정권이 삼위일체로 움직인다. 열린당은 통전부보다 더 잘한다. 대북 지원은 대남 공작비로 돌아간다.

…최종적으로 김대중의 지시로 1999년 5월 24일 통일부 장관직에서 강인덕이 해임됐다. 그 시간에 김정일은 강원도에 있는 갈마초대소에서 통전부 간부들과 함께 강인덕 해임 작전을 자축하는 파티를 성대히 벌였다."

여기서 그는 통전부 사업을 좀 더 진공적으로 펼칠 것을 역설하며, '안기부 해체 문제부터 결속지으라'고 큰 소리쳤다. 대한민국 대통령처럼 행세하는 그 장면을 한국 국민들이 보았다면 경악감과 함께 강한 의문을 품었을 것이다.

김대중이 대통령 취임 연설을 준비하던 그 시간에 통전부는 이미 김정일의 지시대로 '안기부 해체'에 대한 구체적인 안을 작성한 상태였으며, 그로부터 1년도 채 안된 1999년 2월경에는 안기부가 정말로 대북 기능이 약화된 국정원으로 개조됐다.

전 북한노동당 통일전선부 출신 장혜연씨의 폭로고백 기사 (『월간조선』 2005년 1월호)

김정일의 욕심은 이것만으로 끝나지 않았다. 국정원 개조 발표와 함께 책상 위에 놓인 국정원 내부조직 구성 보고서를 받아든 김정일은 "이게 무슨 해체인가? 명칭만 바꾸었을 뿐이지 내부 조직이며 악질들이 그대로 들어 있지 않은가?" 하고 보던 문건을 집어던졌다.

그러고 나서 즉시 통전부 제1부부장 임동욱을 불러 "안기부나 국정원이 뭐가 다르냐?"며 "이것으로 끝내지 말고 계속 압력을 넣으라"고 지시하였다. 그 때부터『노동신문』은 국정원 규탄으로 지면을 채웠다.

북한의 제1신문인『노동신문』은 당보로서의 기능만 수행하는 것이 아니라 통전부의 대남전략물이기도 하다. 5면은 소위 한국 국민을 대표한다는「한국민족민주전선중앙위원회」의 백서·성명·호소문들과 한국 국민들이 김정일을 열렬히 찬양한 듯 101연락소가 날조한 온갖 허위 내용들을 실음으로써 마치 북한 정부가 전민족적인 합법 통일정부인 것처럼 시위한다.

통전부는 그 5면을 발동하여 김정일의 지시대로 국정원 개조는 눈 감고 아웅하는 식의 기만이며 탈바꿈에 지나지 않는다고 국가 신문으로서는 어울리지 않는 상말을 연발했다. "이런 반통일 모략기지, 동족탄압의 본산을 그대로 두고 대화요, 화해요, 교류요 하는 것은 하지 않겠다는 것이나 다름없으니 우리도 필요를 느끼지 않는다"고 강하게 압박했다. 결국 김대중은 햇볕정책의 성과적 추진을 위한다며 자기 임기 내에 기어이 국정원의 대북 기능을 변질시켰다.

그 때부터 통전부 주요 간부들 입에서는 「3위1체(三位一體) 전략」이라는 용어가 자주 사용되었다. 특히 김대중 정권 초기 통일부 장관이었던 강인덕 제거 작전시에는 그 말이 더는 비밀이 아닐 만큼 공공연했다.

당시 김정일은 강인덕이 이화여자대학교에서 한 특강에서 우리 체제를 악랄하게 헐뜯었다면서 "중앙정보부 대북담당 국장, 심리전 국장, 북한문제연구소 소장, 극동문제연구소 소장이라는 경력을 볼 때도 대단히 마음에 안 드는 놈이니 통일부 장관 자리에서 반드시 쫓아내야 한다"고 지시했다.

통전부는 즉각 3위1체 무기를 꺼내들었다. 3위1체란 다름 아닌 통전부, 김대중 정부, 그리고 한국 내 친북 및 좌파세력의 일심체였다. 북한은 우선 『노동신문』을 통해 강인덕에 대한 반대 입장을 거듭 천명했는데, 그 논조는 단순히 규탄이 아니라 명령 같은 것이었다. 그 때의 『노동신문』 자료들을 역사의 산 증거로 여기에 그대로 옮긴다.

▲ 1999년 5월 3일자 『노동신문』 5면 사설, 「시급히 제거해야 할 극악한 통일의 원쑤」

"…강인덕이 아무 일 없이 「통일부 장관」 자리에 그냥 붙어 있는 것은 최대의 비정상이며 민족의 통일 염원에 대한 참을 수 없는 우롱이고 모독이다. …우리의 새로운 북남대화 제의는 강인덕과 같은 역적배, 인간추물들의 제거를 기정사실화 한 것이다."

▲ 1999년 5월 5일자 『노동신문』 5면 사설, 「더 이상 살려둘 수 없는 극우반동」

"…남조선 집권자가 강인덕과 같은 반역자, 통일의 원쑤, 인간 추물을 「통일부 장관」 자리에 두고 「남북관계 개선」이요, 「화해협력」이요 뭐요 하고 입질을 하는 것은 언어도단이다. …강인덕을 비롯한 극악무도한 통일의 원쑤들이 지체 없이 제거되어야 한다."

▲ 1999년 5월 7일자 『노동신문』 5면, 범민련 일본지역 본부 성명, 「반통일분자를 파면시키고 대북 대결정책을 민족 화해와 단결정책으로 바꾸라」

"…현 집권자가 오래 전부터 민족대결주의자로 알려진 자를 「통일부 장관」 자리에 앉힌 것을 문제시하며 강인덕을 파면시킬 것을 강력히 요구…."

▲ 1999년 5월 10일자 『노동신문』 5면 사설, 「지체 없이 제거해야 할 통일의 원쑤」

"…악한은 제때에 제거해 버려야 후환이 없다. …도깨비는 몽둥이로 짓조겨야 하듯이 극우반공보수분자 강인덕을 당장 력사의 심판대에 끌어내여 주리를 틀고 철추를 안겨야 한다, 이것은 북과 남, 해외 온 민족의 일치한 주장이다."

한편 통전부는 『노동신문』과 동일한 내용을 26연락소가 운영하는 「서울에서의 구국의 소리방송」을 통해 '한국민족민주전선 중앙위원회' 이름으로 한국 내 친북 및 좌파세력들에게 거의 매일 방송으로 지시했다.

그들은 북한과 한 목소리로 "북남관계의 개선과 통일의 앞길에 새로운 장애를 조성했다. 걸림돌이다" 하는 식으로 강인덕 퇴진 캠페인을 벌였으며, 최종적으로 김대중의 지시로 1999년 5월 24일 통일부 장관직에서 강인덕이 해임됐다. 그 시간에 김정일은 강원도에 있는 갈마초대소에서 통전부 간부들과 함께 강인덕 해임 작전을 자축하는 파티를 성대히 벌였다…. (후략)

나는 나에 관한 장혜영 씨의 『월간조선』 폭로 기사를 읽으면서 장관 시절 북한에 대해 취했던 나의 정책이 옳았음을 다시 한번 느꼈다.

"남북대화는 협상이 아니라 바로 '투쟁'이다. 때문에 전장에 임하는 태도로 북측에 대응해야 한다. 철저하게 「상호주의」를 지켜야 한다. 결코 저들에게 일방적 양보나 약점을 보여서는 안 된다. 혁명으로 남한을 뒤집어엎고 적화통일 하겠다는 북한 노동당의 전략은 김일성 시대나 김정일 시대 아무런 변화도 없다. 내가 장관직을 그만둔 후 "김대중 대통령의 노벨상 수상을 위해 4억 5,000만 달러라는 거액을 현금으로 그것도 중앙정보부가 나서서 김정일 비밀구좌에 송금했다"는 기사가 연일 게재되었다. 나는 김정일에 대한 분노보다 대북 지원이나 남북 협조를 강조했던 김대중 정권 주변 인물들에게 격앙된 목소리로 거친 비판을 토하지 않을 수 없었다.

제
7
부

# 2000년대 이후

지금도 여전히 그 때 그 모습을 간직한 나

8

# MD 참여와 국가안보

## 21세기 국가생존을 위한 '대전략'의 이해

휴전 후 지난 60여 년간 우리 군(軍)의 작전계획은 동맹국인 미국과의 상호협력의 기틀로 구축되었다. 이미 우리나라 영토 내에 주한 미군이 운용하는 사드(THAAD)가 배치되어 있다. 따라서 한미 전략자산 전개를 위한 공동시스템이 구축되어야 한다. 더 이상 주저하지 말고 MD(미사일방어체제)에 참가해야 한다(이하는 2001년 6월호 『극동문제』에 기고한 칼럼이다).

지난(2001년) 5월 14일 콜린 파월 미 국무장관은 CNN방송과의 단독회견에서 다음과 같이 언급하고 있다.

"우리는 일이 순조롭게 진행돼 적절한 시기에 북한을 포용하는 것이 중요함을 이해하고 있다……. 북한과의 대화는 정책검토가 완료된 후 우리가 선택하는 시간과 장소에서 재개될 것이다……. 부시 대통령은 지난 3월 7일 워싱턴에서 열린 한·미 정상회담에서 김대중 대통령의 대북 화해노력과 햇볕정책에 대한 지지를 표명하고 우리가 대북 포용정책을 재개할 것임을 밝힌바 있다. 그러나 당시에는 새 행정부가 대북정책을 검토중이었기 때문에 대화를 재개할 태세를 갖추지 못했었다……. 부시 행정부가 대북정책 검토를 끝낸 이후 어떠한 대북 감시 및 검증 체제가 필요한지, 그리고 북한의 향후 행동 가능성을 확실히 파악한 후 북한과의 대화에 나설 것이다……."

위에서 인용한 파월 국무장관의 언급에 미루어 대북정책 검토가 끝나면 미국이 선택한 시간과 장소에서 북한과의 대화를 재개한다는 것이 부시 행정부의 기본정책으로 보인다.

문제는 머지않아 재개될 북·미 대화가 그동안 한국과의 협의에서 논의되었던 방향, 즉 지난 5월 9~10일 서울을 방문했던 리차드 아미티지 미 국무부 부장관에게 우리 정부당국이 권고했던 그 방향대로 진행된 것인가 하는 것이다.

지난 5월 14일 임동원(林東源) 통일부장관이 아미티지 부장관에게 권고한 내용은 대략 다음과 같은 것이다. 첫째, 지난 5월 8일 한국정부는 긴급 국가안전보장회의(NSC) 상임위원회를 열고 ① 미국의 미사일방어(MD) 구상과 북·미 협상의 병행 ② 남북 및 북·미관계 상호 보완추진 ③ 북한에 대한 포괄적 접근 ④ 북한의 대미관계 개선의지의 활용 등 4가지 방향을 권고키로 결정한 바 있었다.

둘째, "미국이 MD구상과 북·미 협상을 병행하되, 만일 북·미 협상이 실패한다면 이것을 MD추진의 논리적 근거로 삼을 수 있고, 협상이 성공한다면 미국이 동북아평화를 위해 노력한다는 모습을 보여줄 수 있지 않느냐"는 말로 설득했다. 이에 대하여 아미티지 부장관은 "이해할 수 있다"는 반응을 보였다.

셋째, 북·미관계에 있어 지금까지 미국은 안보대화에 집중해왔다. 그러나 이제부터는 근본적인 문제해결을 위해 수교를 최종 목표로 포괄적인 접근을 해야한다.

넷째, ▲북한이 대미관계 개선을 제1의 목표로 삼고 있고 ▲김정일 국방위원장이 통일후에도 주한미군 주둔을 용인했으며 ▲최근 장거리 미사일 실험발사를 2003년까지 유예했고 ▲6·15 남북정상회담 이후 남북관계 기본틀이 갖춰졌다는 사실 등을 보면 북한의 자세가 유연해진 것이 사실이므로 이 기회를 활용해야 한다.

위에서 지적한 우리정부의 '대미권고'에 미국이 전적으로 동의하고 북한과의 대화를 재개한다면 우리로서는 더 이상 바랄 것이 없을 것이다. 그러나 미국이 우리 정부의 권고에 따를 것인지는 분명치 않다.

## 부각되는 새로운 과제

그런데 여기에 새롭게 검토해야 할 문제가 대두했다. 5월 9~10일 방한했던 아미티지 국무부 부장관의 실제 방문 목적은 우리 정부의 '권고'를 듣기 위한 것뿐만 아니라 우리에게 '설명해야 할 새로운 문제'가 있기 때문이었다.

이 새로운 문제란 무엇인가? 그것은 부시행정부가 채택한 새로운 안보전략과 국방정책이다. 아미티지 부장관은 우리에게 다음과 같은 안보개념인 '전략적 틀(strategic framework)'을 설명하고 우리측의 '이해'를 구했다.

미국이 채택한 '전략적 틀'이란 다음 4가지로 구성되었다.

① 불량국가(당연히 북한 포함)의 핵무기 제조 금지 및 탄도미사일의 개발·수출금지를 목표로 한 기존의 대량살상무기의 비(非)확산(non-proliferation)

② 핵무기·탄도미사일·생화학무기 등에 대한 선제공격(先制攻擊)을 상정한 대량살상무기의 반(反)확산(counter-proliferation)

③ 미사일방어(MD: missile defence)체제의 구축

④ 미국이 보유하고 있는 핵무기는 최저수준으로 일방적 감축

위의 4가지 내용으로 구성된 '전략적 틀'을 다시 한번 음미해 보면, 우선 핵·미사일·화학무기 등 대량살상무기의 개발·수출·기술이전을 막기 위해 관련국가를 상대로 '비확산 노력'을 기울이겠지만, 이러한 외교적 노력에도 불구하고 일부 깡패국가(Rouge State)들이 말을 듣지 않고 위협을 증가시킬 경우 미국은 이들을 징계하기 위한 '반(反)확산=선제공격'을 감행하거나 또는 '미사일방어(MD)'를 통해 미국과 동맹국 또는 우방국가를 보호할 계획이라는 것이다.

「'반확산'이 국제법 위반은 아닌가 하는 비난이 발생할 경우 어떻게 할 것인가」에 대하여 미국측은 "국가 자위권을 확대 해석하는 것이 국제법의 추세"라는 입장을 취하고 있다. 제임스 켈리 국무성 아시아·태평양담당 차관보는 5월 10일 우리 정부 관계자와의 회의에서 "우리는 어떤 결론을 갖고 온 것도 아니고, 한국측의 동참(MD체제에 대한)을 강요하러 온 것도 아니다. 다만 MD체제 구축 필요성을 강조하고 한국측의 이해를 요청한 것뿐"이라고 하였다.

이러한 미국측의 설명에 대해 우리 정부는 "미국이 새로운 국제안보 위협에 대처하기 위해 MD계획을 추진해야 하는 환경과 입장을 충분히 이해한다"고 일단 정부의 뜻(긍정? 부정?)을 표시하고 앞으로 동맹국 및 관련국과의 긴밀한 협의를 강조했다.

그러나 MD 문제는 결코 단순한 문제가 아니다. 이 문제가 남북관계뿐만 아니라 한·미 양국간의 동맹관계 나아가 동북아시아의 전반적인 국가관계에 거대한 파장을 불러일으키게 될 것이다. 그런가 하면 MD계획을 위요하고 우리 정부가 그 초보적인 모양을 갖추게 되는 2005년까지 기다릴 수 있는 문제도 아니다.

아미티지 부장관이 우리측에 내보인 부시 행정부의 국방정책을 보면 금년 가을 내에 MD계획과 관련된 새로운 조치가 우리나라 주변에서 일어날 것이 거의 확실시되고 있다. 5월 10일 아미티지 부장관이 김동신(金東信) 국방부장관을 만나 풀어놓은 부시 행정부의 새로운 국방정책(전략) 내용을 보면 이같은 사실을 알 수 있다. 그는 우리측에게 다음과 같이 말했다.

첫째, 미국이 검토하고 있는 새로운 국방전략의 핵심 관심대상은 동아시아이다. 이 지역에 위치한 한국, 중국, 일본, 그리고 동남아제국의 경제력은 유럽 전체의 경제력보다 커지고 있지만, 동시에 분쟁발생 가능성도 그만큼 높은 지역이다. 반대로 과거 분쟁 우려지역이었던 유럽은 소련연방의 붕괴로 전반적으로 안정되었고 중동지역도 이라크가 분쟁을 촉발하지 않는 한 전쟁 발발 가능성은 낮아졌다. 이에 따라 '2개 규모의 전쟁'에서 동시에 승리한다는 이른바 '윈윈전략(win-win strategy)'을 폐기하고 아시아 중심으로 군사력을 개편해야 한다. 이것이 부시 행정부의 군사전략의 기본적인 관점이고 원칙이다.

둘째, 또 다른 하나의 관점과 원칙은 현재 한국과 일본에 배치된 많은 미군을 고정적으로 배치하는 것을 지양(止揚)하는 것이다. 새로운 과학기술의 도입으로 미군의 화력과 기동력이 크게 높아졌으며 따라서 해군과 공군 중심의 소수정예부대가 작전수행에 유리하게 되었다. 또한 해외에 많은 군사력을 고정적으로 배치하는 방식으로는 급한 상황이 발생했을 때 대응하기 어렵다. 이제부터는 해외주둔 미군을 줄이고 그 대신 기동성과 화력을 크게 향상시킨 '신속배치 전력(Rapid Deployment Forces)'을 구성, 분쟁지역에 신속히 배치함으로써 초강대국으로서의 영향력을 유지해야한다. 현재 미국에서 시험가동중에 있는 2개 여단이 그 방향을 보여준다. 400대의 신형 LAV-3장갑차량과 첨단 지휘통제 장비를 갖춘 3000명 규모의 독립 작전여단과 같은 새로운 부대편성이 필요하다. 내년부터 2010년까지 6~8개 여단이 실전 배치될 것이다. 이 신형

여단은 전세계 분쟁지역에 '보다 강력한 부대를 보다 빨리 보내겠다'는 미군의 신전략에 따라 창설된 것이다. 때문에 이 부대를 '잠정여단전투팀(Interim Brigade Combat Team)'이라 불린다.

위와 같은 새로운 군사전략에 의해 머지않아 주한미군의 병력과 편제는 크게 변할 가능성이 높다. 토머스 슈왈츠 주한미군사령관도 지난 3월 미의회 청문회에서 "산악지형에서의 작전능력이 뛰어난 1개 고(高)기동여단의 한반도 배치가 필요하다"고 말한바 있었다.

또한 군사전문가들은 '윈윈전략'의 폐기에 따라 유사시 전면전에 대비하여 작성된 한미연합작전계획인 '작전계획 5027'을 불가피하게 수정될 수밖에 없다고 지적한다.

현행 '작전계획 5027'은 전쟁발발 90일 이내에 '시차별 부대전개제원(TPFDD)'에 따라 한반도에 배치되는 69만명의 병력과 5개 항공전투단을 비롯한 함정 160여척과 항공기 1600여대 등 대규모 미군증원에 절대적으로 의존하고 있었다. 그러나 윈윈전략이 폐기되고 새로운 군사전략이 적용되게 되면 그 규모도 크게 줄어들게 될 것이다.

뿐만 아니라 MD계획이 완성되기까지의 기간에 불량국가의 미사일 위협에 대응하기 위하여 우선 해군전력을 이용한 미사일 방어계획을 실험하게 될 것이며, 그 일환으로 북한의 대포동 미사일 공격에 대응하기 위해 동해에 이지스함을 배치할 계획이라고 한다.

영국의 군사전문지인 『제인스 디펜스 위클리』(2001년 4월 18일자)는 '구체화하는 탄도미사일방어(BMD)계획'이라는 제목의 기사에서 "2005년 초로 예상되는 국가미사일방어(NMD)체제의 실전배치 이전에 단기적인 대책으로 이같은 방안이 제시되었다"고 보도했다.

이 '이지스함의 전진배치를 통한 대포동 미사일 요격'은 미 해군이 종래부터 추진했던 '광전역(廣戰域) 미사일방어(Navy Theater Wide)'체제를 보다 확대시킨 것을 말한다. 북한의 함경북도 대포동에서 발사된 미사일을 제2단계 제트로켓 엔진이 점화되기 이전에 요격한다는 개념이다. 미사일은 발사 직후 속도가 느리고 탐지도 쉬워 요격을 위한 고난도 기술이 필요하지 않다. 미 해군에서는 이러한 방식을 '발사-탐지-요격(Shoot-Look-Shoot)'의 개념으로 설명하고 있다.

미 해군은 올해 안에 두 차례의 요격실험을 비롯하여 오는 2003년까지 50차례의 실험을 실시할 예정인데, 실전 배치방안은 크게 두 가지이다.

첫 번째는 이지스함 2척을 북한연안에서 20~50km 떨어진 해상에 배치하는 방안이고, 두 번째 방안은 4~5년 내에 14~18억 달러를 들여 50개의 SM-3 블록1 요격미사일을 탑재한 이지스급 구축함 2척을 150~550km 떨어진 해상에 배치하여 대기권 밖에서 대포동 미사일을 요격하는 것이다.

이처럼 부시 행정부의 새로운 군사전략이 급속하게 그 모습을 드러내고 있는데, 이에 따라 한반도에서의 기존의 작전개념과 배치 병력규모는 필연적으로 변화될 수밖에 없을 것이다.

## 확고한 '국가전략'을 수립해야

그렇다면 우리는 이와 같은 부시행정부의 기본적인 전략변경에 어떻게 대응하여야 할 것인가?

첫째로 부시행정부의 대북정책과 관련한 대책이다. 필자는 한·미 양국의 대북정책상의 상호관계를 다시 한번 검토해야 한다고 생각한다. 다시 말하면 작년 6·15 남북정상회담 이후 남북관계가 침체된 이유를 미·북관계가 악화된 때문이라는 김정일 국방의원장의 말을 그대로 믿을 수 있는가 하는 것이다. 그의 말대로 미·북관계의 침체가 남북관계의 침체를 초래하고 있다면, 역으로 미·북관계가 개선된다면 남북관계도 개선하겠다는 것인가 하는 것이다. 이러한 논리는 "북한의 남북관계 개선 노력은 한낮 대미관계 개선을 위한 지렛대 확보에 불과하다"는 견해를 그대로 시인하는 결과로 되는 것이다.

이러한 논리로 본다면 가까운 시일 내에 남북관계 개선은 거대할 수 없을 것이다. 왜냐하면 부시 행정부는 "미국이 선택한 시간과 장소에서 지속적 감시와 검증 체제하에서만 북한과의 대화를 시작할 것"이기 때문이다. 이렇게 되면 남북대화는 북한과 미국 간에 밀고당기는 지루한 회담 진행에 의해 지연될 수밖에 없을 것이며, 결국 북한의 '선 대미대화, 후 남북대화' 전략에 의해 뒤로 밀릴 수밖에 없다.

특히 한국의 경제사정의 악화로 북한에 제시했던 대북지원(작년 3월 베를린선언에 서 언급한)이 불가능한 것이 확실하다고 북한당국이 판단할 경우 과연 남북대화에 적극적으로 임할 것인가 하는 문제를 간과할 수 없다.

둘째로 MD구상과 관련시켜 볼 때 향후 상당기간 북·미관계가 경색될 것이 예상되는데 이런 상황 하에서도 남북대화가 활발하게 전개될 것인가 하는 것이다. 필자의 생각은 지금 김정일 위원장이 남한당국에게 기대하는 것은 '우리정부가 나서서 북한을 깡패국가로 규정하고 MD계획을 추진하려는 부시 행정부를 설득하여 대북 적대행동을 중지시켜 달라'는 것일 것이다.

그러나 과연 미국이 우리 정부의 설득으로 MD계획을 중단하겠는가? 그렇지 않아도 부시정부는 북한을 테러지원국가로 재규정하여 북한의 ADB가입 희망을 묵살했다.

이렇게 보면 미국이 새로 발표한 '안보의 틀'이나 '신국방전략'이 공히 북·미 대화를 저해하는 주요인으로 작용하게 될 것이며, 이는 남북관계에도 부정적 영향을 미치게 될 것이다. 필자는 지금 우리는 남북관계 개선 문제보다 한·미관계의 새로운 관계를 직시하고 필요한 대책을 서둘러야 한다고 생각한다. MD계획에 대해 '언제까지 긍정도 부정도 아닌 모호성'(NCND)을 지속할 수 있겠는가?

지금이야말로 지난날의 역사를 되돌아보며 21세기에 우리나라가 생존할 수 있는 길이 무엇인가를 심사숙고해야 할 때이다. 남북분단이 지속되는 상황에서 북한은 당연히 대륙경사(大陸傾斜) 정책을 취할 것이고 남한은 불가피하게 해양경사(海洋傾斜) 정책을 취할 수밖에 없다.

혹자는 그래서 남북이 화해·협력하여 민족자주의 길을 걸어야 하지 않는가, 아니면 미·중·러·일 4개국 관계에서 중립적 길을 택하면 되지 않겠는가 하고 말한다. 그러나 현재의 주변 국제관계를 고려할 때 지극히 '한가한 소리'라고 아니할 수 없다.

지금이야말로 우리는 21세기를 향한 「대전략(Grand Strategy)」을 생각할 때이다. 그것은 해방이후 지금까지 확고한 동맹관계를 유지해 온 미국을 비롯한 자유민주주의 국가와의 동맹·협력 관계를 확고하게 유지하는 것이 우리나라의 기본노선임을 재확인하면서, 이에 기초한 구체적인 정책과 전략을 수립하고 보다 강한 신뢰와 유대관계를 구축하는 것이다. 모호한 태도를 오래 계속해서는 안 되며 또 그렇게 할 수도 없음을 알아야 하는 것이다.

8

# 세이가쿠인(聖學院)대학 객원교수 13년

1999년 6월 도일(渡日)할 때만 해도 13년간이라는 오랜 세월을 일본에서 보내리라고는 전혀 생각지 못했다.

김대중 정부의 초대 통일부 장관을 그만두던 1999년 5월 24일 사임 기자회견 자리에서 퇴임 후 계획을 묻는 기자 질문에 "1년여 동안 IMF 관리 하에 그리고 급변하는 국내외 정세 속에서 대북정책을 감당하다 보니 강한 피로감을 느낀다. 때문에 한 1년 정도 미국이나 일본에 가서 쉬면서 건강도 회복하고 지난 일도 정리하려 한다"고 답했다. 다음날 신문에 이 말이 그대로 보도됐다.

## 일본인 친구들의 적극적인 방일 권유와 지원

사실 나는 1960년대 중앙정보부 근무시절 더 없이 유리한 미국유학 기회를 잡았지만 상사들이 사직원을 받아주지 않아 유학을 포기하지 않을 수 없었기에 고희를 눈앞에 두었지만 미국대학에 가서 풀지 못한 미국 유학의 소원을 풀어볼까 하는 생각도 없지 않았다.

그런데 기자회견을 한지 2~3일이 지날 무렵 일본 도쿄(東京)에서 걸려온 전화를 받았다. 전화한 사람은 20여 년 전 서울유학 시 몇 차례 만나 북한문제로 의견교환을 했던 스즈키(鈴木) 교수였다. 그는 다짜고짜

"장관님의 기자회견 기사를 읽었습니다. 먼 미국에 가셔서 쉬는 것보다 가까운 일본에 오시면 어떻습니까? 제가 재직하고 있는 세이가쿠인(聖學院)대학은 학교는 작지만 기독교 신자인 장관님이 와 계시기에 가장 알맞은 대학이라고 생각됩니다. 한림대학교에 계시는 지명관(池明觀) 교수가 일본에 계실 때 이 대학과 밀접한 인연을 맺기도 했습니다. 오시겠다면 즉각 학교 당국과 의논하겠습니다"라는 요지였다.

스즈키 교수의 전화를 받으면서 몹시 당혹스럽기는 했지만 그의 말이 진실성이 짙었기에 나는 얼떨결에 "그렇다면 일본에 가볼까?"라고 애매모호한 답변을 하지 않을 수 없었다.

전화를 받은 지 2~3일이 지난 후 나는 스즈키 교수의 성의를 생각해서라도 「세이가쿠인대학」이라는 생소한 이 대학에 대한 정보를 알아봐야 되겠다고 생각하고 고등학교 선배인 지명관 교수(평고 30기)에 전화를 걸었다. 그랬더니 지 선배는 자세하게 세이가쿠인대학에 대해 알려주었다. "2년제 단기 신학대학에서 4년제 종합대학으로 바뀐 지는 십 수 년밖에 되지 않았지만 동경 시내 고마고메(駒込)에 있는 세이가쿠인(유치원, 초등, 남·녀 중고등학교)은 미국 선교사가 근 100년 전에 세운 명문교이고 일본에서 드물게 보는 전통적인 기독교 미션스쿨"이라는 말씀이었다.

그 후 1주일이 지날 무렵 스즈키 교수로부터 "제가 일방적으로 학교 이사장과 의논했는데 정식으로 초빙키로 결정했고, 당장 금년 9월에 시작하는 가을 학기에 선생님이 하고 싶은 강의를 대학원에서 개설하도록 했습니다"라는 것이었다. 스즈키 교수의 전화 내용은 마치 나에게 일본에 와야 한다는 압력 같은 느낌마저 들게 하는 통화였다. 이쯤 된 이상 일단 미국에 갈 생각은 뒤로 미루고 우선 일본에 가서 현장을 보고 가부를 결정해야 되겠다는 생각을 하고 그 해 6월말(1999년) 도쿄에 갔다. 나는 세이가쿠인대학을 방문하기에 앞서 가까운 일본 친구들의 조언을 얻기로 했다.

특히 내가 중앙정보부에서 북한과장을 담당하던 1967~1968년 당시 오키나와 반환을 위한 미·일 회담을 지원하기 위해 헨리 키신저(Henry A. Kissinger) 박사와 긴밀한 협력을 추진했던 스에츠구 이치로(末次一郎) 선생을 만나야겠다고 생각했다. 선생은 1922년생이니 나보다 10년 연상이었다. 스에츠쿠 선생은 일본 보수계 거물로 러시아로부터 북방 4개 섬의 반환을 위한 교섭에 열중하고 있었다.

내가 통일부 장관을 재직했던 1998년 여름, 휴가를 겸하여 도쿄에 갔을 때 마침 하시모토(橋本龍太郎) 총리가 사임하고 오부치(小渕恵三) 총리가 새로운 내각을 조각하던 시기여서 일본 정부각료들은 그 어떤 외국 손님과도 만날 여유가 없는 그 때, 나로 하여금 총리를 비롯하여 관방장관, 외무상 그리고 야당 당수 등—주일 한국대사관 근무자들의 표현대로 「상상할 수 없는 정치인들과의 파격적 접견」을 알선해주면서 나에 대한 일본 정부의 융숭한 대접을 권고했던 분이 바로 스에츠쿠 선생이었다.

뒤에 알게 된 일이지만 우리들 평양고등학교 동문이라면 누구나 존경해 마지않던 고 윤덕선(尹德善, 한림대학교 창설자) 선배님이 한·일 민간 우호 협력의 확대·강화, 특히 한·일 청소년들의 우호협력을 증진시키기 위해 긴밀하게 협력해왔던 분이 바로 스에츠쿠 선생이었다.

나는 나리타(成田) 공항에 도착하여 몇몇 친구에게 일본도착을 알렸다. 그랬더니 내가 사전에 요청했던 호텔 예약에 대해서는 설명하지 않은 채 호텔이 아니라 일본 외무성 산하 해외협력사업단(ODA)에서 운영하는 외국인 전용숙소를 준비했다는 것이었다.

나는 그들이 지정해준 이치가야(市ケ谷)의 외국인 숙소로 갔다. 안내

세이가쿠인(聖学院)대학 전경

해준 방은 호텔의 스위트룸보다 작지 않은 방이었다. 컴퓨터, 전화, 책상을 갖춘 사무용 방과 침실이 분리되어 있었다. 나를 맞이한 외무성 친구는 "출입이 좀 까다로운 것이 흠이기는 하나, 조용하고 교통이 편리하고 기한 없이 한두 달 머물러도 방 값 내라고 안 할 터이니 여기 있어 달라"고 말했다.

나는 친구들의 친절에 감사를 표하고 이 숙소에 머물면서 스에츠쿠 선생을 비롯하여 1960년대 이후 30여 년간 인연을 맺은 수십 명의 현역 국회의원, 고위관료, 각 언론사의 중견기자, 논설위원, 정년퇴직한 전직 고위관리 그리고 도쿄, 게이오, 와세다 등 주요 대학 교수들과 연락하고 만났다. 그러기를 10여 일이 지난 후 세이가쿠인대학을 방문했다.

## — 세이가쿠인대학 방문과 오오키(大木英夫) 이사장과의 만남

세이가쿠인대학은 지명관 선배님의 말씀대로 도쿄 이케부쿠로(池袋)나 우에노(上野)에서 전철로 30~40분 거리인 사이타마현(埼玉県) 오오미야(大宮)시와 근접한 미야하라(宮原)시에 있었다. 규모는 작지만 전형적인 일본 전원도시에 위치해 있었고 3~4층의 낮은 거물 7~8동의 규모로 학생 수는 3,800명 내외였다.

교문을 들어서자 첫 눈에 띄는 것은 학교 본교동 건물에 새겨진 「경건과 학문(pietas et scientia)」이라고 쓴 교육 지침과 교회 중심부에 위치한 십자가였다. 신사(神社)와 불교사원의 나라인 일본에서 다른 곳도 아닌 대학에서 십자가를 세운 대학교회를 볼 수 있다니 놀랍기도 하고 반갑기도 했다. 듣던 대로 전통적인 기독교 가치관에 준거한 대학교육에 전념하는 이 대학의 특성을 피부로 느낄 수 있었다.

나는 학원장 겸 이사장이며 대학원장인 오오키 히데오(大木英夫) 박사를 만났다. 그는 나보다 4년 연상으로 태평양전쟁 때는 육군 유년학교(幼年學校)를 다녔고 전후에는 도쿄신학대학을 졸업하고 미국 뉴욕의 유니언신학대학에 유학, 제2차 세계대전 후 아이젠하워 미국 대통령의 사회·종교 분야의 고문을 역임한 라이놀드 니버(Reinhold Niebuhr) 박사에게 사사하고 귀국 후 도쿄신학대학 교수를 거쳐 학장을 지냈고 일본 종교학계를 대표하는 일본 학술원 회원이기도 하였다. 오오키 박사의 전공은 조직신학이지만 기독교 교육, 사회윤리 특히 일본의 편협한 내셔널리

오오키 히데오(大木英夫)
세이가쿠인(聖学院)대학 이사장

学校法人聖学院　2013年度新任教職員就任式　女子聖学院中学校高等学校クローソンホール　2013年3月30日

**1999년 세이가쿠인(聖学院)대학 초빙교수로 부임**
사진은 2013년 신임 교직원 취임식 장면이다.

즘을 비판하는 복음주의적 현실주의적 신학자로 유명하다. 서울의 장로회신학대학교에서 특강도 하고 새문안교회 100주년 때 특별강사로 초빙되기도 하였다.

그와의 첫 대면에서 좋은 인상을 받았다.

나는 "전원도시의 높지 않은 교사(전 교사가 3~4층 정도)가 마음에 들었다"고 말하면서 입을 열었다. 한 시간 정도 우리나라의 내정이나 남북관계 그리고 일본의 내외정세에 대한 얘기를 주고받는 가운데, 자유와 민주주의에 대한 그의 이론이 기독교 현실주의에 근거한 라이놀드 니버의 주장과 유사함을 느끼면서 도착 전 가졌던 약간의 불안의식이랄까 하는 내 심정은 다소 가신 기분이었다.

얘기가 끝나자 오오키 이사장은 "세이가쿠인대학 총합연구소에 내 방을 준비했다"고 하면서 직접 안내했다. 그리고 나서 그는 "나는 신학자로서 한국 기독교회와 일본 기독교회의 긴밀한 교류 협력을 위해 노력해왔지만, 솔직히 말해서 아직 일본 기독교계는 한국에 대한 인식이 적습니다. 강 선생이 오셨으니 이 대학 종합연구소 내에 「한반도 연구센터」를 조직하고, 우리 대학 학생은 물론 일본 기독교 젊은 교직자들이 참고할 수 있는 자료실을 만들어 주십시오. 연간 200만 엔 정도의 자료 수집비를 책정코자 이사회에서 논의 중입니다"라고 말씀하시는 것이었다.

안내된 내 연구실은 덩그러니 책상과 컴퓨터 그리고 30~40권의 일본어 국제관계 서적이 놓여있을 뿐이었다. 우리나라에서 출판한 한글책은 단 한 권도 없었다.

나는 오오키 이사장에게 "내가 있는 동안 내 힘껏 노력해보겠습니다"라고 대답했다.

## 손쉽게 해결된 일본 체류비

나는 오오키 이사장과의 대화 도중 일언반구 나의 일본 체류비용 문제에 대해 말하지 않았다. 본래 일본대학교의 경우, 외국인 연구자를 받아들일 때 특별한 경우가 아니면 체재비 일체를 자기 부담으로 하는 것이 관례이기 때문이다. 이 점을 알고 있었기 때문에 스즈키 교수의 일본초청 전화를 받으면서 체재비는 말하지 않고 "단독 연구실에 조교 한 명을 배정해달라"는 요구를 제시했을 뿐이다. 물론 내가 담당하는 강의에 대한 강사료는 일반교수보다 높게 책정해 주리라고 생각했다.

그러나 1개월이 지날 무렵부터 과연 내가 내 돈을 들여가며 이곳에 머물러야 할 이유가 있는가라는 의문이 들기 시작했다. 가능하다면 일본 체류기간 중 필요한 비용과 풍족하지는 않지만 필요한 서적을 구입할 정도의 나의 연구비를 조달해야겠다는 생각을 했다.

나는 지체 없이 일본 외무성 친구에게 전화를 걸어 내 심정을 솔직히 토로했다. 또한 스에츠쿠 선생에게 그 사실을 알렸다. 필요하다면 전화 한 통 걸어달라는 뜻에서였다. 그랬더니 그는 즉석에서 "선생님, 염려하지 마십시오. 그렇지 않아도 체류 비용을 어떻게 하시나 하고 물어보려던 참입니다. 일본에는 정부, 지방자치단체, 주요 기업에서 운영하는 각종 학술연구 지원기금이 많은데 선생님의 경우 민간기금에 요청할 필요 없이 외무성이 운영하는 「한일문화교류기금」이나 「국제교류기금」에서 제공토록 할 것이니 필요한 서류를 작성해 주십시오"라는 것이었다. 그 다음날 FAX로 신청서류를 보내왔기에 서류를 작성하여 보냈다.

그랬더니 「한일문화교류기금」에서 답변을 보내왔다. "다음해(2000년)부터 월 40만 엔 정도의 연구지원비를 지불하겠다"는 것이었다. 문제는 일본의 회계년도가 4월 1일이라는 점에서 앞으로 6개월 동안은 자비로 내 체류비를 충당하지 않을 수 없었다. 얼마 후 저녁을 함께 하게 된 스에츠쿠 선생께 내 입장을 솔직히 말씀드렸다. 그 후 며칠 지나자 스에츠쿠 사무소에서 연락이 왔다. 일본 각 현(県)에 있는 신수회(新樹會, 스에츠쿠 선생의 사조직)에서 내 강연회를 개최키로 했으니 응해달라는 것이었다. 나는 선뜻 응하겠다고 답했다. 그 후 근 2개월 간 북쪽 홋카이도, 삿포로 시로부터 남쪽 큐슈, 가고시마 현까지 10여 차례 강연을 했다.

강연한 곳마다 감사표시와 함께 과다할 정도의 강연 사례비를 지불해 주었다. 스에츠쿠 선생은 나에 대한 재정지원을 위해 강연회를 조직하고 그 사례비를 지불하는 방식으로 해결해 주었다. 1차 강연계획을 마치고 그를 만나 감사인사를 드렸더니 "무슨 말을 하시는가? 강 선생의 귀한 지식을 공급받은 우리들이 그 수고에 대한 대가를 지불하는 것은 당연한 일이 아닌가? 다시는 감사하다는 말을 하지 말아 달라"고 답하는 것이었다.

이렇게 하여 나는 「한일문화교류기금」에서 연구지원비가 나올 때까지 6개월간의 체류비용을 일시에 확보할 수 있었다. 그 후에도 나는 여러 차례 각 정당, 사회단체 또는 일본교회에서 요청한 강연회에 응하면서 상대방에게 부담을 느끼지 않도록 적당한 명분을 제시하며 필요한 지원을 제공하는 일본인의 '슬기'를 직감하곤 했다.

나는 더 이상 일본체류 걱정 없이 1~2년 정도 지낼 수 있겠다는 판단이 섰기 때문에 본격적으로 오오키 이사장이 요청한 「한반도연구센타」 설립에 착수했다. 학교 당국이 지원하는 200만 엔으로는 일본어 서책과 연구자료 수집에 쓰기로 하고, 한국 관련 자료는 우리 정부의 외무부가 주관하는 국제교류기관인 「한국국제교류재단(Korea Foundation)」의 이사장인 이인호 박사에게 부탁했다. 그랬더니 기본서적—백과사전, 안보관계 서적, 종교(유교, 불교)관계 서적, 한국역사 등등—200여 권의 귀한 서책을 보내주었다. 내 연구실 서가는 각종 서적으로 매워졌다.

한편 대학원에서는 「한반도를 둘러싼 국제관계론(1880~1910년)」이라는 과목의 강의를 시작하였다. 첫 강의 때부터 9명의 대학원생이 수강신청을 했고, 겨울방학을 이용한 평생교육 강좌에는 30여 명의 수강생(주로 공무원)이 등록했다.

내가 이 대학에 자리 잡은 지 6개월 동안 발바닥에 불이 날 정도로 이리 뛰고 저리 뛰며 강의와 인터뷰로 바쁜 시간을 보냈다. 연말(1999년)을 맞이하여 잠시 서울에 돌아왔으나 아이들이 "엄마의 옷로비 사건이 마무리되지 않았으니 집에 있지 말고 일본으로 가라"는 독촉에 못 이겨 연말이 끝나자 곧장 일본에 돌아왔다.

그리고 학년이 끝나는 3월까지 학교 당국이 원하는 「한반도연구센터」의 기틀을 구축할 수 있었다. 그동안 내 연구실에는 『아사히신문』의

2000년 2월 12일 세이가쿠인(聖学院)대학 총합연구소 주최 세미나, 「남북한의 현상을 생각한다」

서울 지국장을 역임하고 편집위원으로 근무하다 정년퇴직한 오다가와고(小田川興) 씨가 이 대학 총합연구소에 연구원으로 옆자리에 앉아 나를 도와주었다. 새해가 되자 우리나라에 유학했던 30대의 젊은 박사인 미야모토 사토루(宮本悟) 박사와 고만송(高萬松) 목사가 연구원으로 부임하여 4명이 센터를 맡게 되면서 자료축적이 급속히 늘어났다. 나는 "이 정도면 한국문제 관련 석사—일본대학에서는 수사(修士)—코스를 밟은 학생에게는 크게 도움이 될 것 같다"고 자화자찬하기도 했다.

2000년 4월 대학의 새 학년이 시작됐다. 이 대학의 총합연구소에 「한국연구센터」가 자리를 잡고 지난 가을부터 시작했던 내 강의도 그런대로 좋은 평판을 받아 '새 학기부터는 나의 일에 열중해도 되겠다'는 생각을 했다.

'나의 일'이란 다름 아니라 작년(1999년) 10월 「재단법인 일한문화교류기금」에 신청했던 연구계획—「남북대화의 실제와 교훈 : 동아시아의 안전보장에 미친 영향을 중심으로」가 승인되어 2000년 4월 1일부터 2001년 3월 31일(12개월) 간의 일본체류와 연구에 소요되는 비용을 지불하겠다는 「방일(訪日)연구 결정 통지서(2001년 2월 25일)」를 받은 바로 그 일이다.

한일문화교류기금이 결정한 연구지원비 내역은

- 체재비 : 매월 33만 엔,
- 주거수당 : 매월 10만 엔,
- 착후(일본도착 후) 수당 : 65,000엔(1회분),
- 화물운송비 : 64,000엔(귀국시),
- 국제항공권 : 한일 왕복비 등으로 명시되어 있었다.

합계 520만 엔 이상을 현금으로 받게 되었으니 앞으로 1년은 물론 이미 스에츠쿠 선생의 후원으로 마련한 돈이 있으니 향후 2~3년은 문제없이 일본체류가 가능하게 되어 안심하고 내 일을 할 수 있게 된 것이다.

## — 암과의 투병 중에 전개된 남북정상회담

그런데 서울로부터 김대중 대통령이 6월 중 평양을 방문한다는 놀라운 소식이 전해졌다. "나는 올 것이 왔구나. 그러나 너무 빠르구나. 과연 물밑협상은 제대로 되었을까? 혹시 노벨평화상 수상을 위한 김대중 대통령의 계획이 본격화 하는 것은 아닌가?" 하는 생각을 하면서 이대로 보고 있을 수만은 없다고 생각하여 김정일과의 정상회담에 대한 내 의견을 전하기로 결심했다.

나는 5월초 도쿄 주재 한국대사관에 나와 있는 후배 안기부(국정원)

파견관 중 한 명을 불러 "이 책을 본부에 보내달라"고 부탁했다. 이 책이란 바로 『김정일의 민족관』(평양출판사, 1999)이라는 제목의 최신판 서적으로 「김정일의 통일관」을 소개한 것이었다. 이 책은 김정일의 민족관, 통일관이 김일성의 그것과 어떻게 다른가, 앞으로 북한 노동당이 전개할 대남 통일전선 전략의 논리가 어떤 식으로 전개될 것인가를 충분히 예측할 수 있는 내용이 게재된 책이었다.

이 책을 정독한 중앙정보기관(국정원)의 북한담당 분석관이라면 김대중 대통령을 맞이할 김정일이 남북 간의 경제협력이나 문화교류 따위를 운운하지 않고 곧바로 '자신의 통일전략을 제시하며 이에 응하라'고 요구할 것이라는 것쯤은 충분히 판단하고, 대통령께 건의할 수 있을 것이라고 나는 생각했다. 그 때문에 분석관들에게 반드시 전하도록 간곡하게 권고했다. "만약 시간이 없어 280여 쪽을 다 읽을 수 없다면 마지막 장인 「조국 통일관」 20쪽만이라도 정독하도록 하라"고 당부까지 했다. 다음날 한 권 가지고는 부족하다고 하기에 여기저기 수소문하여 한 권 더 구입하여 서울로 보냈다.

그러고 나서 나는 지난 3년 동안 건강 체크를 하지 못했기에 일본에서 처음 발급받은 건강보험증을 가지고 사이타마(埼玉)대학 부속병원에서 건강진단을 받으러 갔다. 그날은 바로 집사람의 생일인 5월 15일이었다.

그런데 웬일인가? 호사다마(好事多魔)라는 사자성어가 있지만 바로 나에게 덮친 현상 그대로를 뜻하는 듯 느꼈다. 내시경 검사를 마치자 담당의사가 심각한 얼굴로 나를 보면서 "대장암입니다. 다행히 초기에 발견되어 수술하는데 큰 문제가 없을 것 같습니다"라는 것이었다. 그러면서 "모든 강의계획을 3개월 정도 뒤로 미루고 오늘 당장 입원하여 수술을 하라"고 다그쳤다.

나는 의사에게 "수술하는 것은 문제가 없으나 서울에 있는 가족에게 알리고, 수술을 해야겠다"고 말하고 일단 병원 밖으로 나와 서울 집으로 전화했다. 때마침 서울 집에는 아들, 딸 손자들이 다 모여 집사람의 생일을 축하하려던 바로 그 때 내 전화를 받게 된 가족들의 놀라움은 가히 상상하지 못할 정도였다.

서울 집에서는 일본의 의술이 좋은 것은 알고 있으나 가족들이 수시로 병문안해야 하는데 어떻게 일본까지 오가곤 하겠는가라는 것이었다. 나도 같은 생각이었다. 그래서 담당의사를 다시 만나 자초지종을 얘기했더니 즉석에서 진단소견서를 써주면서 어느 병원에 입원할 것인가를 물었다. 나는 아직 결정하지 못했지만 아마도 서울대학병원, 삼성병원, 현대아산병원 중의 하나가 아니겠는가라고 답했더니 "그러면 걱정 없습니다. 그 병원에는 나와 미국에서 같이 공부한 친구 의사들이 일하고 있습니다"라며 염려하지 말라는 것이었다.

나는 병원 문을 나서면서 곧장 서울행 항공편을 부탁했다. 다행히 다음날 첫 비행기 표가 있어 귀국하여 공항에서 막 바로 현대아산병원에 입원했다. 1주일간 검사과정을 거친 후 5월 25일 대장암 수술을 받았다. 다행히도 수술 결과가 좋아 순조로운 회복과정을 지나던 6월 중순 김대중 대통령의 평양방문 실황중계를 병상에서 보면서 서울비행장에 도착하여 김대중 대통령이 발표하는 귀경 성명을 들었다.

그런데 유감스럽게도 내가 1개월 전 『김정일의 민족관』이란 책 2권을 사서 국정원의 도쿄 파견관(참사관)에게 전하면서 걱정했던 상황이 현실로 나타난 듯한 느낌이 들었다. 도대체 「6·15 공동선언」에 병기한 「낮은 단계의 연방제와 연합제의 공통성」이란 무슨 뜻인가? 1980년 제6차 당대회 이후 북측이 끈질기게 주장해온 「고려연방민주공화국 창건」에 동의한 것이 아닌가?

**'망중한(忙中閑)'**
온갖 어려움을 이겨내며 가정을 지켜준 아내와 함께, 일본 세이가쿠인(聖学院)대학에서 (2013년 12월)

특히 김대중 대통령이 서울공항에 도착해 언급한 "이제는 전쟁이 없다. …김정일도 주한미군의 주둔을 이해했다"고 말하는데 이 말이 김정일의 진심일까? 나는 김대중 대통령이 김정일에게 속았거나 아니면 그의 속내를 알면서도 자신의 목적을 위해 타협 아니 야합한 것이 아닌가? 라고 생각하며 당혹하지 않을 수 없었다. 며칠 후 문병을 온 국정원 후배들에게 의문을 제기하며 "향후 이 문제로 비난 여론을 피할 수 없을 것"이라고 말했지만 이미 '쏟아진 물'이었다.

나는 2개월여 만에 퇴원한 이후에도 몇 차례 항암주사를 맞으며 통원치료를 계속했다. 가을이 되자 일본에서 약속했던 강연을 위해 3일간의 일정으로 교토(京都)를 다녀왔다. 곧 이어 10월에는 홋카이도(北海道) 강연을 위해 기타미(北見)까지 방문하고 홋카이도 신문사의 배려로 10여 일간의 온천 요양치료를 하며 오랜만에 아내와 함께 오붓한 시간을 보낼 수 있었다.

거의 10여 개월 요양한 후 2001년 가을 대학에 복귀했다. 그러자 오오키 이사장은 나에게 200만 엔의 연구비를 책정해주었을 뿐만 아니라 집사람이 일본에 오자 자신이 노후를 위해 마련한 아파트에 거주하도록 제공해주어 편하게 지낼 수 있었다. 오미야시 나라쵸(大宮市 奈良町) 3~7 펄맨숀 A-107 2202호, 전철 기타요노(北与野)역에서 100m 정도 떨어진 최고의 신주택(30평 정도)이었다. 일본에서는 전철역에서 가까울수록 집값이 높다.

## 건재한 일본의 양식들

일본에 체류한 지 2년이 되던 때부터 나는 가끔 일본의 보수계 인물들의 편협한 내셔널리즘적 발상을 보면서 아직도 꿈에서 깨어나지 못한 군국주의 시대에 대한 미련이 얼마나 강한지 확인하곤 했다. 특히 야스쿠니 신사에서 벌어지는 춘계, 추계 대제행사(大祭行事)를 보면서 역사의 흐름을 거슬러 보려는 '일본 극우·보수단체의 행태'를 보았다.

그런 반면 군국주의 망상을 버리지 못한 '우익들의 핏대'를 냉소하며 일본의 역사적 만행을 깊이 반성하는 양식(良識)들의 용기 있는 주장을 수시로 들었다. 이런 지식인의 주장을 들으면서 나는 '역시 희망 있는 일본, 학문의 자유와 언론의 자유가 보장된 일본이구나!'라고 느꼈다. 그러면서 신사 참배가 일본인의 일상생활의 관습이며 일본문화임을 인식하기도 했다.

일본 체류 기간 중 일본 우익보수 역사가들이 펴낸 '새로운 역사교과서' 채택 문제를 놓고 우리나라를 비롯한 중국·동남아 국가의 대일 비난이 계속되었다.

일본 내에서도 이 '새로운 역사교과서' 채택 문제를 놓고 보수와 진보 간 또는 좌와 우익 간에 비난전이 전개되었다. 나는 그 결과를 주시하며 교과서 채택 결정권을 가진 도쿄를 비롯한 각 현(県), 시(市), 구(區)의 교육위원회가 어떤 결론을 내리는지 지켜보았다.

도쿄의 경우 채택 여부를 심의하는 구(區) 교육위원회 건물이 우익학자들이 펴낸 '새로운 역사 교과서' 채택을 반대하는 학부모와 시민, 교사들의 '인간띠'로 둘러싸이는 사태도 발생했다. 그 결과 당초 전국 학교의 10% 이상이 '새로운 역사교과서' 채택을 강력히 추진하던 우익들의 계획은 불과 1.5% 내외가 채택하는데 그치고 말았다. 그 결과 '새로운 역사교과서' 채택을 추진하던 우익단체는 내분이 일어나 분열, 해체되고 말았다. 그렇다고 우익·보수진영의 이러한 노력이 완전히 없어진 것은 아니지만 그들의 결속력이 크게 약화된 것은 확실하게 느꼈다.

이 기회에 한국에서는 잘 알려져 있지 않지만 대표적인 친한 지식인이며, 일본 양식의 한 분인 나카즈카 아키라(中塚明) 나라(奈良)여자대학 명예교수에 대해 말하지 않을 수 없다. 그는 깊은 장롱 속에 잠자던 옛 자료들을 발굴하여 『현대 일본의 역사인식』, 『역사위조를 바로 잡는다』 등의 여러 저서를 내놓았다.

특히 그는 후쿠시마(福島) 현 도서관에 보관중인 「사토문고(佐藤文庫)」를 조사하여 메이지유신(明治維新) 이후 일본 정부와 일본 군부가 출판했던 『공간전사(公刊戰史)』가 거짓기록임을 폭로하며, 운양호(雲揚號)의 강화도(江華島) 침략 진실, 청일전쟁과 러일전쟁 시기의 일본군이 조선에서 자행한 만행을 일일이 밝혀냈다. 무엇보다 러일전쟁을 시작하며 가장 먼저 2개 대대 병력으로 경복궁에 침입, 고종을 위협하여 을사조약 체결(1905년)을 강제한 역사적 사실을 적나라하게 기술했다.

나는 2004년 2월 내가 주최하는 심포지엄에 나카즈카 교수를 특별강

2007년 2월 12일 「동북아시아 안보협력을 위한 한·중·일 3개국 전략 대화」(서울 코리아나호텔)

사로 초빙하여 「전후 일본의 역사인식을 묻는다. 일본인은 큰 것을 잃어버리고 있는 것은 아닌가?」라는 주제 하에 대중강연을 개최해 좋은 반응을 얻었다. 이처럼 우리는 일본의 양식들과 제휴해 증가하는 일본 우익의 편협한 민족주의를 억제하기 위한 공동노력의 전개가 무엇보다 중요함을 느꼈다.

나는 2002년 3월까지 「일한문화교류기금」에서 받은 연구비로 암과의 투병을 계속하면서도, 한국학술진행재단의 연구과제인 「남북한 대화의 실제와 교훈」을 기한 내에 완성시켜 단행본으로 출간했다.

2003년에 들어서면서 대학 내 「한국연구센터」는 한 발 더 진전하여 「동북아 연구센터」로 연구 범위를 넓히고 본격적으로 자체 연구 과제를 수립하였다. 주요 테마는 「한반도 정세에 대한 분석」을 중심으로 그것이 동아시아 지역, 특히 일본에 미치는 영향이 무엇인가를 분석하는 것이었다. 또한 「동아시아의 평화와 민주주의」라는 주제 하에 남북관계, 북핵문제, 중국문제, 한일관계, 동북아시아 안보문제 등의 연구 프로젝트를 수행해 왔고, 그 연구 결과를 가지고 매년 도쿄와 서울에서 두 차례씩 심포지엄을 개최했다.

2005년부터 2008년까지 3년간은 도쿄재단의 요구로 내가 좌장(座長)

**사랑하는 내 가족 (1998년)**

이 되어 「동북아시아 안보공동체 형성 가능성 연구 : 한·중·일 3개국 전문지식인 집단의 인식변화 조사」를 실시했다. 이 조사사업은 수십만 달러가 소요된 사업이며 참가자는 중국의 베이징대학을 비롯해 한국과 일본의 30여 명의 교수와 연구원, 정치, 경제, 역사, 언론, 문화 등 다양한 분야의 전문가들이 참가하여 서울, 도쿄, 베이징을 오가며 세미나를 실시했다.

내가 이처럼 분주하게 돌아다니면서 세미나, 심포지엄을 개최하고 주 1회 토요일마다 3시간(아침 9~12시) 대학원 강의에 임하자, 대학원의 노교수들과 허물없이 지내게 되었다. 세이가쿠인대학에는 일본 언론에 자주 등장하는 「후기 고령자(後期高齢者, 75세 이상)」에 해당하는 10여 명의 원로들이 객원교수로 또는 연구위원으로 강의를 맡고 있다.

**손주들의 어린 시절**
2명의 외손녀는 변호사와 미술교사로, 4명의 손자는 미국 워싱턴대학, 하버드대학, 카네기멜론대학에서 컴퓨터 사이언스 과정을 전공했다.

이들은 모두 대학에서 정년퇴직한 명예교수이거나 몇 차례 국회의원을 역임했다든가 일본은행 총재를 지냈다든가, 대기업 CEO 출신이든가, 방위성의 전략연구 책임을 맡았다든가 하는 다양한 분야의 전문가와 학자들이었다. 나도 이들 가운데 한명이 되어 끝나지 않는 대화로 밤늦게까지 한·일 양국의 국내정세와 혼미를 거듭하는 국제정세를 논하기도 했다.

한편 우리 부부가 오미야(大宮) YMCA를 빌려 예배 보는 한인교회에 출석하면서 매주 주일이면 집사람의 분주한 하루가 시작되었다. 교인이라야 한국 교포 5~6명, 일본인 2~3명 겨우 10여 명이 모이는 작은 교회지만, 담임목사를 비롯한 교인 간의 '믿음의 식구'로서의 끈끈한 유대가 형성돼있었다. 집사람은 이 교회를 지원하기로 마음먹고 서울의 우리

교회인 영락교회 선교부와 여 전도부와 연락하여 지원금을 보내주도록 교섭했다. 집사람이 시작한 선교비 지원은 지금(2021년 현재)까지 계속되고 있다.

이처럼 우리 부부는 일본에서의 체류를 아무런 어려움 없이 때로는 서울에 있는 손자, 손녀들을 부르기도 하고 관광 온 가까운 친구에게 숙소를 마련해주면서 즐겁고 보람 있는 10여 년의 세월을 보냈다.

## 2011년 3월 일본 동북지방 대지진과 귀국

그런데 상상할 수 없는 재난을 경험했다. 2011년 3월 11일 오후 2시 반 경 일본 동북부에서 7.1의 대지진이 일어난 것이다. 지진 발생과 동시에 100여 km 떨어진 우리 대학까지 크게 흔들렸다. 졸업식과 입학 준비를 위해 개최중이던 교수회의가 중단되고 모두 밖으로 뛰어 나왔다.

교사 건물 앞 잔디밭에 땅이 갈라져 큰 줄이 생겼고 출입구 근방의 계단이 내려앉았다. 급히 내 방으로 왔으나 여진은 계속되었다. 나는 집사람에게 전화를 걸었으나 연결되지 않았다. 지진 발생과 함께 전기·통신·전철이 일거에 멈춘 것이다. 휴대전화, 일반전화가 전혀 연결되지 않았다. 한 시간쯤 지났을 무렵 집사람의 전화가 왔다. 아파트 내 전화가 아니라 길가에 설치된 공중 유선전화를 통해 연락된 것이다.

나는 즉시 학교를 떠나 미야하라(宮原) 전철역으로 갔다. 그러나 전철이 움직일 리 없었다. 전철역 뒷쪽 버스정류장에 갔더니 벌써 승객이 100여 m로 줄을 서고 있었다. 다행히 빈 버스가 배치되어 30분 내 버스로 오미야까지 와서 다시 걸어 저녁 8시경 기타요노 집에 도착했다.

그러나 엘레베이터가 움직이지 못하니 22층 우리 집으로 올라갈 수 없었다. 수위실 직원의 "아파트 뒷쪽 도너츠 가게에 부인이 기다리신다"는 전갈을 듣고 곧장 가게로 갔다. 그리고 집사람과 함께 도너츠로 저녁을 때우고 밤 11시까지 기다렸다. 수위실 근무자가 "엘레베이터 1대가 움직이니 오셔도 된다"고 연락하기에 22층 우리 집으로 올라갔다.

그런데 이 때부터 새로운 문제에 직면했다. 전기가 끊겼으니 전등은 물론 부엌, 냉장고도 정지되었다. 손전등을 찾아 켜봤으나 이미 오래된 건전지인지라 불이 켜질 리가 없었다. 다행히도 계속되던 여진도 점차 줄어 밤샘은 하지 않고 그날 밤을 지냈다. 이튿날은 집에서 쉴 수밖에 없었지만 전화가 열려 여기저기 연락하며 서로 안부를 확인했다.

이틀 후 나는 대학에 출근했다. 학교 당국은 나와 집사람의 건강을 염려하며 귀국할 것을 권고했다. 나는 그들의 권고를 듣기로 하고 집사람과 의논하고 귀국 준비를 서둘렀다. 그러나 기타요노 아파트에서 하네다 공항까지 갈 차편이 없었다. 택시도 전철도 여의치 않았다. 3~4일이 지나서 학교 측이 알선해준 택시로 새벽 5시에 출발하여 6시 30분경 하네다 공항에 도착하여 아시아나 항공 탑승티켓을 받았다.

그런데 창피스러운 일이 있었다는 항공사 직원의 얘기를 들었다. 그의 말인즉 "바로 대지진이 일어났던 그날 일입니다. 이 카운터 앞에 수십 명의 우리나라 관광객이 몰려와 탑승티켓 내놓으라고 데모하듯 야단쳤습니다. 서울에서 데모하는 것과 같았습니다. 외국인들은 항공편이 지연된다는 방송이나 항공사 측 설명을 듣고는 모두 담요 한 장씩 받고는 이 공항 의자나 땅바닥에서 기다려 주는데 우리 국민만은 왜 빨리 안주느냐? 우리에게 야단치는 겁니다. …다른 나라 항공사 직원 보기에 창피해서 죽을 뻔 했습니다…." 그 말을 듣는 나와 집사람은 쓴웃음을 지을 수밖에 없었다.

일단 귀국한 나는 10여 일을 서울에서 보내고 다시 일본의 대학으로 돌아가 가까운 인사들과 함께 내가 머물던 사이타마 현에 가까운 지바

2013년 3월 2일 세이가쿠인(聖学院)대학 종합연구소 주최 세미나,
「동아시아 평화와 민주주의」

(千葉), 후쿠시마(福島), 이바라기(茨城) 현 등 지진에 휩싸인 지역을 가보기로 했다. 그러나 토호쿠(東北)대학이 있는 센다이(仙台)까지 갔는데 이미 보이는 피해 규모가 상상을 초월할 정도였다. 나는 내심 '만약 우리나라에서 이런 대지진이 일어났으면 어떻게 될 것인가?'를 상상하지 않을 수 없었다.

1923년 관동대지진(関東大震災) 때 "사회주의자와 조선인이 폭동을 일으켰다"는 루머를 퍼뜨려 많은 우리 교포가 체포되거나 민중에게 매를 맞아 희생된 바 있었다. '이번 지진에는 어떤 루머가 돌 것인가?'를 유념했지만 그렇다 할 유언비어는 없었다. 나는 역시 'TV와 통신의 발전이 각 지방과의 소통을 이처럼 원만하게 만들었구나!'라는 생각을 했다.

그 후 2년 동안 더 체류하고 2013년 3월 대학, 대학원 졸업식 때 나는 명예교수로 지명받고, 13년간의 세이가쿠인대학 교수 겸 종합연구소 연구교수를 사임하고 귀국했다.

그 후 지금까지 매년 2~3차례 옛 일본인 동료들과 각 신문·방송국의

2017년 11월 1일 오오키(大木英夫) 이사장 댁 방문, 우리 부부와 점심식사

초청으로 일본에 다녀온다.

'1년 정도'라고 생각하고 체류한 일본에서 13년간 아무 걱정 없이 편하게 그리고 많은 일본인 양식(良識)들과 교제하며 지냈다. 특히 감사하는 것은 나보다 4살 위(1928년생)인 오오키 히데오 이사장님이 우리 부부에게 베풀어주신 정성어린 배려다.

위에서 기술한 대로 오오키 이사장님은 '당신 부부의 노후대책'으로 구입한 30평 규모의 아파트(일본에서 이런 아파트에 거주하는 사람은 사장이나 회장 정도의 상류층에 속한다)를 한두 해도 아니고 지금까지 10여 년간 우리에게 내주셨다. 귀국한 후에도 일본을 갈 때마다 우리 부부는 물론 아들, 며느리, 손자, 손녀들 심지어 내 친구들이 함께 그 집에서 일주일, 열흘, 휴가를 지내도록 해주셨다. 지금도 그렇다. 나 혼자서 일본에 갈 때면 "왜 그 집에서 지내지 않고 비싼 호텔에 머무는가?"라고 나무란다.

장관 사임 후 늦었지만 미국유학 겸 맞형님 가족이 사는 로스앤젤레스나 친구들이 많은 뉴욕에 갈 예정이던 당초의 내 계획이 빗나간 듯 생각했던 일본 체류 13년이 내 일생에서 가장 조용하고 아늑하고 보람 있는 시간이었다는 생각이 든다.

비록 그 규모는 내가 다니는 서울 영락교회 본당보다 작지만 2006년 일본 건축미술상을 수상한 하늘 문이 보이는 듯이 설계한 천정을 가진 대학 내 교회 그리고 도쿄 시내 고마고메에 위치한 세이가쿠인 유치원, 소학교, 여자 중고등학교 그리고 학교 강당 안에 만든 응접실에 들어서면 저절로 감탄사가 나온다. 이 응접실은 150여 년 전 미 육군사관학교 출신이며 육군대위로 근무 중 주님의 부르심을 받아 선교사가 되어 일본에 와서 이 학교를 세운 찰스 E. 가르스트(C. E. Garst)의 생활공간(집)을 원형대로 재건한 것으로 일반 2층 주택과 같았다. 비록 현대적 건물이기는 하나 일본에 기독교의 전래(傳來)를 보여주는 건물들이어서 더욱 내게는 가깝고 우호적이게 느껴지는 것 같다.

나는 지금도 지정학적 관점에서 일본과의 관계가 우리나라 안보에 사활적 조건의 하나임을 강조하고 있지만 위안부·징용자 문제 그리고 최근 한일군사정보보호협정(GSOMIA·지소미아)을 둘러싼 한·일 간의 갈등을 보면서 '이래서는 안 되는데…' 하는 걱정을 하게 된다. 36년간 식민지 역사를 청산한다는 것이 쉬운 일이 아닌 것은 사실이지만 그렇다고 현 정권 집권자들이 그 아픈 상흔을 후벼파면서 계속 되새기게 하는 것이 과연 치욕적인 일제 식민지 시대의 역사를 잊지 않게 하는 방법일까?

나는 역사의 교훈을 잊지 말자는 것과 비록 아픈 역사를 가진 국가 사이지만, 과거를 청산하고 우호 협력하자는 말과는 전혀 충돌하지 않는다고 생각한다. 유럽의 독일과 프랑스를 보면 우리도 그들처럼 일본과의 관계를 정상화 할 수가 있지 않은가? 나는 일본이야말로 우리나라와 가장 가까운 이웃 나라, 서로 협력할 수 있는 기본 조건인 '가치관이 같은 나라'라는 점을 정치인은 물론 대부분의 우리 국민들이 인식하고 있다는 점에서 보다 가까이 해야 한다고 생각한다.

1965년 한일 국교 정상화 이후 정치인의 망언과 폭언으로 부침을 거듭하던 한일관계이지만, 이미 형성된 정치·외교·안보 그리고 경제적 협력관계와 민간의 우호 친선관계를 더욱 심화시켜야 하지 않는가? 앞으로 그럴 것이지만 수시로 발생하는 갈등과 충돌의 부침을 그 때마다 미래지향적 전략적 사고로 슬기롭게 극복해 가리라고 나는 믿는다.

# 일본의 국사(國士) 스에츠쿠(末次一郎) 선생

일본의 국사(國士) 스에츠쿠 이치로(末次一郎) 선생

위에서 기술한 바 있지만 내가 일본에 체류하던 기간뿐만 아니라 그 이전부터 나에게 큰 도움을 주신 분이 스에츠쿠 이치로(末次一郎) 선생이다.

1980년 여름의 일이다. 나는 일본 아오모리(青森)대학의 교수로 있는 김정명 교수(일본명 市川正明)가 시작한 「한반도 통일문제에 대한 국제심포지엄」에 참석하기 위해 도쿄 뉴오다니 호텔에 체류하고 있었다. 호텔 안내원으로부터 나를 찾는 분이 오셨다는 전언을 받고 로비로 나갔다. 그랬더니 나를 만나자고 오신 분이 10여 년 전 서울에서 뵌 바 있는 스에츠쿠 선생이었다.

## 선생과의 첫 만남

1968년 여름, 그는 일본 정부의 총리실 산하 자문기관인 「오키나와 문제연구회」의 사무총장으로, 1969년 초에 개최될 미국 국무부의 자문위원인 키신저 박사 일행과 「오키나와 반환문제」를 논의할 '교토(京都) 회의'를 준비하면서 오키나와 반환이 한반도의 안전에 어떤 영향을 미치는지 또는 한국정부의 반응은 어떤 것인지를 알기 위해 7~8명의 교수들과 함께 방한한 일이 있었다.

그 때 일본 측 조사단장은 사에키 박사(佐伯喜一, 노무라총합연구소 소장)였고, 저명한 외교·안보 분야 교수들이 함께 왔다. 이들은 우리 정부의 외무부, 국방부 그리고 국회의원 여러 사람과 회합을 갖고, 마지막으로 북한에 대한 정보와 반응을 전망하기 위해 중앙정보부를 방문할 예정이었다. 그런데 어떤 이유인지는 모르겠지만 이들 일본 교수 대표단과의 회합을 중앙정보부 청사가 아니라 그들이 투숙하고 있는 조선호텔에서 갖기로 하고 중앙정보부 북한과장인 나 혼자서 나가 그들에게 브리핑을 하고 질문에 답하기로 했다.

나는 예정된 시간에 준비된 조선호텔 회의실로 갔다. 이미 일본 측 대표단원들이 들어와 있었고 대체로 50대의 교수들이었다. 나는 명함이 없어 중앙정보부 해외정보국 북한과장이라는 자기소개를 했지만 상대방들은 모두 자기 명함을 줬다. 나는 한 분 한 분의 명함을 받아 확인하면서 그 간 일본의 주요 월간 잡지나 단행본 서책으로 그 이름을 알고 있던 일본의 외교·안보 문제 최고 전문가들임을 알 수 있었다.

둥근 탁자에 나를 중심으로 마주 앉자 대표 단장이신 사에키 박사가 먼저 인사 말씀을 했다. 그 요지는 "오키나와 섬을 반환받기 위해 지난 몇 년 간 회의를 거듭한 총리실 산하의 연구위원이라는 것과 내년(1969년) 초에는 미국 국무부의 대표들과 공식 회담을 갖게 되는데, 이를 준비하는 과정에서 조선반도에 미칠 영향과 북한의 반응을 전망하기 위해 방한했다"는 것이었다. 나는 이들의 말을 듣고 북한정세에 관한 브리핑을 하기 전에 "먼저 일본에 대한 지식이 얕은 한국의 젊은 연구자 입장에서 한두 가지 질문이 있는데 해도 되겠는가?" 하고 입을 열었다. 물론 상대방은 "염려 말고 무슨 문제든 질문하라"고 답했다.

나는 첫 질문으로 "오키나와 섬은 일본의 고유한 영토입니까? 나의 얕은 일본역사 지식으로는 오키나와는 본래 류큐왕국의 영토였는데 17세기 일본 규슈 사츠마항(薩摩藩)의 다이묘(大名, 지방영주) 시마즈씨(島津氏)가 무력으로 점령, 병합했다는 기록을 보았습니다만…"이라고 했다. 그랬더니 사에키 대표를 비롯한 교수들이 약간 긴장하며 뜻밖의 질문으로 느꼈는지 내 얼굴을 뚫어지게 쳐다보는 것이었다.

이에 대해 사에키 박사는 "역사적 기록은 틀림없다. 본래 오키나와는 청나라에게 조공을 바치면서 자주권을 유지했던 섬나라였다. 이 섬나라를 1609년 시마즈항이 무력으로 병합하여 그 후 300여 년간 일본의 영토로 굳어졌다. 1951년 9월 미국 샌프란시스코에서 체결된 강화조약에서 일본영토로 명기했다. 때문에 오키나와는 당연히 일본에 반환되어야 할 일본의 영토다"라고 답했다. 나는 "그렇다면 분명히 종전 후 독립한 우리나라 조선반도와 중국에 반환된 대만이나 팽호열도와는 다르군요"라고 긍정적인 대답을 했다.

그리고 또 하나의 질문을 던졌다. "좀 다른 질문입니다만, 오키나와가 반환될 경우 그곳에 주둔하고 있는 미군 전력과 미군 기지는 어떤 영향을 받게 됩니까…"라고 질문했다. 그러자 사에키 선생은 "현재 오키나와에는 막강한 미군의 전투부대가 주둔하고 있다. 베트남에 대한 폭격을 감행하고 있는 B-52 전략폭격기뿐만 아니라 미국의 전술 핵무기도 배치돼 있고 최강의 미 해병 사단도 주둔하고 있다. 가데나(嘉手納) 공군기지나 후텐마(普天間) 해병기지 등은 전혀 변화가 없다. 물론 오키나와 주민들은 이런 미군기지의 철수나 감축을 요구하지만, 일본과 미국 간에는 이 군사기지 문제는 현상대로 유지한다는데 합의할 것이다…"라고 답했다.

나는 이 두 가지 질문에 대한 일본 측의 명백한 답변을 듣고 "선생님! 그렇다면 무슨 문제가 있겠습니까. 일본의 고유한 영토가 일본에 반환되고 한반도의 안전과 군사지원에 절대적 영향을 가진 오키나와 주둔 미군에 대한 영향이 없다면 오키나와가 일본에 반환되는데 우리 정부가 이의를 제기할 이유가 없을 것입니다…"라고 답하고 나서, 내가 준비했던 북한 브리핑을 30~40분 했다.

이 조선호텔에서의 사에키 박사 일행과의 만남은 내가 중앙정보부에 근무하던 1970년대 기간뿐만 아니라 공직에서 퇴임하고 재단법인 극동문제연구소를 운영할 때, 나아가 1999년 가을 이후 10여 년간 일본에 체류하는 기간 일본 석학들과의 교제와 학문교류에 더없이 귀중한 도움이 되었다.

그중에서도 스에츠쿠 선생과의 만남은 나에게 우리나라 지식인들이 흔히 말하는 일본의 보수(保守), 즉 19세기 메이지유신 후 아시아의 엄청난 전화를 몰고 온「군국주의적 보수세력」이나 자국의 이익만을 위해 이웃나라를 무시하는「애국적 우익」과는 엄연히 구분되는 반 마르크스주의 보수세력, 자유세계 특히 우리나라와의 협력을 통해서만이 동아시아의 안전을 유지할 수 있다는 친한적 보수세력의 사상 의식의 특징과 이들의 존재가 우리나라의 안보에 얼마나 큰 도움이 되는가를 일깨워 주었다.

## — 선생과의 오랜 인연

1980년대 이후 1990년대 초까지 10여 차례 거의 매년 개최된 김정명(金正明) 교수 주재의「한반도 통일문제 심포지엄」에는 일본의 보수적 지식인뿐만 아니라 좌익 잡지로 낙인찍힌 월간『세카이(世界)』에 투고하는 중립적 또는 좌익 지식인들과 미국, 독일 등 자유세계의 학자 그리고 북한을 옹호하는 소련, 중공의 학자들도 빠짐없이 초청되었다.

나는 이러한 일본의 학문적 유연성과 자유로움에 접하면서 경직된 반공 이데올로기로 굳어진 보수주의 학자나 반대로 북한 주체사상에 동조하는 친북 좌파학자 등 각국 석학들이 전개하는 논리와 일본의 좌익 지식인뿐만 아니라 이른바 우익과 구분되는 전통적인 보수주의 일본 학자들의 주장 사이에 어떤 차이가 있는지 직감할 수 있었다.

나는 스에츠쿠 선생과의 만남을 통해 일본·일본인·일본사회, 특히 일본 보수계의 전통과 사상 그리고 우리나라에 대한 인식 등 광범위한 지식과 정보를 터득할 수 있었다.

내가 스에츠쿠 선생과 만난 직후 한일국교 정상화 후 최초의 일본 자위대 무관으로 한국에서 근무했던 츠가모토(塚本勝一) 씨가 사무총장으로 있는 일본 안보문제연구소를 방문하고, 이 연구소 이사장이신 이노키(猪木政道) 방위대학교 총장(『군국 일본의 흥망(軍國日本の興亡)』의 저자)과 점심을 같이 한 일이 있었다. 이 자리에서 "내가 일본에 체류하는데 직접 도와주시는 후견자가 스에츠쿠 선생"이라고 말씀드리자 이노키 총장은 대단히 기뻐하며 스에츠쿠 선생을 극구 찬양하며 이렇게 말했다.

"우리나라 일본에서 가장 우수한 인물을 꼽으라면 나는 서슴없이 스즈키 씨를 꼽는다. 왜냐하면 그이야 말로 자기 자신을 돌보지 않고 오직 국가를 위해 걱정하고 행동하는 분이라고 보기 때문이다. 한마디로 그는 우리나라(일본)의 우국지사이며 현대 일본의 전형적 국사(國士)라고 평할 수 있다. 일부 지식인과 정치인들 중에는 그를 「우익적 국사」라고 평하지만 그것은 그에 대한 오해에서 비롯된 평가다.

그는 애국을 직업으로 하는 이른바 우익과는 너무나 먼 거리의 인물이다. 나는 가끔 사회민주주의자들을 좌익이라고 잘못 알고 있는 지식인을 만나지만 공산주의자와 사회주의적 민주주의자들과 가장 먼 거리에 있는 사람들이 영국의 노동당이나 독일의 사회민주당의 정치인들인데 유럽의 민주주의 국가는 보수주의 정당과 사회민주당에 의해 민주주의 체제가 유지되었고 오늘의 발전을 가져왔다는 사실을 역사는 증명하고 있다.

메이지(明治)유신을 주동한 19세기 일본의 유명한 정치인 오오쿠보(大久保利通), 사이고(西郷隆盛), 이토(伊藤博文) 등은 국사가 아니다. 이들은 총리나 대신 등 높은 관직을 차지했지만 국사는 이런 관직 따위는 생각지 않고 오직 나라와 인민을 위해 일신을 바치는 사람을 말하는데 아마도 사카모토(坂本龍馬)가 메이지 시대의 국사라 할 것이다….

이처럼 스에츠쿠 씨는 관직을 멀리하면서 말 그대로 나라를 걱정하고 행동하는 국사로서 오키나와 반환문제나 전후 소련에 의해 점령당한 북방 4개 도서의 반환문제 그리고 젊은 인재를 키우고 국제적인 우호협력에 종사할 수 있는 후대 양성에 전력하고 있으니 강 선생은 일본에서 가장 존경받는 국사와 만났으니 앞으로 더욱 깊은 관계를 맺고 흉금을 터놓고 그와 얘기해도 좋을 것이다."

그 후 나는 일본 정치 1번지라 할 수 있는 도쿄 치요다구 나가다쵸(千代田区 永田町)에 있는 총리공관 뒤쪽 길 건너에 위치한 스에츠쿠 사무소를 여러 차례 방문했다. 그 때마다 선생님이 건네주는 서책—『종전에의 도전(終戰の挑戰)』이나 『온고창신(溫古創新)』, 기타 그가 후대를 키우기 위해 조직한 신수회(新樹會)의 기관지 『신수(新樹)』를 비롯한 일본 정치사와 정당사 등—을 읽으면서 그의 사상과 행동을 알게 되었다.

## ‘행동하는 지식인’

1972년인가 박정희 대통령이 유신을 선포했을 때 청와대 비서진이 ‘유신의 이념을 정립하자’는 생각으로 정부 산하 관계부서에 관계하는 대학 교수들과 함께 이 과제를 연구케 하고 그 결과를 종합하기 위한 회의가 청와대에서 개최된 바 있었다.

이 회의에 참석했던 박 대통령은 회의 벽두에 대통령 특별보좌관(이념·사상 담당)인 박종홍(朴鐘鴻) 박사에게 “유신 이념을 정립해야 할 이유가 있는가?”라는 질문을 한 바 있었는데 그 때 박종홍 교수는 “각하의 행동이 곧 유신 이념의 구현이고 실제인데, 특별히 글로 유신 이념을 설명할 필요가 있습니까?…”라고 답하였다. 이 말을 들은 박 대통령은 잠깐 생각하더니 “그렇지요, 내 정치적 행보가 바로 이념이고 내가 하고자 하는 유신 정치이고 실제지요…”라고 말씀하시면서 이 회의를 곧장 산회시킨 바 있었는데, 나는 스에츠쿠 선생을 대할 때마다 유신 이념의 정립을 위해 보였던 청와대 회의 때의 박종홍 선생과 박 대통령의 대화 장면을 떠올리곤 했다.

스에츠쿠 선생은 처음부터 말이나 글로 자신의 사상과 신념을 드러낸 분은 아니고, 자신의 행동으로 전쟁으로 무너진 일본의 재건을 위해 동분서주, 불철주야 일하면서 자기 뜻을 밝힌 분이다. 참고로 그가 세상을 떠난 후 후대가 그의 생전을 정리한 「스에츠쿠 이치로의 사적(事績)」을 요약한 서문을 인용한다.

## 선생의 저서, 『전후에의 도전』

그는 1922년 10월 1일 사가현(佐賀県: 큐슈 지방의 북쪽)에서 출생, 사가

상업학교, 정보장교 양성 기관인 육군 나가노(中野) 학교를 졸업하고 육군 대위로 종전을 맞이했다. 일본이 패전으로 종전된 1945년 8월 이후 그 누구도 손대지 않는 문제에 선구적으로 뛰어 들어 지혜와 용기를 다하여 도전하며 성심일심으로 나라를 위해 일하다가 78세에 생애를 마쳤다. 1999년 11월 폐암 고지를 받고 이어 위암, 간암으로 전이되었음에도 불구하고, 초인적으로 자신의 사명을 다해야 한다는 신념으로 『전후에의 도전』 집필에 나날을 보내다가 생을 마쳤다.

그의 『전후에의 도전』을 요약하면 다음과 같다.

1. 전후(戰後) 직후부터 스스로 전후처리 사업에 착수했다.

1945년 8월 가칭「일본건청회(日本建青會)」를 창설하여 첫 사업으로 외국에서 귀국하는 사람들을 돕기 위한 인양원호(引揚援護), 촉진, 돌볼 식구가 없는 무보호 가정 지원 그리고「전범」으로 수용된 이들의 가족을 돌보았다.「도쿄도 인양대책(引揚對策) 심사의위원회」 위원,「해외억류 일본인 구출 국민운동본부」 이사·조직 부장을 맡았을 때는 25세 청년이었다. 1952년 캐나다 토론토에서 개최된 적십자 최고회의 일본대표단의 일원으로 참가했고 중·소 양국의 미귀환 동포의 인양 촉진을 호소했다. 미국, 필리핀을 방문하여「전범」의 석방 촉진을 호소하여 실현시켰다.

2. 조선반도, 대만 출신 전범 지원에 전력했다.

전후 전범으로 재판받은 자 중에는 조선인과 대만인이 적지 않았다. 그런데 이들을 지원하는 사업은 출신국(한국·중국)은 물론 일본 당국도 하지 않았다. 일본에 협력했다는 이유만으로 귀국하지 못하는 조선과 대만 출신에게 숙소와 직업을 알선하였고 특히 택시회사를 창립하여 돌보며 지도했다. 이런 지도를 위해 재단법인「우화회(友和會)」를 창설하고 그 상무이사로 일했으며 그 후 평생 동안 이들을 돕는 일을 계속했다.

**3. 1949년 해방 직후 조직했던「일본건청회」를 정식 사회단체로 등록하여 건전한 청년 후대를 야성하기 위한 본격적 사업을 시작하였다.**

1959년부터 청년들의 국제적 시야를 넓히기 위하여 국립 청소년 숙박시설「국립 청년의 집」을 창설하고 12년 동안 운영하면서 해외 협력 행동대인「청년해외협력대」를 조직하여 해외연수사업을 실시하여 아시아와 중동에 기술협력과 재해 지원단을 파견하며 산업기술협력, 농업청년교류, 유학생 지원에 전력하면서 오늘날의 특정 비영리 활동 추진 법인인「난민구제회(NGO)」를 창설토록 했다. 그 외 그가 창설했거나 주동했던 청소년 단체를 열거하면「육청(育靑)협회」,「올림픽 기념 세계 청소년 캠프」,「산업개발청년기술협회」,「청소년국제교우협회」,「전국어린이회연합회」,「스포츠안전협회」,「청소년 마약, 각성제 남용 방지센터」등이며 정부 산하 각종 청소년 문제 심의위원으로 임명되었다.

**4. 국가안전보장과 오키나와, 북방 4개 도서 반환운동, 한·일 협력증진에 헌신했다.**

국가안전보장과 오키나와, 4개 북방영토 반환을 위한 그의 공헌에 대해서는 민, 관 모두 최대의 찬사를 보냈다. 그는 전후 처리의 기본은 일본의 고유영토의 복귀라고 판단하고 오키나와와 북방영토 반환운동에 정력적으로 뛰어들었다. 1960년 이후 1987년까지 18년 간 이데올로기에 구애받지 않는「핵무기 금지 평화건설 국민회의」창설 멤버로 참여하여 부의장으로 활동했다.

1951년 일본과 연합국 간에 태평양 전쟁을 종식하는 샌프란시스코 강화조약이 체결되자 그는 1953년 미 군정 하에 있는 오키나와에 초, 중, 고 각급 학교에 「일장기(국기)를 보내는 운동」을 시작하여 오키나와 도민을 격려하면서 1960년대부터 「오키나와 문제해결 촉진협의회」를 조직했고, 1965년에는 정부의 총리 자문기관으로 「오키나와문제간담회」 창설을 건의, 설치시킨 후 미국 측 요인과의 접촉을 시작하여 1969년 키신저, 라이샤와 등 미국의 저명 안보 외교 관계 학자 전문가, 외교관계자 육해공군 고위층 등을 초빙해 「미·일 교토회의(京都會議)」를 개최하여 「핵 제거, 1972년 본토귀환」이라는 결론을 도출하여 오키나와 반환의 결정적 계기를 만들었다.

오키나와 반환이 실현된 후에는 재단법인 「오키나와현 국제교류재단」, 「오키나와 평화공원 건설 협회」를 창설했고, 오키나와 기자 교환회 회장으로 오키나와 어린이를 매년 본토에 초청하는 한편, 본토의 어린이를 오키나와에 보내는 교류 사업을 전개하였다.

한편 1945년 8월 일본이 항복을 수락한 직후 소련군에게 점령된 북방 4개 도서 반환을 위해 1970년 일본의 최고 수준의 정치·경제학자를 결집하여 「안전보장문제연구회」를 창설하여 1973년부터 「일·소 전문가 회의」를 개최하면서 민간부분의 교류 파이프를 만들었다.

그 후 28년간 80여 회 소련을 방문하여 소련(러시아) 과학아카데미 소속 「세계경제국제관계연구회(IMEMO)」를 비롯한 유력한 소련(러시아) 연구소를 비롯한 러시아 정치, 경제, 학술 등 각계 요인과의 인간적 관계를 돈독히 하면서 러시아 측의 높은 평가를 받아 1993년에는 러시아 정부가 외국인에게 수여하는 최고의 영예인 「국가 우호 훈장」을 받았다.

또한 「러시아 21세기 위원회」의 카운터 파트로 「일·러 우호 포럼 21」을 결성하고 그 운영위원장을 맡으면서 일본 국제문제연구소와 협력하여 '미·일·러 3극(極) 포럼'을 6회 개최하면서 오늘의 일·러 방위교류의 길을 열었다.

한편 한국과는 「한·일 기본조약 체결」에 전력하였다. 양국에서 한·일 조약 체결을 반대하는 운동이 일어나던 1965년 그는 이 조약의 의의를 강조하며 일본에 「한·일 우호조약 비준 촉진 국민회의」를 창설하여 그 사무총장으로 결연히 나섰다. 그 후 한일 국교 정상화가 실현되자 1974년 「한일협력위원회」 창설에 착안, 기시(岸信介), 후쿠다(福田赳夫), 나카소네(中曾根康弘) 등 3대 일본 전 총리를 이 위원회의 위원장에 취임시키고 자신을 상무이사, 부위원장으로 한일 관계의 건전한 발전을 위해 전력하였다.

이 외도 그는 일본 내각의 「행정조사위원회」, 「교육위원회」, 「야스쿠니 신사 참배 문제 간담회」 등의 주요 멤버로 참가, 정책 조정에 전력하였으며 특히 일본 황실에 대한 관련 업무 개선에 참여하여 생전에 천황 주최 원유회(園遊會)에 5차례 초청받기도 했다.

그의 일평생 활동을 한마디로 요약하면 스에츠쿠 선생은 그의 일생일대의 사업인 건전한 후대 양성을 위해 1964년 창설한 「신수회(新樹會)」 사업을 계속하며 「사람 만들기, 동리 만들기, 나라 만들기」를 테마로 일생을 마친 인물이다.

앞에서 기술한 바 있지만 내가 1998년 3월 통일부 장관으로 취임하고 그해 여름 휴가를 일본에서 보내기 위해 방일했을 때 오부치(小渕恵三) 자민당 총재가 총리로 선출되어 국회에서 취임인사를 한 바로 그날(1998년 8월 7일) 오후 나를 총리 공관으로 안내해 총리의 첫 외국인사와의 면담이 되도록 알선해주기도 했다.

그 뿐만이 아니다. 내가 장관을 그만두고 1999년 가을 세이가쿠인대학 초빙교수로 일본에 도착했을 때 세이가쿠인대학 측은 변변한 숙소도, 체류비도 준비해주지 않고 그저 초청한 것뿐임을 알고, 취소하고 귀국할 생각을 했을 때 스에츠쿠 선생은 일본 외무성과 연락해 ODA 지원

1988년 8월 7일 스에츠구(末次一郎) 선생의 소개로 오부치 게이조 총리와 만나 한일관계와 한반도 정세 논의

을 받는 국가의 고위급 인사들이 도쿄에서 투숙할 수 있는 외무성 산하 숙소를 알선해주어 1개월 여 지나도록 도와주었다. 그 후 한일문화협력기금의 지원금을 받고 체류에 지장 없도록 배려해주었을 뿐만 아니라 다음 해 집사람이 일본에 와서 우리 부부가 지내게 될 때 여러 곳의 강연 프로그램을 만들어 풍족한 강연료로 10여 년간의 일본 체류 기간 걱정 없이 지내도록 배려해주기도 했다.

2000년 5월 내가 대장암으로 서울로 돌아와 현대아산병원에 입원, 수술하고 항암치료를 받을 때 스에츠구 선생은 폐암으로 입원 치료를 받고 있었다. 2000년 겨울 내가 암 치료를 계속 받으면서 신수회 교토(京都)지부와 약속했던 강연을 위해 교토에 갔을 때, 그는 나를 위해 그 위중한 몸으로 교토까지 와서 이 행사를 지켜봤고 저녁에는 조선시대 조선통신사(朝鮮通信使)가 며칠간 머물렀다는 전통 음식점에서 저녁 만찬을 마련해주었다.

## — 선생의 서거 이후에도 지속되는 인연

다음해 나는 건강을 회복했지만 5~6개월간 쉬라는 가족의 권고에 의해 서울에 머물러 있던 2001년 7월 11일 선생의 서거 소식을 일본 방송을 통해 들었다. 스에츠쿠 사무소로부터 서거 소식이 전해진 그 다음 날 곧장 가겠다고 했더니 장례식은 7월 말에 가지게 되니 그 때 오라고 하기에 7월 중순 내가 근무하는 세이가쿠인대학으로 돌아갔다가 7월 30일 오후 1시에 개최된 장례식에 참가했다.

도쿄도 아오야마(青山) 장례식장에서 거행된 이 장례식은 「안전보장문제연구회」, 「육청협회」, 「오키나와협회」, 「국제협력대를 키우는 회」, 「신수회」, 「청소년육성국민회의」, 「한일협력위원회」 등 「고 스에츠쿠 이치로 관계 12개 단체 협동장」으로 거행되었고 나카소네(中曽根康弘) 전 총리가 장의위원장에, 와타나베 고사부로(渡辺三郎) 관련단체 대표가 부위원장으로 2,000여 명의 조문객이 참가한 가운데 엄숙하게 거행되었다.

가이후(海部俊樹), 하타(羽田孜), 모리(森喜朗) 등 3명의 전 총리, 사쿠라우치(櫻内義雄) 전 중의원 의장, 와타나베(渡部恒三) 중의원 부의장, 후쿠다(福田康夫) 관방장관을 비롯해 여러 현직 내각의 장관들, 각국 대사, 한국·대만의 관계 인사들이 참석하여 조의를 표했다. 나로서는 특히 감명 깊었던 것은 장례위원장 나카소네 전 총리가 그의 업적을 회상하면서 일본 안전보장과 오키나와, 북방 4개 도서 반환을 위한 피나는 노력을 찬양하는 조사와 선생이 직접 조직하고 키운 청소년 단체 대표가 "선생의 유지를 받들어 빛나는 일본 재건을 위해 매진하겠다"고 서약하듯 외치는 조사였다. 고이즈미(小泉純一郎) 총리, 진수편(陳水扁) 자유중국 총통, 리등휘(李登輝) 전 자유중국 총통의 조전도 눈에 띄었다.

나는 장례식이 끝난 후 장례위원장을 맡았던 나카소네 전 총리로부터 "강 선생에게 가장 서운한 일이군요. 앞으로도 일본에 와서 스에츠쿠의 후대들과의 교류를 계속해주시오…"라는 말을 듣고 그렇게 하겠다고 대답했다.

그 후 나는 일본에 체류한 10여 년 동안 기회가 있을 때마다 나 혼자 또는 신수회 회원과 함께 와세다(早稲田)대학 근방에 있는 용선사(龍善社) 묘지에 잠들어 계신 스에츠쿠 선생을 성묘하고 내 명함을 놓고 나왔다. 얼마 안 있어 사모님께서 고맙다는 인사 편지를 보내왔다.

그가 서거한지 5주년 때로 기억된다. 선생의 사랑했던 제자 중 한 사람이고 선생의 유지를 받들며 활동하고 있는 신수회 회원(회장)인 모리다카 야스유키(森高康行) 에히메현(愛媛県) 의회 의장이 선생의 추모 모임을 가지는데, 날더러 스에츠쿠 선생과의 교류 회고담을 곁들인 기념 연설을 해달라는 요청을 받고 참가한 적이 있었다.

나는 그 추모 모임에서 "신수회가 심은 나무(인재)가 자라 오늘에도 일본 곳곳에서 '3가지 만들기 사업(사람, 동리, 국가)'에서 많은 활약하고 있음을 본다"고 말했다. 특히 모리다카 의원이 바로 그 대표적 인물이라고 칭찬했다. 나는 나름대로의 이유가 있었기 때문이다.

지금부터 20여 년 전 정치지망생 젊은 현(県) 의회 의원 모리다카 씨가 스에츠쿠 선생의 소개로 나를 찾아왔다고 하면서 경기도 평택시(당시 작은 도시였다.)와 에히메 현 현청 소재지인 마츠야마시(松山市)와 결연을 맺기 원한다고 하기에 격려해 준 일이 있었다. 그 후 평택시와 마츠야마시 간에는 다른 도시와는 달리 시(市) 공무원의 교환 파견 근무와 매년 수십 명의 시민과 시의원들이 어린이 교육, 자국 요리, 전통 민속 음악 등 다양한 주제로 매년 중단 없이 상호 교류방문하고 있다. 아마도 현재 일본과 결연하고 있는 우리나라 도시 중 가장 긴밀하게 오고가는 민간 교류팀은 이들이 아닌가 생각한다.

그런가 하면 신수회 회원 가운데는 스에츠쿠 선생이 생전에 북한과의 교류를 준비하기 위해 시작했던 「계란과 바나나를 보내는 사업」을 계속하는 회원도 있다. 내가 "왜 계란과 바나나를 보내기로 했는가?" 하고 물었더니, "바나나는 오래 저장할 수 없고, 계란은 영양가가 높아 영양 부족인 아이들이 그 자리에서 먹을 수 있을 것 같아서…"라는 답변을 듣고 웃기도 했다.

그런가 하면 북한에 납치된 일본인 송환을 전담하는 일본정부의 납치대책 기관과 함께 일본인 납치문제에 관여하고 있는 신수회 회원들은 단파 방송으로 북한에 납치자 송환과 국제정세 변화를 전하고 있다.

이처럼 선생이 키운 새 인재들은 일본뿐만 아니라 한일 양국의 우호·친선·협력 관계를 증진하기 위해 동분서주하고 있다. 나는 내 생이 계속되는 한 모리다카 의원을 비롯한 「신수회」 회원들과의 교류 관계를 지속하며 일본의 현대 국사(國士) 스에츠쿠 이치로 선생의 유지를 실현하기 위해 전력하고 있는 그들과의 협력을 더욱 굳건히 하면서 시간나는 대로 방문 교류하며 그들을 격려할 것이다.

# 국내 좌경 기독교 지도자에 대한 비판

나는 독실한 기독교 가정에서 태어났다.

소학교에 입학하기 전 네다섯 살까지 주일마다 부모님의 손을 잡고 대동군 남곶면 남정리(大同郡 南串面 南井里) 교회에 다녔다. 그 때는 어른들이 예배보는 동안 나는 거의 교회 마당에서 뛰노는 게 대부분이었다. 아마도 어린아이들이 없어 유치부 교사가 없었기 때문인 것 같다.

예배가 끝나면 가끔 목사님(미국 선교사)과 교회 어른들이 우리 집으로 오셔서 점심을 같이했다. 그 때마다 어머님은 나에게 "저 모 목사님(미국 선교사)이 네게 유아세례(1933년)를 주신 분이야!…"라고 인사시킨 것을 기억하는데, 유감스럽게도 나는 모 목사님의 영어 풀네임도, 한국 성함도 기억하지 못한다.

그런데 지금도 잊지 않은 것은 목사님은 어머님이 정성들여 내놓는 점심을 드실 때마다 놋그릇 밥 한가운데를 파서 거기에 생계란을 풀어 넣고, 몇 방울의 간장과 참기름을 부은 다음 비벼, 닭고기나 김치와 함께 드시는 것이었다. 그러면 어머님은 "목사님, 그 밥그릇은 내가 열심히 닦은 것이니 안심하고 드셔도 됩니다…"라고 했다.

그 때는 좀 기이하게 생각했지만 지금 생각해보면 그 당시 우리 집 식기는 놋그릇이 많아 혹시 녹청이 묻어 나올까 염려하셔 그릇 가의 밥은 그대로 두고 가운데 밥만 잡수신 것이 아닌가? 이해된다.

그런데 제2차 세계대전이 시작된 1940년대에 들어서자 '순사(경찰관)'들이 교회를 찾아다니며 교회의 상징인 종(鐘)을 떼갔다.

해방 직후에는 1945년 12월 모스크바 3상회의(미·영·소)가 "조선에 대한 5개년 신탁통치를 결의하자 이를 반대하는 고당 조만식 선생이 소련군 당국에 의해 연금당하고 이어 조선민주당원들에 대한 체포령이 발령되자, 교회의 목사·장로 그리고 교회 청년들이 앞다퉈 월남 피신하여 하루아침에 북한 교회가 피폐해지는 현상도 목격했다.

당시 중학교 재학생이었던 우리 또래 교회 소년들은 구체적인 사정을 이해하지 못했지만 전투적 반종교집단이 공산당 지시 하에 가차 없이 교회 탄압을 자행하고 있다는 사실 정도는 명백히 알고 있었다. 이처럼 나는 유소년 시절부터 일본 순사와 공산당원에 의해 북한 교회가 탄압받는 현상을 목도하며 자랐기 때문인지 생리적으로 교회에 대한 공산주의자의 침투에 대한 경계심을 갖게 되었다.

## — 북한의 남한 교회에 대한 침투 공작

때문에 나는 중앙정보부 근무시절뿐만 아니라 그 후 오늘에 이르기까지 수시로 우리나라 기독교 교회에 대한 북한 노동당의 침투 공작과 통일전선 공작에 주의할 것을 당부한 바 있었다. 특히 1976년 남파간첩 호송 임무를 오랫동안 담당했던 김용규 씨가 귀순하여 남한 교회에 대한 침투 공작을 강화하라는 김일성의 다음과 같은 교시가 있었다는 진술을 들은 후에는 더욱 강력한 경계를 당부했다.

김일성의 교시(지령)는 다음과 같다.

"남조선에 내려가서 제일 뚫고 들어가기 좋은 곳이 어딘가 하면 교회입니다. 교회에는 이력서·보증서 없이도 얼마든지 들어갈 수 있고, 그저 성경책이나 하나 옆에 끼고 부지런히 다니면서 헌금이나 많이 내면 누구든지 신임 받을 수 있습니다.

일단 이렇게 신임을 얻어가지고 그들의 비위를 맞춰가며 미끼를 잘 던지면 신부, 목사들도 얼마든지 휘어잡을 수 있습니다. 문제는 우리 공작원들이 남조선의 현지 실정을 어떻게 잘 이용하느냐 하는데 달려있는 것입니다." (1974년 4월 대남공작 담당요원들과의 담화)

이러한 김일성의 「교시」에 따라 대남공작을 담당하는 당 중앙위원회 통일전선부 제6과는 「조선기독교도연맹」을 부상시키면서 합법적 대남 선전 활동을 강화했다. 1972년 10월 박정희 정부가 유신체제로 진입하고 이에 저항하는 정당·사회단체들의 반유신운동이 격화되자 북한은 즉각 이를 이용한 대남 비난과 선전 활동을 강화했는데, 그 중심에는 「조선기독교도연맹」이 위치하고 있었다.

이 「조선기독교도연맹」은 1974년 2월 남한의 비상 군법회의와 관련, 종교인 탄압 비난 성명을 발표한 이후 종교활동보다 대남 선전 활동에 주력했다. 남한 내 정치적 사건 발생시 이를 비난하거나 북한당국의 대남 제의를 지지하는 담화, 성명 등을 발표해왔다. 특히 평양에 봉수교회(1988년)와 칠골교회(1992년)가 건립된 이후부터는 종교행사를 통해서도 대남 비난을 일삼고 있다.

1974년 민청학련 사건 관련 비난 성명, 1975년 유신체제와 종교인 탄압 비난 성명, 1982년 남북 100인 정치인 회담 제의 지지성명, 1986년 세계 교회협의회(WCC) 등에 팀 스피리트 훈련 비난 편지 발송, 1991년 남북한 및 해외 교포들의 전 민족적 통일전선 형성강조, 1992년 미국 5개 도시 순방, 통일선전 및 주체사상 강연 등 헤아릴 수 없이 많다.

이 단체는 각종 국제종교행사에 참석해 남북 기독교인들 간의 교류와 회담을 추진하기도 했다. 1995년 3월 일본 교토(京都)에서 열린 제4회 기독교 국제회의에 참석해 한국기독교교회협의회(NCCK)와 남북한 기독교인들이 광복 50주년을 맞는 8월 15일 판문점에서 희년(禧年) 공동 예배를 갖기로 합의한 것이 대표적인 예이다. 또 곽선희 목사(1991년) 권호경 목사(1992년) 등 한국의 기독교계 인사와 빌리 그레엄(Billy Graham) 목사 등 해외 종교 인사들을 방문 초청하는 데에도 주력했다.

북한의 「조선기독교연맹」이란 단체는 중앙조직만 있을 뿐 하부 조직은 없다. 위원장인 강영섭은 김일성의 외가 인척이며 대남 전위기구인 조평통 및 조국전선위원을 겸하고 있다. 봉수교회는 이성봉 담임목사를 필두로 전도사-권사-장로-집사 등 20여 명이 꾸려가고 있으며, 칠골교회는 유병철이 담임목사를 맡고 있다.

과연 이들 목사와 장로, 집사들이 진정한 기독교 신자들인가? 나는 그렇지 않고 대남 사업부서의 외곽 공작기구의 공작원이라고 보고 있다.

## 조선기독교연맹 강영섭 위원장과의 만남

그런데 북한의 「조선기독교연맹」 강영섭 위원장은 나와 평양 고급중학교 동기·동창이다. 1972년 11월 내가 남북조절위원회 회의를 위해 평양을 방문했을 때 김덕현 북측 조절위원회 위원을 통해 당시 최고재판소 부소장으로 있던 강영섭 군에게 만나자고 사전 제안한 바 있으나 만날 수 없었다.

1998년 3월 통일부 장관으로 재직 중에도 나는 북한을 방문하는 남한의 기독교회 대표들을 통해 강영석 위원장에게 "남북협력을 위해서는 기독교계, 특히 보수 교단과의 협력이 중요하다"는 점을 강조하는

2002년 7월 북한 그리스도교연맹 강영석 위원장(평고 동기동창)과의 만남

구두 메시지를 여러 차례 전한 바 있지만 별다른 반응이 없었다.

그런데 통일부 장관 사임 후 일본 세이가쿠인(聖學院)대학 객원교수로 가 있던 2002년 7월, 도쿄 한인 YMCA의 요청을 받아 도쿄 근교의 도산소(東山莊) 호텔에서 개최된 「조국 평화통일과 선교에 관한 지도자 제8차 회의」에 참석하여 50여 년 만에 강영섭 위원장과 만났다. 북측 수행원을 물리친 채 나와 강영섭은 한 시간이 넘도록 흉금을 터놓고 동창생 간의 얘기를 나눴다.

그 때 그는 "1972년 11월 네가 평양에 왔다는 것을 들었으나 시간이 없어 만나지 못해 미안하다"고 하기에 "그 때는 그렇다 하더라도 이제부터는 국내외에서 자주 만나자"고 말하면서 남한(서울)에서 개최되는 '연례 평고보 동창회' 소식과 생존해 있는 동기생들의 근황을 알려주었다.

그리고 나서 나는 말머리를 돌려 남북 기독교 간의 협력 문제를 솔직히 지적했다.

"강 위원장, 자네는 남한의 기독교계에 관한 정보를 많이 갖고 있겠지만 내가 보기에는 잘못 판단하는 것 같다. 여기 도산소에 모인 남한 측 목사 100여 명을 보면 대부분 남한 내 진보적 기독교계 목사들이다. 자네들은 이들과의 협력관계를 중시하고 있는데 그 이유는 명백하다. 바로 우리 쪽에 대한 위장 평화 공세, 통일전선 형성의 미끼를 던지기 위함이다. 도대체 봉수교회, 칠골교회를 남한의 어떤 목사가 전통적 기독교 교회라고 평가하겠나?

자네들은 남한의 좌익 기독교 인사 예를 들면 문익환, 강희남 등을 상대로 통일전선공작에 열중하지만 이에 대항하는 보수 교단의 반격도 만만치 않아…. 지금 경제적으로 자네들을 지원하는 남한 교회가 진보적 목회자들이 담당하는 교회인가? 보수적 목회자들이 당회장인 교회인가? 대북 지원에 나설만한 선교 기금을 갖고 있는 교단은 우리들 보수 교단이야.

그런데 이들 보수 교단 목사와 장로들이 방북했을 때 자네들은 보통강 호텔인가 어디에 감금하다시피 통제하지 않았나? 왜 돈을 갖고 오라고 하나? 10만 달러, 20만 달러 갖고 입북하는 목사는 우대하고 그렇지 못한 목사는 홀대하고 보수교단 목사들이 북측 교인들과 함께 기도하기 위해 봉수교회 가는 것도 막아버리고…."

이런 나의 직설적 얘기를 듣고 있던 강영섭 위원장은 손을 내저으며 말했다.

"당연한 것 아닌가? …남한의 보수 교단은 우리에 대해 대단히 인색한 것 같아. 원칙적 입장에서 적대적이 아닌가? 너희 영락교회 한경직 목사가 템플상을 받았다는데… 우리도 보수 교단이 경제적으로 풍요하다는 것을 알지만… 남북관계의 현실을 볼 때 어떻게 우리가 남한의 보수 교단을 우대할 수 있겠는가? 템플상금은 100만 불이라는데 영락교회가 좀 더 적극적으로 나서주면 어때? …."

우리 둘이 이런 식의 얘기를 나누면서 엄혹한 남북관계가 완화되지 않는 한 남북 기독교 간의 관계가 개선될 수 없음을 재차 확인했다.

이 도산소 회의에 참가했던 남북 참석자들은 우리 둘이 포옹하며 반기는 모습을 보면서 "두 분이 자주 만나 적나라하게 얘기를 주고받은 것이 이 많은 사람들이 토의하는 것보다 나을 것 같다"고 축하하면서 격려해주었다.

## 국내 좌익 기독교 세력의 활동

내가 강영섭 위원장과의 대화에서 남한 기독교 좌파에 대해 언급한 것은 당시만 해도 친북·좌파 목사들의 언동이 도를 넘고 있다고 판단하고 있었기 때문이었다.

주지하는 바와 같이 통일문제를 둘러싸고 남한 내 진보적 목회자들이 활발하게 움직이기 시작한 것은 1982년 진보적 기독교 목사와 교계 인사들이 '통일문제연구'를 시작한 때부터였다. 정부의 통일정책과 부딪힐 수밖에 없는 주장들을 제기하자 전두환 정권이 국내에서의 모임을 중단시켰으나 이들은 일본 도쿄 근교의 도산소로 옮겨가 모임을 계속하면서 급기야 1988년 「민족통일과 평화에 관한 한국 기독교 선언(88

선언)」을 발표했다.

신학적 지식이 없는 나로서는 이 선언에 대한 비판적 평가를 할 수 없으나 라학진(羅鶴鎭) 서울대 종교학과 교수가 당시 영락교회의 원로 목사이신 한경직 장로교총회 통일분과위원장의 의뢰를 받아 분석 보고한 자료(1988년 총회보고)를 보면 내가 강영섭 위원장과의 대화에서 남한의 진보적 기독교 지도자들의 언동이 도를 넘을 정도로 감상적, 친북적 통일론을 제기하고 있다고 판단한 것이 잘못 판단한 것이 아닌 것 같이 느꼈다.

나는 1980년대 이후 우리 기독교 내의 진보적인 목회자 또는 신학교 교수들이 민족적 관점에서 통일론의 제기하며 다분히 정부의 통일정책을 비판하는 논지를 주의깊게 관찰하고 있었다.

1988년 2월 NCCK가 통일 관련 선언을 발표했는데 그 요지는 남북한 간 평화협정 및 불가침 조약 체결을 요구한 것이었다. 이 선언이 발표된 직후 같은 해 3월, 서울대 총학생회장 선거 과정에서는 남북한 청년학생들의 국토순례대행진과 체육대회, 이를 위한 남북학생회담의 추진을 공약으로 내걸며 학원가에서도 통일운동의 불이 붙었다. 이를 계기로 우리 사회 각계각층에서 통일논의가 활발해지기 시작한 것이다.

이런 가운데 1988년 7월 7일 당시 노태우 대통령이 「민족자존과 통일번영을 위한 특별선언(7·7 선언)」을 통해 남북한 동포의 상호 교류 및 해외 동포의 자유로운 남북 왕래를 천명하면서 교회 내부에서는 통일운동의 대중화가 본격적으로 이루어졌다.

그러자 8월 1일 재야인사 1,041명이 발기인이 되어 「한반도 평화와 통일을 위한 세계대회 및 범민족대회 추진본부(이하 범민족대회 추진본부)」를 발족하고 발기 취지문을 통해 남북의 각계 인사들이 한데 모여 조국통일방안을 검토하고 통일 실천 과제를 논의하는 장을 마련하자고 제의한 것이다. 바로 이것이 「범민족대회」이다. 당시 북한은 남북연석회의 소집을 제의하고 남북학생회담을 선동하는 등 우리 내부의 국론분열을 조장하고 있었는데, 이 범민족대회는 이를 위한 좋은 소재가 된다고 판단하고 즉각 호응에 나섰다.

이처럼 북한의 호응이 빠르게 나오자 남한의 재야인사 문익환 목사, 계훈제씨, 박형규 목사 등이 주동이 되어 발족한 범민족대회 추진본부는 "범민족대회 기간을 1988년 9월 17일부터 10월 2일까지로 제의"했다. 이에 대해 반응을 보이지 않다가 12월 9일, 북한은 조국평화통일위원회(조평통) 명의로 범민족대회 추진본부에 공개서한을 보내 "범민족대회를 1989년 8월 15일경에 여는 것으로 하고, 남과 북, 해외 동포 실무대표들의 예비접촉을 갖자"고 역제의를 해왔다.

북한의 제의는 해를 넘겨서도 계속되어 1989년 1월 김일성은 신년사를 통해 남북정치 협상회의를 제의하면서 우리 측의 김수환 추기경, 문익환 목사, 백기완 씨 등 개별 인사를 지명하여 평양 방문을 초청했다.

바로 이런 시기에 당시 여당인 민정당의 통일분과위원장이던 이세기(李世基) 의원이 나에게 통일문제 세미나를 개최하기 위한 준비회의를 개최하니 참가해달라는 요청이 왔다. 나는 이 초청에 응해 세종문화회관 식당으로 갔다. 이세기 의원이 세미나 개최 이유를 말하고 나에게 어떤 방법으로 진행할 것인가를 묻기에 나는 서슴지 않고 "우리 헌법이 규정한 통일원칙을 기준으로 논리를 전개하고 결론을 내리면 되지 않겠는가"라고 발언했다.

그러자 동석했던 문익환 목사가 벌떡 일어나더니 "강박, 그런 통일은 안 돼. 북한이라는 통일의 상대가 있는데 어떻게 우리 헌법이 규정한 대로 자유민주주의 평화통일을 할 수 있다는 말인가? 통일은 모로 가든 외로 가든 민족의 입장에서 논의해야 해…. 나는 이런 통일문제 논의에는 관심 없어요…"라고 큰 소리로 비판하더니 회의장을 나가버리는 것이었다. 참석자 모두는 놀라지 않을 수 없었다. 그러나 그가 퇴장한 후 준비회의는 계속되었고 우리는 헌법에 준거한 통일 추구라는 방향으로 세미나가 개최되어야 한다는 결론으로 끝났다.

그런데 1주일 정도 지났을까? 북한 조선중앙TV(3월 25일)에 문익환 목사와 김일성이 환하게 웃으며 포옹하는 영상이 보도됐다. 바로 우리와의 회의 중 박차고 나간 문익환 목사는 그 길로 비밀리에 평양을 방문하고 김일성과 통일문제를 논의한 것이다.

이 사건이 있은 후부터 안병무, 김병석, 박종화, 홍근수 등 KNCC 내 진보적 교계 지도자들은 북한을 적(敵)으로서가 아니라 같은 민족으로 대하면서 평화통일에 접근해야 한다고 강조하기 시작했다. 1980년대 우리 사회를 휩쓸었던 '민족·민주·민중, 반전, 반핵' 등 평화옹호 주장을 골간으로 한 좌익적 통일 논의를 수용한 주장이었다.

이런 분위기를 타고 유럽 지역, 북미 지역, 일본 지역에 범민족대회 추진본부가 결성되기도 했다. 같은 달 북한은 24개 정당·사회단체 명의로 '민간급 대화의 적극추진', '남측 및 해외 개별 인사들의 방북 환영', '개별 인사들의 내왕과 신변 안전 담보' 등을 내용으로 하는 연합성명을 발표하기도 했다.

범민족대회는 그러나 남과 북 해외동포의 3자 예비 실무회담에 대한 우리 정부의 거부로 성사되지 못했고, 이후 행사 개최 방식에 대한 논의도 남과 해외, 북과 해외 등 2개의 2자회담으로 진행되었다. 그러나 범민족대회 행사의 개최가 논의되는 과정에서 문익환 목사, 문규현 신부와 전국대학생대표자협의회(전대협) 임수경(당시 한국외국어대학교 재학생), 작가 황석영, 서경원 국회의원(당시 평민당 소속) 등 밀입북이 줄을 이었다.

## 북한의 진보적 기독교계를 통한 대남공작

북한은 연이은 불법 방북 인사들을 통해 통일을 명분으로 당국을 배제한 정치협상회의의 모임을 만들어 내는데 총력을 기울였지만 그들이 원하는 결과를 가져오지는 못했다. 한편 이러한 돌출적 행동으로 북한 사회의 폐쇄성에 균열이 발생하기도 했다.

당시 김일성은 남한에서 일고 있는 진보적 기독교계 지식인을 중심으로 하는 통일운동을 자기들이 기획한 반미·반정부 통일전선 형성으로 유도하기 위한 끈질긴 대남공작을 추진했다.

당시 김일성이 대남 공작원들에 한 「교시」를 보면 그의 본심과 추진계획의 일단을 알 수 있기에 여기에 인용한다.

> "지금 남조선에서는 수많은 진보적 민주인사들이 각종 재야단체에 결속되어 활발하게 움직이고 있습니다. 우리는 하루빨리 북과 남, 해외의 통일애국역량을 총 망라하는 전민족 통일전선을 형성해야 합니다. 전민족 통일전선을 형성하기 위해서는 물론 우리가 주동적으로 제기할 수도 있겠지만 남조선 혁명조직이 먼저 재야단체의 이름으로 발기하도록 하고 거기에 북과 해외 단체들이 호응하는 형식을 취하는 것이 더 자연스러울 것입니다." (1990년 5월 3호청사 확대간부회의)

> "남조선 혁명과 조국통일을 위한 투쟁에서 선봉적인 역할을 하고 있는 그 실체는 뭐니뭐니해도 역시 청년학생들입니다. 이번 8·15 광복절에는 제2차 범민족대회와 함께 북과 남, 해외 청년학생들의 통일대축전 행사도 거행된다고 하는데 이번 기회에 청년학생들의 3자 연합조직도 거창하게 만들 필요가 있습니다.

그리고 범민련과 마찬가지로 청년들의 연합조직도 공동 사무국을 설치 운영해야 합니다. 청년학생들의 통일운동이 더욱 활발해질 수 있습니다." (1991년 8월 3호청사 확대간부회의)

"적들의 탄압으로부터 혁명역량을 보존하기 위해서는 무엇보다도 범민련 남측본부와 한총련에 대한 이적 규정을 철회시켜야 합니다. 이를 위해서는 남조선 당국자들을 사대 매국적 반통일 세력으로 몰아붙이고 미군 철수, 국가보안법 철폐, 파쇼 폭압기구 해체 투쟁을 완강하게 벌려야 합니다. 그리고 범민련을 통일 애국단체로 부각시키는 합법화 운동을 대대적으로 벌여나가야 합니다." (1993년 8월 3호청사 확대회의)

"범민련 해외본부도 위력 있는 방대한 조직인 것처럼 위장해야 합니다. 이를 위해서는 해외 각국에 널려있는 전직 고관들을 많이 매수하여 감투를 하나씩 씌워주고 각종 명칭의 지역별 교포 단체들을 조직해야 합니다. 그리고 그들이 눈부시게 활동하고 있는 것처럼 널리 선전할 필요가 있습니다. 그래야 범민련의 위상을 높일 수 있고, 또 장차 남북 정당 사회단체연석회의 같은 것이 열리게 될 경우에도 그들이 독자적인 대표 자격을 가지고 참석할 수 있습니다." (1993년 8월 3호청사 확대회의)

과연 이러한 김일성의 공작지령이 먹혀들었을까? 그 답은 그 후「전대협」이나「범민련」관계자들이 전개한 실제 언동을 보면 알 수 있다. 여기에서 범민련 핵심 좌파 친북 기독교 목사들의 언동을 보자.

○ 1996년 범민련 남측 본부의장인 강희남 목사는 다음과 같이 주장했다. (조국통일범민족연합 남측본부,『민족의 진로』제17호, 2000.4.15)

〈전쟁시기 미군의 양민학살 만행에 대한 범민련 남측본부 입장〉

충북 영동군 노근리를 비롯한 전국 곳곳에서 한국 전쟁 당시 미군이 자행한 양민학살 만행이 연이어 폭로되면서 각계각층 국민들과 7천만 전체 겨레는 치솟는 분노를 터치고, 미국놈들과 사생결단하겠다는 판갈이 결사전의 맹약을 다지고 있다.

노근리, 거창, 함양, 산청, 여수, 군산, 대전, 부산, 대구 등등 전국 곳곳에서 미국놈들의 양민학살이 저질러 지지 않은 곳이 없고, 북으로는 신천 등 곳곳에서 미국놈들의 야수적인 인간사냥이 광범위하게 자행되었음이 만천하에 드러나고 있다.

4·19 혁명 직후 전국 피학살자 유족단체에 공식 집계된 남쪽 피학살 인원만 110만 명을 넘어 선다니, 남북을 통틀어 미국놈들에게 학살된 우리 민족의 숫자를 어떻게 다 헤아릴 수 있겠는가.

학살된 사람들이 대부분 힘없는 어린이, 노약자, 여성들이었으니, 야수 살인마 집단 미국놈들의 그 잔인함과 비겁함과 야만성에 우리 민족과 전 세계, 인류는 저주를 쏟아붙고 있다. 이 학살 수법도 잔인하여 눈을 뽑아 죽이고, 칼로 목을 쳐 죽이고, 머릿가죽을 벗겨 죽이고, 만삭된 어미를 죽여 자연 출생된 애기까지 새까맣게 타 죽게 하였다니, 산천초목이 분노하여 부들부들 떨고, 삼해의 거센 파도가 거대한 해일로 격분하고, 하늘의 검은 구름이 온 천지에 저주의 회오리를 몰아오고 있다.

미국놈들의 양민학살에 대한 전체 국민과 민족의 치솟는 격분, 투쟁의 지를 담아 범민련 남측본부는 미국놈들과 총결산하고자 다음과 같이 주장한다.

1. 미국은 양민학살에 대해 사죄, 보상하고 어서 빨리 이 땅을 떠나라!

미국놈들은 저들의 양민학살 만행이 연이어 폭로되자 '전쟁은 원래 혼돈 상황'이라느니 '준비 안 된 사병들의 우발적 행위'였다느니 하면서 책임을 회피하고 손바닥으로 하늘을 가리고, 제 놈들의 책임을 덜어 보려고 별 추잡한 짓을 다하고 있다.

미국은 똑똑히 알아야 한다.

우리 민족의 참을성에도 한계가 있다는 것을. 학살만행 죄악은 꼭 결산해 내고야 마는 것이 역사의 법칙이라는 것을…. 미국놈들은 제놈들의 책임을 회피하려는 더러운 작태를 집어치우고, 이제라도 우리 민족에게 머리를 조아려 사죄하고, 피해자와 민족 전체에 보상하며, 하루 빨리 남한 땅에서 주한미군과 핵무기 등 온갖 침략도구를 다 싸 짊어지고 바다 건너 멀리멀리 네놈들 땅으로 물러가야 할 것이다.

2. 김대중 정부는 종합대책기구를 꾸리고 미국 정부에 공식으로 담판을 요청하라!

김대중 정부에게 묻는다.

그대는 한국국민의 이익을 대변하는 '국민의 정부'인가, 미국의 변호인 노릇을 하는 '친미 사대 정권'인가?

자신이 자임하는 대로 '국민의 정부'가 맞다면, 미국놈들의 방패가 되어 국민들의 울분을 막아 나서려는 작태를 당장 그만두고, 정부 차원에서 하루 속히 종합대책기구를 꾸리고, 미국놈들에게 사죄, 보상을 요구하는 담판을 공식적으로 들이밀어야 할 것이다.

김대중 정권이 오늘과 같이 계속하여 반민족, 친미 아양으로 나간다면 성난 국민과 민족은 그대를 민족 족보에서 싹 지워 버리고, 분노의 거센 파도로 규탄 타도하며, 민족사를 두고두고 저주할 것임을 명심하라.

3. 각 계층 국민대중과 7천만 겨레는 하나로 굳게 뭉쳐 거족적인 반미 항전에 나서자!

모두 모두 민족의 자존으로, 복수의 칼날 입에 물고, 거족적인 반미 항전에 떨쳐나서자!

노동자는 망치들고, 농민은 퍼런 낫들고, 청년학생은 결사항전 머리띠 질끈매고, 각계각층 동참하여, 반미 열풍을 몰아오자!!

민족의 철천지 원수.

우리 할아버지, 할머니, 아버지, 어머니, 형제, 자매들이 서슬 퍼런 눈을 못 감은 채, 하늘 땅을 두고 저주하며 쓰러졌던, 저 원한 맺힌 미국 놈들.

지긋지긋한 미국놈들과 총 결산할 때는 왔다. 모두다 분기하여 미국 놈들을 쳐 눕히자!

살인마, 야만인 미국놈들 몰아내고, 아침이 찬란한 한반도 땅, 자주롭고 평화로운 우리 강산, 치욕의 역사 끝나고 통일 융성의 새 역사 펼쳐지는 새 조국을, 만대에 길이 길이 번창할 후대에게 물려주자!

2000년 4월 1일 조국통일범민족연합 남측본부 강희남

이처럼 강하게 반미 반정부를 주장하던 강희남 목사는 2009년 6월 6일 전주시 삼천동 자택에서 목을 매 자살했다. 자살에 앞서 그는 "이 목숨을 민족의 제단에"라고 쓴 붓글씨 1장과 "남기는 글"이란 유서를 남겼다. 장례식은 6월 10일 서울 중구 향린교회에서 치렀다. 그가 남긴 유서에는 "양키 추방과 연방제 통일만이 이 민족의 살 길이라는 신념 하나로 내 집을 양키 대사관 앞이라 여겨 입 대신 몸으로 말하려 이 길을 간다"고 쓰여 있었다.

평소에 그가 강조했던 말은 "이북, 내 조국이 핵을 더 많이 가질수록

양키 콧대를 꺾을 수 있다. 북조선이 최강 아메리카와 맞대결을 벌리고 있는 것은 정신력에 의한 것이다. 그렇기 때문에 김일성 영생주의와 김정일 선군 정권의 이념을 높이 사지 않을 수 없다…"는 것이었다.

문익환 목사나 강희남 목사가 전력을 다해 조직키로 했던 범민련(조국통일범민족연합)이란 북한이 대남공작 차원에서 1990년 남북한과 해외의 재야단체들을 연계해 만들어낸 종북(從北)·반한(反韓) 통일전선조직이었다. 해외본부(당시 의장 윤이상)는 그해 12월 16일 독일 베를린(1992년 도쿄로 이전)에서, 북측본부(조평통 위원장 윤기복)는 1991년 1월 25일 각각 결성됐다. 남측본부는 1991년 1월 23일 발족한 결성준비위 활동을 통해 1995년(이창복) 정식 출범했다.

북한 노동당 통일전선부가 직접 조종하는 범민련 남측본부는 1997년 대법원으로부터 이적단체로 판결 받았지만 해산하지 않고 있다. 공안 당국관계자는 "다른 이적단체들이 간판을 바꾸는 식으로 조직을 보전하는 것과 달리, 범민련은 김일성이 직접 이름을 지어줬기 때문에 개명(改名)도 해산도 못 한다"고 말하기도 했다.

범민련 남측본부 결성에 주동적 역할을 담당한 인물을 간단히 소개하면 다음과 같다.

○ 1991년 1월 23일 범민련 남측본부

- 결성준비 위원장 : 문익환 목사 부위원장 : 윤연규(전교조), 권중대(전농), 박순영(여성), 계훈제(사회) 그리고 전대협 의장
- 총 31개 단체 참가, 당시 민주당도 참가
- 주동인물 문익환 목사는 1994년 1월 15일 타계했다.

○ 1995년 2월 25일 : 범민련 남측본부 정식 결성

- 주동인물 : 이창복

○ 1996년 남측본부 의장 강희남 목사

- 강희남 목사 : 위에 기술한 바와 같이 2009년 6월 6일 자살

○ 이종린 : 2000~2002년, 범민련 남측본부 의장

- 1988년 민자통(민족자주통일중앙협의회) 결성, 공동의장

○ 남창순 : 2003년 범민련 남측본부 의장

- 1988년 민자통 공동의장

○ 이규재 : 2005년 범민련 남측본부 의장

- 서울지역건설 일용노조 부위원장

- 민노총 : 제2대 부위원장

이상 범민련 의장 역임자들에서 보는 바와 같이 모두가 한결 같은 친북좌파 인물들이었다.

또 한 명을 예로 들자. 바로 한상열 목사이다.

**한상열 목사의 기도문 (『자유대한신문』 제12호, 2010년 8월 25일자)**

평양 칠골교회에서 '2010년 6월 27일'에 행한 그의 이 기도문을 보면 그가 얼마나 철저한 반미·반정부 친북주의자인가를 알 수 있었기에 여기에 간추려 인용한다.

창조의 주 아버지 하나님!

오늘 이 죄인은 통일의 성지이자 혁명의 도시 평양에서 간절히 기도드립니다.

이명박 괴뢰 도당이 하루 빨리 위대한 장군님과 통일의 선구자 김대중 선생이 이룩한 6·15 공동선언을 지킬 수 있도록 은혜를 베풀어 주시기를 간절히 바랍니다….

극악무도한 미제와 한 통속이 되어 천안함 폭침을 조선민주주의인민공화국에게 뒤집어씌우려는 이명박 괴뢰 정부를 벌하여 주실 것을 간절히 바라옵나이다….

있지도 않은 사실을 유엔이다 안보리다 하며, 조선민주주의인민공화국을 제재하여야 한다는 저 마귀와 같은 이명박 괴뢰 정부를 멸하여 주실 것을 간절히 기도드립니다.

국가보안법을 하루 빨리 폐기할 수 있도록 남한의 모든 동지들이 힘을 합쳐 이명박 괴뢰 정부와의 투쟁에서 승리할 수 있도록 다윗과 같은 지혜를 주시옵소서.

미제들이 한반도에서 당장 철수할 수 있도록 모든 동지들이 한마음으로 미제와 싸워 승리할 수 있도록 강건함을 주시옵소서.

우리의 통일은 우리끼리 할 수 있도록 도와주시옵소서!

위대한 6·15 공동선언 10주년 기념행사를 위해 많은 동지들이 혁명의 도시 평양을 방문하려 하였으나 있지도 않은 천안함이다 뭐다 해서 방북을 일체 금지 시킨 탓에 이 죄인이 혈혈단신 10주년 행사에 참석코자 오직 통일의 일념으로 천신만고 끝에 평양에 도착하였습니다.

인류를 사랑하시고, 평화를 사랑하시는 하나님 아버지, 우리의 소원은 오직 통일입니다….

부족한 이 죄인 한상렬은 오는 8월 15일 판문점을 통해 떳떳하고 당당하게 남한에 돌아가려 합니다. 이명박 괴뢰 정부가 오직 우리 민족끼리의 통일만을 갈망하여 방북한 이 죄인을 탄압한다면 이 죄인은 순교할 준비가 되어있습니다.

저의 순교를 계기로 모든 통일 세력들이 한마음 한뜻으로 뭉쳐서 위대한 수령님의 유훈이 한반도에 정착 할 수 있도록 인도하여 주시옵기를 간절히 바라옵나이다. 이 모든 말씀을 우리 주 예수 그리스도의 이름으로

기도드립니다. -아멘-

또 하나의 예를 들자. 작년(2019년)에 개최된 제주도 4·3 사건 관련 기도회이다. 2019년 4월에 개최된 '제주도 4·3 사건 치유를 위한 개신교 기도회'에서는 서울의 영락교회의 사죄를 요구했다.

나는 작년 4월 30일자 『신학춘추』(장로교신학대학 교지)에 실린 채은총 기자의 기사를 보고 또 한 차례 놀랐다. "제주도 4·3 사건 71주년을 맞이하여 한국 기독교 교회 협의회가 4월 4일(2019년) 오후 2시 광화문 중앙광장에서 개최한 아픈 역사의 정의로운 청산과 자유를 위한 개신교 기도회"에서 "영락교회의 사죄 없이는 4·3 사건 피해자들로부터 한국 교회가 용서받기 힘들 것으로 보인다"는 내용의 기사였다.

왜 영락교회가 4·3 사건 피해자들에게 사죄해야 하는가? 이 행사에서 설교를 담당했던 김성복 목사(NCCK 인권센터 이사장)은 "제주 4·3은 민중항쟁으로서 자주독립을 지향하는 이들이 주권을 찾고자 궐기했으므로 제주민중항쟁이라고 이름 붙여야 한다. 당시 월남한 기독인 중심으로 구성된 「서북 청년단원」들이 제주도민에게 온갖 잔인무도한 짓을 자행했다. 그들은 제주도민들을 몽둥이로 때려죽였다. 밟아 죽이기도 했다. 굶겨 죽이고 절벽에 떨어뜨려 죽이기도 했다. 생매장도 하고 이게 서북 청년단이 한 짓이오, 이 단체를 만든 사람이 한경직 목사다. 이 비극적인 역사를 그리스도 안에 한 몸으로서 사죄의 말씀을 올린다"라고 전했다.

유족 대표로 참석한 '제주 4·3 범국민위원회' 박진우 집행위원장은 이 기도회에 참석한 기독교인들에게 고마움을 표하면서 "4·3 사건은 통일된 나라와 친일 부역자 처단을 요구하고 이승만 정권의 반인권적 탄압에 저항하는 운동이었다"라며 "기도회에서 제주 4·3 사건을 바르게 조명해 줘서 감사하다"고 말했다. 나아가 피해자들이 명예를 회복하기 위해서는 국회에 계류 중인 '제주 4·3 특별법'이 통과되어야 한다고 목소리를 높이면서 법안이 속히 통과될 수 있도록 당부의 말을 전했다.

그러나 "제주도민들에게 만행을 저지른 서북청년단과 그의 전신인 영락교회의 사죄가 없이는 결코 피해자들로부터 한국교회가 용서받기는 힘들 것으로 보인다. 조속히 '제주 4·3 특별법'이 통과되어, 진실이 규명되고, 아픈 역사의 정의로운 청산과 치유가 한국교회와 제주 땅에 꽃피기를 바란다"는 것이었다.

도대체 설교를 담당했던 김성복 목사는 이 4·3 제주도 사건을 제대로 알고 하는 말이었는가? 피해자들의 억울함을 호소한 박진우 유족 대표의 심정을 이해하지 못하는 바는 아니나 제주도 4·3 사건이 과연 자주독립을 지향하던 제주도민의 민중항쟁이었던가? 그 당시 제주도 폭동 진압에 참가했던 사람들은 그렇게 평가하지 않는다. "남로당이 계획적으로 대한민국 정부 탄생을 저지하고 제주도를 공산당의 혁명 기지로 만들기 위해 일으켰던 남로당의 폭동이었다. 더 이상 제주도 4·3 사건에 대해 설명할 필요도 없다"고 말한다.

김 목사의 주장대로 월남한 기독청년들이 추축이 되어 조직한 서북청년단이 강력한 진압방법을 택하여 일부 선량한 주민의 희생이 있었다고 해서 왜 한경직 목사와 영락교회가 사죄해야 하는가?

그 서북청년단원 중 영락교회 재적 청년들이 있었다고 하자. 한경직 목사의 구두 증언에도 서북청년단원 중에는 영락교회 청년 회원들이 있었다고 말씀하셨다. 그렇다고 해서 영락교회와 한경직 목사가 사죄해야 하나? 한경직 목사가 김성복 목사가 말한 것 같이 "갖은 만행을 저질러도 괜찮다고 지령했다는 말인가? 서북 청년단에 가입한 영락교회 출신 청년들의 잘못이 있었다면 그것은 당시 이들을 동원한 정부나 경찰,

군 지휘관의 문제이지 왜 한경직 목사의 잘못이란 말인가?

나는 1945년 8·15 이후 1948년 8·15까지 3년은 말 그대로 좌우 세력 간에 전개된 피나는 혈투의 연속이었다고 보고 있다. 보수적인 우리의 입장에서는 말 그대로 건국전쟁을 전개하여 오늘의 자유 대한민국의 터전을 다진 것이다.

나는 제주도 4·3 폭동에 대한 진보연하는 목사들의 주장이야말로 역사적 사실을 왜곡하며 북한 공산주의자들의 무모한 무력침략을 변명하는데 불과하다고 평가한다.

역사를 외눈으로 봐서는 안 되며 자신의 사상의지에 맞게 해석하려 해서도 안 된다. 역사는 그 누구도 왜곡 날조할 수 없다. 특히 이런 역사 왜곡에 앞장선다면 마땅히 그들 기독교 목사들이 비난받아야 한다.

## 대북 선교역량을 강화해야 한다

이상에서 나는 지금까지 우리나라 기독교(개신교) 내에 깊이 침투한 반미·반체제 친북 세력의 몇 가지 예를 개략적으로 지적했다. 이들은 주로 통일문제를 우리 민족끼리, 하나의 민족 또는 민족국가 건설을 위하여 등등의 민족주의적 관점에서 논하면서 애매모호하게 또는 단도직입적으로 대담하게 친북 노선을 제시하고 있다.

나는 대한민국의 종교지도자, 특히 6·25 전쟁을 겪고 북한 봉건적 세습 독재정권의 실태를 보고 있는 지도자들이라면 북한 노동당의 종교정책이나 저들의 혁명적 통일 전략에 대해 이해하고 있으리라고 믿고 있다. 다시 강조하지만 이들 진보적 목사와 신학자들은 북한 노동당의 종교에 대한 인식에 관한 자신들의 견해와 입장이 어떤 것인가를 밝혀야 한다.

1995년 김정일이 발표한 논문「사상 사업을 앞세우는 것은 사회주의 위업수행의 필수적 요구」에서 다음과 같이 주장했다.

"지난날 인간 활동에 결정적 영향을 미치는 요인에 대해 주로 인간 이외의 다른 데서 찾으려 하였다. 종교적·관념적 견해는 인간 이외의 그 무엇, 초자연적인 신비적인 존재에 의하여 인간의 활동이 규제되고 인간의 운명이 좌우되는 듯이 주장했다.

종교적, 관념적 견해의 황당무계함은 과학에 의해 이미 입증되었다. 유물론적 견해는 인간의 활동에 미치는 결정적 요인을 객관적인 물질적 조건에서 구했다. 인간은 물질세계의 발전의 산물이며 물질세계에 살며 활동하기 위해 자신의 활동에 있어서 객관적인 물질적 조건의 영향을 받지 않을 수 없다."

위 글에서 김정일의 종교관을 엿볼 수 있다.

그는 선대 공산주의자가 제시한 마르크스-레닌주의 이론을 계승하고 있다. 따라서 그가 집권한 이상 북한 인민의 신앙의 자유를 인정할 리가 없다. 더구나 그는 세계적인 사회주의 체계의 붕괴를 두 가지 원인, 즉 제국주의자들의 평화적 이행 전략을 저지하지 못한 것과 각국 공산당 간부들이 사회주의식 인간양성에 전력하지 않은 때문이라고 주장하고 있다.

이러한 김정일의 주장은 그 어떤 경우에도 북한 주민의 신앙의 자유를 인정할 수 없다는 말이다. 특히 기독교의 경우 제국주의자들의 평화적 이행 전략 수행의 앞잡이며 북한 인민에게 자본주의적 해독사상을 침투시키는 가장 위력 있는 존재로 규정하고 있다. 따라서 그의 후계자들은 김일성 주체사상의 '자주성'을 명분으로 지금까지 견지하고 있는 노동당의 종교정책을 더욱 강화할 것이다.

현재 북한정권은 종교가 외부세력의 침투경로로 이용당하지 않도록 '5자원칙(五自原則)'—자생, 자주, 자치, 자급, 자전(自生, 自主, 自治, 自給, 自傳)—을 강조하고 있다. 이것은 북한 내에서의 종교인의 증가를 억제하며 대외적으로는 해외, 또는 남한 종교인과의 통일전선 형성에 북한 종교단체를 계속 활용할 생각임을 보여준다.

그런가 하면 김정일 시대로부터 김정은 시대에 이르는 지난 50년 동안 최악의 상태 하에 있는 북한의 경제에 도움이 되도록, 특히 핵개발에 필요한 자금조달을 위해 북한 종교인을 매개로 '외화벌이'를 전개하고 있다.

북한 당국은 종교단체 책임자들은 외국거주 교포 종교지도자들을 설득하여 「조국 지원」을 명목으로 하는 헌금 요청을 노골적으로 제의하고 있다. 이런 관점에서 평양에 있는 2개의 기독교 교회는 해외거주 교포와 남한거주 기독교인의 평양 방문 시 가장 손쉬운 '외화벌이 장소'로 이용되고 있다고 할 것이다. 그들은 예배 비용을 담보로 또는 북한 내 교회 건축이나 개수, 병원이나 고아원 건설을 명분으로 막대한 외화를 챙기고 있다.

과연 언제쯤이면 북한 교회가 동·서독 통일 당시 동독교회가 수행했던 역할을 수행할 수 있을지 요원한 상태이다. 그러나 인간의 신앙심은 어떤 공산당정권도 말살하지 못했다는 역사적 사실을 감안하면 현재 북한정권에 의해 세워진 북한의 교회도 언젠가는 주님의 몸된 교회, 말씀을 전하는 교회로서의 책임을 감당하게 될 것이라고 믿는다. 때문에 우리 남한의 기독교는 북한 선교활동을 멈출 수가 없으며 또 멈추어서도 안 된다.

이러한 남한 교회의 임무—민족 복음화로 통일을 이루기 위해서는 우리 교회가 확고한 선교 전략, 선교 전술에 의거한 선교 공작을 수행해야 한다. 북한정권의 대남 전략을 간파하고 대응하면서 민족 복음화의 선교 사명을 다하기 위해 노력해야 한다.

우리는 기도로 지혜를 갈구하며 지피지기(知彼知己)면 패하지 않고 승리한다는 손자병법(孫子兵法)을 원용해야 한다. 그러나 유감스럽게도 진보적 교회 지도자 중에는 우리의 역사, 우리 힘, 우리 체제의 우월성을 깎아내리고 반기독교적 공산주의 독재집단—유일신으로 김일성 일가를 숭배하는 신정(神政)체제인 북한 노동당 정권을 옹호하는 발언을 서슴지 않는 지도자들이 적지 않다.

나는 이런 교회지도자들로서는 진정한 자유민주통일, 하나님의 복음으로 통일하기 위한 강력한 선교역량을 확보할 수 없다고 본다. 우선 남한의 개신교회가 각 교회별 선교 방식에서 교단별 또는 전 개신교가 하나로 뭉쳐 필요한 선교자금을 모으고 선교 인재를 양성하며 선교환경 조성을 위한 「교회안전보장강화사업」을 벌여야 한다. 다시 한번 강조하지만 북한선교 사업을 위해 기도로 지혜를 구하고 단합된 행동으로 일관된 선교활동을 전개해야만 한다.

이제는 북한의 그리스도 연맹을 상대할 것이 아니라 북한 노동당 통일전선부와 마주 앉아 우리의 선교역량을 과시해야 한다. 이를 위해 교회 내 좌우가 하나가 되길 진심으로 바라는 바이다.

# 「민족중심 대북관」 비판

2017년 6월 문재인 대통령은 미국 워싱턴을 방문하여 트럼프 대통령과 정상회담을 가졌다. 이어 7월에는 독일 함부르크에서 개최된 G20 정상회담에 참석하여 한반도 주변 4강의 수뇌들과의 정상회담을 비롯하여 독일·프랑스 등 유럽 주요 국가의 수뇌들과 상견례를 가지면서 북핵과 미사일 개발 저지를 위한 방안을 논의했다. 이로써 박근혜 대통령 탄핵정국으로 허물러진 외교 공간을 수복하는 성과를 거양했다. 참으로 기쁜 소식이었다.

그러나 과연 이번에 가진 여러 차례의 정상회담에서 실제로 북한의 핵개발을 폐기시킬 구체적 성과를 거두었는가? 그렇지 못했다. 그 이유는 간단하다. 북핵문제는 우리 힘만으로 해결할 수 없는 글로벌 문제로 확대되었기 때문이다.

그렇다면 문재인 대통령이 선거전 때 공약한 남북관계 개선과 통일문제 접근을 위한 구상에 대한 국제사회의 전폭적 지지를 획득했는가? 유감스러운 일이나 만족스러운 성과는 아니었다.

독일 베를린 쾨르버 재단 초청연설에서 5대 정책방향과 4대 실천제안을 담은 「한반도 평화구상」을 발표했지만 큰 반응을 얻지 못했다.

〈문재인 대통령의「한반도 평화구상」 주요 내용〉

▶ 5대 정책방향

1. 평화로운 한반도—북한의 붕괴, 흡수통일, 인위적 통일 배제
2. 북한체제 안전을 보장하는 비핵화
3. 항구적 평화체제 구축—한반도평화협정 체결 추진
4. 한반도 신경제지도—남북경제공동체 건설
5. 비정치적 교류사업 확대—폭넓은 민간교류 지원

▶ 정책실행을 위한'대북 제안

1. 10·4 선언에 맞춰 이산가족상봉 재개
2. 평창 동계올림픽 참가에 적극 호응 기대
3. 휴전협정 64주년을 맞아 군사분계선 적대행위 중지
4. 남북정상회담에서 모든 관심사 논의 가능

특히 이 선언이 국가중심의 대북관을 지닌 진보세력 간의 이념적 갈등을 봉합하고 국민적 지지를 부각시키기에는 현실 상황이 너무나 엄혹했다고 할 것이다.

## 민족중심적 대북관과 국가중심적 대북관

나는 제19대 대통령선거 직전인 2017년 5월 초 문재인 후보캠프에서 외교·안보 부문을 담당하고 선거공약을 조율하는데 핵심적 역할을 담당하고 있다는 연세대학교 김기정(金基正) 교수의 주장을 읽은 바 있었다. 그는 다음과 같이 주장했다.

“보수와 진보를 구분하는 기준은 몇 가지 있다고 생각되지만 한국에서는 대단히 심플하게 남북관계, 즉 북한을 어떻게 보는가에 따라 구분한다. 근대라고 할 때 1648년 웨스트팔리아 조약에 기술한 Nation State, 즉 민족과 국가의 일체화가 실현되던 시기로부터 시작된다. 그러나 한반도는 민족국가 형성이 미완성 상태이다. (해방 후) 지난 70년간 한국사회는 북한에 대하여 그리고 한반도 분단에 대하여 민족중심적 관점과 국가중심적 관심이 공존할 수밖에 없었다. 보수정권과 정당은 국가중심적 관점에서 남북관계를 보았고, 진보파는 상대적으로 민족중심적 관점에서 보았다. 이런 대립이 매스컴과 정치에 의해 재생산되면서 증폭되어 남북갈등, 나아가 남남갈등을 야기시켰다. 국가중심적 관점에서 보면 한국의 주적(主敵)은 북한이다. 민족주의적 관점에서 보면 북한정권이 어떻든지 간에 거기(북한)에서 사는 사람들에 대한 지원은 중요하다. 이런 의미에서 문재인씨와 더불어민주당의 정책은 보수파에 비해 상대적으로 진보파라 할 수 있다….” (일본 월간지『중앙공론(中央公論)』 2017년 6월호, p.34)

나는 위 글을 읽으면서 왜 선거기간 중 문재인 대통령이 타 후보자의 맹공을 받으면서 끝까지 북한이 적(敵)이냐, 아니냐에 대해 애매한 주장을 폈는가를 짐작할 수 있었다. 앞으로도 계속 이와 같은 태도를 취할 것인가? 그렇다고 김정은이 문재인 대통령의 여러 제안에 흔쾌히 호응에 나올 것인가?

나의 소견은 지극히 부정적이다. 왜냐하면 김정은은 핵문제를 남북대화 테이블에 올려놓으려 하지 않기 때문이다. 현 상황에서 핵문제에 진전이 없는 남북대화는 우리 국민이나 동맹국가의 지지 획득은 지극히 어려울 수밖에 없을 것이다.

## 북한문제는 글로벌 현안

2017년 7월 4일 북한은 ICBM 발사실험을 자행했다. 이 실험이 성공하자 김정은은 "미국 놈들은 매우 불쾌할 것이다. 내가 보낸 선물보따리(미국 독립기념일 선물)가 썩 맘에 들지 않았을 것 같은데, 앞으로는 심심치 않게 크고 작은 선물보따리를 보내주자…"고 비아냥거렸다. 이로써 북한은 넘지 말아야 할 레드 라인을 넘은 셈이다.

다음날인 7월 5일 열린 유엔안전보장이사회에서 미국대표 니키 헤일리(Nikki Haley) 유엔대사는 "북한에 대한 압박과 제재는 더욱 강화해야 한다. 원유 수출 금지, 항공과 해상교통 통제, 나아가 미국은 해야만 한다면 군사력까지도 사용할 준비가 돼 있다. 우리는 (북한의) 정권교체나 전쟁을 원하지 않는다. 그러니 북한은 우리가 그런 일에 말려들만한 이유를 제공하지 말라…"고 경고했다. 이미 미국 재무성은 북한과 거래하는 중국 기업과 은행에 대한 제재조치(secondary boycott)를 실시하기 시작했다.

그런가하면 7월 6일 베를린에서 가진 한·중 정상회담에서 시진핑(習近平) 국가주석은 문재인 대통령 면전에서 "중국과 한국이 국교를 수립한 후 많은 관계변화가 있었지만 중국과 북한 간의 혈맹(血盟)관계는 근본적으로 변하지 않았다…"고 말하면서 "한국은 남한에 배치하는 미국의 고고도미사일체계(THAAD)를 중단시키라"고 주장했다. 한마디로 시진핑 주석은 유엔안전보장이사회가 북한에게 치명적 타격을 가하는 압박과 제재조치에는 찬성할 수 없으며, 특히 중국의 안전보장상 결코 북한정권이 붕괴토록 방치하지 않을 것임을 명언한 것이다.

나는 문재인 정부 출범 전부터 자국의 안전보장과 국가이익 추구를 위해 서슴없는 중국의 패권적 행패, 특히 우리기업에 대해 제재 등을 보면서 향후 중국의 우리나라에 대한 압박은 가중될 것이라고 경고한 바 있다.

이런 현실을 보면서 나는 2017년 6월 말 『일본경제신문(日本經濟新聞)』의 요청으로 주한 일본대사를 역임하고 현재 아오야마(青山學院)대학의 특별초빙교수인 오구라 가즈오(小倉和夫) 씨와 함께 주변 4강의 대한반도 정책을 조감하는 5개국(한·미·일·중·러)의 연구자들 견해를 묶어 『한반도 지정학(地政學) 위기(Geopolitical Crisis on the Korean Peninsula)』라는 단행본을 출판했다.

이 책을 편집하면서 나는 위에서 인용한 김기정 교수의 한반도 협착구도(狹窄構圖)—한국에 대한 국제정치적 압박구조 안에서 우리가 차지할 수 있는 외교적 폭이 얼마나 좁은가를 다시 한번 느꼈다. 특히 2017년 6월 중국과 러시아 간의 정상회담이 공개적으로 미군의 한반도 사드 배치를 비난하며, 양국이 이에 대응하는 군사적 협력체제를 고려해야 한다고 공언하는 것을 보면서 세계에서 유일하게 남아 있는 한반도의 냉전구조가 해소되는 방향으로 나가기는커녕 더욱 굳어지는 방향으로 가는 것이 아닌가 하는 생각을 하지 않을 수 없었다.

## — 문재인 정부의 대북정책 방향

만약 한반도가 북방에 또다시 북·중·러 3각 군사협력관계가 형성된다면 북한의 핵개발을 폐기시키는데 더욱 큰 난관이 조성되지 않을까 염려된다. 이러한 북핵문제를 둘러싼 국제정세의 변화를 감안할 때 문재인 정부는 어떤 대북정책을 채택해야 할 것인가?

나는 문재인 대통령이 워싱턴 방문 후 명확하게 "한미동맹을 기축으로 강력한 안보태세를 유지하며 북핵 폐기를 위해 억지와 대화를 전개할 것"을 밝힌 데 대해 긍정적으로 평가한다. 그러나 문재인 대통령이 명심할 것은 오늘의 상황이 제재와 대화를 병행시킬만큼 호락호락하지 않다는 점이다.

2017년 대통령 선거기간 중 캠프의 참모들은 4강에게 일방적으로 끌려가는 외교로부터 4강을 끌고가는 외교를 전개해야 한다고 주장한 바 있다. 과연 4강의 한가운데에 서서 운전석에 앉아 자주적 대북정책을 전개할 수 있는 방안이 무엇인가? 베를린 쾨르버 재단 초청연설에서 한 「한반도 평화구상」이 그대로 실현될 수 있을까? 과거처럼 김정은 정권이 자신에게 유리한 부분만 동의하고 기타 문제를 거부할 경우 역사적 경험을 축적한 북한의 벼랑끝 외교 방식을 잘 알고 있는 우리 국민의 지지를 받을 수 있을까?

이런 관점에서 나는 문재인 정부는 보다 안전한 방향으로 터닝하기를 권고한다. 이를 위해서는 먼저 추상적인 「민족중심의 대북관」을 버리고 「국가중심 대북관」을 가지던가, 아니면 민족중심의 대북인식과 국가중심의 대북인식을 접목시켜 보수와 진보의 양측으로부터 지지를 받을 수 있는 정책을 제시해야 할 것이다.

나는 문재인 정부가 향후 5년간 실효성 있는 북핵 폐기방안을 제시하여 동맹국인 미국과 우호협력국가인 일본은 물론 전략적 협력관계를 유지하여 공존공영해 나갈 수 있는 미래지향적 정책을 제시하는 한편, 중국과 러시아의 동의 하에 북한의 핵개발을 완전 폐기시킬 수 있는 외교전략을 구사하여 이 땅의 평화와 안전을 지켜주길 간절히 염원하는 바이다.

# 8

# 압록강, 두만강 국경선과 북·중 간 교류

나는 2015~2016년 1년간 압록강과 두만강 강변을 세 차례(2015년 7월, 2018년 2월과 6월) 여행했다. 당초의 동북 3성 방문목적은 연변(延吉), 장춘(長春), 심양(瀋陽), 단동(丹東) 등지의 주요 대학과 연구기관과의 전략대화—중국정부가 힘을 넣고 있는 일대일로(一帶一路) 전략과 출범 5년을 맞이한 북한 김정은 정권의 변화여부 등을 탐색하기 위해서였다. 그러나 기왕 나선 김에 과거 10년 동안 실시 중에 있는 대북제재, 특히 2018년 3월 이후 유엔안전보장 이사회가 결의한 2270호 대북제재결의에 적극동참한 중국정부가 어느 정도의 적극성을 보여주고 있는가를 그 현장인 압록강, 두만강 북·중 국경지대에서 확인해 보자는 생각으로 체제기간을 연장하며 현지답사에 나섰다.

결론부터 말한다면 현지에서 느낀 나의 소감은 그 어떤 외부압력이 이 지역에 가해진다 하더라도 오랜 역사적 과정에서 형성된 이 두 강변 양쪽 주민의 끈끈하고 깊은 연대의식은 일시적으로 약화될지는 모르나 완전히 단절될 가능성은 전혀 없다는 것이다.

환언하면 한반도의 지정학적 조건이나 수백 년에 걸쳐 형성된 한·중 양 민족 간의 깊은 유대관계를 고려할 때 김정은 정권의 핵개발 전쟁놀이에도 불구하고 중국은 자국의 안전보장, 특히 동북 3성의 안전을 위해서라도 김정은 정권의 붕괴(레짐 체인지)는 모를까, 「조선민주주의 인

2016년 북한과 중국·러시아 사이를 흐르는 두만강 국경선에서

민공화국」이라는 북한의 「국가체제」가 붕괴되고 이 국경에 미국의 성조기가 펄럭이는 엄중한 상황조성은 극력 저지할 것이라는 점을 실감

할 수 있었다.

좀 더 구체적으로 정리해보자.

## 압록강·두만강 및 북·중 국경 개관

803km(북한 측 발표)의 압록강은 백두산에서 발원하여 평안북도 신도 앞바다에서 서해로 흘러든다. 한편 547.8km(북한 측 발표)의 두만강 역시 백두산에서 발원하여 동해로 흐른다. 이 2개의 강이 중국과 북한, 러시아와 북한의 국경을 이루고 있다.

이 두 강에는 450여 개의 섬이 있다. 압록강에는 205개의 섬이 있는데 이 중 127개 섬이 북한 소유이고 78개 섬이 중국 소유이다. 두만강에는 246개의 섬이 있는데 그 중 137개 섬이 북한소유이고 109개 섬이 중국 소유이다. 특기할 것은 450여 개의 섬의 총면적의 85%가 북한에 속하며 농경지로 개발한 100여 섬 중 3/4이 북한 농민에 의해 경작되고 있다는 점이다. 1km² 이상의 큰 섬은 거의 북한의 소유로 이중 주민들이 상주하는 섬은 10여 개가 된다. 이 두 개 강의 유역 면적은 압록강 803km의 유역면적이 32,557km²이고 두만강은 547.8km의 유역 면적은 10,565km²나 된다.

압록강과 두만강을 사이로 하는 중국과 북한, 러시아와 북한 간의 국경선 길이는 1,438.5km이다.

중국과 북한 간의 국경선은 1962년 김일성과 주은래 간에 서명한 「중·조 변계(邊界)조약」에 근거하여 1964년 중·조 국경선에 관한 합의서를 조인으로 확정하고 28개의 국경 표지비를 세웠다.

러시아와 북한 간의 국경선은 1957년 체결한 「국경문제 조정에 관한 협정」에 의해 「두만강 항행(航行) 중심선을 따라 국경선을 확정」한 후

1985년 4월 「북한·소련 간 국경조약」이 체결되고 1990년 그 선이 확정되었다.

이 중·러 양국과 북한 간의 1,400여 km에 달하는 국경선 중 두만강 쪽 북·중 국경선의 끝인 방천(防川)으로부터 남쪽으로는 16.93km는 북·중·러 3개국의 국경이 겹치며 그 남쪽 동해까지 22.2km가 북한과 러시아의 국경을 이루고 있다.

그런데 이 두 나라와 북한 간의 국경선이 책정된 이후 지금까지 하천의 흐름으로 인한 자연변화로 상당한 국경선 자체의 변화가 일어났다.

우선 북·중 국경선은 당초에 하천의 최심선이나 하안선을 기준으로 정한 것이 아니고 "압록강과 두만강의 국경선 너비를 항상 수면의 폭을 기준으로 한다"(국경조약 3조 1항)로 정했기 때문에 하천의 지형적 변화에 따라 국경선의 환경이 변화되었다는 사실이다.

몇 가지 예를 들면 당초 수면을 기준으로 국경선을 정했던 압록강 하구의 북한 측 소유인 황금평(黃金坪) 우적도(牛赤島) 수구도(水口島)와 중국 측 소유인 안민(安民) 섬들은 토사와 퇴적물이 쌓여 수면이 없어지고 육지로 접하게 되었다.

두만강 하류의 북한 소유인 유다도(柳多島)도 같은 이유로 중국 땅과 연접한 방면 중국 측 소유인 훈춘(琿春)의 봉천도(奉天島)는 수면이 넓어져 배를 타고 왕래하게 되었다.

또 하나의 문제점은 국경하천에 대한 정확한 관리 방식에 대한 규정이 없어 북·중 양측은 이용하는 데만 관심을 두고 관리를 소홀히 하기 때문에 하천 오염이 극심한 상태에 이르렀다는 사실이다.

예를 들면 압록강 상류의 북한의 혜산이나 중국 쪽 창바이(長白) 중류의 북한 측 만포와 중국 측 지안(集安) 등에서 흘러드는 생활폐수와 공장폐수로 수질오염이 심각하다.

두만강의 경우도 예외가 아니다. 북한 쪽 함경북도 무산(茂山) 광산 중국 측 투먼(圖們)의 제지공장 룽징(龍井)의 펄프공장 등에서 방류한 오수로 인해 두만강 수질이 5급수에도 못 미칠 정도로 악화되었다. 그럼에도 불구하고 2007년 양측 간에 합의한 국경지역 공동조사나 준설공사가 큰 진전이 없다는 점이다. 따라서 압록강, 두만강 국경의 수질 오염은 지금도 계속 악화되고 있다.

## 북·중 간 연결통로

내가 이 지역을 여행하며 확인하고 싶었던 것 중의 하나가 바로 압록강 두만강을 건너 연결된 20여 개소의 북·중 간 연결통로 문제였다. 6·25 전쟁 당시 압록강까지 진격했던 우리 국군이 유엔군의 정찰에도 걸리지 않고 수십만의 중공군을 북한으로 도강시켜 반격해온 결과 눈앞에 다가왔던 통일의 기회를 잃고만 그 쓰라린 과거를 회상했기 때문이다.

2015년 현재 이 두 강의 연결통로에 설치 돼 있는 해관(海關, 세관)은 길림성(吉林省)에 8개소 요녕성(遼寧省) 내에 4개소를 포함 12개소이다. 주요 연결통로를 기술하면 다음과 같다.

1945년 해방될 때까지 일본이 대륙침략을 위해 건설한 압록강, 두만강의 철도교와 도로교 등 국제 육로교와 발전소, 댐, 제방로 등 포함 20여 개에 달한다.

그 대표적인 철도다리가 압록강 쪽은 신의주-단둥을 잇는 철교(1943년), 만포-지안 철교(1939년) 등이고, 두만강 쪽은 남양-투먼 철교(1933년), 삼봉-카이산둔(開山屯) 철교(1927년) 등이다.

도로다리를 든다면 압록강 쪽은 중강-린장(臨江) 도로교(1935년)이고,

두만강 쪽으로는 회령-싼허(三合) 도로교(1936년), 원정리-취엔허(圈河) 도로교(1936년), 온성-투먼 도로교(1941년) 등을 들 수 있다.

해방 이후에는 압록강 쪽에 혜산-창바이 도로교(1945년), 두만강 쪽에는 삼지연-쌍목봉(雙木峰) 육로(1969년), 무산-남평(南坪) 도로교(1994년) 등이 건설되었고, 러시아와 북한 간에는 두만강 노동자구-러시아 핫산철교(1952년)가 건설되었다.

특기할 것은 2009년 10월에 중국 측의 주도로 착공하여 지금 준공을 앞둔 「신압록강대교」의 건설이다. 길이 6km, 폭 33m의 이 다리가 완공되면 1일 왕래인원 2만 명, 왕래차량 2만 대를 소화할 수 있다고 한다.

이 외 주목해야 할 연결통로로 수로를 들지 않을 수 없다. 북·중 간 수로는 강폭이 넓은 압록강 하류에 형성되었다. 단동을 방문했던 여행자들은 관광유람선을 타고 신의주 앞쪽까지 갔던 사람이 적지 않다. 현재 운행되고 있는 수로는 신의주-랑더우(浪頭) 삭주-타이핑만(太平灣), 위원-라우샤오(老虎哨) 그리고 평안북도 삭주와 강건너 관텐현(寬甸縣)의 창텐허(長甸河)-티후샤오(托吉硝)-야바거우(啞巴溝)-다타이즈(大台子)만을 잇는 한 천수로가 운행되고 있다.

이 외에도 강폭이 좁은 두강의 상류는 걸어서 월경할 수 있는 수많은 미공식 통로가 있다. 이곳을 넘어 많은 탈북자들이 중국으로 넘어오고 있는 것이다.

## 깊은 유대관계로 묶여진 변경지역 양측 주민의 협력체계

나는 이번 여행도중 1945년 해방이후 압록강·두만강 연변의 양쪽 주민들이 상부상조하며 고난의 시기를 극복한 역사적 사실을 회상하지 않을 수 없었다.

1946년부터 본격화한 마오쩌둥이 이끄는 중공군과 장개석이 이끄는 국민당군 간의 내전 당시 이제 막 「북조선 임시인민위원회」를 수립한 김일성 일당은 소련의 지시 하에 일본군 무장해제로 획득한 무기와 북한에서 생산한 광목 등 막대한 군수물자를 중공군에 제공하였고, 한편 동북 3성 거주 10여만의 조선족 청년들이 중공군에 편성되어 중국대륙에 공산정권이 수립되던 1949년까지 혁혁한 공훈을 세웠다. 이어 이들 중 1950년 6월 북한군의 무력남침 개시 몇 주 전에 28,000여 명이 북한 인민군에 편입되어 서울 공격의 주력부대가 되어 3일 만에 서울점령의 전과를 거양했다. 뿐만 아니라 수만의 조선족들이 중공군에 입대하여 유엔군과의 치열한 전투과정에서 희생하였다.

그 후 1958년 중공정권이 이른바 3면홍기(三面紅旗)의 사회주의 개조사업의 강행으로 2천여만 명이 아사에 직면했을 때 많은 조선족과 한족이 강을 건너 북한 땅에 와서 북한주민의 도움을 받아 생명을 부지하였으며, 특히 1965년 이른바 중국의 「문화대혁명」 당시 홍위병의 난동으로 천하대란이 일어나 무고한 당간부와 지식인들이 학살당할 때 강을 건너 북한으로 피신한 수만 명(신의주에만 7,000명이 피난)이 생명을 건질 수 있었다.

반대로 1990년 전 세계적인 규모에서 사회주의체제가 무너져 사회주의시장을 잃은 북한이 최악의 경제난관에 봉착하였고 특히 1996년 이후 이른바 「고난의 행군」이라는 최악의 식량위기를 맞아 300만이 굶주림과 영양실조로 죽어나가던 시절, 많은 북한주민들이 강을 건너 연길 조선족자치주를 비롯한 동북 3성으로 넘어가 식량을 얻어 굶주림을 극복했다. 지금도 연 1,000여 명의 탈북자들이 강을 건너 중국대륙을 횡단하여 남한으로 들어오고 있다.

이처럼 압록강과 두만강을 사이에 둔 양쪽 주민들은 죽음의 문턱을 서로 넘으면서 상부상조의 깊은 유대관계를 맺어온 사이이다. 나는 연길 조선족자치주의 중심도시인 연변과 이웃 훈춘, 도문, 용정 등을 여행하면서 이곳의 공용어가 우리말임을 다시 확인하면서 180만의 중국거주 조선족의 역할이 얼마나 위대한가를 다시 한번 절감했다. 연길 조선자치주의 조선족 인구는 75만여 명(1982년 통계, 중국거주 조선족의 40.3%) 자치주의 총면적은 42,700km²이다. 관할지역은 옌지(延吉), 둔화(敦化), 훈춘(琿春), 허룽(和龍), 왕칭(汪淸), 안투(安圖)의 6개 현이다.

나는 이번 여행 중 북한에서 송출된 여성근로자 300명과 200명이 일하는 두 곳의 봉재공장과 남·북한 출신들이 경영하는 10여 개소의 식당, 북·중 무역을 전문으로 하는 수개소의 상점과 상사, 국경지대 주요도시에 근무하는 중국 지방정부의 행정간부, 대학교수와 경제관계 일꾼, 특히 북한의 라·선특구와 북한 농업을 전문 연구하는 대학교수, 심지어 가정교사로 나온 북한 외국어대학과 음악대학출신의 지식인 등등 각계각층의 인물들과 만나면서 강하고 깊게 형성된 두 강의 양쪽 주민간의 상부상조의 협력체계를 확인할 수 있었다. 과연 이처럼 끈끈한 양쪽 두 민간의 협력체계를 어떤 힘으로 차단할 수 있을까? 곰곰이 생각하였다.

제 8 부

# 회고록을 마치며

후대 중앙정보 분석관에게 남기고 싶은 말

# 나의 대북방송을 통해 본 대북 심리전의 전과

## 「방송」과 「전단」은 우리의 강력한 비대칭 전략자산이다

나는 지금도 매주 1회(10~15분) 자유아시아방송(RFA: Radio Free Asia)에서 「북한 노동당 간부들에게 보내는 메시지」라는 제목으로 육성방송을 하고 있다.

RFA는 미국정부가 출연한 기금으로 창설한 미국의 대외선전기구인 'US Agency for Global Media'가 1990년부터 중국, 북한 등 아시아 공산국가의 대외선전에 대응하기 위해 시작한 라디오방송으로 현재 10개국 언어로 송출되고 있다. 3년 전부터 이 방송에 출연하면서 나는 80여 년간 해왔던 대북 심리전의 한 모퉁이를 계속 담당하고 있다는 보람과 자부심을 느끼고 있다.

중앙정보부 퇴임 후 1년 정도 지난 1980년부터 나는 본격적인 대북 육성방송을 시작했다. KBS 사회교육국에서 대북방송의 한 프로그램을 담당해달라는 요청이 있어 시작한 것이 「공산주의 강좌」였다. 하지만 5~6회를 계속하다보니 철학적·이론적 테마를 택하지 않을 수 없었고, 또한 너무 내용이 딱딱하여 짧은 시간에 핵심을 지적하기가 어려워 심리전에는 적합하지 않다고 판단했다.

그래서 공산주의자가 지배하는 북한 지역도 역시 사람이 사는 곳인 이상 우리 사회처럼 사람이 사는 곳에서 일어나는 모든 문제가 일어나고 있다는 전제 하에 북한 주민이 일상생활에서 느끼는 감정이나 고통

경남대학교 북한대학원대학교 정원에서 (2020년 여름)

을 테마로 하여 남북 간의 체제경쟁의 실상을 부각시키는 현실 문제로 바꾸는 것이 좋겠다고 건의했다. 그러자 제작진도 그것이 좋겠다며 흔쾌히 동의하여 매일 10분 정도로 북한의 정치·경제·사회·문화·군사·대북정책 등 내가 자유롭게 테마를 선택하도록 허락하였고, 방송 프로그램의 명칭도 「노동당 고급 당간부들에게」로 바꾸었다.

1년 365일 중 특별한 행사나 축제일의 특별기획방송을 제외하고 300일 정도를 담당하여 1998년 3월 내가 김대중 정부의 통일부 장관으로 입각하기 직전까지 18년간 계속했으니 족히 5,000여 회를 방송한 셈이다.

내가 방송에서 물러나게 되자 제작진이 후임을 선정해달라고 하기에 "고려대학교 철학교수인 신일철(申一澈) 교수가 어떤가?" 하고 추천했더니 쾌히 받아들여 평고 동창(38회)인 신 교수가 맡게 되었다.

1999년 5월 1년 2개월여 정부에서 일하고 나와 나는 곧장 일본의 기

1992년 5월 16일 제27회「5·16 민족상」수상. 김종필 이사장과 함께

독교계 대학인 세이가쿠인(聖學院) 대학의 교수로 부임하여 10여 년 동안 근무하고 2013년 귀국했다. 그런데 다시 KBS「민족의 소리방송(구 사회교육방송)」에서 시사프로 겸 대북방송으로 주 1회(10분 내외) 출연해 달라고 하기에 역시 테마는 내가 잡는 것으로 하고 2년간 계속했지만, 문재인 정부 출범 후 진행된 프로그램 개편을 이유로 그만두었다.

그런 중에 지금 하고 있는 자유아시아방송에서 옛 KBS 사회교육국 시절의「고급 당간부들에게」와 같은 방식으로 주 1회 출연해 달라고 하기에 다시 마이크 앞에 서게 되었다. 그러다보니 내가 대북 심리전에 종사한 연륜이 25~26년이 되는 것 같다. 그동안 기억에 남는 일이 여러 가지 있지만 그 중 2~3가지 사례를 적어본다.

내가 KBS 사회교육방송에서「노동당 고급 당간부들에게」를 시작한 지 2년이 지나던 1983년 3월의 일이다. 바로 직전인 2월 25일 북한군 공군 조종사인 이웅평 상위(李雄平 上尉, 우리 군 계급으로는 중위와 대위 사이)가 MIG-19 전투기를 몰고 귀순하는 사건이 발생했다.

군 당국의 전략신문이 끝난 무렵 공군본부 정보국에서 내게 전화가 왔다. 이웅평 상위를 만나달라는 것이었다. 나는 즉시 신문장소로 갔다. 훌쩍한 키에 잘생긴 젊은 북한군 공군장교인 그와 반갑게 손을 잡고 포옹하며 인사를 나누었다. 그리고 마주 앉았다.

이웅평 상위는 조용하게 자신의 귀순 동기를 얘기했다. "내무성 고위 간부였던 부친이 반동분자로 몰려 숙청되어 더 이상 자신도 공군 조종사로 근무할 수 없게 되었을 뿐만 아니라 신변이 위험하게 되었다. 또한 남한의 KBS 사회교육방송을 가끔 들으면서 김일성의 연설이나 노동당의 문헌을 가지고 북한의 현실을 적나라하게 비판하는 방송 내용을 듣고 진실을 깨닫고 귀순하게 되었는데, 그 방송이 바로 내가 담당한 「노동당 고급 당간부들에게」였다. …그래서 신문 담당자에게 선생님을 꼭 뵙고 싶다고 말씀드렸다"는 것이었다.

나는 이웅평 상위와 같은 북한군 엘리트를 귀순시키는데 공헌했다는 보람과 함께 그간 대북 심리전 방송의 효과에 대한 일부 인사들의 문제 제기를 잠재우게 되었다고 생각했다.

본래 평시의 심리전은 전쟁이 시작되어야 그 성과를 측량할 수 있는 작전이다. 심리전이란 인지조작(認知操作, Perception Management)이라고 규정한다. 즉 선택된 정보나 징표를 적군 지휘부나 병사들에게 전달하여 적대국의 정보시스템이나 각급 지도자의 판단에 영향을 줌으로써 감정, 동기 그리고 객관적 판단력을 혼탁시켜 아군이 원하는 방향으로 적군의 작전방향을 돌리는 전법을 말한다.

손자병법(孫子兵法)의 모공편(謀攻篇)은 "싸우지 않고 적병(敵兵)을 굴복시키는 전법, 물리력을 가능한 사용하지 않고 적군의 생각과 판단(認知)에 영향을 주어 위기나 분쟁에서 우위를 차지하는 전략·전술"이라고 규정하는데 흔히 '정치적 작전'이라고 말한다.

월남전이 끝나고 우리의 파월 국군이 철수할 무렵 나는 '월남전 패배 의식의 국내 유입을 막고 적극적인 국가 심리전을 전개하라'는 박정희 대통령의 지시를 받고 실무를 담당하면서 '과연 여기에 투자하는 예산에 버금가는 성과를 낼 수 있을까?' 생각했다. 하지만 그 때마다 북한에서 통신기를 사용하는 모든 부서—예를 들면 북한군의 각군 통신병, 전차병, 공군조종사, 함정과 선박 승조원 그리고 대남공작을 담당하는 노동당 대남부서 요원 등은 거의 청취할 것이라고 판단했다. 당시 이웅평 상위의 귀순으로 내 판단이 틀리지 않았음을 확인할 수 있었다.

나는 그가 공군대학 교관으로 근무하며 우리 공군의 대령으로 진급할 때까지 그가 요청하는 공군대학 강의에는 빠짐없이 응하며 깊은 신뢰와 우의를 다졌지만, 애석하게도 1998년 암으로 세상을 떠났다. 이웅평 대령은 우리들 대북 심리전 요원들에게 확실한 작전 성과를 안겨주었고 보다 적극적인 작전 전개의 필요성, 아니 더 없이 소중한 작전임을 실증해 주었다는 점에서 지금도 나에게는 잊을 수 인물 중 한 분으로 기억되고 있다.

또 하나의 잊을 수 없는 추억이 있다.

위에서 기술한 바 있지만 1985년 9월 남북 이산가족 100여 명의 교환방문과 함께 해방 40주년을 기념하는 남북 예술단 교환공연이 실현되었을 때의 일이다. 북측 대표단원으로부터 "KBS 사회교육방송에서 진행하는 나의 방송 「노동당 고급 당간부들에게」를 그만둘 수 없느냐?"라는 항의를 받고, 나는 "우리에 대해 도발행위, 비난방송을 하지 않는다면 내 방송은 스스로 중단할 것입니다"라고 냉담하게 대답한 바 있다.

나는 그 후 북한의 대남방송이나 『노동신문』에서 "민족의 이름으로 처단하겠다"느니 "인간백정"이라느니 가진 욕설을 들었고, 심지어 1999년 5월 내가 통일부 장관에 재임하고 있던 시기에는 나를 비난하는 전단을 기구(氣球)로 보내는가 하면 『노동신문』은 4회에 걸쳐 "작두로 목을 치겠다"느니 "능지처참하겠다"느니, 오늘날 문재인 대통령을 비난하는 김여정(김정은의 누이동생)의 쌍욕과는 차원이 다르게 무지막지한 험담으로 나를 공격했다.

이처럼 나에 대한 북한의 공격은 간단없이 지속되었지만 나는 이런 북한당국의 비난을 들을 때마다 흥분하지 않고 더욱 조용하고 냉정하게 합리적 논리와 절제된 언어로 대북방송을 계속했다. 2000년대 이후에는 연간 3~30명의 탈북자를 만나 인터뷰를 하거나 이들이 운영하는 방송이나 유튜브에 출연하여 대담을 하면서 그때마다 큰 보람을 느끼고 있다.

한편 내가 통일부 장관 시절 세운 탈북자 수용시설인 「하나원」을 방문하여 피교육생인 수백여 명의 탈북자들에게 위로와 격려를 위해 강단에 설 때에는 더욱 강한 사명감을 느끼곤 한다. 단상에 올라가 마이크 앞에 서서 "지금 소개받은 강인덕입니다"라고 말문을 열면 어김없이 2~3명이 손을 들고 질문했다. "선생님, 1980~1990년대 KBS 방송에 나오시던 그 강인덕 선생님 아니십니까?"라고 내 신분(?)을 물었다. 나는 "예! 바로 그 강인덕입니다"라고 답하면 2~3명이 함께 단상에 올라와 내 손을 붙잡거나 포옹하듯 반겼다.

나는 이런 때마다 눈물이 나올 정도로 반갑고 고마웠다. '내 대북방송이 이처럼 결실을 맺었구나!' 하는 만족감과 함께 승리감을 느끼곤 했다. 이런 감격의 순간이 향후 얼마나 계속될지 알 수 없으나 내 혀가 굳어 제대로 발음할 수 없을 때까지 계속하길 바랄 뿐이다.

그런데 문재인 정권은 2020년 12월 「대북전단살포금지법」을 제정하여 실시 중에 있다. 이 법에 대해 정부당국은 155마일 휴전선에 접한 지역에 거주하는 우리 주민들이 탈북자들의 전단살포로 북한의 군사적 보복 위험에 처해 있기 때문이라고 설명한다. 그렇다면 과거처럼 이런 북측의 위협을 우리의 군사작전으로 방어하면 될 일이다. 나는 문재인 정권에서 이 법을 채택한 것은 대북 유화정책의 전개가 마치 평화의 길인 듯 착각했기 때문이라고 생각한다.

미국을 비롯한 국제사회는 「대북전단살포금지법」을 지칭하여 탈북자의 언론자유를 막는 반민주, 반인권법이라고 강력히 규탄하고 있으며, 미국 의회는 이 법을 규탄하는 공청회를 개최했다. 나는 지금이야말로 우리가 신뢰하고 신봉하는 자유와 민주주의, 인권과 법에 의한 지배, 그리고 인간의 창의력을 최대한 발휘시키는 시장원리 등 인류가 창조한 보편적 가치와 우리 헌법이 규정한 국민의 자유와 권리를 바탕으로 북한에 대한 합리적이고 논리적이며 적극적인 심리전을 전개할 때라고 강조한다.

북한의 반역사적 김씨일가의 봉건적 세습왕조체제의 본질을 규탄하며 북한 주민의 정치적·사회적 권리를 박탈하는 주체사상, 계급투쟁 논리와 개인숭배사상의 문제점, 반당·비사회주의자에 대한 무자비한 탄압과 처형, 북한 주민의 경제적 빈곤의 원천인 중앙집권적 사회주의경제체제의 모순, 그리고 일상화하는 공개적·비공개적 주민사찰 체제 등을 폭로하여 북한 집권세력에 대한 주민의 저항의식을 배양해야 한다. 나아가 북한 노동당 내에서 엘리트집단이 당 중앙에 대해 개혁과 개방 논의를 대담하게 제기하여 당내 분열을 조성하는 공세적 심리전을 전개할 때라고 판단한다. 이러한 대북전략을 구사할 때 비로소 동맹국과 자유민주주의 국가의 적극적인 지지를 획득하여 북한의 핵·미사일 개발을 억지하는 계기를 조성할 수가 있다.

지난 50여 년간의 남북대화에서 우리가 얻은 교훈은 힘의 신봉자인 북한 공산집단에 대한 싸움에는 힘으로 대응할 수밖에 없다는 것이다. 또한 북한이 사용하는 그 어떤 수단에 대해서도 대응할 수 있는 우리의 수단을 갖고 있어야 저들의 도발을 막을 수 있다. 일단 약속을 했으면 지

**중앙정보부 북한국 출신 후배들**

이미 정년퇴직하였으나 끊임없는 유대와 우의로 뭉친 「북한연구회(북연회)」 1993년 송년모임이다.

키도록 압박해야 하며, 그럼에도 계속 약속을 어기고 도발해올 경우 새로운 수단으로 대응할 수 있는 여유로운 우리의 방책을 준비해야 한다.

이런 의미에서 「대북전단살포금지법」 같은 '수세적 자세'를 버리고 북한이 우리에게 가하는 도발보다 한 단계 높은 수준으로 대응하는 「확대 억지전략」을 택해야 한다. 다시 언급하지만 지금이야말로 우리가 갖고 있는 대칭적 전략자산을 과시하며 힘의 우위에 서서 모공편(謀攻篇)의 정치 심리전을 강력히 전개해야 함을 강조한다.

# 후기

## 중앙정보 분석관들이 지녀야 할 자질

중앙정보부 정보분석관에게 굳혀진 사고(思考)와 생활패턴으로 60여 년을 살아온 나로서 무엇인가 남기고 싶은 심정에서 쓴 이 회고록의 최종 추고에 열중하던 지난 5월 윤석열 정부가 출범했다.

2개월이 지난 무렵부터 2019년 11월 7일 월남했던 2명의 북한 어부가 포승줄에 묶이고 눈가림을 한 채 판문점에서 강제 북송된 사건과 2020년 9월 22일 해양수산부 공무원 이대준 씨가 서해 NLL(북방한계선) 근처에서 어선 지도에 임하다가 선체 밖으로 떨어져 북한 수역으로 떠내려가 북측 경비정에게 발견되어 무참히 처형되고 그 시체가 소각된 사건을 두고, 당시 국정원장이었던 서훈 원장과 박지원 원장에 대한 강한 질타 기사가 연일 보도되었다. 보수언론계의 기사는 이들 서훈, 박지원 두 원장은 여적죄에 해당하는 국가범죄를 저질렀을 뿐 아니라 국제인도협정을 위반한 반인륜적 범행을 자행했다고 비판했다.

나는 이런 언론매체의 보도를 보면서 1999년 5월 내각 김대중 정부의 통일부 장관에서 해임되던 시기, 북한의 대남 공작부서인 「통일전선부」에서 근무했던 장혜영 씨가 탈북하여 『월간조선』과의 인터뷰—"제3국 체류 북한 통일전선부 요원의 충격적인 고백 : 386 주사파는 통전부의 정규군(定規軍), 우리는 김대중을 「수령님의 전사」라고 불렀다"에서 폭로했던 충격적인 기사를 다시 꺼내 읽었다.

나는 장혜영 씨의 폭로 기사 중 나에 관한 부분은 이미 위에서 기술한 바 있지만, 또 하나의 다른 중요한 대남공작 목표에 대해 기술하고 있다. 바로 "남한의 국가정보원을 공격하여 약화 내지는 해체시켜야 한다"는 김정일의 지시였다. 장혜영 씨는 다음과 같이 폭로했다.

"1999년 1월 1일 『노동신문』, 『조선인민군』, 『청년전위』의 공동사설 「올해를 강성대국 건설의 위대한 전환의 해로 빛내이자!」에서 북한은 '안기부는 당장 해체되어야 한다. 안기부를 해체하는가 안 하는가 하는 것은 통일을 바라는가 분열을 바라는가를 가르는 시금석이 된다'고 전에 없는 어감으로 강조했다.

이어 통전부 내 각 연락소들을 발동하여 일대 섬멸전을 벌이듯 안기부 공격 전략을 펼치도록 했는데 실지 그때 이미 내부에서는 안기부가 곧 없어질 것이라는 정답이 나와 있었다….

김대중의 대선 당선이 확실해지자 김정일은 자기의 경사를 자축하듯 파티를 열었다. 여기서 그는 통전부 사업을 좀더 진공(進攻)적으로 펼칠 것을 역설하며, 안기부 해체 문제부터 결속지으라고 큰소리쳤다. 대한민국 대통령처럼 행세하는 그 장면을 한국 국민들이 보았다면 경악감과 함께 강한 의문을 품었을 것이다.

김대중이 대통령 취임 연설을 준비하던 그 시간에 통전부는 이미 김정일의 지시대로 안기부 해체에 대한 구체적인 안을 작성한 상태였으며, 그로부터 1년도 채 안된 1999년 2월 경에는 안기부가 정말로 대북 기능이 약화된 국정원으로 개조됐다.

김정일의 욕심은 이것만으로 끝나지 않았다. 국정원 개조발표와 함께 책상 위에 놓인 국정원 내부조직 구성 보고서를 받아든 김정일은 '이게 무슨 해체인가. 명칭만 바꾸었을 뿐이지 내부조직이며 악질들이 그대로 들어 있지 않는가' 하고 보던 문건을 집어던졌다.

그리고 나서 즉시 통전부 제1부부장 임동욱을 불러 '안기부나 국정원이 뭐가 다르냐'며 '이것으로 끝내지 말고 계속 압력을 넣으라'고 지시하였다. 그때부터『노동신문』은 국정원 규탄으로 지면을 채웠다.

통전부는 그 5면을 발동하여 김정일의 지시대로 국정원 개조는 눈 감고 아웅하는 식의 기만이며 탈바꿈에 지나지 않는다고 국가신문으로는 어울리지 않는 상말을 연발했다. '이런 반통일 모략기지, 동족탄압의 본산을 그대로 두고 대화요, 화해요, 교류요 하는 것은 하지 않겠다는 것이나 다름없으니 유리도 필요를 느끼지 않는다'고 강하게 압박했다…."

나는 이 기사를 다시 꺼내 읽으면서 '20여 년 전 김정일이 시도했던 국정원의 약화 내지는 해체 공작이 그의 후대인 김정은 시대에 와서 실현되고 있었구나' 하는 생각을 했다. 만약 김정일이 죽지 않고 생존해 있었다면 내가 해임되었을 때 통전부 간부들을 모아놓고 강원도 갈마 초대소에서 개최했던 '축하 파티'보다 몇 배 더 성대하고 화려한 '축하 파티'를 개최했을 것이라고 생각하며 고소를 금치 못했다. 그만큼 문재인 정권 하의 국정원은 망가질 대로 망가졌으니 새로 임명된 김규현 국정원장은 정예 부원을 하나로 묶어 지난 날의 과오를 깊이 반성하며 무너진 국정원 재건에 전력하기를 기대한다.

이런 의미에서 나는 과거 중앙정보 분석관 시절을 회상하며 강한 국정원의 능력 있는 정보분석관 양성을 위해 그리고 이들이 가져야 할 덕목과 자질에 관한 나의 소박한 소견을 부기한다.

**① 철저한 애국심과 자유민주주의 신념의 소유자여야 한다.**

중앙정보 분석관의 임무는 무엇인가? 누구를 위해 일하는가? 말할 것도 없이 국가의 최고 통수권자인 대통령과 그를 보좌하는 참모들의 적(敵)에 대해 올바른 판단을 내려 헌법이 규정한 임무를 원활히 수행하는데 이바지할 수 있도록 돕는 일이다.

대한민국 헌법 제4조는 "대한민국은 통일을 지향하며 자유민주주의적 기본질서에 입각한 평화통일 정책을 수립하고 이를 추진한다"라고 명시하고 있는데, 대통령은 바로 이 임무를 수행하기 위한 정부의 최고 책임자이다.

따라서 헌법 제66조는 "대통령은 국가의 원수이며 외국에 대하여 국가를 대표한다"(제1항), "대통령은 국가의 독립, 영토의 보존, 국가의 계속성과 헌법을 수호할 책무를 진다"(제2항), "대통령은 조국의 평화적 통일을 위한 성실한 의무를 진다"(제3항)라고 명기하고 있다.

중앙정보 분석관은 국가공무원으로 헌법 제7조에 규정한 "공무원은 국민 전체에 대한 봉사자이며 국민에 대하여 책임진다"라는 규정에 따라 각기 보직된 부서에서 일을 수행하는 것이다. 국가공무원인 중앙정보부 요원은 중앙정보부법 제2조(직무)에 규정한 "국외정보 및 국내 보안 정보(대공 및 대정부 전복)의 수집·작성 및 배포"(1항), "국가 기밀에 속하는 문서, 자재 및 시설과 지역에 대한 보안 유지"(2항), "형법 중 내란의 죄, 외환의 죄, 군 형법 중 반란의 죄, 이적의 죄, 군사 기밀 유포의 죄, 암호 부정 사용죄, 국가보안법 및 반공법에 규정된 범죄의 수사"(3항, 1963년 12월 14일 공포) 등의 임무를 수행하는 것이다.

북한정보 분석관으로 보직된 자는 마땅히 공무원으로서 중앙정보부법(직책) 제1항에 규정한 "북한 정보의 수집, 작성 및 배포"가 수행해야 할 임무다.

이러한 막강한 직책을 수행하기 위해서는 내가 대적해야 할 적(敵)이 누군가를 분명히 인식해야 한다. 북한정보 분석관이 대적해야 할 상대는 바로 북한 공산집단이다. 공산주의 혁명으로 우리의 자유민주주의 체제를 엎어 버리고 적화통일을 궁극적 목적으로 하는 자들이다. 이런 자와 대항하기 위해서는 누구보다 자유와 민주주의에 대한 강한 신념의 소지자여야 한다. 헌법이 규정한 대한민국의 체제와 지향하는 국가 목표가 무엇인가를 뇌리에 새기고, 이를 기준으로 북한을 보고 정보분석 판단서를 작성해야 한다.

위에서 기술한 바 있지만 나는 맹호·백마·청룡 등 우리 국군의 정규 사단병력이 베트남전쟁 참전을 위해 파견되기 직전, 1965년 초봄에 사이공을 방문하여 베트남 정부(붕괴한 사이공 정부)의 중앙정보부(CIO) 월맹 담당 분석관들과 베트남 공산당의 베트남(17도선 이남) 적화 공작의 실상, 특히 호지명 루트를 통한 월맹군의 침입과 관련하여 무려 1주일간 나 혼자서 10여 명의 베트남 정보부의 분석관들과 정세평가 작업을 진행한 바 있었다.

이 때 나는 베트남 중앙정보부의 정보분석관들이 반공, 자유민주주의 수호를 위해 싸우고자 하는 강한 의지의 소유자가 되지 못함을 확인한 바 있었다. 이미 베트남 중앙정보부 분석관들은 북베트남의 지도자 호지명(胡志明)과 북베트남 공산당을 적대세력으로 보지 않고, 호지명을 국부(國父)로, 북베트남 공산당을 민족해방세력으로, 남베트남에서 반정부 게릴라 투쟁을 전개하고 있는 베트콩을 진보적 민주주의 수호세력으로 인식한 듯이 보였다.

이런 북베트남 담당 정보분석관의 머리에서 과연 당시의 사이공 정부 대통령이나 최고 정책 담당자들의 반(反)북베트남 투쟁에 효과적으로 대응할 수 있는 정보판단서를 생산할 수 있겠는가?

나는 이들과의 회합에서 느낀 바를 잊을 수가 없었다. 이런 의미에서 나는 누구보다 중앙정보 분석관은 자유민주주의 체제에 대한 확고한 신념을 가져야 하며, 이런 신념과 애국심을 바탕으로 대한민국 대통령이 헌법이 규정한 책무를 다할 수 있도록 추동하는 보고서를 제시할 수 있다고 확신한다.

다시 강조하지만 우선 중앙정보 분석관의 첫째가는 덕목은 강한 애국심과 자유민주주의에 대한 신념의 소유자이어야 하며, 이런 신념이 투철하지 않은 자는 마땅히 북한정보 분석·판단 업무에서 배제해야 한다.

**② 「전략적 사고」를 포지하여야 한다.**

북한 분석관의 경우나 중국, 러시아, 미국 또는 아시아, 아프리카 지역 담당분석관이나 모든 중앙정보 분석관은 「전략적 사고」의 소유자여야 한다.

특히 북한 담당분석관은 북한정권이 세습독재, 일당독재 정권이라는 정치체제의 특징에 초점을 맞추다 보면 북한 주민의 일상생활에서 일어나는 인간사회 본래의 상(像)과 인간관계를 소홀히 하는 경향이 있다. 우리는 북한 사회가 김씨 일가의 세습왕조, 조선노동당의 일당 독재체제 하에 있지만 그렇다고 하여 사람 사는 곳에서 일어나는 사람과 사람과의 관계 소홀히 생각해서는 안 된다.

사람이기 때문에 느끼는 감정, 시기, 불만, 증오, 절도, 강도, 매춘 등등 사람이 사는 곳에서 일어나는 일상적 현상과 관계에 바탕하고 봐야 한다. 이런 긍정적, 부정적 사회의 제현상을 아울러 보고 그 상관관계의 틀 속에서 북한의 각 부문을 분석해야 한다.

그뿐만 아니라 북한의 외교활동이 그들의 동맹국인 중국과 러시아, 쿠바 등 상호관계에서도 역시 국가이익을 둘러싼 갈등과 대립이 일어나고 있음을 직시해야 한다.

1972년 11월 「7·4 남북공동성명」에 의해 개최된 남북조절위원회 참석차 방북한 우리 측 대표단과의 오찬에서 김일성은 1960년대 초 소련과의 경제협력의 불공정 현상을 직설적으로 토로한 바 있다.

김일성은 "나는 흐루시초프가 코메콘(COMECON: 동유럽 사회주의 국가 간 경제협력기구)에 가입하라고 하기에 거부했다. 왜냐하면 소련은 우리에게 파는 물건값은 비싸게 매기고 자기들이 사가는 우리의 물건값은 싸게 매겼기 때문이다. 그래서 나는 당신들은 대학생이고 우리는 소학생이다. 이 상태로 당신들과 경제협력을 하면 우리 산에는 땅 구멍만 남는다"라고 말하고 흐루시초프의 권고를 거부했다고 했다.

이런 사실을 염두에 두고 북한정보를 판단해야 한다. 다시 말하면 분석관은 어떤 지역, 무슨 부문을 담당하든지 간에 상대를 '터널 비전'으로 관찰해서는 안 된다. 특히 한반도의 지정학적 조건과 역사적 경험에 비추어 우리 민족은 항시 주변 강대국과의 관계에서 정치, 경계, 외교, 군사, 사회, 문화적 관계에서 생존의 영향을 받아왔다.

이런 점에서 중앙정보 분석관은 넓은 「전략적 사고」로 사물을 보아야 한다. 구멍을 통해 상대방을 보는 터널 비전은 100% 잘못된 판단을 자초한다. 따라서 중앙정보 분석관은 자신의 담당 지역이나 부문과 연관된 관련 정보에 항시 유념하며, 다른 분석관이 작성한 정보분석 판단서를 열심히 읽어 자신의 판단능력을 함양, 심화시켜야 한다.

**③ 끊임없이 자신의 지적능력 향상에 노력해야 한다.**

어떤 국가나 지역 또는 어떤 부문(정치, 경제, 군사 등)을 담당했든지 간에 자신이 맡은 지역 정보에 능통해야 한다는 것은 의문의 여지가 있다.

내가 중·소 그리고 동유럽 국가정보 분석을 담당하고 있던 1963~1964년경으로 기억된다. 당시 소련공산당의 흐루시초프 당 서기장과 중국공산당의 마오쩌둥 간에 심한 이데올로기 논쟁이 전개되고 있는데

다가 중국이 원폭 실험에 성공했으니 중·소 간의 국경분쟁이 격화될 것이라는 각국 정보기관의 판단서가 입수되던 때였다. 그 중에는 "소련군 60여 개 사단이 이미 시베리아로 이동·배치되었다"는 유력한 국가정보기관의 판단서도 있었다.

그러나 나로서는 넓은 시베리아의 지지(地誌)에 관한 지식이 부족하여 어디에 얼마만큼의 소련군 병력이 주둔할 것인지는 전혀 감이 잡히지 않았다. 나에게는 이 문제를 판단할 지식이 전혀 없었다. 고민하던 중 1945년까지 소련군과 직접 대결했던 일본 관동군 정보국 출신 장교에게 조언을 받기 위해 그 중 한 분인 시시쿠라 쥬로(宍倉寿郎) 선생께 자문받기로 했다.

때마침 일본 출장 기회가 생겼기에 일본 외무성에 있는 그의 사무실로 갔다. 인사를 마친 직후 나는 첫 질문으로 "선생님, 시베리아에 60여 개 사단이 이동·배치됐다는 첩보를 알고 계십니까?"라고 했다. 그랬더니 빙그레 웃으시면서 "물론 듣고 있지. 그런데 그 말은 사실이 아니야"라고 단정적으로 말씀하시는 것이었다.

내가 "왜 그렇습니까?"라고 다시 물었더니 "시베리아 지역 소련군의 병사(兵舍)는 시베리아 철도에 연해 배치되어 있는데 올봄 체코 프라하에 가는 길에 시베리아 철도를 타고 갔는데 그 병사에는 빨랫줄에 걸린 옷들이 보이지 않았어. 이것은 이 곳 병사에 사람이 살지 않는 빈 병사라는 얘기가 아닌가? 그런데 어디에 60개 사단, 최소한 60여만 명이 주둔하고 있다는 얘기인가? 가족을 동반할 수 있으니 최소한 100만 명이 되지 않겠는가?"

나는 그래서 다시 물었다. "시베리아 제2철도를 건설하고 있다는데 그곳에 주둔할 수 있지 않습니까?" 그랬더니 시시쿠라 선생은 이렇게 답하셨다.

"제2시베리아 철도를 건설한다는 얘기는 벌써 오래전부터 있었던 얘기야. 그런데 제2철도는 지금 철도보다 수십 km 북방 동토 지대에 건설해야 하는데 봄이 되면 진흙탕이 되어 철도 운행이 불가능해지지. 이를 극복하기 위해서는 땅 깊숙이 철주를 박고 그 위에 철도를 놔야 하는데 아직 소련의 기술 능력이나 필요성은 거기까지는 가지 않은 것 같아. 그러니까 시베리아 주둔 소련군 병사는 현재의 시베리아 철도 연변에 한정될 수밖에 없어. 너무 신경 쓰지 마…."

역시 일본 관동군 정보국 정보장교(종전 당시 육군 소좌)였고, 위관 장교 때부터 모스크바 무관으로 파견되어 전쟁이 끝난 20여 년이 지난 지금까지 소련 군사정보 분석판단에 종사한 '그의 해박한 지식이 정확한 판단에 기반이 되고 있구나' 하는 생각을 하지 않을 수 없었다.

『중앙정보와 국가안보』의 저자 랜섬(Harry Howe Ransom)은 미 CIA의 특출난 정보분석 판단능력의 원천을 다음과 같이 말하고 있다.

"미 CIA의 정보 평가와 분석이 다른 정보기관보다 우수한 이유는 이 기관에 항구적인 숙련 요원을 보유할 수 있는 인사의 결과였다. 제2차 세계대전 당시 조직했던 OSS(Office of Strategic Service) 때 모집했던 수백 명의 학자와 과학기술자 그리고 태평양과 아시아 지역에서 공작업무를 수행했던 풍부한 경험자들을 그대로 자기 조직에 흡수했기 때문이었다."

중앙정보 분석관은 항상 정보 그 자체가 새로운 지식임을 잊지 말고 자신의 지적 능력 제고를 위해 필요한 지식을 흡수하고 각종 수집한 정보와 조합할 수 있을 때 비로소 국가 안전보장에 이바지하는 판단정보를 생산할 수 있음을 명심해야 한다.

### ④ 중앙정보 분석관은 지피(知彼)와 함께 지기(知己)를 위해 노력해야 한다.

국가 중앙정보 분석관의 책임은 국가의 최고 지도자가 적대세력의 침략과 도전을 저지하고 국민의 안정과 경제 풍요를 위한 정책을 수립하고 집행하는데 필요한 정보 지식을 공급하는 데 있다. 우리가 너무나 잘 아는 손자병법의 모공편(謀攻篇)에는 "지피지기면 백전불태(知彼知己百戰不殆)"라고 했다.

정보분석관 15년 동안 나는 시간 나는 대로 우리나라 기업의 생산능력과 기술수준을 알기 위해 인천, 창원, 울산, 부산 등 중요 산업공장 지대를 방문했다. 방문 공장과 기업에 사전 통보하여 브리핑을 요청하거나 아니면 생산업무 담당자나 기술 책임자와의 면담을 요청하고 시간 낭비 없이 해당 기업과 생산시설을 견학할 수 있도록 노력했다. 자연과학 전공이 아닌 나로서는 구체적 자재나 생산공정을 완전하게 이해할 수는 없었으나 기초적인 지식을 배울 수가 있었다.

이런 나의 경험을 설명하면서 나는 동료 직원과 신입사원들에게 적을 알기 위해 노력하는 것이 우리의 1차적 책무이지만 이를 위해서는 우리의 수준을 알아야 하고, 특히 장래의 예측 판단(전망판단)을 위해서는 반드시 우리의 발전 가능성과의 비교를 염두에 두고 판단해야하므로 기회가 있는 대로 아니 그런 계획을 일부러 만들어 우리나라 산업지대를 수시로 방문하여 필요한 지식습득을 위해 노력할 것을 권고했다.

특히 내가 분석관으로 근무한 1960~1970년대는 남북 간의 치열한 경제 경쟁이 전개된 시기였다. 김일성은 1960년대 들어서자 '민족적 자립경제 건설'이란 구호 하에 7개년 경제계획—경제건설과 국방건설의 병진정책을 전개했다.

당시 박정희 대통령은 평화통일을 실현하기 위해서는 "누가 국민을 더 잘 살게 하는가의 경제 경쟁에서 승리해야 한다"고 늘 강조했지만,

1960년대에는 우리에게 중화학공업에 투자할 수 있는 경제적, 기술적 여력이 없었다. 그러나 1960년대 10년간 한일 국교정상화로 획득한 청구권 자금으로 경공업 중심에서 중화학공업 발전으로 이행할 수 있는 자금 여유가 생겨 본격적인 산업화 시대로 전입했다.

고철을 모아 용광로에서 녹여 철강을 생산하던 시대로부터 철광석을 녹여 쇳물을 뽑아내는 포항제철 시대로 진입했다. 당시 이 제철소를 방문한 나로서는 이제는 북한의 김책제철소나 송림(구 겸이포·兼二浦)제철과 충분히 경쟁할 수 있는 제철 생산체계가 구축되었구나 하는 기쁨과 안도감을 느꼈다.

더욱 고마웠던 것은 1968년경부터 북한과 경제계(北韓課 經濟係)—후에는 북한국 경제과—를 담당했던 정운학 경제과장이 거의 밤새우다시피 노력하여 저 엄청난 남북경제 관련 기본정보, 『남북한경제력비교』를 완성했다는 것이다. 1973년 녹색 하드커버의 보고서(9권)를 대통령께서 앉아 계신 책상 위에 올려놓았더니 동석했던 김용식 통일부 장관과 청와대 정치외교, 경제 수석비서관들이 놀라던 일을 잊을 수 없다.

나는 정운학 과장이야말로 「지피지기」가 정보분석관이 실무에서 지켜야 할 덕목임은 누구보다 자신이 작성한 정보판단서를 통해 보여주었다고 생각한다. 적에 대한 지식과 함께 우리에 대한 지식을 아울러 갖고 있는 분석관만이 국가의 미래에 대한 올바른 전략 판단을 할 수 있다.

* 후기 : 이 보고서 작성을 주관했던 정운학 과장은 1983~1985년까지 북한 정보국장으로 근무하고 은퇴한 후 애석하게도 설악산 등산길에 뇌출혈로 쓰러져 60세 나이로 별세했다.

### ⑤ 최대 정보원(情報源)은 공개정보이다.

어떤 국가를 막론하고 국가 기밀을 수호하기 위한 강한 법적·제도적 보안 대책을 강구하지 않는 나라는 없다. 방첩은 바로 국가안보를 수호하는 데 있어 가장 중요한 부문이다. 반면 이런 방첩망을 뚫고 들어가 필요한 첩보를 수집하는 것이 첩보공작이다. 따라서 첩보공작 자체가 지난한 과업이 아닐 수 없다.

수많은 독재 국가 중에서도 5호 담당제와 같은 최악의 사회통제 방법으로 이중, 삼중의 거미줄 같은 방첩망을 펴고있는 북한 고위층 사회에 침투하여 김일성, 김정일, 오늘의 김정은의 일상생활이나 정책구상을 탐지해 내는 「휴민트」 공작은 지극히 어려운 일이다.

내가 중앙정보부 분석관으로 근무했던 16년간 특히 1960년대 기간 중 휴민트에 의해 수집된 첩보로 중요한 판단보고서를 작성했다는 기억은 거의 없다. 그렇다면 무슨 첩보를 가지고 판단하고 대통령께 보고했는가?

그것은 수많은 공개정보를 심도있게 분석하여 그 결과를 가지고 적의 기도를 판단한 것이다. 조선노동당이 채택한 수많은 「당 중앙위원회 총화보고」, 노동당 기관지 『노동신문』, 내각기관지 『민주조선』, 유일한 통신사 「조선중앙통신」, 조선중앙TV·평양방송 또는 각 지방에서 발행한 신문, 각 사회단체에서 발행하는 기관지, 선전화보, 대학과 연구기관에서 출간한 연구 논문 그리고 평양에 주재하는 소련, 중국, 동유럽 국가 특파원의 보도 르포, 여행자 기행문 등등 얼핏 보면 그 말이 그 말 같은 판에 박힌 듯한 보고서와 신문, 방송으로 읽어야 한다. 이를 세밀히 그리고 심도있게 읽고 분석해보면 그 행간에 숨겨진 북한의 실체와 정책방향을 대강 찾아낼 수 있었다. 이런 작업은 심히 피곤하고 장시간이 소요되는 분석과정이다.

이런 작업을 통해 그 속에 숨겨진 의미를 찾아낼 수 있는 분석관을 전문가라고 아니 요즘 말로 '프로'라고 부른다. 말 그대로 '프로'만이 중앙정보 분석관의 자격이 있으며 이런 요원을 양성하는 데는 최소 10년 이상이 소요된다. 위에서 지적한 바 있지만, 끊임없이 관련 지식을 흡수하며 정보분석을 평생 직업으로 생각하고 성과 열을 쏟아붓는 자들이 감당해 낼 수 있는 직업이 바로 중앙정보 분석관이다. 나와 함께 1960년대 기간 분석관을 지낸 동료들은 추운 겨울날 변변한 난로도 없던 퀸셋 사무실에서 야간작업을 할 때면 으레 신문지 묶음철을 이불로, 잡지 묶음을 베개로 삼아 새우잠을 자는 날이 허다했다.

이와 같은 공개문건 다발 속에서도 좋은 정보를 제공해 준 문건들 중 하나가 북한의 「선전화보」였다. 이 화보를 보면 김일성이 계획하고 있는 경제건설 현장을 비롯한 군이나 사회 각계 현상을 보는 것 같았다. 물론 이 선전화보는 선전효과를 극대화하기 위해 '최고의 것'으로 채우고 있다. 그러나 경제분석관들은 전문 과학기술자들의 도움을 받아가며 화보에 실린 공장, 기업소의 사진을 현미경으로 들여다보듯 분석했다. 그러면 전선의 굵기로, 기계의 모양으로, 건설된 건물의 콘크리트로, 작업하는 노동자의 옷차림으로, 농경지 정리에 나선 트랙터의 겉모양만으로도 북한경제—공업, 농업, 건실, 기술 등의 수준을 판단해 낼 수 있었다.

1970년대 남북대화가 시작되자 중앙정보 분석관들은 판문점을 넘어 북한 땅을 밟게 되었다. 이들은 버스에 타자마자 달리는 차간에서 펼쳐지는 바깥을 보며 자신이 1960년대 기간 중 작성했던 분석판단 보고서가 옳았는지 아니면 잘못이었는지를 스스로 확인했다. 나는 이들이 돌아온 후 소감을 물었다. 그들의 답은 대부분 크게 잘못이 없는 것 같아 안도했다고 했다.

1970년대에 들어서자 수집되는 공개정보의 양은 분야별로 크게 확대, 증가되었다. 북한은 아시아, 아프리카 개발도상국가에 대한 경제지원 방법으로 또는 국제상품전시회에 출품했거나 무역상품거래를 위해 적지 않은 공업 제품들을 개발도상국가에 보냈다. 우리는 이것들을 수집하는데 전력했다. 중앙정보부 해외공작원들은 아시아, 아프리카 각국에서 열심히 북한 공업 제품수집에 나서서 많은 물건을 우리들 분석관 앞으로 보내주었다.

이에 더하여 통신정보 담당자들은 북한의 유일한 TV방송을 녹화하여 매일 아침마다 보내주었다. 우리들 분석관들은 이렇게 모이는 공개정보를 각종 연구기관이나 국내기업의 기술 인력과 함께 정밀 분석했다.

나는 이런 분석을 통해 북한의 실제를 상당 부분—아마도 90% 정도—알 수 있지 않았을까 생각한다. 남은 10%의 정보, 북한 최고 통수권자인 김일성·김정일의 속내는 역시 휴민트를 통해 알아내야 했다.

그러나 90%의 정보를 공개 정보를 통해 찾아낼 수 있다면 이것으로 완성된 그림은 아니나 대강 전체적인 그림을 그려낼 수 있다. 나머지 10%는 그때그때 나타나는 적의 동향을 통해 나머지 조각을 맞출 수 있다면 거의 뚜렷한 적의 정체를 그려낼 수 있다. 이것만 가지고도 최고 정책결정자인 대통령과 각료들의 정책수립에 큰 도움이 되는 것이다.

분석관은 작은 조각 하나하나를 모아 모자이크 그림을 완성시키는 전문 기술자다. 나는 이들이 수행한 정보분석 과정이 얼마나 지루하고 따분한지를 잘 안다. 그러나 이런 피곤한 분석과정을 묵묵히 수행한 결과 복잡한 문제의 해답을 얻었을 때 그 기쁨과 보람이 얼마나 큰지도 잘 안다.

그래서 예산을 생각지 않고 보다 많은 공개정보 수집을 요청했고 이런 우리 요구에 해외공작 요원들은 호응했고 그 결과, 귀중한 정보판단 특히 후대가 사용할 수 있는 기본정보를 구축했다고 생각하고 스스로 긍지와 자부심을 갖는다.

이 때 생긴 습관 때문인지 90의 나이인 지금도 나는 아침 기상, 눈을 뜨자마자 조간신문을 손에 잡는다. 나의 이 오랜 버릇은 죽을 때까지 지울 수 없을 것 같다.

**⑥ 오판을 두려워하지 말라.**

중앙정보 분석관은 항상 불안과 초조 나아가 두려움을 느낀다. 그 이유는 어디 있는가? 불확실한 예측 판단 때문이다. 만약 내가 내린 판단이 오판일 경우 자기 자신은 물론 자신이 속한 조직에 심대한 불신임을 야기한다는 불안감에 젖게 된다.

나의 경우 "1967년 가을 대규모 게릴라—북한의 특수부대 요원이 서울을 공격할 것이며 이미 인민 전쟁은 시작되었다"고 보고(「1·21 사태」) 한 후 2개월 동안 과연 '내 판단이 적중할 것인가? 빗나갈 것인가?'로 고민했고 특히 주변 상급자와 동료들의 "정말 들어와?" 하는 거듭되는 질문에 심한 스트레스에 휩싸여 거의 매일 밤잠을 설칠 수밖에 없었다.

다행히 시간상으로는 지연되었으나 그런대로 내 예측 판단이 적중하여 안도의 한숨을 쉴 수 있었다. 이런 일을 겪은 지 몇 달이 지난 1968년 11월 청와대 기습 사건보다 4배에 달하는 북한 특수부대가 침투한 「울진·삼척 사태」가 발생했다.

그러나 나는 전혀 이 사건의 발생 가능성을 예측하지 못했을 뿐만 아니라 「1·21 사태」 이후에는 거의 나의 일이 아니고 국내 보안 담당부서 또는 국방부의 일로 치부하고 관심조차 두지 않았다. 결국 북한으로부터 허를 찔린 후 겨우 침투 병력의 규모를 파악하는 수준으로 응해야 했다. 한마디로 완전 실패한 오판이었다.

또 하나의 실패, 아니 과소 판단한 사건은 바로 위에서 기술한 북한의 핵개발 가능성에 대한 정보 분석과 예측 판단이었다. 오랜 기간 남파 간첩 호송임무를 수행하던 김용규 씨는 1976년 심문 과정에서 1968년부터 김일성의 직접 지시로 북한 과학원에서 핵개발에 착수했다는 정보를 전해주었다. 나로서는 생물학무기, 화학무기 생산에 대해서는 이미 상당한 수준의 정보를 갖고 있었지만 핵개발은 처음 듣는 정보였다.

그러나 정보의 중요성을 감안하여 1개월여 관련 정보를 종합해보고 아직도 먼 장래의 일로 판단하고, 첩보수집 우선순위를 높이지 않았다. 그 후 2년이 지나 중앙정보부를 그만둔 나는 떠나올 때까지 후배들에게 핵개발에 대한 첩보수집에 전력할 것을 권고하지 않았다. 이것은 분명히 나의 실수였다.

또 한 가지 예를 들면, 1970년대 후반 나는 200여 대의 탱크가 증가되어 북한 전투력이 크게 향상되었다는 정보를 입수했다. 이 정보는 인공위성 사진으로 확인된 정보였다. 놀라지 않을 수 없었다.

북한군은 6·25 당시 사용했던 T34, T35형의 낡은 탱크였지만 이를 폐기하지 않고 해안포로—항시 이동할 수 있는 기동성 있는 해안방어 병기로 활용하고 있었다. 이를 확인하면서 북한군의 구형 병기와 장비에 대해 지금까지 갖고 있던 기존의 판단을 바꾸지 않으면 안 되었다.

이런 첩보분석 과정의 누락이나 오류 또는 잘못된 예측 판단은 우리만이 저지르는 것이 아니다. 수천 명의 유능한 정보분석 인력과 연간 수십억 달러를 투입하며 최첨단 과학수단을 동원하는 미국의 정보기관도 수많은 오판을 했다고 한다. 1950년 6·25 당시 한국군의 확실한 정보 제공에도 불구하고 북한군의 남침에 대한 예측 판단에 실패하였고 그 후 38선을 넘어 북진 중 중공군이 압록강을 건너 북한 땅에 들어왔는데도 이를 알지 못해 수많은 작전상 피해를 입고 말았다.

역사 깊은 영국의 정보기관도 1941년 6월 히틀러의 소련 침공을 예측하지 못했다. 처칠 수상은 자신이 갖고 있는 생정보와 감각적 본능으로 사전 예측했으나 정보기관은 실패했다고 지적한 바 있다. 이런 예는 수없이 많다.

왜 최대, 최고의 정보기관으로 정평이 나있는 선진국 정보기관의 유능한 정보분석관들의 정보 분석과 예측 판단에 허다한 오류와 오판이 생기는가?

그것은 지극히 불확실한 정보원에서 입수하는 첩보를 사용하여 예측 판단을 하기 때문이다. 각국마다 극비로 하는 정책과 작전을 탐지해내는 첩보수집 방법이므로 100% 확실한 정보를 생산한다는 것은 기대할 수 없는 일이다. 위에서 지적한 대로 정보판단서는 불확실한 첩보에서 도출한 정보를 가지고 여기에 분석관의 지식과 번뜩이는 감각을 첨가하여 예측 판단이라는 결과물을 생산하는 것이다.

솔직히 말하면 철의 장막 뒤 깊은 궁중에 자리하고 있는 김일성의 속내를 마주 앉아 얘기하며 알아내는 것이 아니기 때문에 항상 불확실할 수밖에 없다. 이런 불확실성을 기반으로 한 분석, 판단이기 때문에 오류와 오판이 발생하는 것이다.

분석관은 신이 아니니 오류, 오판의 책임이 없다는 얘기가 아니다. 마땅히 중대한 국가 안전보장 문제를 좌우할 정보판단에서 오판을 저질렀다면 당연히 그 책임을 져야 한다. 반면 분석관이 제출한 예측 판단 보고를 사용하는 최고 통수권자와 정책 입안이나 작전에 관여하는 고위 참모들은 정보 분석 업무가 얼마나 어려운 일인가를 이해하고 보다 정확한 첩보수집 수단을 마련하는 일에 인색해서는 안 된다는 얘기다. 좋은 정보 제공을 원한다면 좋은 정보를 생산할 수 있는 인력 양성과 첩보 수집을 위한 첨단 수단 마련에 깊은 관심을 쏟아야 한다.

이런 의미에서 나는 정보분석관은 한두 번의 판단 실패에 의기소침

하거나 좌절하지 말아야 한다고 강조한다. 실패는 성공의 어머니라는 교훈을 되새겨 보다 신중하고 보다 인내하며 입수되는 공개 정보를 읽고 그 행간의 숨은 의미를 찾아내며 정확한 예측 판단을 위해 필요한 첩보수집에 전력해야 한다. 항상 지적 능력과 자신의 감각, 감수성을 발휘하여 '프로'로서의 감을 발휘하는 능력을 배양해야 한다.

### ⑦ 정치인의 중앙정보 사용 여부를 시비하지 말라.

내가 일본에 체류하던 2005~2006년의 일이다. 관광여행 차 일본에 왔던 전직 중앙정보부 상급분석관 3명이 내가 있는 세이가쿠인(聖學院) 대학을 방문해 주었다. 도쿄에서 전차로 1시간 거리에 있는 시골까지 찾아준 데 대해 더없이 고마웠다.

나는 이들 후배들과 저녁을 같이 하며 20여 년 전 중앙정보부 근무 시절의 추억을 되새기며 즐거운 시간을 보냈다. 그런데 이들과 얘기하는 중에 심히 가슴을 아프게 하는 옛 동료의 사망 소식과 함께 노무현 대통령의 무분별한 중앙정보기관에 대한 갑질 소식을 듣고 설마하는 의문을 가지면서 한편으로 분개했다.

후배들의 얘기인즉 노무현 대통령은 중앙정보부의 판단 문건을 거들떠보지 않는다는 것이었다. 중앙정보기관에 대한 그의 불신은 너무 커서 북한에 대한 정보판단 보고서조차 접수하지 않고, 밑에 있는 NSC 사무국 간부가 검토하고 그가 재작성한 문서를 읽는다는 것이었다.

나는 이 말을 들으면서 중앙정보기관의 보고서가 마음에 들지 않으면 그대로 받아 놓고 청와대 참모진으로부터 별도 보고를 받으면 되는 것이지 왜 NSC 사무국 간부로 하여금 재작성토록 하는가? 더구나 NSC 사무국 간부란 자는 중앙정보기관에 근무한 적도 없고 단지 어떤 연구소에서 북한연구를 했다는 정도인데 과연 총성 없는 전장의 초년병인 주제에 다년간 북한 김씨독재 집단과 싸우면서 적의 전략·전술을 연구해온 중앙정보기관의 분석관 실력과 비견할 수 있는가?「전략적 사고」를 갖지 못한 한낮 서생이 감히 중앙정보 보고를 수정, 가필한다는 게 말이 되는가?라고 내뱉듯 말했다.

그랬더니 후배들은 이에 끝나지 않고 청와대에 파견된 각 부 요원들을 모아놓고 일장 기갈을 하며 "겨우 이 정도의 정보판단 문서밖에 쓸 수 없는가?"라고 했다고 했다.

나는 이들이 돌아간 후 며칠 동안 노무현 대통령과 중앙정보기관과의 관계—갈등, 불신, 대립 관계에 대해 자문자답하며 각국의 예를 찾아보았다. 지금 한국에 일어나고 있는 대통령을 비롯한 고위정책 수립자들과 중앙정보기관 간의 갈등, 대립 같은 현상은 다른 나라에서도 종종 있었던 일이다.

공산당 일당 독재국가, 특히 북한과 같은 1인 독재 전체주의 명령체계를 유지하고 있는 나라에서는 '최고 존엄'인 통수권자의 비위를 거스르는 단어 한마디를 잘못 사용해도 숙청된다. 이 정도는 아니지만 선거에 의해 정권 교체가 이루어지는 자유민주주의 국가에서도 이념을 달리하는 정권이 출현할 경우 기존의 중앙정보기관과 대통령 간에 심한 갈등에 휩싸이는 것이 당연하다고 봐야 하지 않는가?

사상 초유의 '친북파 386세대'가 핵심을 이룬 노무현 정권이 출범했으니 어찌 반공, 친미 보수정권의 지주(支柱) 역할을 했던 중앙정보기관과의 갈등이 발생하지 않겠는가? 노무현 대통령은 자타가 공인하는 반미 성향의 인물이고 반공자유주의 이념과의 철저한 투쟁을 선포한 인물인데 이런 그가 반공, 친미 보수정보기관이 작성한 정보판단서를 반길 수가 있겠는가?

그렇다면 자신의 집권(출범)과 동시에 기존 정보기관의 개편을 단행하여 대대적인 인적 쇄신을 기해 자신의 이념적 성향에 부합하는 정보 판단서의 생산을 촉구하면 될 것인데…. 그러나 이런 대규모 정보기관 개편 작업은 결코 쉬운 일이 아니다.

후배들의 얘기는 대학교수 출신으로 약간의 북한연구 실적이 있는 자가 중앙정보부 기획조정실장으로 임명되었지만, 그는 외부 인사의 중앙정보부 유입을 견제하여 종전의 조직체계나 인적 구성을 흩트리지 않도록 조치해주어 다행이었다고 했다.

나는 이런 얘기를 들으면서 국가 중앙정보기관과 대통령을 비롯한 집권세력과의 관계를 생각했다. 역시 국가의 녹을 먹는 직업 공무원인 중앙정보 분석관은 몇 년 간의 집권 기간을 담당할 집권세력의 요구에 맞도록 사실을 은폐하거나 왜곡된 정보보고서를 작성해서는 안 되며, 영구히 존재하며 번영해야 할 대한민국의 안전보장을 수호하기 위해 자기 책임을 다해야 한다.

특히 중앙정보 분석관은 대통령이라 하더라도 헌법에 위반되는 정책을 수립하려 할 경우 이에 대항하고 투쟁해야 한다. 만약 객관적인 관점에서 작성된 정보문건 접수 자체를 거부하며, 제출된 중앙정보 판단서를 인위적으로 수정, 가필하여 자신의 이념적 성향에 맞는 정보문건으로 왜곡한다면, 정보분석관은 태업으로 대항해야 한다.

반면 대통령을 비롯한 고위 정책수립자들은 이와 같은 정보 왜곡은 자신들의 눈과 귀를 스스로 가리는 잘못된 행위이며, 그 결과 올바른 정책수립을 불가능하게 만들 뿐만 아니라 수만금을 들여 수집한 귀중한 첩보가 분석관 서랍 속에 사장되는 결과를 초래함으로써 막대한 국가 예산 낭비를 자초하는 것임을 알아야 한다.

이런 의미에서 정치인은 중앙정보의 사용 여부를 스스로 결정하되, 정보분석관의 지적 능력과 인격을 모멸하는 언동을 하지 말아야 하고,

한편 중앙정보 분석관은 정치인이 자신들이 제출한 정보판단서의 채택 여부, 사용 여부를 따지지 말아야 한다. 다시 말하면, 정치인과 정보분석관의 역할 간의 차이점을 분명히 알고 공조해야 한다는 것이다.

정보분석관은 객관적인 정보판단서를 작성하는 것이 책임일 뿐 그것을 정치인이 어떻게 사용하든 관여하여 시비할 문제가 아님을 강조한다.

**⑧ 국제협력으로 획득한 정보사용을 신중히 하라.**

내가 근무하던 1970년대의 일이 아니라 지금 현재의 일이지만 2019년 8월 청와대 국가안보실 김유근 1차장은 "2016년 11월 23일 체결된 「한일군사정보보호협정(GSOMIA)」이 우리의 국익에 부합되지 않는다고 판단하고 종료(파기)하기로 결정했다"라고 발표했다.

나는 이 발표를 들으면서 정말로 GSOMIA가 우리나라의 국익에 부합되지 않는 것인가? 듣기로는 2016년 체결 이후 한일 간에는 군사정보 교류 횟수가 29회나 되며 그 대부분이 일본으로부터 받은 정보라고 한다. 특히 북한이 미사일을 동해로 발사할 때마다 그 탄도 궤적과 탄착 정보를 일본이 보내온 정보를 통해 정확히 확인했다고 했다. 우리의 정보 자산을 가지고는 북한의 미사일 발사나 핵개발 정보판단을 제대로 할 수 없다면 응당 미국과 일본과의 정보 협력을 통해 부족한 부분을 보완해야 함은 상식에 속한다.

나는 중앙정보부 분석관으로 근무하면서 국제정보 협력 없이는 중앙정보 판단이 불가능함을 경험했다. 당시만 하더라도 인공위성이 아닌 U-2기나 SR-71과 같은 미군의 정찰기를 통해 북한 군사정보를 수집하고 있었다.

동해에서 활동하는 북한 잠수함의 동향은 우리의 정보 자산으로는 첩보수집이 곤란했다. 때문에 미군과 일본의 정보기관이 수집한 첩보를 전달받아야 했다. 군사정보뿐만이 아니었다. 우리는 일본으로부터 조총련을 통해 입수한 북한정보를, 일본은 우리로부터 귀순자를 통해 획득한 정보를 서로 주고받으며 북한에 대한 객관적 정보판단을 할 수 있었다. 이러한 정보 교류와 공조체계의 형성은 미국을 중심으로 하는 한미·일 3각 군사협력, 정보분야에서 준동맹을 구성하는 중요한 고리인 것은 어느 누구도 부인할 수 없을 것이다.

솔직히 말해서 북한과 그 동맹국인 중국과 러시아에 관한 첩보수집 능력은 우리의 정보자산 가지고는 어림도 없다. 첩보수집 수단이란 것이 첨단 과학기술에 의한 것이므로 이런 정보 자산을 독자적으로 보유하기 위해서는 엄청난 예산이 소요된다. 일본이 보유하고 있는 5~6개의 인공위성이 촬영한 영상정보, 수십 대의 P-3C, P-1 해상정찰기, 그리고 이지스함을 통해 획득하는 각종 군사정보를 미군을 통하지 않고 직접 주고받는다는 것이 시간적으로 얼마나 빠른지 경험자가 아니면 모른다.

최근 유엔안전보장이사회의 대북제재 결의를 뚫고 서해상에서 행해지고 있는 북한선박과 중국선박 간 불법환적을 통한 정유밀수를 어떤 나라의 도움으로 알 수 있을까? 역시 미국과 일본, 영국, 호주 등과의 정보교환으로 획득하고 있다. 이뿐만이 아니라 해커를 통한 북한의 사이버 금전 탈취 또는 핵·미사일 개발에 필요한 물자 밀수 등은 모두 우리의 동맹국인 미국을 비롯한 일본, 프랑스, 영국, 독일 등 우호국가와의 정보교류를 통해 입수한 첩보분석을 통해 획득한다.

이렇게 보면 국제정보 협력이 얼마나 중요한가를 알 수 있다. 그런데 이런 국가 간 정보협력으로 입수한 첩보나 정보의 사용에 있어 주의할 점도 한두 가지가 아니다. 과장된 정보, 심지어 허위정보도 적지 않다.

예를 들면 정보교환 상대국이 자국의 전략수행을 위해 허위정보를 제공할 수도 있다.

2004년 7월 6일 뉴욕 타임스는 이라크 전쟁 전 미국 CIA는 이라크가 대량 살상무기 개발계획을 이미 포기했다는 정보를 갖고 있으면서 부시 대통령에게 보고하지 않았다고 발표했다. 때문에 미국의 요청에 했던 참전국가(덴마크, 폴란드 등) 내에서는 심한 논쟁이 벌어지기도 했다.

나는 16년간의 중앙정보부 근무 기간에 미국 CIA, 일본의 내각조사실과 공안청, 독일, 프랑스, 영국 등 여러 나라의 정보기관이 입수하여 분석, 판단한 수많은 자료들을 입수하여 우리의 분석판단에 참고했다.

그런데 가끔 과장된 정보도 적지 않았다. 특히 북한 최고 통수권자의 의도 분석에서는 우리보다 뒤진다고 느꼈다. 미국이나 일본, 유럽 각국의 정보수집수단은 우리가 따라갈 수 없을 정도로 우수하다. 하지만 이런 수단으로 수집하는 북한 정보는 대부분 외부, 즉 볼 수 있는 겉부분이며, 보이지 않는 속셈이나 의도는 같은 민족, 같은 언어, 같은 문화와 습관을 가진 우리만이 가진 '감, 느낌'이라는 것이 작동될 때 비로소 진실한 팩트로 탈바꿈하는 경우가 많다. 그래서 나는 북한문제에 관한 한 자부심을 갖고 국제 정보협력에 임할 수 있었다.

중앙정보 분석관은 절대로 정보 사대주의에 빠져서는 안 된다. 우리만이 가진 문화와 전통, 습관 또는 강점을 살려 타국 정보기관이 할 수 없는 정보판단을 해낼 수 있다.

이런 의미에서 국제 정보협력은 우리의 부족한 정보자산으로는 획득할 수 없는 부문의 정보수집의 좋은 방법이지만, 그러나 이것을 외국인이 갖고 있지 못한 우리의 기본정보와 분석관의 '감'과 결합할 때 비로소 우리나라 안보와 국가이익 수호에 기여하는 객관적 정보판단서를 생산할 수 있음을 명심해야 한다.

### ⑨ 「읽힐 수 있는 보고서」 작성에 노력하라.

중앙정보 판단서는 대통령과 그의 정책 참모들의 통치권 행사에 도움이 되는 집성품이다. 따라서 이들 최고 정책결정자들은 자신들이 주력하는 정책 또는 선거공약으로 제시했던 과제들과 관련된 정보일수록 높은 관심을 갖게 된다.

이런 의미에서 정책수립자들이 중앙정보에 보다 큰 관심을 갖게 하기 위해서는 위에서 기술한 바와 같이 중앙정보 분석관들은 먼저 최고 통수권자의 관심사가 무엇인가를 알아야 한다. 또한 정보분석관들은 이들이 어느 정도의 지적 수준의 인물인가도 파악해야 한다. 왜냐하면 대통령을 비롯하여 정책결정자마다 지식수준이나 전문분야가 각기 다르기 때문이다. 정치가 출신, 법률가 출신, 경제인 출신 또는 사회사업 또는 운동권 출신 등 사회적 지위나 관여한 부문이 다를 뿐만 아니라 대학 출신 또는 고등학교 출신 등 학문적, 지적 수준도 서로 차이가 있다.

이런 상이한 출신 성분과 경력을 고려할 때 중앙정보 판단서의 문장도 이들 수준에 맞도록 작성해야 한다. 정보판단서의 수취인들이 읽고 즉석에서 이해할 수 있도록 작성해야 할 뿐만 아니라, 그들은 대단히 바쁜 일정을 소화해야 할 인물들이라는 점을 유념해야 한다. 이런 분들이 읽을 문서이기 때문에 보고서의 콘텐츠 편성 자체가 '읽어야 할 우선순위'를 고려해야 함을 잊어서는 안 된다.

때문에 문장 자체가 너절한 형용사나 부사를 사용하지 않고 간결하여야 하며, 흔히 들어보지 못하는 국제기구의 영자 약어는 가능한 원명과 우리말로 번역한 명칭을 병기하는 등 세밀하게 주의를 기울여야 한다. 특히 유념할 것은 보고의 순서를 우선순위로 편집하여 꼭 읽어야 할 것을 놓치지 않도록 배려해야 한다.

나는 보고문건 안에 적색 또는 황색 간지를 넣어 5분의 시간 안에 적색 부분만 읽도록 한다든가, 10분의 시간이 있으면 황색 부분까지 읽으라든가 사전 표기하고 사전에 이런 배려를 수취인에게 말씀드리기도 했다.

다시 강조하지만 보고서 자체가 6하원칙에 의거해야 하지만 문장자체가 애매모호하거나 양비론적 논리의 기술이 되어서는 안 된다. 항상 대통령과 최고 정책수립 관계자들이 읽는 문서임을 명심하고 그들의 정치적 또는 정책 수립상 유효한 문서라고 인정하고 가까이 하도록 그리고 첫 장부터 끝 장까지 읽어내려 가도록 꾸며야 한다는 것이다.

**⑩ 「보안(保安)」을 생리화하라.**

모든 국가 정보기관에 근무하는 요원뿐만 아니라 군에 복무하는 병사들도 강한 보안의식을 함양토록 교육한다. 하물며 국가 중앙정보기관에 근무하는 정보분석관의 보안의식의 느슨함은 용납되지 않는다.

그런데 가끔 정치인이나 언론인의 입에서 중앙정보기관에서 생산한 정보 보고가 누설되어 일대 파란을 일으킨 경우가 적지 않다. 왜 기밀유지를 생명처럼 여긴다는 정보분석관들이 작성한 정보 문건이나 정보 보고가 외부로 누설되어 파란을 일으키는가? 정보 누설은 몇 년 동안 쌓아올린 첩보원(諜報源)의 붕괴를 의미하며 국가 대 국가, 해외정보기관과 맺은 정보협력 협약의 파기를 초래할 수 있는 '국가 신뢰성의 상실'을 의미하며, 정보 생산자 자신의 명운을 가늠하는 중대 사건임에도 불구하고 왜 정보 누설로 인한 비난이 계속 일어나는가?

나의 경험에 비추어 보면 다음 세 가지 때문이다.

첫째는 아직 성숙하지 못한 정보분석관 초년생들이 자신이 담당하고 있는 분야와 관련된 문제를 논하는 정치인이나 언론기사, 방송보도가 사실과 어긋나는데 대한 비판의식의 발동, 다시 말해서 그동안 자신이 터득한 지적 위력(知的威力)을 발휘해야겠다는 충동 때문이다. "제대로 알지도 못하며 떠든다. 사실을 알려주고 국민에 대한 호도를 막아야겠다"는 정의로운 충동에서 지켜야 할 정보를 누설하는 경우이다.

그러나 아무리 '선의의 행동'에 의한 정보 누설이라 할지라도 용서될 수는 없다. 이런 의미에서 정보분석관은 주위로부터 가해지는 자극을 억제하는 냉정함을 잃어서는 안 된다.

둘째, 공식 보고계통을 통해 전달된 정보사항이나 비공개 회의에서 '보안 유지'를 전제로 한 브리핑이 이를 수취한 자들—대부분 정부 고위관리나 국회의원—이 실수나 고의로 보고사항을 누설하는 경우이다. 나는 여러 차례 경험한 바 있지만, 예를 들면 2008년 "김정일이 심근경색과 심장쇼크로 쓰러졌다가 겨우 회생하여 자신의 기력으로 칫솔질을 할 정도가 되었다"는 '고급 정보'가 국회 정보위원회에서 국정원의 보고를 들은 국회의원의입을 통해 누설되었다.

이 소식을 접한 나는 기절초풍할 정도로 놀랐다. "김정일이 스스로 칫솔질을 할 수 있을 만큼 기력이 회복되었다"는 사실은 김정일의 최측근이 아니면 알 수 없는 일이다. 이런 정보가 누설되었다면 그동안 국정원과 외국정부기관이 수년 동안에 걸쳐 심어놓았던 첩보원이 어떻게 될 것인가? 아마도 관련자 전원이 체포·처형되었을 것이다.

그렇다고 하여 그 책임을 국정원의 보고를 들은 국회의원이 책임을 질까? 결국 정보분석관으로서는 후과와 그 피해만 고스란히 떠안았을 뿐이다. 이런 관점에서 정보분석관은 보고 상대자의 신원을 사전에 파악하고 보고 내용의 경·중을 미리 정하고 나서 보고에 임해야 할 것이다.

셋째, 가장 악질적인 정보 누설의 형태이지만 정보분석관 자신이 여야 정치인이나 재야 유력인사와의 인적 연대(컨넥션)을 매개로 의도적으로 그리고 지속적으로 정보 누설을 자행하는 경우이다. 유감스러운 일이나 나는 동료와 후배 중 정권 교체시를 상정하고 자신에게 유리한 정치적 진로를 확보하기 위해 의도적으로 정보 제공을 지속했던 사실을 알고 있다. 정작 여야 정권교체가 이루어지거나 기다렸다는 듯이 분석관의 지위를 버리고 신정권에 가담하여 정부 산하 주요 기관이나 국·공립 기업의 사장, 이사로 부임하는 것을 목격했다.

나는 이런 인물들을 '여적 행위를 자행한 간첩'이라고까지는 단죄하지 않지만, 그가 과연 정보분석관으로서의 책무를 다한 자인지 의심하지 않을 수 없었다. 부의 규정뿐만 아니라 일반적인 국가보안법을 위반한 것은 말할 필요도 없고 '국기문란'의 범법자로 규탄 받아 마땅하지 않는가!

이상 정보분석관은 각별히 보안 유지에 유념해야 함을 강조한다. 한마디로 정보분석관은 직책을 부여받는 그 순간부터 보안을 생리화하기 위해 노력해야 한다.

각국의 모든 국가 중앙정보기관이 마찬가지이지만 시간이 경과하여 비밀 규정에서 해제된 중앙정보 분석관의 판단서는 그 즉시 예하기관을 통해 공개함으로써 국민의 알권리 충족에 기여한다. 우리나라의 경우도 마찬가지이다. 국가안보에 영향을 주는 비밀정보—3급, 2급, 1급에 준하는 정보는 언제나 기밀해제 기간을 사전 규정하고 있다. 이런 사실을 염두에 두고 재직 기간 중 취득한 정보에 대한 보안규정을 엄수하며 주변으로부터 '공개 충동'이 가해지더라도 이를 억지하는 자신의 능력을 배양해야 함을 강조한다.

8

# 계속해야 할 핵폐기를 위한 대북 제재

## 힘의 우위 원칙 준수

끝으로 국제사회가 강행하고 있는 대북 제재가 어느 정도 먹혀들 수 있는지에 대해 논하고자 한다.

이 제재를 가하는데 강한 직접적인 힘을 발휘할 나라는 미국과 중국이다. 때문에 우리는 중국에게 큰 기대를 걸어온 것이다.

위에서 지적한 대로 지정학적 지위로 보나 북한과의 역사적 관계에서 보나 북한의 핵·미사일 개발을 중단시키는데 결정적 역할을 담당할 나라는 중국임이 너무나 명백하다. 그 때문에 우리는 2006년 10월 김정일 시대 북한이 1차 핵실험을 실시했던 때로부터 지금까지 대북제재에 동참한 중국의 태도를 주시해왔다.

그러나 지금까지 중국은 우리의 기대에는 훨씬 못 미친 아니 배신행위라고 규탄받을 정도의 행동을 계속해왔다. 말로는 큰소리 치면서도 실제 행동은 민생 운운하며 대북지원을 계속해왔다. 지금도 마찬가지다.

왜 그럴까? 그 이유는 말할 것도 없이 동북 3성의 안전보장을 위해서나 시진핑 주석이 선포한 미국과의 새로운 대국관계 구축을 위해서는 북한을 지렛대로 이용해야 하며 특히 한국에 대한 영향력 행사를 위해서는 대북관계를 한·미 양국의 요구대로 해 나갈 수 없다고 판단하기 때문이다.

이에 더하여 중국의 중앙정부가 대북제재에 적극 가담키로 결정했다고 하더라도 그 결정이 두 강변에 위치한 지린성(吉林省)과 랴오닝성(遼寧省) 성정부(省政府)를 거쳐 그 아래의 시, 현 등 하급 지방정부에 하달되어 실행에 옮길 경우 허다한 주민의 민원이 제기되어 갈등하게 된다. 제2차 세계대전 종결 후 과거 70여 년 동안 관행화한 북·중 국경지대의 변경무역은 중앙의 지령이 어떻든지 간에 일거에 중단시킬 수 없는 지경에 이르렀다.

지금까지 수십 년 동안 중국 법률이 규정에 의해 추진된 이 변경무역은 변경소액 무역, 변경호시(互市)무역, 변경지대 대외경제 기술협력 등을 총괄하는 개념이다. 우리 귀에 낯선 「변경호시무역」이란 변경지대 주민들이 국경으로부터 20km 이내에서 정부가 허가한 개방지점이나 집시에서 규정된 금액(대체로 일3,000위안) 미만의 상품거래를 관세 없이 가능케 한 제도이다.

1997년 두만강 양쪽 주민들의 요청에 의하여 훈춘과 마주한 북한의 원정리에 「변경주민 호시무역시장」을 개설한 바 있었지만 북한 측으로부터 외화유출방지와 거래상품이 신통치 않아 2년 후인 1999년 5월에 폐장되었다. 그런데 2017년 10월 단둥시가 새로운 호시를 개설했다. 이곳에서는 20km 이내의 양쪽 주민들이 하루 8,000위안 이하의 상품을 관세 없이 거래토록 허용하였다.

지금 현재 30개소가 넘는 공식통로를 이용하거나 아니면 좁은 국경지역—흔히 「일보과(一步跨)」 한 발자국 뛰면 건널 수 있는—비공식 통로를 이용하여 엄청난 민수용 상품들이 북한으로 들어가고 있다. 전문무역상의 말에 의하면 공식무역통계에 잡히지 않는 보따리 장사꾼에 의해 거래되는 무역량은 북·중 전체 거래량의 50%(2015년 북·중 무역액은 60억 달러)를 넘을 것이라고 했다. 이들이 거래하는 물품과 쌀을 비롯한 각종 곡물, 휘발유를 비롯한 연료, 석탄, 아연 등 광산물, 의류, 화장품,

의료용 기기와 약품, 각종 담배와 주류, 심지어 축제 때 사용되는 꽃 등 그 종류도 다양하다.

이처럼 번성하는 변경무역에는 최소 1만여 명이 종사하고 있고 이로서 생계를 유지하는 인구는 수만 명에 달한다. 이러한 현지 사정을 고려할 때 북한의 핵·미사일 개발을 중단시키기 위해 실시되고 있는 대북제재에 중국 쪽 주민들이 얼마나 적극적으로 동참해 줄 것인가? 나는 강한 회의를 느끼지 않을 수 없었다. 중국의 태도가 미지근하다고 하여 북한의 핵·미사일 개발을 중단시키지 못한다면 6·25 전쟁 때의 민족적 위기에 버금가는 민족대재앙을 또 다시 초래할지도 모른다.

과연 어떤 방법이 있을까?

일부 국내외의 강경주의자들은 「외과적 수술방법」, 즉 지금도 늦지 않았으니 '북한의 핵시설을 첨단 무기로 때려 부수자!'고 주장한다. 이것도 방법의 하나이다. 그러나 위험성이 너무 크다. 그렇다고 우리도 북한처럼 NPT에서 탈퇴하고 독자적인 핵개발을 추진할 것인가? 그러나 이 경우 너무나 많은 것을 잃게 되고 실제로 미국을 비롯한 국제사회의 압박을 극복할 수 없을 것이다. 따라서 독자적 핵개발은 선택지가 아니다. 때문에 지금처럼 제재를 가하면서 동시에 협상을 재개하자는 주장이 나온다.

이러한 주장을 강하게 펼치며 실천했던 정권이 바로 문재인 정권이다. 문재인 정권은 중국의 협력을 얻어 김정은의 핵개발 의지를 포기시킬 수 있다고 판단한 것 같다. 그러나 중국은 우리의 희망대로 움직이지 않았다.

주지하는 대로 중국은 부전(不戰), 불란(不亂), 무핵(無核)의 「3대 대한반도 정책」과 「전통계승·미래지향·선린우호·협조융화」라는 기존의 대북정책(16자 방침)을 견지하면서 지금 추진하고 있는 자국 경제성장과 군사력 신장, 전략 추진에 악영향이 발생하지 않도록 한반도의 남·북한을 '관리해 보겠다'는 입장을 취하고 있다.

결국 문재인 정권은 우리의 국가주권까지 포기했다는 악평을 받았던 3불—미국의 MD체제에 참여하지 않는다. 사드의 추가 배치를 하지 않는다. 한·미·일 군사동맹을 맺지 않는다—을 엄수했음에도, 중국은 북핵문제 해결을 위한 적극성을 보이지 않았을 뿐만 아니라 유엔 안전보장이사회가 채택한 대북 제재에도 적극 참여하지 않았다. 아무튼 문재인 정권은 중국으로부터 배신당한 셈이 되어버린 것이다.

왜 이처럼 북한은 물론 중국으로부터 배신을 당했을까? 그 이유는 '힘에 의한 외교'가 대공산권 국가와의 외교의 정도(正道)라는 역사적 교훈을 외면했기 때문이다. 나는 과거 70여 년간의 소련, 중공, 베트남 그리고 북한 공산주의자들의 인식의 특징을 연구·분석하면서 이들이야말로 '힘에 대한 신봉자', '힘만이 공산주의 혁명의 유일한 수단임을 신봉하는 자'라는 사실을 확인했다. 때문에 공산주의자와의 협상에는 강력한 힘의 뒷받침이 절대적임을 강조해왔다.

'힘에는 힘으로'라는 원칙 하에서만이 공산주의자와의 협상에서 승리할 수 있다. 만약 우리의 어깨에서 힘을 내려놓는다면 그 순간 스스로 패배를 자초한다는 역사적 교훈을 나는 뼈저리게 느껴왔다. 정치·경제·군사 등 종합적인 힘, 그 중에서도 강력한 대북 우위 군사력을 유지하는 것은 남북통일을 달성할 때까지 한시도 잊어서는 안 될 우리의 철칙(鐵則)이다.

이와 같은 기본적이고 원칙적인 문제에서 문재인 정권은 커다란 과오를 범한 것이다. 환언하면 문재인 정부는 북한과 중국의 통일전선전술에 속아 버려서는 안 될 우리의 대공산권 전략의 기본원칙을 저버린 것이다. 이것이 북핵문제를 비롯한 대북정책 실패의 근본적인 원인이다.

이런 점에서 중앙정보분석관이 절대로 소홀히 해서는 안 될 판단기준은 위에서 기술한 대로 지피지기(知彼知己)의 관점에 서서 무엇보다 힘의 우열을 염두에 두고 북핵문제 해결의 방향을 찾고 판단하고 건의해야 한다. 다시 강조하자면 북핵문제의 해결을 위해서는 강력한 우리의 억제력, 동맹국과의 긴밀한 군사적 협력을 기초로 하여 압박과 협상을 모색해야 하며, 무엇보다 월등한 군사력의 우위를 과시하는 것이 불가피함을 알아야 한다.

'전쟁을 억제하는 길은 전쟁을 준비할 때만이 가능하며, 평화를 원한다면 전쟁을 준비해야 한다'는 역설적 논리를 중앙정보분석관은 잊지 말고 북핵문제 해결을 위한 판단서 작성에 적용할 것을 권고한다.

# 저자 소개

## 1. 인적사항

성명 : 강인덕 (康仁德)
출생 : 1932년 평양

## 2. 학력

| | |
|---|---|
| 1945.04 - 1950.09 | 평양 제1 고급중학교 졸업 |
| 1954.03 - 1958.02 | 한국외국어대학교 학사 |
| 1966.03 - 1968.02 | 한국외국어대학교 대학원 정치학석사 |
| 1973.03 - 1977.02 | 경희대학교 대학원 정치학박사 |
| | - 논문제목, "통일전선연구: 북한의 대남전략과 통일전선" |

## 3. 주요 경력

| | |
|---|---|
| 1963.07 - 1965.01 | 중앙정보부 해외정보국 중소과장 |
| 1965.01 - 1970.12 | 동 해외정보국 북한과장 |
| 1971.01 - 1975.07 | 동 해외정보국장, 북한국장 겸 남북대화사무국장, 남북조절위원회 위원 |
| 1975.07 - 1977.01 | 동 심리전국장 |
| 1977.01 - 1978.05 | 동 북한국장 |
| 1979.01 - 1998.03 | 재단법인 극동문제연구소 이사장·소장 |
| 1998.03 - 1999.03 | 통일부장관 |
| 1999.06 - 2013.03 | 일본 세이가쿠인(聖學院)대학 초빙교수 |
| 2013.03 - 현재 | 경남대학교 극동문제연구소 석좌교수 |

### 4. 주요 포상관계

1970. 03. 13　홍조근정훈장 (대한민국 정부)
1976. 06. 10　보국훈장 천수장 (대한민국 정부)
1988. 02. 11　국민훈장 모란장 (대한민국 정부)
1992. 05. 16　5·16민족상[안보부문] (5·16민족상 재단)
2002. 06. 15　청조근정훈장 (대한민국 정부)

### 5. 주요 저술

- 2017.『朝鮮半島 地政學クライシス』. 日本經濟新聞出版社 (編著)
- 2016.『解剖 北朝鮮リスク』. 日本經濟新聞出版社 (編著)
- 2004.『남북회담 : 7.4에서 6.15까지』. 극동문제연구소.
- 2004.『北朝鮮問題をどう解くか-東アジアの平和と民主主義のために』. 聖學院大學出版會. (小田川興 共編)
- 2001. "和解と協力科程入った南北關係: 南北首脳會談の成果と今後の展望,"『轉換期の東アジア』. 御茶の水書房
- 2000. "金大中大統領の「太陽政策」と韓國の立場,"『朝鮮半島: 南北統一と日本の選擇』. 日本評論社.
- 1992.『언어·정치·이데올로기』. 을유문화사.
- 1988.『개혁과 개방 : 중국주요논문선집』. 극동문제연구소.
- 1988.『페레스트로이카 : 소련주요논문선집』. 극동문제연구소.
- 1987.『이념교육 지도전서』. 극동문제연구소.
- 1985.『원전공산주의 대계 : 상·하』. 극동문제연구소.
- 1984.『공산주의 비판』. 극동문제연구소.
- 1983.『공산주의 사전』. 극동문제연구소
- 1981.『알기쉬운 공산주의』. 극동문제연구소.
- 1978.『공산주의와 통일전선』. 극동문제연구소.
- 1974.『북한전서 : 상·중·하』. 극동문제연구소.
- 1972.『공산권 총람』. 극동문제연구소.
- 1970.『국민승공사상 대계』. 신현실사.
- 기타 단행본 및 국내외 강연, 세미나 발표, 논문, 칼럼, 기고문 등 다수

한 중앙정보 분석관의 삶 2

- 편조백방(遍照百邦), 투시백년(透視百年)의 기세로 -

초판 1쇄 인쇄 2022년 12월 20일
초판 1쇄 발행 2022년 12월 30일

지 은 이 강인덕
발 행 인 한정희
발 행 처 경인문화사
편 집 유지혜 김지선 한주연 이다빈 김윤진
마 케 팅 전병관 하재일 유인순
출판번호 제406-1973-000003호
주 소 경기도 파주시 회동길 445-1 경인빌딩 B동 4층
전 화 031-955-9300 팩 스 031-955-9310
홈페이지 www.kyunginp.co.kr
이 메 일 kyungin@kyunginp.co.kr

ISBN 978-89-499-6653-3 03300
값 30,000원